权威·前沿·原创

皮书系列为
"十二五""十三五"国家重点图书出版规划项目

中国社会科学院创新工程学术出版资助项目

中国民族发展报告
（2016）

ANNUAL REPORT ON THE DEVELOPMENT OF ETHNIC IN CHINA
(2016)

主　编／王延中
副主编／方　勇　尹虎彬　陈建樾

社会科学文献出版社
SOCIAL SCIENCES ACADEMIC PRESS（CHINA）

图书在版编目(CIP)数据

中国民族发展报告.2016/王延中主编.--北京：
社会科学文献出版社，2016.10
（民族发展蓝皮书）
ISBN 978-7-5097-9937-6

Ⅰ.①中… Ⅱ.①王… Ⅲ.①民族发展-研究报告-中国-2016 Ⅳ.①D633.1

中国版本图书馆CIP数据核字（2016）第261197号

民族发展蓝皮书
中国民族发展报告（2016）

主　　编／王延中
副 主 编／方　勇　尹虎彬　陈建樾

出 版 人／谢寿光
项目统筹／宋月华　周志静
责任编辑／周志静

出　　版／社会科学文献出版社·人文分社（010）59367215
　　　　　地址：北京市北三环中路甲29号院华龙大厦　邮编：100029
　　　　　网址：www.ssap.com.cn
发　　行／市场营销中心（010）59367081　59367018
印　　装／北京季蜂印刷有限公司

规　　格／开　本：787mm×1092mm　1/16
　　　　　印　张：25.25　字　数：423千字
版　　次／2016年10月第1版　2016年10月第1次印刷
书　　号／ISBN 978-7-5097-9937-6
定　　价／178.00元

皮书序列号／B-2006-059

本书如有印装质量问题，请与读者服务中心（010-59367028）联系

▲ 版权所有 翻印必究

主要编撰者简介

王延中 山东东平人。北京大学社会学博士,中国社会科学院民族学与人类学研究所所长、研究员,《民族研究》主编,中国社会科学院研究生院教授,中国人民大学等高校兼职教授,兼任中国民族研究团体联合会会长、中国人类学民族学研究会副会长等学术团体负责人。曾从事工业经济、劳动社会保障、卫生政策、科研管理与廉政建设等领域研究,发表《经济组织与城乡发展》《中国的劳动与社会保障问题》等论著,主编社会保障绿皮书《中国社会保障发展报告》,目前主要从事民族理论与民族政策、民族地区发展等问题研究,主持"21世纪初中国少数民族地区经济社会发展综合调查""民族团结云南经验"等重大项目和中国社会科学院西藏智库办公室工作,获得国务院政府特殊津贴、"新世纪百千万人才"工程国家级人选、文化名家暨"四个一批"人才、国家"万人计划"哲学社会科学领军人才等荣誉称号。

方 勇 江苏淮安人。中国社会科学院民族学与人类学研究所党委书记,教授。兼任中国世界民族学会常务副会长、《世界民族》杂志主编等职务。曾被国务院授予享受政府特殊津贴"突出贡献专家"。主持国家及省部重要科研项目、重大国情调研项目和基地项目多项,在国内外刊物上发表论文70多篇。

尹虎彬 朝鲜族,辽宁宽甸人,法学博士。中国社会科学院民族学与人类学研究所副所长、研究员。中国民族语言学会会长,中国民俗学会副会长。主要学术领域为民俗学、中国少数民族文学。主持完成中国社会科学院院级重大课题多项。主要著作有《古代经典与口头传统》(专著)、《故事的歌手》(译著)等。

陈建樾 中国社会科学院民族学与人类学研究所研究员，民族理论研究室主任。研究专长为民族理论与民族政策、族际政治理论、民族事务管理制度与法制研究、台湾民族研究。主要著作有《族际政治在多民族国家的理论与实践》《台湾"原住民"历史与政策研究》等。

目 录

Ⅰ 总报告

B.1 中国民族工作与民族地区发展 …………… 王延中 宁亚芳 / 001

Ⅱ 分报告

B.2 民族地区政治建设报告 ……………………………… 周竞红 / 023
B.3 新常态下民族地区经济发展回顾 …………………… 丁 赛 / 061
B.4 民族地区文化发展报告 ……………………………… 刘正爱 / 083
B.5 民族地区社会发展报告 ……………………………… 薛 品 / 115
B.6 民族地区生态文明建设报告 ………………………… 张 姗 / 137

Ⅲ 专题报告

B.7 民族地区扶贫开发与全面建成小康社会 …………… 刘小珉 / 169
B.8 民族立法发展报告 …………………………………… 刘 玲 / 207
B.9 城市民族工作报告
　　——让少数民族群众更好地融入城市 …………… 郑信哲 / 235

B.10 国际视野下的民族主义 …………………………………… 刘　泓 / 257
B.11 拉萨市加强和创新社会管理工作的实践及成效
　　 ——以网格化、双联户管理为中心 …………………… 秦永章 / 270
B.12 增加福利递送、缩小管理单元：西藏的村庄治理创新
　　 ——洛扎县案例分析 …………………………………… 扎　洛 / 289
B.13 宁夏永宁县城镇化建设民意调查分析报告
　　 ………………………… 丁　赛　方　勇　张　姗　张少春 / 307
B.14 鄂温克、鄂伦春、赫哲族"非遗"
　　 保护状况与对策 ………………………………………… 何　群 / 328

Ⅳ 附　录

B.15 2014~2015年中国民族问题大事记 ……………………… 陈　杰 / 352
B.16 2014~2015年世界民族问题大事记 ……………………… 刘　泓 / 367

CONTENTS

I General Report

B.1 Ethnic Work and Ethnic Minority Areas Development of China

Wang Yanzhong, Ning Yafang / 001

II Branch Reports

B.2 Political Progress of Ethnic Minority Areas

Zhou Jinghong / 023

B.3 Review of the Economical Development with a New Normal in Ethnic Minority Areas *Ding Sai* / 061

B.4 Report on the Cultural Development in Ethnic Minority Areas

Liu Zhengai / 083

B.5 Report on the Social Development in Ethnic Minority Areas

Xue Pin / 115

B.6 Report on the Ecological Progress in Ethnic Minority Areas

Zhang Shan / 137

民族发展蓝皮书

III Special Reports

B.7 The Poverty Alleviation through Development and the Building of a Moderately Prosperous Society in All Respects in Ethnic Minority Areas　　　　　　　　　　　*Liu Xiaomin* / 169

B.8 Report on the Development of the Legislation of Ethnic Affair
　　　　　　　　　　　　　　　　　　　　　　Liu Ling / 207

B.9 Report on the Urban Ethnic Work　　　*Zheng Xinzhe* / 235

B.10 Nationalism in the International View　　*Liu Hong* / 257

B.11 Works for Strengthening and Making Innovations in Social Management in Lhasa: Practice and Progress　*Qin Yongzhang* / 270

B.12 Increace in Benefits and Reduction in Management Unit: Innovation of Village Governance in Tibet　　*Zha Luo* / 289

B.13 Analysis of the Poll about Urbanization Construction of Yongning County, Ningxia
　　　　Ding Sai, Fang Yong, Zhang Shan and Zhang Shaochun / 307

B.14 Protection of Intangible Cultural Heritage of the Ewenki, Oloqen and Hezhen: Situation and Countermeasure　*He Qun* / 328

IV Appendix

B.15 Chronicle of Events Related to the Ethno-National Question: China (2014-2015)　　　　　　　　　　　*Chen Jie* / 352

B.16 Chronicle of Events Related to the Ethno-National Question: World (2014-2015)　　　　　　　　　　*Liu Hong* / 367

总 报 告
General Report

B.1
中国民族工作与民族地区发展[*]

王延中 宁亚芳[**]

摘　要： "十二五"时期，民族地区的经济发展与全国一样进入了新常态，但仍然保持了比全国平均水平稍高的增长速度。围绕中央"四个全面"战略布局特别是全面建成小康社会的奋斗目标，民族地区政治、经济、社会、文化、生态文明"五位一体"建设格局更加健全，民族工作得到全面加强，民族地区全面小康社会建设步伐明显加快，完成了国民经济与社会发展"十二五"目标，为实施国民经济与社会发展"十三五"规划奠定了坚实基础。

关键词： 民族工作　民族地区　五位一体　全面小康社会建设

---

[*] 本报告是在各分报告相关内容的基础上，由王延中、宁亚芳执笔完成，陈建樾研究员、丁赛研究员提出了宝贵意见。对分报告各位作者及陈建樾、丁赛同志深表感谢。

[**] 王延中，中国社会科学院民族学与人类学研究所所长、研究员；宁亚芳，中国社会科学院民族学与人类学研究所助理研究员。

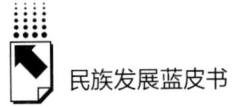

2014～2015年，党中央、国务院高度重视民族地区发展和少数民族工作，连续召开多次全国会议，分析民族地区和少数民族工作面临的新形势、新问题，提出解决问题的思路与对策。有力地促进了民族地区的稳定和持续发展，为民族地区与全国一道全面建成小康社会指明了方向，明确了任务。各地区、各部门特别是广大民族地区应积极行动起来，大力推进民族地区的政治、经济、社会、文化与生态文明建设，不断加强和改善民族工作。

一 党和国家高度重视民族工作与民族地区的稳定发展

党和政府高度重视民族工作。近一个时期以来，由于一些民族地区稳定问题突出，严重影响了民族地区的发展大局。同时，我国经济进入新常态，民族地区的经济发展面临更加严峻的形势。如何看待当前民族地区发展形势与民族工作状况，如何进一步抓住民族地区发展和民族工作的主要问题采取更具针对性的对策措施，提高工作成效，促进民族地区全面小康社会建设，一直是党中央和国务院高度关注的重大问题。

稳定与发展一直是民族地区特别是新疆、西藏等边疆民族地区民族工作甚至是各项工作始终面临的两大主题。党的十八大以来，党中央围绕边疆民族地区的稳定与发展，先后做出了一系列重大部署，实施了一系列重大举措，有力维护了民族地区和谐稳定与全面发展的良好局面。2014年3月，习近平总书记在看望出席全国政协十二届二次会议的委员时强调，坚持中国特色社会主义道路，是新形势下做好民族工作必须牢牢把握的正确政治方向。① 2014年4月，习近平总书记在新疆调研时强调，要坚决执行中央关于做好新形势下新疆工作的大政方针，以社会稳定和长治久安为工作的着眼点和着力点，统筹推进各方面工作，为抓住和用好历史机遇、实现新疆跨越式发展创造良好条件。② 2014年5月，第二次中央新疆工作座谈会则科学分析了新疆形势，明确了新疆工作的指导思想、基本要求、主攻方向，对当前和今后一个时期新疆工作做

---

① 新华社：《习近平强调全国各族人民都要珍惜民族大团结的政治局面》，国家民委门户网站，http://www.seac.gov.cn/art/2014/3/5/art_31_200098.html。
② 新华社：《习近平新疆考察纪实：民族团结是发展进步的基石》，国家民委门户网站，http://www.seac.gov.cn/art/2014/5/4/art_31_203830.html。

了全面部署。① 2014年6月,国家民委、中国证监会在京联合召开支持民族地区资本市场发展工作座谈会,破解民族地区金融市场体系建设滞后和资本缺乏的关键难题。

2014年9月,为准确把握新形势下民族问题、民族工作的特点和规律,统一思想认识,明确目标任务,坚定信心决心,提高做好民族工作的能力和水平,党中央和国务院召开了中央民族工作会议暨国务院第六次全国民族团结进步表彰大会。习近平总书记在会上全面分析我国民族工作面临的国内外形势,深刻阐述当前和今后一个时期我国民族工作的大政方针。李克强总理就加快民族地区发展、促进全面建成小康社会做了讲话。党中央对于我国国情的多民族特色、处理好民族关系促进民族团结、处理好民族问题和做好新时期的民族工作,都提出了明确的任务与工作要求。结合当前我国民族工作面临的新的阶段性特征,习近平总书记提出做好当前民族工作要坚定不移走中国特色解决民族问题的正确道路,开拓创新,从实际出发,顶层设计要缜密、政策统筹要到位、工作部署要稳妥,让各族人民增强对伟大祖国的认同、对中华民族的认同、对中华文化的认同、对中国特色社会主义道路的认同。民族区域自治制度是我国的一项基本政治制度,是中国特色解决民族问题的正确道路的重要内容。要坚持统一和自治相结合、民族因素和区域因素相结合,把宪法和民族区域自治法的规定落实好,关键是帮助自治地方发展经济、改善民生。②

为贯彻落实中央民族工作会议精神,2014年12月,中共中央、国务院印发《关于加强和改进新形势下民族工作的意见》,从坚定不移走中国特色解决民族问题的正确道路、围绕改善民生推进民族地区经济社会发展、促进各民族交往交流交融、构筑各民族共有精神家园、提高依法管理民族事务能力、加强党对民族工作的领导六个方面提出改进新形势下民族工作的25条意见,③ 成

---

① 新华社:《习近平在第二次中央新疆工作座谈会上强调:坚持依法治疆团结稳疆长期建疆团结各族人民建设社会主义新疆》,国家民委官网,http://www.seac.gov.cn/art/2014/5/30/art_31_205673.html。
② 《中央民族工作会议暨国务院第六次全国民族团结进步表彰大会在京举行》,新华网,http://news.xinhuanet.com/politics/2014-09/29/c_1112683008.htm。
③ 《中共中央、国务院印发〈关于加强和改进新形势下民族工作的意见〉》,新华网,http://news.xinhuanet.com/2014-12/22/c_1113736752.htm。

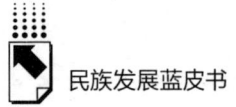

为做好新时期民族工作、促进民族地区稳定发展、加快全面建成小康社会步伐的重要指导。

2015年5月，中央在时隔9年之后再度召开中央统战工作会议。习近平在讲话中特别强调要做好民族工作、宗教工作，要求各级党委要抓好2014年中央民族工作会议精神的贯彻落实，促进各民族和睦相处、和衷共济、和谐发展。同时提出做好宗教工作的基本原则和任务，为2016年4月召开的全国宗教工作会议奠定了基调、指明了方向。《中国共产党统一战线工作条例（试行）》的颁布实施为做好民族工作、促进民族地区稳定发展指明了工作重点，即把维护和促进民族团结、社会稳定、祖国统一作为重中之重。中央统战部部长孙春兰发表文章指出，随着我国在国际上的影响力越来越大，国际敌对势力加紧利用所谓民主、人权对我国实施西化分化，在民族、宗教问题上大做文章，明里暗里支持民族分裂势力、宗教极端势力、暴力恐怖势力制造事端，把香港、台湾作为对我进行牵制遏制的砝码，在我国统一问题上设置障碍，不断挑战我国国家安全和核心利益问题。[1] 中央统战工作会议，为进一步做好民族宗教工作、从整体上把握统一战线工作的定位与任务指明了方向。

西藏和新疆是我国陆地面积最大的边疆省份，不仅陆地边界长、邻国众多，战略位置重要，而且是民族成分多、少数民族人口比重高、宗教信仰氛围浓厚、民族文化自成体系而又独具特色的边疆民族地区，一直在党和国家工作全局中占据重要位置。2015年8月，中央召开了第六次西藏工作座谈会。习近平总书记在"治国必治边、治边先稳藏"战略思路基础上进一步强调，要"依法治藏、富民兴藏、长期建藏、凝聚人心、夯实基础"。这是党在十八大以后提出的西藏工作重要原则。要坚持"四个全面"战略布局，坚持党的治藏方略，把维护祖国统一、加强民族团结作为工作的着眼点和着力点，坚定不移开展反分裂斗争，坚定不移促进经济社会发展，坚定不移保障和改善民生，坚定不移促进各民族交往交流交融，确保国家安全和长治久安，确保经济社会持续健康发展，确保各族人民物质文化生活水平不断提高，确保生态环境良

---

[1] 孙春兰：《新形势下统一战线事业的科学指导和行动指南——深入学习贯彻中央统战工作会议精神》，《人民日报》2015年6月4日。

广视角·全方位·多品种

皮书系列
2016年

·权威平台·智库报告·连续发布

社会科学文献出版社
SOCIAL SCIENCES ACADEMIC PRESS (CHINA)

社长致辞

我们是图书出版者，更是人文社会科学内容资源供应商；

我们背靠中国社会科学院，面向中国与世界人文社会科学界，坚持为人文社会科学的繁荣与发展服务；

我们精心打造权威信息资源整合平台，坚持为中国经济与社会的繁荣与发展提供决策咨询服务；

我们以读者定位自身，立志让爱书人读到好书，让求知者获得知识；

我们精心编辑、设计每一本好书以形成品牌张力，以优秀的品牌形象服务读者，开拓市场；

我们始终坚持"创社科经典，出传世文献"的经营理念，坚持"权威、前沿、原创"的产品特色；

我们"以人为本"，提倡阳光下创业，员工与企业共享发展之成果；

我们立足于现实，认真对待我们的优势、劣势，我们更着眼于未来，以不断的学习与创新适应不断变化的世界，以不断的努力提升自己的实力；

我们愿与社会各界友好合作，共享人文社会科学发展之成果，共同推动中国学术出版乃至内容产业的繁荣与发展。

社会科学文献出版社社长
中国社会学会秘书长

2016 年 1 月

社会科学文献出版社成立于1985年，是直属于中国社会科学院的人文社会科学专业学术出版机构。

成立以来，特别是1998年实施第二次创业以来，依托于中国社会科学院丰厚的学术出版和专家学者两大资源，坚持"创社科经典，出传世文献"的出版理念和"权威、前沿、原创"的产品定位，社科文献立足内涵式发展道路，从战略层面推动学术出版五大能力建设，逐步走上了智库产品与专业学术成果系列化、规模化、数字化、国际化、市场化发展的经营道路。

先后策划出版了著名的图书品牌和学术品牌"皮书"系列、"列国志"、"社科文献精品译库"、"全球化译丛"、"全面深化改革研究书系"、"近世中国"、"甲骨文"、"中国史话"等一大批既有学术影响又有市场价值的系列图书，形成了较强的学术出版能力和资源整合能力。2015年社科文献出版社发稿5.5亿字，出版图书约2000种，承印发行中国社科院院属期刊74种，在多项指标上都实现了较大幅度的增长。

凭借着雄厚的出版资源整合能力，社科文献出版社长期以来一直致力于从内容资源和数字平台两个方面实现传统出版的再造，并先后推出了皮书数据库、列国志数据库、"一带一路"数据库、中国田野调查数据库、台湾大陆同乡会数据库等一系列数字产品。数字出版已经初步形成了产品设计、内容开发、编辑标引、产品运营、技术支持、营销推广等全流程体系。

在国内原创著作、国外名家经典著作大量出版，数字出版突飞猛进的同时，社科文献出版社从构建国际话语体系的角度推动学术出版国际化。先后与斯普林格、博睿、牛津、剑桥等十余家国际出版机构合作面向海外推出了"皮书系列""改革开放30年研究书系""中国梦与中国发展道路研究丛书""全面深化改革研究书系"等一系列在世界范围内引起强烈反响的作品；并持续致力于中国学术出版走出去，组织学者和编辑参加国际书展，筹办国际性学术研讨会，向世界展示中国学者的学术水平和研究成果。

此外，社科文献出版社充分利用网络媒体平台，积极与中央和地方各类媒体合作，并联合大型书店、学术书店、机场书店、网络书店、图书馆，逐步构建起了强大的学术图书内容传播平台。学术图书的媒体曝光率居全国之首，图书馆藏率居于全国出版机构前十位。

上述诸多成绩的取得，有赖于一支以年轻的博士、硕士为主体，一批从中国社科院刚退出科研一线的各学科专家为支撑的300多位高素质的编辑、出版和营销队伍，为我们实现学术立社，以学术品位、学术价值来实现经济效益和社会效益这样一个目标的共同努力。

作为已经开启第三次创业梦想的人文社会科学学术出版机构，我们将以改革发展为动力，以学术资源建设为中心，以构建智慧型出版社为主线，以"整合、专业、分类、协同、持续"为各项工作指导原则，全力推进出版社数字化转型，坚定不移地走专业化、数字化、国际化发展道路，全面提升出版社核心竞争力，为实现"社科文献梦"奠定坚实基础。

经 济 类

经济类皮书涵盖宏观经济、城市经济、大区域经济，提供权威、前沿的分析与预测

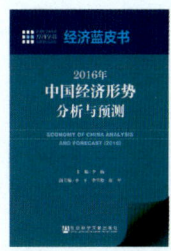

经济蓝皮书
2016年中国经济形势分析与预测

李扬 / 主编　　2015年12月出版　　定价：79.00元

◆ 本书为总理基金项目，由著名经济学家李扬领衔，联合中国社会科学院等数十家科研机构、国家部委和高等院校的专家共同撰写，系统分析了2015年的中国经济形势并预测2016年我国经济运行情况。

世界经济黄皮书
2016年世界经济形势分析与预测

王洛林　张宇燕 / 主编　　2015年12月出版　　定价．79.00元

◆ 本书由中国社会科学院世界经济与政治研究所的研究团队撰写，2015年世界经济增长继续放缓，增长格局也继续分化，发达经济体与新兴经济体之间的增长差距进一步收窄。2016年世界经济增长形势不容乐观。

产业蓝皮书
中国产业竞争力报告（2016）NO.6

张其仔 / 主编　　2016年12月出版　　定价：98.00元

◆ 本书由中国社会科学院工业经济研究所研究团队在深入实际、调查研究的基础上完成。通过运用丰富的数据资料和最新的测评指标，从学术性、系统性、预测性上分析了2015年中国产业竞争力，并对未来发展趋势进行了预测。

皮书系列重点推荐

经济类

G20国家创新竞争力黄皮书

二十国集团（G20）国家创新竞争力发展报告（2016）

李建平 李闽榕 赵新力 / 主编　　2016年11月出版　　估价:138.00元

◆ 本报告在充分借鉴国内外研究者的相关研究成果的基础上，紧密跟踪技术经济学、竞争力经济学、计量经济学等学科的最新研究动态，深入分析G20国家创新竞争力的发展水平、变化特征、内在动因及未来趋势，同时构建了G20国家创新竞争力指标体系及数学模型。

国际城市蓝皮书

国际城市发展报告（2016）

屠启宇 / 主编　　2016年2月出版　　定价:79.00元

◆ 本书作者以上海社会科学院从事国际城市研究的学者团队为核心，汇集同济大学、华东师范大学、复旦大学、上海交通大学、南京大学、浙江大学相关城市研究专业学者。立足动态跟踪介绍国际城市发展实践中，最新出现的重大战略、重大理念、重大项目、重大报告和最佳案例。

金融蓝皮书

中国金融发展报告（2016）

李 扬 王国刚 / 主编　　2015年12月出版　　定价:79.00元

◆ 本书由中国社会科学院金融研究所组织编写，概括和分析了2015年中国金融发展和运行中的各方面情况，研讨和评论了2015年发生的主要金融事件。本书由业内专家和青年精英联合编著，有利于读者了解掌握2015年中国的金融状况，把握2016年中国金融的走势。

农村绿皮书

中国农村经济形势分析与预测（2015~2016）

魏后凯 杜志雄 黄秉信 / 主编　　2016年4月出版　　定价:79.00元

◆ 本书描述了2015年中国农业农村经济发展的一些主要指标和变化，以及对2016年中国农业农村经济形势的一些展望和预测。

权威 前沿 原创

经济类　皮书系列 重点推荐

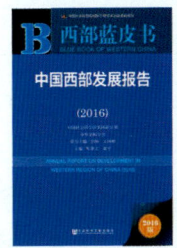

西部蓝皮书

中国西部发展报告（2016）

姚慧琴　徐璋勇/主编　2016年8月出版　估价:89.00元

◆ 本书由西北大学中国西部经济发展研究中心主编，汇集了源自西部本土以及国内研究西部问题的权威专家的第一手资料，对国家实施西部大开发战略进行年度动态跟踪，并对2016年西部经济、社会发展态势进行预测和展望。

民营经济蓝皮书

中国民营经济发展报告 NO.12（2015~2016）

王钦敏/主编　2016年8月出版　估价:75.00元

◆ 本书是中国工商联课题组的研究成果，对2015年度中国民营经济的发展现状、趋势进行了详细的论述，并提出了合理的建议。是广大民营企业进行政策咨询、科学决策和理论创新的重要参考资料，也是理论工作者进行理论研究的重要参考资料。

经济蓝皮书夏季号

中国经济增长报告（2015~2016）

李扬/主编　2016年8月出版　估价:69.00元

◆ 中国经济增长报告主要探讨2015~2016年中国经济增长问题，以专业视角解读中国经济增长，力求将其打造成一个研究中国经济增长、服务宏微观各级决策的周期性、权威性读物。

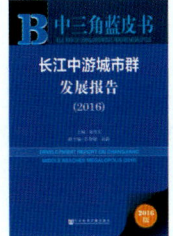

中三角蓝皮书

长江中游城市群发展报告（2016）

秦尊文/主编　2016年10月出版　估价:69.00元

◆ 本书是湘鄂赣皖四省专家学者共同研究的成果，从不同角度、不同方位记录和研究长江中游城市群一体化，提出对策措施，以期为将"中三角"打造成继珠三角、长三角、京津冀之后中国经济增长第四极奉献学术界的聪明才智。

皮书系列
重点推荐

社会政法类

社会政法类

社会政法类皮书聚焦社会发展领域的热点、难点问题，提供权威、原创的资讯与视点

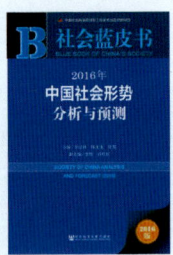

社会蓝皮书
2016年中国社会形势分析与预测

李培林　陈光金　张翼/主编　2015年12月出版　定价:79.00元

◆ 本书由中国社会科学院社会学研究所组织研究机构专家、高校学者和政府研究人员撰写，聚焦当下社会热点，对2015年中国社会发展的各个方面内容进行了权威解读，同时对2016年社会形势发展趋势进行了预测。

法治蓝皮书
中国法治发展报告 NO.14（2016）

李林　田禾/主编　　2016年3月出版　　定价:118.00元

◆ 本年度法治蓝皮书回顾总结了2015年度中国法治发展取得的成就和存在的不足，并对2016年中国法治发展形势进行了预测和展望。

反腐倡廉蓝皮书
中国反腐倡廉建设报告 NO.6

李秋芳　张英伟/主编　2017年1月出版　　估价:79.00元

◆ 本书抓住了若干社会热点和焦点问题，全面反映了新时期新阶段中国反腐倡廉面对的严峻局面，以及中国共产党反腐倡廉建设的新实践新成果。根据实地调研、问卷调查和舆情分析，梳理了当下社会普遍关注的与反腐败密切相关的热点问题。

社会政法类　皮书系列 重点推荐

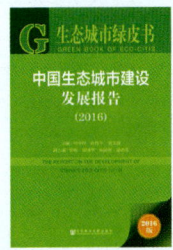

生态城市绿皮书
中国生态城市建设发展报告（2016）

刘举科　孙伟平　胡文臻 / 主编　2016 年 9 月出版　估价 :148.00 元

◆ 报告以绿色发展、循环经济、低碳生活、民生宜居为理念，以更新民众观念、提供决策咨询、指导工程实践、引领绿色发展为宗旨，试图探索一条具有中国特色的城市生态文明建设新路。

公共服务蓝皮书
中国城市基本公共服务力评价（2016）

钟　君　吴正杲 / 主编　2016 年 12 月出版　估价 :79.00 元

◆ 中国社会科学院经济与社会建设研究室与华图政信调查组成联合课题组，从 2010 年开始对基本公共服务力进行研究，研创了基本公共服务力评价指标体系，为政府考核公共服务与社会管理工作提供了理论工具。

教育蓝皮书
中国教育发展报告（2016）

杨东平 / 主编　2016 年 4 月出版　定价 :79.00 元

◆ 本书由国内的中青年教育专家合作研究撰写。深度剖析 2015 年中国教育的热点话题，并对当下中国教育中出现的问题提出对策建议。

生态文明绿皮书
中国省域生态文明建设评价报告（ECI 2016）

严耕 / 主编　2016 年 12 月出版　估价 :85.00 元

◆ 本书基于国家最新发布的权威数据，对我国的生态文明建设状况进行科学评价，并开展相应的深度分析，结合中央的政策方针和各省的具体情况，为生态文明建设推进，提出针对性的政策建议。

皮书系列 重点推荐　行业报告类

行业报告类

行业报告类皮书立足重点行业、新兴行业领域，提供及时、前瞻的数据与信息

房地产蓝皮书

中国房地产发展报告 NO.13（2016）

李春华　王业强 / 主编　　2016年5月出版　　定价：89.00元

◆ 蓝皮书秉承客观公正、科学中立的宗旨和原则，追踪2015年我国房地产市场最新资讯，深度分析，剖析因果，谋划对策，并对2016年房地产发展趋势进行了展望。

旅游绿皮书

2015～2016年中国旅游发展分析与预测

宋瑞 / 主编　　2016年4出版　　定价：89.00元

◆ 本书是中国社会科学院旅游研究中心组织相关专家编写的年度研究报告，对2015年旅游行业的热点问题进行了全面的综述并提出专业性建议，并对2016年中国旅游的发展趋势进行展望。

互联网金融蓝皮书

中国互联网金融发展报告（2016）

李东荣 / 主编　　2016年8月出版　　估价：79.00元

◆ 近年来，许多基于互联网的金融服务模式应运而生并对传统金融业产生了深刻的影响和巨大的冲击，"互联网金融"成为社会各界关注的焦点。本书探析了2015年互联网金融的特点和2016年互联网金融的发展方向和亮点。

行业报告类 — 皮书系列重点推荐

资产管理蓝皮书
中国资产管理行业发展报告（2016）

智信资产管理研究院 / 编著　　2016年6月出版　　定价：89.00元

◆ 中国资产管理行业刚刚兴起，未来将成为中国金融市场最有看点的行业，也会成为快速发展壮大的行业。本书主要分析了2015年度资产管理行业的发展情况，同时对资产管理行业的未来发展做出科学的预测。

老龄蓝皮书
中国老龄产业发展报告（2016）

吴玉韶　党俊武 / 编著
2016年9月出版　　估价：79.00元

◆ 本书着眼于对中国老龄产业的发展给予系统介绍，深入解析，并对未来发展趋势进行预测和展望，力求从不同视角、不同层面全面剖析中国老龄产业发展的现状、取得的成绩、存在的问题以及重点、难点等。

金融蓝皮书
中国金融中心发展报告（2016）

王　力　黄育华 / 编著　　2017年11月出版　　估价：75.00元

◆ 本报告将提升中国金融中心城市的金融竞争力作为研究主线，全面、系统、连续地反映和研究中国金融中心城市发展和改革的最新进展，展示金融中心理论研究的最新成果。

流通蓝皮书
中国商业发展报告（2016~2017）

王雪峰　林诗慧 / 主编　　2016年7月出版　　定价：89.00元

◆ 本书是中国社会科学院财经院与利丰研究中心合作的成果，从关注中国宏观经济出发，突出了中国流通业的宏观背景，详细分析了批发业、零售业、物流业、餐饮产业与电子商务等产业发展状况。

皮书系列 重点推荐　国别与地区类

国别与地区类

国别与地区类皮书关注全球重点国家与地区，提供全面、独特的解读与研究

美国蓝皮书
美国研究报告（2016）
郑秉文　黄 平 / 主编　2016年5月出版　定价:89.00元

◆ 本书是由中国社会科学院美国所主持完成的研究成果，它回顾了美国2015年的经济、政治形势与外交战略，对2016年以来美国内政外交发生的重大事件以及重要政策进行了较为全面的回顾和梳理。

拉美黄皮书
拉丁美洲和加勒比发展报告（2015~2016）
吴白乙 / 主编　2016年6月出版　定价:89.00元

◆ 本书对2015年拉丁美洲和加勒比地区诸国的政治、经济、社会、外交等方面的发展情况做了系统介绍，对该地区相关国家的热点及焦点问题进行了总结和分析，并在此基础上对该地区各国2016年的发展前景做出预测。

日本经济蓝皮书
日本经济与中日经贸关系研究报告（2016）
张季风 / 主编　2016年5月出版　定价:89.00元

◆ 本书系统、详细地介绍了2015年日本经济以及中日经贸关系发展情况，在进行了大量数据分析的基础上，对2016年日本经济以及中日经贸关系的大致发展趋势进行了分析与预测。

国别与地区类　皮书系列 重点推荐

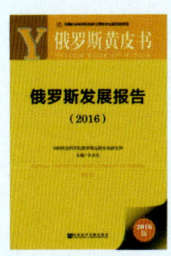

俄罗斯黄皮书
俄罗斯发展报告（2016）
李永全 / 编著　2016 年 7 月出版　定价 :89.00 元

◆ 本书系统介绍了 2015 年俄罗斯经济政治情况，并对 2015 年该地区发生的焦点、热点问题进行了分析与回顾；在此基础上，对该地区 2016 年的发展前景进行了预测。

国际形势黄皮书
全球政治与安全报告（2016）
李慎明　张宇燕 / 主编　2015 年 12 月出版　定价 :69.00 元

◆ 本书旨在对本年度全球政治及安全形势的总体情况、热点问题及变化趋势进行回顾与分析，并提出一定的预测及对策建议。作者通过事实梳理、数据分析、政策分析等途径,阐释了本年度国际关系及全球安全形势的基本特点，并在此基础上提出了具有启示意义的前瞻性结论。

德国蓝皮书
德国发展报告（2016）
郑春荣 / 主编　2016 年 6 月出版　定价 :70.00 元

◆ 本报告由同济大学德国研究所组织编撰，由该领域的专家学者对德国的政治、经济、社会文化、外交等方面的形势发展情况，进行全面的阐述与分析。

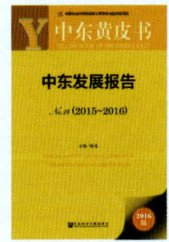

中东黄皮书
中东发展报告 NO.18（2015 ~ 2016）
杨光 / 主编　2016 年 10 月出版　估价 :89.00 元

◆ 报告回顾和分析了一年来多以来中东地区政治经济局势的新发展，为跟踪中东地区的市场变化和中东研究学科的研究前沿，提供了全面扎实的信息。

地方发展类

地方发展类皮书关注中国各省份、经济区域，提供科学、多元的预判与资政信息

北京蓝皮书

北京公共服务发展报告（2015~2016）

施昌奎 / 主编　2016年2月出版　定价：79.00元

◆ 本书是由北京市政府职能部门的领导、首都著名高校的教授、知名研究机构的专家共同完成的关于北京市公共服务发展与创新的研究成果。

河南蓝皮书

河南经济发展报告（2016）

河南省社会科学院 / 编著　2016年3月出版　定价：79.00元

◆ 本书以国内外经济发展环境和走向为背景，主要分析当前河南经济形势，预测未来发展趋势，全面反映河南经济发展的最新动态、热点和问题，为地方经济发展和领导决策提供参考。

京津冀蓝皮书

京津冀发展报告（2016）

文　魁　祝尔娟 / 等著　2016年4月出版　定价：89.00元

◆ 京津冀协同发展作为重大的国家战略，已进入顶层设计、制度创新和全面推进的新阶段。本书以问题为导向，围绕京津冀发展中的重要领域和重大问题，研究如何推进京津冀协同发展。

 文化传媒类 皮书系列 重点推荐

文化传媒类

文化传媒类皮书透视文化领域、文化产业，
探索文化大繁荣、大发展的路径

新媒体蓝皮书

中国新媒体发展报告 NO.7（2016）

唐绪军 / 主编　2016 年 6 月出版　　定价：79.00 元

◆ 本书是由中国社会科学院新闻与传播研究所组织编写的关于新媒体发展的最新年度报告，旨在全面分析中国新媒体的发展现状，解读新媒体的发展趋势，探析新媒体的深刻影响。

移动互联网蓝皮书

中国移动互联网发展报告（2016）

官建文 / 编著　2016 年 6 月出版　　定价：79.00 元

◆ 本书着眼于对中国移动互联网 2015 年度的发展情况做深入解析，对未来发展趋势进行预测，力求从不同视角、不同层面全面剖析中国移动互联网发展的现状、年度突破以及热点趋势等。

文化蓝皮书

中国文化产业发展报告（2015~2016）

张晓明　王家新　章建刚 / 主编　2016 年 2 月出版　　定价：79.00 元

◆ 本书由中国社会科学院文化研究中心编写。从 2012 年开始，中国社会科学院文化研究中心设立了国内首个文化产业的研究类专项资金——"文化产业重大课题研究计划"，开始在全国范围内组织多学科专家学者对我国文化产业发展重大战略问题进行联合攻关研究。本书集中反映了该计划的研究成果。

经济类

G20国家创新竞争力黄皮书
二十国集团（G20）国家创新竞争力发展报告（2016）
著(编)者：李建平 李闽榕 赵新力
2016年11月出版 / 估价：138.00元

产业蓝皮书
中国产业竞争力报告（2016）NO.6
著(编)者：张其仔 2016年12月出版 / 估价：98.00元

城市创新蓝皮书
中国城市创新报告（2016）
著(编)者：周天勇 旷建伟 2016年8月出版 / 估价：69.00元

城市竞争力蓝皮书
中国城市竞争力报告（1973~2015）
著(编)者：李小林 2016年1月出版 / 定价：128.00元

城市蓝皮书
中国城市发展报告 NO.9
著(编)者：潘家华 魏后凯 2016年9月出版 / 估价：69.00元

城市群蓝皮书
中国城市群发展指数报告（2016）
著(编)者：刘士林 刘新静 2016年10月出版 / 估价：69.00元

城乡一体化蓝皮书
中国城乡一体化发展报告（2015~2016）
著(编)者：汝信 付崇兰 2016年8月出版 / 估价：85.00元

城镇化蓝皮书
中国新型城镇化健康发展报告（2016）
著(编)者：张占斌 2016年8月出版 / 估价：79.00元

创新蓝皮书
创新型国家建设报告（2015~2016）
著(编)者：詹正茂 2016年11月出版 / 估价：69.00元

低碳发展蓝皮书
中国低碳发展报告（2015~2016）
著(编)者：齐晔 2016年3月出版 / 定价：98.00元

低碳经济蓝皮书
中国低碳经济发展报告（2016）
著(编)者：薛进军 赵忠秀 2016年8月出版 / 估价：85.00元

东北蓝皮书
中国东北地区发展报告（2016）
著(编)者：马克 黄文艺 2016年8月出版 / 估价：79.00元

发展与改革蓝皮书
中国经济发展和体制改革报告NO.7
著(编)者：邹东涛 王再文
2016年1月出版 / 定价：98.00元

工业化蓝皮书
中国工业化进程报告（2016）
著(编)者：黄群慧 吕铁 李晓华 等
2016年11月出版 / 估价：89.00元

管理蓝皮书
中国管理发展报告（2016）
著(编)者：张晓东 2016年9月出版 / 估价：98.00元

国际城市蓝皮书
国际城市发展报告（2016）
著(编)者：屠启宇 2016年2月出版 / 定价：79.00元

国家创新蓝皮书
中国创新发展报告（2016）
著(编)者：陈劲 2016年9月出版 / 估价：69.00元

金融蓝皮书
中国金融发展报告（2016）
著(编)者：李扬 王国刚 2015年12月出版 / 定价：79.00元

京津冀产业蓝皮书
京津冀产业协同发展报告（2016）
著(编)者：中智科博（北京）产业经济发展研究院
2016年8月出版 / 估价：69.00元

京津冀蓝皮书
京津冀发展报告（2016）
著(编)者：文魁 祝尔娟 2016年4月出版 / 定价：89.00元

经济蓝皮书
2016年中国经济形势分析与预测
著(编)者：李扬 2015年12月出版 / 定价：79.00元

经济蓝皮书·春季号
2016年中国经济前景分析
著(编)者：李扬 2016年6月出版 / 定价：79.00元

经济蓝皮书·夏季号
中国经济增长报告（2015~2016）
著(编)者：李扬 2016年8月出版 / 定价：99.00元

经济信息绿皮书
中国与世界经济发展报告（2016）
著(编)者：杜平 2015年12月出版 / 定价：89.00元

就业蓝皮书
2016年中国本科生就业报告
著(编)者：麦可思研究院 2016年6月出版 / 定价：98.00元

就业蓝皮书
2016年中国高职高专生就业报告
著(编)者：麦可思研究院 2016年6月出版 / 定价：98.00元

临空经济蓝皮书
中国临空经济发展报告（2016）
著(编)者：连玉明 2016年11月出版 / 估价：79.00元

民营经济蓝皮书
中国民营经济发展报告 NO.12（2015~2016）
著(编)者：王钦敏 2016年8月出版 / 估价：75.00元

农村绿皮书
中国农村经济形势分析与预测（2015~2016）
著(编)者：魏后凯 杜志雄 黄秉信
2016年4月出版 / 定价：69.00元

农业应对气候变化蓝皮书
气候变化对中国农业影响评估报告 NO.2
著(编)者：矫梅燕 2016年8月出版 / 估价：98.00元

经济类·社会政法类

皮书系列 2016全品种

企业公民蓝皮书
中国企业公民报告 NO.4
著(编)者：邹东涛　2016年8月出版　估价：79.00元

气候变化绿皮书
应对气候变化报告（2016）
著(编)者：王伟光　郑国光　2016年11月出版　估价：98.00元

区域蓝皮书
中国区域经济发展报告（2015～2016）
著(编)者：赵弘　2016年6月出版　定价：79.00元

全球环境竞争力绿皮书
全球环境竞争力报告（2016）
著(编)者：李建平　李闽榕　王金南
2016年12月出版　估价：198.00元

人口与劳动绿皮书
中国人口与劳动问题报告 NO.17
著(编)者：蔡昉　张车伟　2016年11月出版　估价：69.00元

商务中心区蓝皮书
中国商务中心区发展报告 NO.2（2015）
著(编)者：魏后凯　单菁菁　2016年1月出版　定价：79.00元

世界经济黄皮书
2016年世界经济形势分析与预测
著(编)者：王洛林　张宇燕　2015年12月出版　估价：79.00元

世界旅游城市绿皮书
世界旅游城市发展报告（2015）
著(编)者：宋宇　2016年1月出版　定价：128.00元

西北蓝皮书
中国西北发展报告（2016）
著(编)者：孙发平　苏海红　鲁顺元
2016年3月出版　定价：79.00元

西部蓝皮书
中国西部发展报告（2016）
著(编)者：姚慧琴　徐璋勇　2016年8月出版　估价：89.00元

县域发展蓝皮书
中国县域经济增长能力评估报告（2016）
著(编)者：王力　2016年10月出版　估价：69.00元

新型城镇化蓝皮书
新型城镇化发展报告（2016）
著(编)者：李伟　宋敏　沈体雁　2016年11月出版　估价：98.00元

新兴经济体蓝皮书
金砖国家发展报告（2016）
著(编)者：林跃勤　周文　2016年8月出版　估价：79.00元

长三角蓝皮书
2016年全面深化改革中的长三角
著(编)者：张伟斌　2016年10月出版　估价：69.00元

中部竞争力蓝皮书
中国中部经济社会竞争力报告（2016）
著(编)者：教育部人文社会科学重点研究基地
　　　　南昌大学中国中部经济社会发展研究中心
2016年10月出版　估价：79.00元

中部蓝皮书
中国中部地区发展报告（2016）
著(编)者：宋亚平　2016年12月出版　估价：78.00元

中国省域竞争力蓝皮书
中国省域经济综合竞争力发展报告（2014～2015）
著(编)者：李建平　李闽榕　高燕京
2016年2月出版　定价：198.00元

中三角蓝皮书
长江中游城市群发展报告（2016）
著(编)者：秦尊文　2016年10月出版　估价：69.00元

中小城市绿皮书
中国中小城市发展报告（2016）
著(编)者：中国城市经济学会中小城市经济发展委员会
　　　　中国城镇化促进会中小城市发展委员会
　　　　《中国中小城市发展报告》编纂委员会
　　　　中小城市发展战略研究院
2016年10月出版　估价：98.00元

中原蓝皮书
中原经济区发展报告（2016）
著(编)者：李英杰　2016年8月出版　估价：88.00元

自贸区蓝皮书
中国自贸区发展报告（2016）
著(编)者：王力　王吉培　2016年10月出版　估价：69.00元

社会政法类

北京蓝皮书
中国社区发展报告（2016）
著(编)者：于燕燕　2017年2月出版　估价：79.00元

殡葬绿皮书
中国殡葬事业发展报告（2016）
著(编)者：李伯森　2016年8月出版　估价：158.00元

城市管理蓝皮书
中国城市管理报告（2015~2016）
著(编)者：刘林　刘承水　2016年5月出版　估价：158.00元

城市生活质量蓝皮书
中国城市生活质量报告（2016）
著(编)者：张连城　张平　杨春学　郎丽华
2016年8月出版　估价：89.00元

城市政府能力蓝皮书
中国城市政府公共服务能力评估报告（2016）
著(编)者：何艳玲　2016年4月出版　定价：68.00元

创新蓝皮书
中国创业环境发展报告（2016）
著(编)者：姚凯　曹祎遐　2016年8月出版　估价：69.00元

15

社会政法类

慈善蓝皮书
中国慈善发展报告（2016）
著（编）者：杨团　2016年6月出版　定价：79.00元

地方法治蓝皮书
中国地方法治发展报告 NO.2（2016）
著（编）者：李林　田禾　2016年3月出版　定价：108.00元

党建蓝皮书
党的建设研究报告 NO.1（2016）
著（编）者：崔建民　陈东平　2016年1月出版　定价：89.00元

法治蓝皮书
中国法治发展报告 NO.14（2016）
著（编）者：李林　田禾　2016年3月出版　定价：118.00元

反腐倡廉蓝皮书
中国反腐倡廉建设报告 NO.6
著（编）者：李秋芳　张英伟　2017年1月出版　估价：79.00元

非传统安全蓝皮书
中国非传统安全研究报告（2015～2016）
著（编）者：余潇枫　魏志江　2016年6月出版　定价：89.00元

妇女发展蓝皮书
中国妇女发展报告 NO.6
著（编）者：王金玲　2016年9月出版　定价：148.00元

妇女教育蓝皮书
中国妇女教育发展报告 NO.3
著（编）者：张李玺　2016年10月出版　定价：78.00元

妇女绿皮书
中国性别平等与妇女发展报告（2016）
著（编）者：谭琳　2016年12月出版　估价：99.00元

公共服务蓝皮书
中国城市基本公共服务力评价（2016）
著（编）者：钟君　吴正杲　2016年12月出版　估价：79.00元

公共管理蓝皮书
中国公共管理发展报告（2016）
著（编）者：贡森　李国强　杨维富
2016年8月出版　估价：69.00元

公共外交蓝皮书
中国公共外交发展报告（2016）
著（编）者：赵启正　雷蔚真　2016年8月出版　估价：89.00元

公民科学素质蓝皮书
中国公民科学素质报告（2015～2016）
著（编）者：李群　陈雄　马宗文　2016年1月出版　估价：89.00元

公益蓝皮书
中国公益慈善发展报告（2016）
著（编）者：朱健刚　2016年4月出版　定价：118.00元

国际人才蓝皮书
海外华侨华人专业人士报告（2016）
著（编）者：王辉耀　苗绿　2016年8月出版　估价：69.00元

国际人才蓝皮书
中国国际移民报告（2016）
著（编）者：王辉耀　2016年8月出版　估价：79.00元

国际人才蓝皮书
中国海归发展报告（2016）NO.3
著（编）者：王辉耀　苗绿　2016年10月出版　估价：69.00元

国际人才蓝皮书
中国留学发展报告（2016）NO.5
著（编）者：王辉耀　苗绿　2016年10月出版　估价：79.00元

国家公园蓝皮书
中国国家公园体制建设报告（2016）
著（编）者：苏杨　张玉钧　石金莲　刘锋　等
2016年10月出版　估价：69.00元

海洋社会蓝皮书
中国海洋社会发展报告（2016）
著（编）者：崔凤　宋宁而　2016年8月出版　估价：89.00元

行政改革蓝皮书
中国行政体制改革报告（2016）NO.5
著（编）者：魏礼群　2016年5月出版　定价：98.00元

华侨华人蓝皮书
华侨华人研究报告（2016）
著（编）者：贾益民　2016年12月出版　估价：98.00元

环境竞争力绿皮书
中国省域环境竞争力发展报告（2016）
著（编）者：李建平　李闽榕　王金南
2016年11月出版　估价：198.00元

环境绿皮书
中国环境发展报告（2016）
著（编）者：刘鉴强　2016年8月出版　估价：79.00元

基金会蓝皮书
中国基金会发展报告（2015~2016）
著（编）者：中国基金会发展报告课题组　2016年4月出版　定价：75.00元

基金会绿皮书
中国基金会发展独立研究报告（2016）
著（编）者：基金会中心网　中央民族大学基金会研究中心
2016年8月出版　估价：88.00元

基金会透明度蓝皮书
中国基金会透明度发展研究报告（2016）
著（编）者：基金会中心网　清华大学廉政与治理研究中心
2016年9月出版　估价：85.00元

教师蓝皮书
中国中小学教师发展报告（2016）
著（编）者：曾晓东　鱼霞　2016年8月出版　估价：69.00元

教育蓝皮书
中国教育发展报告（2016）
著（编）者：杨东平　2016年4月出版　定价：79.00元

科普蓝皮书
中国科普基础设施发展报告（2015）
著（编）者：任福君　2016年8月出版　估价：69.00元

社会政法类 | 皮书系列 2016全品种

科普蓝皮书
中国科普人才发展报告（2015）
著（编）者：郑念 任嵘嵘 2016年4月出版 定价：98.00元

科学教育蓝皮书
中国科学教育发展报告（2016）
著（编）者：罗晖 王康友 2016年10月出版 估价：79.00元

劳动保障蓝皮书
中国劳动保障发展报告（2016）
著（编）者：刘燕斌 2016年8月出版 估价：158.00元

老龄蓝皮书
中国老年宜居环境发展报告（2015）
著（编）者：党俊武 周燕珉 2016年1月出版 定价：79.00元

连片特困区蓝皮书
中国连片特困区发展报告（2016）
著（编）者：游俊 冷志明 丁建军
2016年8月出版 估价：98.00元

民间组织蓝皮书
中国民间组织报告（2016）
著（编）者：黄晓勇 2016年12月出版 估价：79.00元

民调蓝皮书
中国民生调查报告（2016）
著（编）者：谢耘耕 2016年8月出版 估价：128.00元

民族发展蓝皮书
中国民族发展报告（2016）
著（编）者：郝时远 王延中 王希恩
2016年8月出版 估价：98.00元

女性生活蓝皮书
中国女性生活状况报告 NO.10（2016）
著（编）者：韩湘景 2016年8月出版 估价：79.00元

汽车社会蓝皮书
中国汽车社会发展报告（2016）
著（编）者：王俊秀 2016年8月出版 估价：69.00元

青年蓝皮书
中国青年发展报告（2016）NO.4
著（编）者：廉思 等 2016年8月出版 估价：69.00元

青少年蓝皮书
中国未成年人互联网运用报告（2016）
著（编）者：李文革 沈杰 季为民
2016年11月出版 估价：89.00元

青少年体育蓝皮书
中国青少年体育发展报告（2016）
著（编）者：郭建军 杨桦 2016年9月出版 估价：69.00元

区域人才蓝皮书
中国区域人才竞争力报告 NO.2
著（编）者：桂昭明 王辉耀
2016年8月出版 估价：69.00元

群众体育蓝皮书
中国群众体育发展报告（2016）
著（编）者：刘国永 杨桦 2016年10月出版 估价：69.00元

群众体育蓝皮书
中国社会体育指导员发展报告（1994~2014）
著（编）者：刘国永 王欢 2016年4月出版 定价：78.00元

人才蓝皮书
中国人才发展报告（2016）
著（编）者：潘晨光 2016年9月出版 估价：85.00元

人权蓝皮书
中国人权事业发展报告 NO.6（2016）
著（编）者：李君如 2016年9月出版 估价：128.00元

社会保障绿皮书
中国社会保障发展报告（2016）NO.8
著（编）者：王延中 2016年8月出版 估价：99.00元

社会工作蓝皮书
中国社会工作发展报告（2016）
著（编）者：民政部社会工作研究中心
2016年8月出版 估价：79.00元

社会管理蓝皮书
中国社会管理创新报告 NO.4
著（编）者：连玉明 2016年11月出版 估价：89.00元

社会蓝皮书
2016年中国社会形势分析与预测
著（编）者：李培林 陈光金 张翼
2015年12月出版 定价：79.00元

社会体制蓝皮书
中国社会体制改革报告（2016）NO.4
著（编）者：龚维斌 2016年4月出版 估价：79.00元

社会心态蓝皮书
中国社会心态研究报告（2016）
著（编）者：王俊秀 杨宜音 2016年10月出版 估价：69.00元

社会责任管理蓝皮书
中国企业公众透明度报告（2015~2016）NO.2
著（编）者：黄速建 熊梦 肖红军 2016年1月出版 定价：98.00元

社会组织蓝皮书
中国社会组织评估发展报告（2016）
著（编）者：徐家良 廖鸿 2016年12月出版 估价：69.00元

生态城市绿皮书
中国生态城市建设发展报告（2016）
著（编）者：刘举科 孙伟平 胡文臻
2016年9月出版 估价：148.00元

生态文明绿皮书
中国省域生态文明建设评价报告（ECI 2016）
著（编）者：严耕 2016年12月出版 估价：85.00元

世界社会主义黄皮书
世界社会主义跟踪研究报告（2015~2016）
著（编）者：李慎明 2016年3月出版 定价：248.00元

水与发展蓝皮书
中国水风险评估报告（2016）
著（编）者：王浩 2016年9月出版 估价：69.00元

17

皮书系列 2016全品种

社会政法类·行业报告类

体育蓝皮书
长三角地区体育产业发展报告（2016）
著（编）者：张林　2016年8月出版／估价：79.00元

体育蓝皮书
中国公共体育服务发展报告（2016）
著（编）者：戴健　2016年12月出版／估价：79.00元

土地整治蓝皮书
中国土地整治发展研究报告 NO.3
著（编）者：国土资源部土地整治中心
2016年7月出版／定价：89.00元

土地政策蓝皮书
中国土地政策发展报告（2016）
著（编）者：高延利　李宪文
2015年12月出版／定价：89.00元

危机管理蓝皮书
中国危机管理报告（2016）
著（编）者：文学国　范正青
2016年8月出版／估价：89.00元

形象危机应对蓝皮书
形象危机应对研究报告（2016）
著（编）者：唐钧　2016年8月出版／估价：149.00元

医改蓝皮书
中国医药卫生体制改革报告（2016）
著（编）者：文学国　房志武　2016年11月出版／估价：98.00元

医疗卫生绿皮书
中国医疗卫生发展报告 NO.7（2016）
著（编）者：申宝忠　韩玉珍　2016年8月出版／估价：75.00元

政治参与蓝皮书
中国政治参与报告（2016）
著（编）者：房宁　2016年8月出版／估价：108.00元

政治发展蓝皮书
中国政治发展报告（2016）
著（编）者：房宁　杨海蛟　2016年8月出版／估价：88.00元

智慧社区蓝皮书
中国智慧社区发展报告（2016）
著（编）者：罗昌智　张辉德　2016年8月出版／估价：69.00元

中国农村妇女发展蓝皮书
农村流动女性城市生活发展报告（2016）
著（编）者：谢丽华　2016年12月出版／估价：79.00元

宗教蓝皮书
中国宗教报告（2015）
著（编）者：邱永辉　2016年4月出版／定价：79.00元

行业报告类

保健蓝皮书
中国保健服务产业发展报告 NO.2
著（编）者：中国保健协会　中共中央党校
2016年8月出版／估价：198.00元

保健蓝皮书
中国保健食品产业发展报告 NO.2
著（编）者：中国保健协会
　　　　　中国社会科学院食品药品产业发展与监管研究中心
2016年8月出版／估价：198.00元

保健蓝皮书
中国保健用品产业发展报告 NO.2
著（编）者：中国保健协会
　　　　　国务院国有资产监督管理委员会研究中心
2016年8月出版／估价：198.00元

保险蓝皮书
中国保险业创新发展报告（2016）
著（编）者：项俊波　2016年12月出版／估价：69.00元

保险蓝皮书
中国保险业竞争力报告（2016）
著（编）者：项俊波　2016年12月出版／估价：99.00元

采供血蓝皮书
中国采供血管理报告（2016）
著（编）者：朱永明　耿鸿武　2016年8月出版／估价：69.00元

彩票蓝皮书
中国彩票发展报告（2016）
著（编）者：益彩基金　2016年8月出版／估价：98.00元

餐饮产业蓝皮书
中国餐饮产业发展报告（2016）
著（编）者：邢颖　2016年6月出版／定价：98.00元

测绘地理信息蓝皮书
测绘地理信息转型升级研究报告（2016）
著（编）者：库热西·买合苏提　2016年12月出版／估价：98.00元

茶业蓝皮书
中国茶产业发展报告（2016）
著（编）者：杨江帆　李闽榕　2016年10月出版／估价：78.00元

产权市场蓝皮书
中国产权市场发展报告（2015～2016）
著（编）者：曹和平　2016年8月出版／估价：89.00元

产业安全蓝皮书
中国出版传媒产业安全报告（2015~2016）
著（编）者：北京印刷学院文化产业安全研究院
2016年3月出版／定价：79.00元

产业安全蓝皮书
中国文化产业安全报告（2016）
著（编）者：北京印刷学院文化产业安全研究院
2016年8月出版／估价：89.00元

行业报告类

皮书系列 2016全品种

产业安全蓝皮书
中国新媒体产业安全报告（2016）
著(编)者：北京印刷学院文化产业安全研究院
2016年8月出版 / 估价：69.00元

大数据蓝皮书
网络空间和大数据发展报告（2016）
著(编)者：杜平　2016年8月出版 / 估价：69.00元

电子商务蓝皮书
中国电子商务服务业发展报告 NO.3
著(编)者：荆林波 梁春晓　2016年8月出版 / 估价：69.00元

电子政务蓝皮书
中国电子政务发展报告（2016）
著(编)者：洪毅 杜平　2016年11月出版 / 估价：79.00元

杜仲产业绿皮书
中国杜仲橡胶资源与产业发展报告（2016）
著(编)者：杜红岩 胡文臻 俞锐
2016年8月出版 / 估价：85.00元

房地产蓝皮书
中国房地产发展报告 NO.13（2016）
著(编)者：李春华 王业强　2016年5月出版 / 定价：89.00元

服务外包蓝皮书
中国服务外包产业发展报告（2016）
著(编)者：王晓红 刘德军
2016年8月出版 / 定价：89.00元

服务外包蓝皮书
中国服务外包竞争力报告（2016）
著(编)者：王力 刘春生 黄育华
2016年11月出版 / 估价：85.00元

工业和信息化蓝皮书
世界网络安全发展报告（2015~2016）
著(编)者：洪京一　2016年4月出版 / 定价：79.00元

工业和信息化蓝皮书
世界信息化发展报告（2015~2016）
著(编)者：洪京一　2016年4月出版 / 定价：79.00元

工业和信息化蓝皮书
世界信息技术产业发展报告（2015~2016）
著(编)者：洪京一　2016年4月出版 / 定价：79.00元

工业和信息化蓝皮书
世界制造业发展报告（2016）
著(编)者：洪京一　2016年8月出版 / 定价：69.00元

工业和信息化蓝皮书
移动互联网产业发展报告（2015~2016）
著(编)者：洪京一　2016年4月出版 / 定价：79.00元

工业和信息化蓝皮书
战略性新兴产业发展报告（2015~2016）
著(编)者：洪京一　2016年4月出版 / 定价：79.00元

工业设计蓝皮书
中国工业设计发展报告（2016）
著(编)者：王晓红 于炜 张立群
2016年9月出版 / 估价：138.00元

黄金市场蓝皮书
中国商业银行黄金业务发展报告（2015~2016）
著(编)者：平安银行　2016年3月出版 / 定价：98.00元

互联网金融蓝皮书
中国互联网金融发展报告（2016）
著(编)者：李东荣　2016年8月出版 / 定价：79.00元

会展蓝皮书
中外会展业动态评估年度报告（2016）
著(编)者：张敏　2016年8月出版 / 估价：78.00元

节能汽车蓝皮书
中国节能汽车产业发展报告（2016）
著(编)者：中国汽车工程研究院股份有限公司
2016年12月出版 / 估价：69.00元

金融监管蓝皮书
中国金融监管报告（2016）
著(编)者：胡滨　2016年6月出版 / 定价：89.00元

金融蓝皮书
中国金融中心发展报告（2016）
著(编)者：王力 黄育华　2017年11月出版 / 定价：75.00元

金融蓝皮书
中国商业银行竞争力报告（2016）
著(编)者：王松奇　2016年8月出版 / 定价：69.00元

经济林产业绿皮书
中国经济林产业发展报告（2016）
著(编)者：李芳东 胡文臻 乌云塔娜 杜红岩
2016年12月出版 / 估价：69.00元

客车蓝皮书
中国客车产业发展报告（2016）
著(编)者：姚蔚　2016年8月出版 / 估价：85.00元

老龄蓝皮书
中国老龄产业发展报告（2016）
著(编)者：吴玉韶 党俊武　2016年9月出版 / 估价：79.00元

流通蓝皮书
中国商业发展报告（2016~2017）
著(编)者：王雪峰 林诗慧　2016年7月出版 / 定价：89.00元

旅游安全蓝皮书
中国旅游安全报告（2016）
著(编)者：郑向敏 谢朝武　2016年5月出版 / 定价：128.00元

旅游绿皮书
2015~2016年中国旅游发展分析与预测
著(编)者：宋瑞　2016年4月出版 / 定价：89.00元

煤炭蓝皮书
中国煤炭工业发展报告（2016）
著(编)者：岳福斌　2016年12月出版 / 估价：79.00元

19

皮书系列 2016全品种
行业报告类

民营企业社会责任蓝皮书
中国民营企业社会责任年度报告（2016）
著（编）者：中华全国工商业联合会
2016年8月出版 / 估价：69.00元

民营医院蓝皮书
中国民营医院发展报告（2016）
著（编）者：庄一强　　2016年10月出版　估价：75.00元

能源蓝皮书
中国能源发展报告（2016）
著（编）者：崔民选　王军生　陈义和
2016年8月出版 / 估价：79.00元

农产品流通蓝皮书
中国农产品流通产业发展报告（2016）
著（编）者：贾敬敦　张东科　张玉玺　张鹏毅　周伟
2016年8月出版 / 估价：89.00元

期货蓝皮书
中国期货市场发展报告(2016)
著（编）者：李群　王在荣　　2016年11月出版　估价：69.00元

企业公益蓝皮书
中国企业公益研究报告（2016）
著（编）者：钟宏武　汪杰　顾一　黄晓娟　等
2016年12月出版 / 估价：69.00元

企业公众透明度蓝皮书
中国企业公众透明度报告（2016）NO.3
著（编）者：黄速建　王晓光　肖红军
2016年8月出版 / 估价：98.00元

企业国际化蓝皮书
中国企业国际化报告（2016）
著（编）者：王辉耀　　2016年11月出版　估价：98.00元

企业蓝皮书
中国企业绿色发展报告NO.2（2016）
著（编）者：李红玉　朱光辉　　2016年8月出版 / 估价：79.00元

企业社会责任蓝皮书
中国企业社会责任研究报告（2016）
著（编）者：黄群慧　钟宏武　张蒽　等
2016年11月出版 / 估价：79.00元

企业社会责任能力蓝皮书
中国上市公司社会责任能力成熟度报告（2016）
著（编）者：肖红军　王晓光　李伟阳
2016年11月出版 / 估价：69.00元

汽车安全蓝皮书
中国汽车安全发展报告（2016）
著（编）者：中国汽车技术研究中心
2016年8月出版 / 估价：89.00元

汽车电子商务蓝皮书
中国汽车电子商务发展报告（2016）
著（编）者：中华全国工商业联合会汽车经销商商会
　　　　　北京易观智库网络科技有限公司
2016年8月出版 / 估价：128.00元

汽车工业蓝皮书
中国汽车工业发展年度报告（2016）
著（编）者：中国汽车工业协会　中国汽车技术研究中心
　　　　　丰田汽车（中国）投资有限公司
2016年4月出版 / 定价：128.00元

汽车蓝皮书
中国汽车产业发展报告（2016）
著（编）者：国务院发展研究中心产业经济研究部
　　　　　中国汽车工程学会　大众汽车集团（中国）
2016年8月出版 / 估价：158.00元

清洁能源蓝皮书
国际清洁能源发展报告（2016）
著（编）者：苏树辉　袁国林　李玉崙
2016年11月出版 / 估价：99.00元

人力资源蓝皮书
中国人力资源发展报告（2016）
著（编）者：余兴安　　2016年12月出版 / 估价：79.00元

融资租赁蓝皮书
中国融资租赁业发展报告（2015～2016）
著（编）者：李光荣　王力　　2016年8月出版 / 估价：89.00元

软件和信息服务业蓝皮书
中国软件和信息服务业发展报告（2016）
著（编）者：洪京一　　2016年12月出版 / 估价：198.00元

商会蓝皮书
中国商会发展报告NO.5（2016）
著（编）者：王钦敏　　2016年8月出版 / 估价：89.00元

上市公司蓝皮书
中国上市公司社会责任信息披露报告（2016）
著（编）者：张旺　张杨　　2016年11月出版 / 估价：69.00元

上市公司蓝皮书
中国上市公司质量评价报告（2015～2016）
著（编）者：张跃文　王力　　2016年11月出版 / 估价：118.00元

设计产业蓝皮书
中国设计产业发展报告（2016）
著（编）者：陈冬亮　梁昊光　　2016年8月出版 / 估价：89.00元

食品药品蓝皮书
食品药品安全与监管政策研究报告（2016）
著（编）者：唐民皓　　2016年8月出版 / 估价：69.00元

世界能源蓝皮书
世界能源发展报告（2016）
著（编）者：黄晓勇　　2016年6月出版 / 定价：99.00元

水利风景区蓝皮书
中国水利风景区发展报告（2016）
著（编）者：谢婵才　兰思仁　　2016年5月出版 / 定价：89.00元

私募市场蓝皮书
中国私募股权市场发展报告（2016）
著（编）者：曹和平　　2016年12月出版 / 估价：79.00元

行业报告类　　皮书系列 2016全品种

碳市场蓝皮书
中国碳市场报告（2016）
著(编)者：宁金彪　2016年11月出版／估价：69.00元

体育蓝皮书
中国体育产业发展报告（2016）
著(编)者：阮伟　钟秉枢　2016年8月出版／估价：69.00元

土地市场蓝皮书
中国农村土地市场发展报告（2015~2016）
著(编)者：李光荣　2016年3月出版／定价：79.00元

网络空间安全蓝皮书
中国网络空间安全发展报告（2016）
著(编)者：惠志斌　唐涛　2016年8月出版／估价：79.00元

物联网蓝皮书
中国物联网发展报告（2016）
著(编)者：黄桂田　龚六堂　张全升
2016年8月出版／估价：69.00元

西部工业蓝皮书
中国西部工业发展报告（2016）
著(编)者：方行明　甘犁　刘方健　姜凌　等
2016年9月出版／估价：79.00元

西部金融蓝皮书
中国西部金融发展报告（2016）
著(编)者：李忠民　2016年8月出版／估价：75.00元

协会商会蓝皮书
中国行业协会商会发展报告（2016）
著(编)者：景朝阳　李勇　2016年8月出版／估价：99.00元

新能源汽车蓝皮书
中国新能源汽车产业发展报告（2016）
著(编)者：中国汽车技术研究中心
　　　　　日产（中国）投资有限公司　东风汽车有限公司
2016年8月出版／估价：89.00元

新三板蓝皮书
中国新三板市场发展报告（2016）
著(编)者：王力　2016年6月出版／定价：79.00元

信托市场蓝皮书
中国信托业市场报告（2015～2016）
著(编)者：用益信托工作室
2016年1月出版／定价：198.00元

信息安全蓝皮书
中国信息安全发展报告（2016）
著(编)者：张晓东　2016年8月出版／估价：69.00元

信息化蓝皮书
中国信息化形势分析与预测（2016）
著(编)者：周宏仁　2016年8月出版／估价：98.00元

信用蓝皮书
中国信用发展报告（2016）
著(编)者：章政　田侃　2016年8月出版／估价：99.00元

休闲绿皮书
2016年中国休闲发展报告
著(编)者：宋瑞
2016年10月出版／估价：79.00元

药品流通蓝皮书
中国药品流通行业发展报告（2016）
著(编)者：佘鲁林　温再兴
2016年8月出版／估价：158.00元

医院蓝皮书
中国医院竞争力报告（2016）
著(编)者：庄一强　曾益新　2016年3月出版／估价：128.00元

医药蓝皮书
中国中医药产业园战略发展报告（2016）
著(编)者：裴长洪　房书亭　吴滁心
2016年8月出版／估价：89.00元

邮轮绿皮书
中国邮轮产业发展报告（2016）
著(编)者：汪泓　2016年10月出版／估价：79.00元

智能养老蓝皮书
中国智能养老产业发展报告（2016）
著(编)者：朱勇　2016年10月出版／估价：89.00元

中国SUV蓝皮书
中国SUV产业发展报告（2016）
著(编)者：靳军　2016年12月出版／估价：69.00元

中国金融行业蓝皮书
中国债券市场发展报告（2016）
著(编)者：谢多　2016年8月出版／估价：69.00元

中国上市公司蓝皮书
中国上市公司发展报告（2016）
著(编)者：中国社会科学院上市公司研究中心
2016年9月出版／估价：98.00元

中国游戏蓝皮书
中国游戏产业发展报告（2016）
著(编)者：孙立军　刘跃军　牛兴侦
2016年8月出版／估价：69.00元

中国总部经济蓝皮书
中国总部经济发展报告（2015～2016）
著(编)者：赵弘　2016年9月出版／估价：79.00元

资本市场蓝皮书
中国场外交易市场发展报告（2014~2015）
著(编)者：高峦　2016年3月出版／定价：79.00元

资产管理蓝皮书
中国资产管理行业发展报告（2016）
著(编)者：智信资产管理研究院
2016年6月出版／定价：89.00元

文化传媒类

传媒竞争力蓝皮书
中国传媒国际竞争力研究报告（2016）
著（编）者：李本乾 刘强
2016年11月出版 / 估价：148.00元

传媒蓝皮书
中国传媒产业发展报告（2016）
著（编）者：崔保国 2016年5月出版 / 定价：98.00元

传媒投资蓝皮书
中国传媒投资发展报告（2016）
著（编）者：张向东 谭云明
2016年8月出版 / 估价：128.00元

动漫蓝皮书
中国动漫产业发展报告（2016）
著（编）者：卢斌 郑玉明 牛兴侦
2016年8月出版 / 估价：79.00元

非物质文化遗产蓝皮书
中国非物质文化遗产发展报告（2016）
著（编）者：陈平 2016年8月出版 / 估价：98.00元

广电蓝皮书
中国广播电影电视发展报告（2016）
著（编）者：国家新闻出版广电总局发展研究中心
2016年8月出版 / 估价：98.00元

广告主蓝皮书
中国广告主营销传播趋势报告 NO.9
著（编）者：黄升民 杜国清 邵华冬 等
2016年10月出版 / 估价：148.00元

国际传播蓝皮书
中国国际传播发展报告（2016）
著（编）者：胡正荣 李继东 姬德强
2016年11月出版 / 估价：89.00元

纪录片蓝皮书
中国纪录片发展报告（2016）
著（编）者：何苏六 2016年10月出版 / 估价：79.00元

科学传播蓝皮书
中国科学传播报告（2016）
著（编）者：詹正茂 2016年8月出版 / 估价：69.00元

两岸创意经济蓝皮书
两岸创意经济研究报告（2016）
著（编）者：罗昌智 董泽平 2016年12月出版 / 估价：98.00元

两岸文化蓝皮书
两岸文化产业合作发展报告（2016）
著（编）者：胡惠林 李保宗 2016年8月出版 / 估价：79.00元

媒介与女性蓝皮书
中国媒介与女性发展报告(2015~2016)
著（编）者：刘利群 2016年8月出版 / 估价：118.00元

媒体融合蓝皮书
中国媒体融合发展报告（2016）
著（编）者：梅宁华 宋建武 2016年8月出版 / 估价：79.00元

全球传媒蓝皮书
全球传媒发展报告（2016）
著（编）者：胡正荣 李继东 唐晓芬
2016年12月出版 / 估价：79.00元

少数民族非遗蓝皮书
中国少数民族非物质文化遗产发展报告（2016）
著（编）者：肖远平（彝） 柴立（满）
2016年8月出版 / 估价：128.00元

视听新媒体蓝皮书
中国视听新媒体发展报告（2016）
著（编）者：国家新闻出版广电总局发展研究中心
2016年8月出版 / 估价：98.00元

文化创新蓝皮书
中国文化创新报告（2016）NO.7
著（编）者：于平 傅才武 2016年8月出版 / 估价：98.00元

文化建设蓝皮书
中国文化发展报告（2015~2016）
著（编）者：江畅 孙伟平 戴茂堂
2016年6月出版 / 定价：116.00元

文化科技蓝皮书
文化科技创新发展报告（2016）
著（编）者：于平 李凤亮 2016年10月出版 / 估价：89.00元

文化蓝皮书
中国公共文化服务发展报告（2016）
著（编）者：刘新成 张永新 张旭 2016年10月出版 / 估价：98.00元

文化蓝皮书
中国公共文化投入增长测评报告（2016）
著（编）者：王亚南 2016年4月出版 / 定价：79.00元

文化蓝皮书
中国少数民族文化发展报告（2016）
著（编）者：武翠英 张晓明 任乌晶
2016年9月出版 / 估价：69.00元

文化蓝皮书
中国文化产业发展报告（2015~2016）
著（编）者：张晓明 王家新 章建刚
2016年2月出版 / 定价：79.00元

文化蓝皮书
中国文化产业供需协调检测报告（2016）
著（编）者：王亚南 2016年8月出版 / 估价：79.00元

文化蓝皮书
中国文化消费需求景气评价报告（2016）
著（编）者：王亚南 2016年4月出版 / 定价：79.00元

文化传媒类・地方发展类

皮书系列 2016全品种

文化品牌蓝皮书
中国文化品牌发展报告（2016）
著(编)者：欧阳友权　2016年5月出版／估价：98.00元

文化遗产蓝皮书
中国文化遗产事业发展报告（2016）
著(编)者：刘世锦　2016年8月出版／估价：89.00元

文学蓝皮书
中国文情报告（2015～2016）
著(编)者：白烨　2016年5月出版／定价：49.00元

新媒体蓝皮书
中国新媒体发展报告NO.7（2016）
著(编)者：唐绪军　2016年7月出版／定价：79.00元

新媒体社会责任蓝皮书
中国新媒体社会责任研究报告（2016）
著(编)者：钟瑛　2016年10月出版／定价：79.00元

移动互联网蓝皮书
中国移动互联网发展报告（2016）
著(编)者：官建文　2016年6月出版／定价：79.00元

舆情蓝皮书
中国社会舆情与危机管理报告（2016）
著(编)者：谢耘耕　2016年8月出版／估价：98.00元

影视风控蓝皮书
中国影视舆情与风控报告（2016）
著(编)者：司若　2016年4月出版／定价：138.00元

地方发展类

安徽经济蓝皮书
芜湖创新型城市发展报告（2016）
著(编)者：张志宏　2016年8月出版／估价：69.00元

安徽蓝皮书
安徽社会发展报告（2016）
著(编)者：程桦　2016年4月出版／定价：89.00元

安徽社会建设蓝皮书
安徽社会建设分析报告（2015～2016）
著(编)者：黄家海　王开玉　蔡宪
2016年8月出版／定价：89.00元

澳门蓝皮书
澳门经济社会发展报告（2015～2016）
著(编)者：吴志良　郝雨凡　2016年6月出版／定价：98.00元

北京蓝皮书
北京公共服务发展报告（2015～2016）
著(编)者：施昌奎　2016年2月出版／定价：79.00元

北京蓝皮书
北京经济发展报告（2015～2016）
著(编)者：杨松　2016年6月出版／定价：79.00元

北京蓝皮书
北京社会发展报告（2015～2016）
著(编)者：李伟东　2016年6月出版／定价：79.00元

北京蓝皮书
北京社会治理发展报告（2015～2016）
著(编)者：殷星辰　2016年5月出版／定价：79.00元

北京蓝皮书
北京文化发展报告（2015～2016）
著(编)者：李建盛　2016年4月出版／定价：79.00元

北京旅游绿皮书
北京旅游发展报告（2016）
著(编)者：北京旅游学会　2016年8月出版／估价：88.00元

北京人才蓝皮书
北京人才发展报告（2016）
著(编)者：于淼　2016年12月出版／估价：128.00元

北京社会心态蓝皮书
北京社会心态分析报告（2015～2016）
著(编)者：北京社会心理研究所
2016年8月出版／估价：79.00元

北京社会组织管理蓝皮书
北京社会组织发展与管理（2015～2016）
著(编)者：黄江松　2016年8月出版／估价：78.00元

北京体育蓝皮书
北京体育产业发展报告（2016）
著(编)者：钟秉枢　陈杰　杨铁黎
2016年10月出版／估价：79.00元

北京养老产业蓝皮书
北京养老产业发展报告（2016）
著(编)者：周明明　冯喜良　2016年8月出版／估价：69.00元

滨海金融蓝皮书
滨海新区金融发展报告（2016）
著(编)者：王爱俭　张锐钢　2016年9月出版／估价：79.00元

城乡一体化蓝皮书
中国城乡一体化发展报告・北京卷（2015～2016)
著(编)者：张宝秀　黄序　2016年5月出版／定价：79.00元

创意城市蓝皮书
北京文化创意产业发展报告（2016）
著(编)者：张京成　王国华　2016年12月出版／估价：69.00元

创意城市蓝皮书
青岛文化创意产业发展报告（2016）
著(编)者：马达　张丹妮　2016年8月出版／估价：79.00元

创意城市蓝皮书
青岛文化创意产业发展报告（2016）
著(编)者：马达　张丹妮　2016年8月出版／估价：79.00元

23

皮书系列 2016全品种 地方发展类

创意城市蓝皮书
天津文化创意产业发展报告（2015~2016）
著（编）者：谢思全　　2016年6月出版／定价：79.00元

创意城市蓝皮书
台北文化创意产业发展报告（2016）
著（编）者：陈耀竹　邱琪瑄　2016年11月出版／估价：89.00元

创意城市蓝皮书
无锡文化创意产业发展报告（2016）
著（编）者：谭军　张鸣年　2016年10月出版／估价：79.00元

创意城市蓝皮书
武汉文化创意产业发展报告（2016）
著（编）者：黄永林　陈汉桥　2016年12月出版／估价：89.00元

创意城市蓝皮书
重庆创意产业发展报告（2016）
著（编）者：程宇宁　2016年8月出版／估价：89.00元

地方法治蓝皮书
南宁法治发展报告（2016）
著（编）者：杨维超　2016年12月出版／估价：69.00元

福建妇女发展蓝皮书
福建省妇女发展报告（2016）
著（编）者：刘群英　2016年11月出版／估价：88.00元

福建自贸区蓝皮书
中国（福建）自由贸易实验区发展报告（2015~2016）
著（编）者：黄茂兴　2016年4月出版／定价：108.00元

甘肃蓝皮书
甘肃经济发展分析与预测（2016）
著（编）者：朱智文　罗哲　2016年1月出版／定价：79.00元

甘肃蓝皮书
甘肃社会发展分析与预测（2016）
著（编）者：安文华　包晓霞　谢增虎　2016年1月出版／定价：79.00元

甘肃蓝皮书
甘肃文化发展分析与预测（2016）
著（编）者：安文华　周小华　2016年1月出版／定价：79.00元

甘肃蓝皮书
甘肃县域和农村发展报告（2016）
著（编）者：刘进军　柳民　王建兵
2016年1月出版／定价：79.00元

甘肃蓝皮书
甘肃舆情分析与预测（2016）
著（编）者：陈双梅　张谦元　2016年1月出版／定价：79.00元

甘肃蓝皮书
甘肃商贸流通发展报告（2016）
著（编）者：杨志武　王福生　王晓芳
2016年1月出版／定价：79.00元

广东蓝皮书
广东全面深化改革发展报告（2016）
著（编）者：周林生　涂成林　2016年11月出版／估价：69.00元

广东蓝皮书
广东社会工作发展报告（2016）
著（编）者：罗观翠　2016年8月出版／估价：89.00元

广东蓝皮书
广东省电子商务发展报告（2016）
著（编）者：程晓　邓顺国　2016年8月出版／估价：79.00元

广东社会建设蓝皮书
广东省社会建设发展报告（2016）
著（编）者：广东省社会工作委员会
2016年12月出版／估价：99.00元

广东外经贸蓝皮书
广东对外经济贸易发展研究报告（2015~2016）
著（编）者：陈万灵　2016年8月出版／估价：89.00元

广西北部湾经济区蓝皮书
广西北部湾经济区开放开发报告（2016）
著（编）者：广西北部湾经济区规划建设管理委员会办公室
　　　　　广西社会科学院　广西北部湾发展研究院
2016年10月出版／估价：79.00元

巩义蓝皮书
巩义经济社会发展报告（2016）
著（编）者：丁同民　朱军　2016年4月出版／定价：58.00元

广州蓝皮书
2016年中国广州经济形势分析与预测
著（编）者：庾建设　陈浩钿　谢博能　2016年7月出版／定价：85.00元

广州蓝皮书
2016年中国广州社会形势分析与预测
著（编）者：张强　陈怡霓　杨秦　2016年6月出版／定价：85.00元

广州蓝皮书
广州城市国际化发展报告（2016）
著（编）者：朱名宏　2016年11月出版／估价：69.00元

广州蓝皮书
广州创新型城市发展报告（2016）
著（编）者：尹涛　2016年10月出版／估价：69.00元

广州蓝皮书
广州经济发展报告（2016）
著（编）者：朱名宏　2016年8月出版／估价：69.00元

广州蓝皮书
广州农村发展报告（2016）
著（编）者：朱名宏　2016年8月出版／估价：69.00元

广州蓝皮书
广州汽车产业发展报告（2016）
著（编）者：杨再高　冯兴亚　2016年9月出版／估价：69.00元

广州蓝皮书
广州青年发展报告（2015~2016）
著（编）者：魏国华　张强　2016年8月出版／估价：69.00元

广州蓝皮书
广州商贸业发展报告（2016）
著（编）者：李江涛　肖振宇　荀振英
2016年8月出版／估价：69.00元

地方发展类

广州蓝皮书
广州社会保障发展报告（2016）
著(编)者:蔡国萱　2016年10月出版 / 估价:65.00元

广州蓝皮书
广州文化创意产业发展报告（2016）
著(编)者:甘新　2016年8月出版 / 估价:79.00元

广州蓝皮书
中国广州城市建设与管理发展报告（2016）
著(编)者:董晔　陈小钢　李江涛　2016年8月出版 / 估价:69.00元

广州蓝皮书
中国广州科技和信息化发展报告（2016）
著(编)者:邹采荣　马正勇　冯元　2016年8月出版 / 估价:79.00元

广州蓝皮书
中国广州文化发展报告（2016）
著(编)者:徐俊忠　陆志强　顾涧清　2016年8月出版 / 估价:69.00元

贵阳蓝皮书
贵阳城市创新发展报告·白云篇（2016）
著(编)者:连玉明　2016年10月出版 / 估价:89.00元

贵阳蓝皮书
贵阳城市创新发展报告·观山湖篇（2016）
著(编)者:连玉明　2016年10月出版 / 估价:89.00元

贵阳蓝皮书
贵阳城市创新发展报告·花溪篇（2016）
著(编)者:连玉明　2016年10月出版 / 估价:89.00元

贵阳蓝皮书
贵阳城市创新发展报告·开阳篇（2016）
著(编)者:连玉明　2016年10月出版 / 估价:89.00元

贵阳蓝皮书
贵阳城市创新发展报告·南明篇（2016）
著(编)者:连玉明　2016年10月出版 / 估价:89.00元

贵阳蓝皮书
贵阳城市创新发展报告·清镇篇（2016）
著(编)者:连玉明　2016年10月出版 / 估价:89.00元

贵阳蓝皮书
贵阳城市创新发展报告·乌当篇（2016）
著(编)者:连玉明　2016年10月出版 / 估价:89.00元

贵阳蓝皮书
贵阳城市创新发展报告·息烽篇（2016）
著(编)者:连玉明　2016年10月出版 / 估价:89.00元

贵阳蓝皮书
贵阳城市创新发展报告·修文篇（2016）
著(编)者:连玉明　2016年10月出版 / 估价:89.00元

贵阳蓝皮书
贵阳城市创新发展报告·云岩篇（2016）
著(编)者:连玉明　2016年10月出版 / 估价:89.00元

贵州房地产蓝皮书
贵州房地产发展报告NO.3（2016）
著(编)者:武廷方　2016年8月出版 / 估价:89.00元

贵州蓝皮书
贵州册亨经济社会发展报告(2016)
著(编)者:黄德林　2016年3月出版 / 定价:79.00元

贵州蓝皮书
贵安新区发展报告（2015~2016）
著(编)者:马长青　吴大华　2016年6月出版 / 估价:79.00元

贵州蓝皮书
贵州法治发展报告（2016）
著(编)者:吴大华　2016年5月出版 / 定价:79.00元

贵州蓝皮书
贵州民航业发展报告（2016）
著(编)者:申振东　吴大华　2016年10月出版 / 估价:69.00元

贵州蓝皮书
贵州民营经济发展报告（2015）
著(编)者:杨静　吴大华　2016年3月出版 / 定价:79.00元

贵州蓝皮书
贵州人才发展报告（2016）
著(编)者:于杰　吴大华　2016年9月出版 / 估价:69.00元

贵州蓝皮书
贵州社会发展报告（2016）
著(编)者:王兴骥　2016年6月出版 / 定价:79.00元

海淀蓝皮书
海淀区文化和科技融合发展报告（2016）
著(编)者:陈名杰　孟景伟　2016年8月出版 / 估价:75.00元

海峡西岸蓝皮书
海峡西岸经济区发展报告（2016）
著(编)者:福建省人民政府发展研究中心
　　　　福建省人民政府发展研究中心咨询服务中心
2016年9月出版 / 估价:65.00元

杭州都市圈蓝皮书
杭州都市圈发展报告（2016）
著(编)者:沈翔　戚建国　2016年5月出版 / 定价:128.00元

杭州蓝皮书
杭州妇女发展报告（2016）
著(编)者:魏颖　2016年6月出版 / 定价:79.00元

河北经济蓝皮书
河北省经济发展报告（2016）
著(编)者:马树强　金浩　刘兵　张贵
2016年4月出版 / 定价:89.00元

河北蓝皮书
河北经济社会发展报告（2016）
著(编)者:郭金平　2016年1月出版 / 定价:79.00元

河北食品药品安全蓝皮书
河北食品药品安全研究报告（2016）
著(编)者:丁锦霞　2016年6月出版 / 定价:79.00元

河南经济蓝皮书
2016年河南经济形势分析与预测
著(编)者:胡五岳　2016年2月出版 / 定价:79.00元

地方发展类

河南蓝皮书
2016年河南社会形势分析与预测
著(编)者:刘道兴 牛苏林　2016年4月出版 / 定价:79.00元

河南蓝皮书
河南城市发展报告（2016）
著(编)者:张占仓 王建国　2016年5月出版 / 定价:69.00元

河南蓝皮书
河南法治发展报告（2016）
著(编)者:丁同民 张林海　2016年5月出版 / 定价:79.00元

河南蓝皮书
河南工业发展报告（2016）
著(编)者:张占仓 丁同民　2016年5月出版 / 定价:69.00元

河南蓝皮书
河南金融发展报告（2016）
著(编)者:河南省社会科学院　2016年8月出版 / 估价:69.00元

河南蓝皮书
河南经济发展报告（2016）
著(编)者:张占仓　2016年3月出版 / 定价:79.00元

河南蓝皮书
河南农业农村发展报告（2016）
著(编)者:吴海峰　2016年8月出版 / 估价:69.00元

河南蓝皮书
河南文化发展报告（2016）
著(编)者:卫绍生　2016年3月出版 / 定价:78.00元

河南商务蓝皮书
河南商务发展报告（2016）
著(编)者:焦锦淼 穆荣国　2016年6月出版 / 定价:88.00元

黑龙江产业蓝皮书
黑龙江产业发展报告（2016）
著(编)者:于渤　2016年10月出版 / 估价:79.00元

黑龙江蓝皮书
黑龙江经济发展报告（2016）
著(编)者:朱宇　2016年1月出版 / 定价:79.00元

黑龙江蓝皮书
黑龙江社会发展报告（2016）
著(编)者:谢宝禄　2016年1月出版 / 定价:79.00元

湖南城市蓝皮书
区域城市群整合（主题待定）
著(编)者:童中贤 韩未名　2016年12月出版 / 估价:79.00元

湖南蓝皮书
2016年湖南产业发展报告
著(编)者:梁志峰　2016年5月出版 / 定价:128.00元

湖南蓝皮书
2016年湖南电子政务发展报告
著(编)者:梁志峰　2016年5月出版 / 定价:128.00元

湖南蓝皮书
2016年湖南经济展望
著(编)者:梁志峰　2016年5月出版 / 定价:128.00元

湖南蓝皮书
2016年湖南两型社会与生态文明发展报告
著(编)者:梁志峰　2016年5月出版 / 定价:128.00元

湖南蓝皮书
2016年湖南社会发展报告
著(编)者:梁志峰　2016年5月出版 / 定价:128.00元

湖南蓝皮书
2016年湖南县域经济社会发展报告
著(编)者:梁志峰　2016年5月出版 / 定价:98.00元

湖南蓝皮书
湖南城乡一体化发展报告（2016）
著(编)者:陈文胜 王文强 陆福兴 邝奕轩
2016年6月出版 / 定价:89.00元

湖南县域绿皮书
湖南县域发展报告 NO.3
著(编)者:袁准 周小毛　2016年9月出版 / 估价:69.00元

沪港蓝皮书
沪港发展报告（2015～2016）
著(编)者:尤安山　2016年8月出版 / 估价:89.00元

京津冀金融蓝皮书
京津冀金融发展报告（2015）
著(编)者:王爱俭 李向前　2016年3月出版 / 定价:89.00元

吉林蓝皮书
2016年吉林经济社会形势分析与预测
著(编)者:马克　2015年12月出版 / 定价:79.00元

吉林省城市竞争力蓝皮书
吉林省城市竞争力报告（2015）
著(编)者:崔岳春 张磊　2016年3月出版 / 定价:69.00元

济源蓝皮书
济源经济社会发展报告（2016）
著(编)者:喻新安　2016年8月出版 / 估价:69.00元

健康城市蓝皮书
北京健康城市建设研究报告（2016）
著(编)者:王鸿春　2016年8月出版 / 定价:79.00元

江苏法治蓝皮书
江苏法治发展报告 NO.5（2016）
著(编)者:李力 龚廷泰　2016年9月出版 / 定价:98.00元

江西蓝皮书
江西经济社会发展报告（2016）
著(编)者:张勇 姜玮 梁勇　2016年10月出版 / 估价:79.00元

江西文化产业蓝皮书
江西文化产业发展报告（2016）
著(编)者:张圣才 汪春翔　2016年10月出版 / 估价:128.00元

地方发展类

经济特区蓝皮书
中国经济特区发展报告（2016）
著(编)者:陶一桃　2016年12月出版 / 估价:89.00元

辽宁蓝皮书
2016年辽宁经济社会形势分析与预测
著(编)者:曹晓峰　梁启东
2016年1月出版 / 定价:79.00元

拉萨蓝皮书
拉萨法治发展报告（2016）
著(编)者:车明怀　2016年8月出版 / 估价:79.00元

洛阳蓝皮书
洛阳文化发展报告（2016）
著(编)者:刘福兴　陈启明　2016年8月出版 / 估价:79.00元

南京蓝皮书
南京文化发展报告（2016）
著(编)者:徐宁　2016年12月出版 / 估价:79.00元

内蒙古蓝皮书
内蒙古反腐倡廉建设报告NO.2
著(编)者:张志华　无极　2016年12月出版 / 估价:69.00元

浦东新区蓝皮书
上海浦东经济发展报告（2016）
著(编)者:沈开艳　周奇　2016年1月出版 / 定价:69.00元

青海蓝皮书
2016年青海经济社会形势分析与预测
著(编)者:陈玮　2015年12月出版 / 定价:79.00元

人口与健康蓝皮书
深圳人口与健康发展报告（2016）
著(编)者:陆杰华　罗乐宣　苏杨
2016年11月出版 / 估价:89.00元

山东蓝皮书
山东经济形势分析与预测（2016）
著(编)者:李广杰　2016年11月出版 / 估价:89.00元

山东蓝皮书
山东社会形势分析与预测（2016）
著(编)者:涂可国　2016年8月出版 / 估价:89.00元

山东蓝皮书
山东文化发展报告（2016）
著(编)者:张华　唐洲雁　2016年8月出版 / 估价:98.00元

山西蓝皮书
山西资源型经济转型发展报告（2016）
著(编)者:李志强　2016年8月出版 / 估价:89.00元

陕西蓝皮书
陕西经济发展报告（2016）
著(编)者:任宗哲　白宽犁　裴成荣
2015年12月出版 / 定价:69.00元

陕西蓝皮书
陕西社会发展报告（2016）
著(编)者:任宗哲　白宽犁　牛昉
2015年12月出版 / 定价:69.00元

陕西蓝皮书
陕西文化发展报告（2016）
著(编)者:任宗哲　白宽犁　王长寿
2015年12月出版 / 定价:69.00元

陕西蓝皮书
丝绸之路经济带发展报告（2015~2016）
著(编)者:任宗哲　白宽犁　谷孟宾
2015年12月出版 / 定价:75.00元

上海蓝皮书
上海传媒发展报告（2016）
著(编)者:强荧　焦雨虹　2016年1月出版 / 定价:79.00元

上海蓝皮书
上海法治发展报告（2016）
著(编)者:叶青　2016年6月出版 / 定价:79.00元

上海蓝皮书
上海经济发展报告（2016）
著(编)者:沈开艳　2016年1月出版 / 定价:79.00元

上海蓝皮书
上海社会发展报告（2016）
著(编)者:杨雄　周海旺　2016年1月出版 / 定价:79.00元

上海蓝皮书
上海文化发展报告（2016）
著(编)者:荣跃明　2016年1月出版 / 定价:79.00元

上海蓝皮书
上海文学发展报告（2016）
著(编)者:陈圣来　2016年6月出版 / 定价:79.00元

上海蓝皮书
上海资源环境发展报告（2016）
著(编)者:周冯琦　汤庆合　任文伟
2016年1月出版 / 定价:79.00元

上饶蓝皮书
上饶发展报告（2015～2016）
著(编)者:朱寅健　2016年8月出版 / 估价:128.00元

社会建设蓝皮书
2016年北京社会建设分析报告
著(编)者:宋贵伦　冯虹　2016年8月出版 / 估价:79.00元

深圳蓝皮书
深圳法治发展报告（2016）
著(编)者:张骁儒　2016年6月出版 / 定价:69.00元

深圳蓝皮书
深圳经济发展报告（2016）
著(编)者:张骁儒　2016年8月出版 / 估价:89.00元

地方发展类·国家国别类

深圳蓝皮书
深圳劳动关系发展报告（2016）
著(编)者:汤庭芬　　2016年6月出版／定价:69.00元

深圳蓝皮书
深圳社会建设与发展报告（2016）
著(编)者:张晓儒　陈东平　2016年7月出版／定价:79.00元

深圳蓝皮书
深圳文化发展报告(2016)
著(编)者:张晓儒　　2016年8月出版／估价:69.00元

四川法治蓝皮书
四川依法治省年度报告 NO.2（2016）
著(编)者:李林　杨天宗　田禾
2016年3月出版／定价:108.00元

四川蓝皮书
2016年四川经济形势分析与预测
著(编)者:杨钢　　2016年1月出版／定价:98.00元

四川蓝皮书
四川城镇化发展报告（2016）
著(编)者:侯水平　陈炜　2016年4月出版／定价:75.00元

四川蓝皮书
四川法治发展报告（2016）
著(编)者:郑泰安　　2016年8月出版／估价:69.00元

四川蓝皮书
四川企业社会责任研究报告（2015～2016）
著(编)者:侯水平　盛毅　翟刚　　2016年4月出版／定价:79.00元

四川蓝皮书
四川社会发展报告（2016）
著(编)者:李羚　　2016年5月出版／定价:79.00元

四川蓝皮书
四川生态建设报告（2016）
著(编)者:李晟之　　2016年4月出版／定价:75.00元

四川蓝皮书
四川文化产业发展报告（2016）
著(编)者:向宝云　张立伟　2016年4月出版／定价:79.00元

西咸新区蓝皮书
西咸新区发展报告（2011~2015）
著(编)者:李扬　王军　2016年6月出版／定价:89.00元

体育蓝皮书
上海体育产业发展报告（2015～2016）
著(编)者:张林　黄海燕　2016年10月出版／估价:79.00元

体育蓝皮书
长三角地区体育产业发展报告（2015～2016）
著(编)者:张林　　2016年8月出版／估价:79.00元

天津金融蓝皮书
天津金融发展报告（2016）
著(编)者:王爱俭　孔德昌　2016年9月出版／估价:89.00元

图们江区域合作蓝皮书
图们江区域合作发展报告（2016）
著(编)者:李铁　　2016年6月出版／估价:98.00元

温州蓝皮书
2016年温州经济社会形势分析与预测
著(编)者:潘忠强　王春光　金浩　2016年4月出版／定价:69.00元

扬州蓝皮书
扬州经济社会发展报告（2016）
著(编)者:丁纯　　2016年12月出版／估价:89.00元

长株潭城市群蓝皮书
长株潭城市群发展报告（2016）
著(编)者:张萍　　2016年10月出版／估价:69.00元

郑州蓝皮书
2016年郑州文化发展报告
著(编)者:王哲　　2016年9月出版／估价:65.00元

中医文化蓝皮书
北京中医药文化传播发展报告（2016）
著(编)者:毛嘉陵　2016年8月出版／估价:79.00元

珠三角流通蓝皮书
珠三角商圈发展研究报告（2016）
著(编)者:王先庆　林至颖　2016年8月出版／估价:98.00元

遵义蓝皮书
遵义发展报告（2016）
著(编)者:曾征　龚永育　2016年12月出版／估价:69.00元

国别与地区类

阿拉伯黄皮书
阿拉伯发展报告（2015～2016）
著(编)者:罗林　2016年11月出版／估价:79.00元

北部湾蓝皮书
泛北部湾合作发展报告（2016）
著(编)者:吕余生　2016年10月出版／估价:69.00元

大湄公河次区域蓝皮书
大湄公河次区域合作发展报告（2016）
著(编)者:刘稚　2016年9月出版／估价:79.00元

大洋洲蓝皮书
大洋洲发展报告（2015～2016）
著(编)者:喻常森　2016年10月出版／估价:89.00元

国家国别类

德国蓝皮书
德国发展报告（2016）
著(编)者:郑春荣　　2016年6月出版 / 定价:79.00元

东北亚黄皮书
东北亚地区政治与安全（2016）
著(编)者:黄凤志 刘清才 张慧智 等
2016年8月出版 / 估价:69.00元

东盟黄皮书
东盟发展报告（2016）
著(编)者:杨晓强 庄国土　2016年8月出版 / 定价:89.00元

东南亚蓝皮书
东南亚地区发展报告（2015～2016）
著(编)者:厦门大学东南亚研究中心　王勤
2016年8月出版 / 估价:79.00元

俄罗斯黄皮书
俄罗斯发展报告（2016）
著(编)者:李永全　　2016年7月出版 / 定价:89.00元

非洲黄皮书
非洲发展报告 NO.18（2015～2016）
著(编)者:张宏明　　2016年9月出版 / 估价:79.00元

国际安全蓝皮书
中国国际安全研究报告(2016)
著(编)者:刘慧　　2016年7月出版 / 定价:98.00元

国际形势黄皮书
全球政治与安全报告（2016）
著(编)者:李慎明 张宇燕
2015年12月出版 / 定价:69.00元

韩国蓝皮书
韩国发展报告（2016）
著(编)者:牛林杰 刘宝全
2016年12月出版 / 估价:89.00元

加拿大蓝皮书
加拿大发展报告（2016）
著(编)者:仲伟合　　2016年8月出版 / 定价:89.00元

拉美黄皮书
拉丁美洲和加勒比发展报告（2015～2016）
著(编)者:吴白乙　　2016年6月出版 / 定价:89.00元

美国蓝皮书
美国研究报告（2016）
著(编)者:郑秉文 黄平　2016年5月出版 / 定价:89.00元

缅甸蓝皮书
缅甸国情报告（2016）
著(编)者:李晨阳　　2016年8月出版 / 估价:79.00元

欧洲蓝皮书
欧洲发展报告（2015～2016）
著(编)者:黄平 周弘 江时学
2016年6月出版 / 定价:89.00元

日本经济蓝皮书
日本经济与中日经贸关系研究报告（2016）
著(编)者:张季风　　2016年5月出版 / 定价:89.00元

日本蓝皮书
日本研究报告（2016）
著(编)者:杨伯江　　2016年5月出版 / 定价:89.00元

上海合作组织黄皮书
上海合作组织发展报告（2016）
著(编)者:李进峰 吴宏伟 李少捷
2016年6月出版 / 定价:89.00元

世界创新竞争力黄皮书
世界创新竞争力发展报告（2016）
著(编)者:李闽榕 李建平 赵新力
2016年8月出版 / 估价:148.00元

土耳其蓝皮书
土耳其发展报告（2016）
著(编)者:郭长刚 刘义　2016年8月出版 / 估价:69.00元

亚太蓝皮书
亚太地区发展报告（2016）
著(编)者:李向阳　　2016年5月出版 / 估价:79.00元

印度蓝皮书
印度国情报告（2016）
著(编)者:吕昭义　　2016年8月出版 / 估价:89.00元

印度洋地区蓝皮书
印度洋地区发展报告（2016）
著(编)者:汪戎　　2016年8月出版 / 估价:89.00元

英国蓝皮书
英国发展报告（2015～2016）
著(编)者:王展鹏　　2016年10月出版 / 估价:89.00元

越南蓝皮书
越南国情报告（2016）
著(编)者:广西社会科学院 罗梅 李碧华
2016年8月出版 / 估价:69.00元

越南蓝皮书
越南经济发展报告（2016）
著(编)者:黄志勇　　2016年10月出版 / 估价:69.00元

以色列蓝皮书
以色列发展报告（2016）
著(编)者:张倩红　　2016年9月出版 / 估价:89.00元

中东黄皮书
中东发展报告 NO.18（2015～2016）
著(编)者:杨光　　2016年10月出版 / 估价:89.00元

中亚黄皮书
中亚国家发展报告（2016）
著(编)者:孙力 吴宏伟　2016年7月出版 / 定价:98.00元

社会科学文献出版社　　　**皮书系列**

❖ 皮书起源 ❖

"皮书"起源于十七、十八世纪的英国,主要指官方或社会组织正式发表的重要文件或报告,多以"白皮书"命名。在中国,"皮书"这一概念被社会广泛接受,并被成功运作、发展成为一种全新的出版形态,则源于中国社会科学院社会科学文献出版社。

❖ 皮书定义 ❖

皮书是对中国与世界发展状况和热点问题进行年度监测,以专业的角度、专家的视野和实证研究方法,针对某一领域或区域现状与发展态势展开分析和预测,具备原创性、实证性、专业性、连续性、前沿性、时效性等特点的公开出版物,由一系列权威研究报告组成。

❖ 皮书作者 ❖

皮书系列的作者以中国社会科学院、著名高校、地方社会科学院的研究人员为主,多为国内一流研究机构的权威专家学者,他们的看法和观点代表了学界对中国与世界的现实和未来最高水平的解读与分析。

❖ 皮书荣誉 ❖

皮书系列已成为社会科学文献出版社的著名图书品牌和中国社会科学院的知名学术品牌。2011年,皮书系列正式列入"十二五"国家重点出版规划项目;2012~2015年,重点皮书列入中国社会科学院承担的国家哲学社会科学创新工程项目;2016年,46种院外皮书使用"中国社会科学院创新工程学术出版项目"标识。

中国皮书网

www.pishu.cn

发布皮书研创资讯，传播皮书精彩内容
引领皮书出版潮流，打造皮书服务平台

栏目设置：

- 资讯：皮书动态、皮书观点、皮书数据、皮书报道、皮书发布、电子期刊
- 标准：皮书评价、皮书研究、皮书规范
- 服务：最新皮书、皮书书目、重点推荐、在线购书
- 链接：皮书数据库、皮书博客、皮书微博、在线书城
- 搜索：资讯、图书、研究动态、皮书专家、研创团队

中国皮书网依托皮书系列"权威、前沿、原创"的优质内容资源，通过文字、图片、音频、视频等多种元素，在皮书研创者、使用者之间搭建了一个成果展示、资源共享的互动平台。

自2005年12月正式上线以来，中国皮书网的IP访问量、PV浏览量与日俱增，受到海内外研究者、公务人员、商务人士以及专业读者的广泛关注。

2008年、2011年，中国皮书网均在全国新闻出版业网站荣誉评选中获得"最具商业价值网站"称号；2012年，获得"出版业网站百强"称号。

2014年，中国皮书网与皮书数据库实现资源共享，端口合一，将提供更丰富的内容，更全面的服务。

权威报告　热点资讯　海量资源

当代中国与世界发展的高端智库平台

皮书数据库 www.pishu.com.cn

　　皮书数据库是专业的人文社会科学综合学术资源总库,以大型连续性图书——皮书系列为基础,整合国内外相关资讯构建而成。包含六大子库,涵盖两百多个主题,囊括了近十几年间中国与世界经济社会发展报告,覆盖经济、社会、政治、文化、教育、国际问题等多个领域。

　　皮书数据库以篇章为基本单位,方便用户对皮书内容的阅读需求。用户可进行全文检索,也可对文献题目、内容提要、作者名称、作者单位、关键字等基本信息进行检索,还可对检索到的篇章再做二次筛选,进行在线阅读或下载阅读。智能多维度导航,可使用户根据自己熟知的分类标准进行分类导航筛选,使查找和检索更高效、便捷。

　　权威的研究报告,独特的调研数据,前沿的热点资讯,皮书数据库已发展成为国内最具影响力的关于中国与世界现实问题研究的成果库和资讯库。

皮书俱乐部会员服务指南

1. 谁能成为皮书俱乐部成员?
● 皮书作者自动成为俱乐部会员
● 购买了皮书产品(纸质书/电子书)的个人用户

2. 会员可以享受的增值服务
● 免费获赠皮书数据库100元充值卡
● 加入皮书俱乐部,免费获赠该纸质图书的电子书
● 免费定期获赠皮书电子期刊
● 优先参与各类皮书学术活动
● 优先享受皮书产品的最新优惠

3. 如何享受增值服务?
(1) 免费获赠100元皮书数据库体验卡
第1步　刮开皮书附赠充值的涂层(右下);
第2步　登录皮书数据库网站
(www.pishu.com.cn),注册账号;

第3步　登录并进入"会员中心"—"在线充值"—"充值卡充值",充值成功后即可使用。

(2) 加入皮书俱乐部,凭数据库体验卡获赠该书的电子书
第1步　登录社会科学文献出版社官网
(www.ssap.com.cn),注册账号;
第2步　登录并进入"会员中心"—"皮书俱乐部",提交加入皮书俱乐部申请;
第3步　审核通过后,再次进入皮书俱乐部,填写页面所需图书、体验卡信息即可自动兑换相应电子书。

4. 声明
解释权归社会科学文献出版社所有

皮书俱乐部会员可享受社会科学文献出版社其他相关免费增值服务,有任何疑问,均可与我们联系。
图书销售热线:010-59367070/7028 图书服务QQ:800045692 图书服务邮箱:duzhe@ssap.cn
数据库服务热线:400-008-6695 数据库服务QQ:2475522410 数据库服务邮箱:database@ssap.cn
欢迎登录社会科学文献出版社官网(www.ssap.com.cn)和中国皮书网(www.pishu.cn)了解更多信息

皮书大事记
（2015）

☆ 2015年11月9日，社会科学文献出版社2015年皮书编辑出版工作会议召开，会议就皮书装帧设计、生产营销、皮书评价以及质检工作中的常见问题等进行交流和讨论，为2016年出版社的融合发展指明了方向。

☆ 2015年11月，中国社会科学院2015年度纳入创新工程后期资助名单正式公布，《社会蓝皮书：2015年中国社会形势分析与预测》等41种皮书纳入2015年度"中国社会科学院创新工程学术出版资助项目"。

☆ 2015年8月7~8日，由中国社会科学院主办，社会科学文献出版社和湖北大学共同承办的"第十六次全国皮书年会（2015）：皮书研创与中国话语体系建设"在湖北省恩施市召开。中国社会科学院副院长李培林、国家新闻出版广电总局原副总局长、中国出版协会常务副理事长邬书林，湖北省委宣传部副部长喻立平，中国社会科学院科研局局长马援，国家新闻出版广电总局出版管理司副司长许正明，中共恩施州委书记王海涛，社会科学文献出版社社长谢寿光，湖北大学党委书记刘建凡等相关领导出席开幕式。来自中国社会科学院、地方社会科学院及高校、政府研究机构的领导及近200个皮书课题组的380多人出席了会议，会议规模又创新高。会议宣布了2016年授权使用"中国社会科学院创新工程学术出版项目"标识的院外皮书名单，并颁发了第六届优秀皮书奖。

☆ 2015年4月28日，"第三届皮书学术评审委员会第二次会议暨第六届优秀皮书奖评审会"在京召开。中国社会科学院副院长李培林、蔡昉出席会议并讲话，国家新闻出版广电总局原副局长、中国出版协会常务副理事长邬书林也出席本次会议。会议分别由中国社会科学院科研局局长马援和社会科学文献出版社社长谢寿光主持。经分学科评审和大会汇评，最终匿名投票评选出第六届"优秀皮书奖"和"优秀皮书报告奖"书目。此外，该委员会还根据《中国社会科学院皮书管理办法》，审议并投票评选出2015年纳入中国社会科学院创新工程项目的皮书和2016年使用"中国社会科学院创新工程学术出版项目"标识的院外皮书。

☆ 2015年1月30~31日，由社会科学文献出版社皮书研究院组织的2014年版皮书评价复评会议在京召开。皮书学术评审委员会部分委员、相关学科专家、学术期刊编辑、资深媒体人等近50位评委参加本次会议。中国社会科学院科研局局长马援、社会科学文献出版社社长谢寿光出席开幕式并发表讲话，中国社会科学院科研成果处处长薛增朝出席闭幕式并做发言。

更多信息请登录

皮书数据库
http://www.pishu.com.cn

中国皮书网
http://www.pishu.cn

皮书微博
http://weibo.com/pishu

皮书博客
http://blog.sina.com.cn/pishu

皮书微信"皮书说"

请到各地书店皮书专架 / 专柜购买,也可办理邮购

咨询/邮购电话:010-59367028　59367070
邮　　箱:duzhe@ssap.cn
邮购地址:北京市西城区北三环中路甲29号院3号
　　　　　楼华龙大厦13层读者服务中心
邮　　编:100029
银行户名:社会科学文献出版社
开户银行:中国工商银行北京北太平庄支行
账　　号:0200010019200365434

好。李克强在会上提出了西藏要同全国一道实现全面小康必须做到"五个结合"。① 2015年9月，第五次全国对口支援新疆工作会议召开，会议围绕推进"十三五"对口援疆工作提出了工作重点和关键突破口。2015年10月，《中共中央关于制定国民经济和社会发展第十三个五年规划的建议》则明确提出加大对革命老区、民族地区、边疆地区、贫困地区的转移支付，实施脱贫攻坚工程，彰显了党中央"全面建成小康社会，一个民族都不能少"的决心。

为了促进民族地区的稳定发展，中央和国家有关部门出台了一系列促进民族地区发展和民族团结进步的政策法规，从政策供给层面为民族地区的全面发展提供指导和支持。2014年1月起施行的《国家民委双语人才培训基地管理办法（试行）》对提高民族地区公职部门和人员的双语能力出台了具体的措施。根据规定，基地旨在为基层培养民族语文翻译人才，为民族地区和有关党政机关、军队、武警部队等部门和单位培养、培训双语人才，为民族地区培训民汉双语师资。② 2014年7月，《国家民委关于推动民族团结进步创建活动进机关企业社区乡镇学校寺庙的实施意见》为创新民族团结工作提出了更全面的指导依据。2015年6月，国家民委和公安部发布《中国公民民族成份登记管理办法》，推进了公民民族成分管理工作的规范化。2015年8月，国务院发布《国务院关于加快发展民族教育的决定》（国发〔2015〕46号），进一步解决民族教育整体发展水平与全国平均水平仍存在较大差距的问题。该文件确定了坚持中国共产党领导、缩小发展差距、结构质量并重、普特政策并举、依法治教的原则，并制定了"到2020年，民族地区教育整体发展水平及主要指标接近或达到全国平均水平，逐步实现基本公共教育服务均等化"的发展目标。③ 2015年12月，国务院印发的《关于支持沿边重点地区开发开放若干政策措施的意见》，支持沿边重点地区开发开放，提出了深入推进兴边富民行动、实现稳边安边兴边的具体举措。

---

① 新华网：《习近平在中央第六次西藏工作座谈会上强调：加快西藏全面建成小康社会步伐》，国家民委门户网站，http://www.seac.gov.cn/art/2015/8/26/art_31_235130.html。
② 国家民委教育科技司：《国家民委双语人才培训基地管理办法（试行）》，国家民委门户网站，http://www.seac.gov.cn/art/2013/12/18/art_142_196990.html。
③ 国务院：《国务院关于加快发展民族教育的决定》，中国政府网，http://www.gov.cn/zhengce/content/2015-08/17/content_10097.htm。

党的十八大以来，特别是2014~2015年，党中央、国务院不断加强民族工作、促进民族地区发展的工作密度与工作强度。在中央关心支持下，民族地区围绕"四个全面"战略布局和十八届五中全会提出的"五大发展理念"，加大"五位一体"建设力度，特别是全面建成小康社会的力度。最典型的体现是实施"脱贫攻坚"工程。在"四个全面"战略布局中，到2020年全面建成小康社会是最直接的目标。全面建成小康社会，关键还是要看民族地区和少数民族能否如期完成脱贫攻坚任务。因此，促进民族地区发展，以及做好民族工作被党中央、国务院摆在了最为突出的位置。这一点，无论是在制定脱贫攻坚规划方面，还是在制定新疆工作、西藏工作的基本原则方面，以及在推进民族团结进步示范区建设等方面都得到充分体现。

二 民族地区"五位一体"建设格局与全面小康社会建设取得新进展

党的十八大以来，党中央强化了全面深化改革进程中政治建设的顶层设计，一系列治国理政的新理念、新论断、新思想、新举措在民族地区政治建设中得以实践，民族地区政治建设呈现新气象。随着"四个全面"战略布局的深入实施，民族地区政治建设定位更加明确，重点得到突出，技术路线方向日益明晰。《〈国家人权行动计划（2012~2015年）〉实施评估报告》显示，少数民族平等参与管理国家和社会事务的权利得到依法保障。55个少数民族均有本民族的全国人大代表，人口超过100万的少数民族都有本民族的全国人大常委会委员；在155个民族自治地方的人民代表大会常委会中，均有实行区域自治民族的公民担任主任或者副主任；自治区主席、自治州州长、自治县县长，均由实行区域自治民族的公民担任；少数民族公务员占全国公务员总数的比例已超过少数民族人口占全国总人口比例。① 在各级人民政协参政议政方面，2014~2015年，民族八省区各级政协在界别、政协委员构成、参政议政

---

① 国家民委政策法规司：《〈国家人权行动计划（2012~2015年）〉规定目标任务如期完成少数民族权利得到有力保障》，国家民委门户网站，http://www.seac.gov.cn/art/2016/6/15/art_31_257258.html。

能力建设和参政方式建设等领域成果频现。在党组织建设方面，2013年以来，民族八省区和其他民族自治地方的中国共产党组织执政能力不断提升，思想建设、组织建设、制度建设得到加强，党的领导机构健全，党员队伍规模不断扩大。在民族区域自治制度实践方面，2014年中央民族工作会议重申了民族区域自治制度的重要性和法定地位，基于国家基本制度完善的需求，国家权力机关和中央人民政府及其职能部门围绕发展经济和改善民生这一核心工作，积极推进民族区域自治制度的健康运行。在民族地区基层民主建设方面，民族地区城乡也普遍建立起居民委员会和村民委员会作为基层群众自治性组织，在"自我管理、自我教育、自我服务"中实现基层社会有序治理。民族地区绝大多数村民委员会由民主选举产生。

2014~2015年，民族地区经济发展呈现强劲态势；经济增长速度远超过全国平均水平，位居全国前列，成为新常态下经济增长新亮点。在"一带一路"建设、新型城镇化、区域经济协同发展等重大战略的推动下，民族地区改革开放的增量红利不断积聚，经济结构出现积极变化。2014~2015年，民族地区发展速度超越全国和西部地区，综合实力显著增强；产业结构在发展中逐渐转型，第一产业稳定发展，第二产业占比有所下降，第三产业增长明显；民族地区固定资产投资依然是拉动经济增长的主要动力。民族地区财政收入和财政支出稳定增长，财政支出对改革发展和民生、教育等重点领域的支持力度继续加大。民族地区城镇化进程不断推进；城乡居民收入水平显著提升，农村居民可支配收入增幅总体高于城市。国家尤其重视边境地区少数民族群众的发展能力提升。2011~2014年，国家共安排中央财政兴边富民补助资金61亿元，增设兴边富民中央预算内投资专项累计投入40亿元。边境地区经济发展能力显著增强。2014年，边境地区生产总值为9461亿元，"十二五"期间的年均增速高于全国平均水平和东中部地区。公共财政预算收入815亿元，比"十一五"末增长134.6%。固定资产投资总额7697亿元，比"十一五"末增长90.6%。边境地区交通瓶颈进一步被突破，新增公路46768公里，通高速公路县由18个增加到46个。[①] 扶贫开发也是国家协同推动民族地区"五位一

---

① 《兴边富民行动为边境地区同步小康添动力——专访国家民委副主任罗黎明》，《中国民族报》2015年12月15日第2版。

体"建设和小康社会建设的重要战略举措。随着贫困人口越来越向西部地区，尤其是民族地区集中，国家和社会各类扶贫项目投入的扶贫资金不断加大。2011～2015年，我国中央财政专项扶贫资金从272亿元增长到467.45亿元，年均增幅达18%。① 在各类扶贫主体的参与下，民族地区的扶贫开发效果也不断增强。2015年，内蒙古、广西、西藏、宁夏、新疆5个自治区和贵州、云南、青海3个省的贫困人口从2012年的3121万下降到1813万。② 2014～2015年，民族地区贫困规模减小，贫困程度缓解的速度快于全国平均水平；民族地区社会成员的生产生活条件和社会事业显著改善。此外，社会救助等减贫作用也在逐步发挥，贫困人员从社会保障反贫困中有了更多获得感。

民族地区的社会事业发展取得新成就。一是民族地区科技事业进步较大。R&D人员绝对数量从2010年的12.3万人增至2013年的16万人，年均增长率为9.2%；R&D经费支出在2010～2013年的年均增长率为20.2%。二是民族教育事业发展迅速。"十二五"时期，民族地区除小学阶段以外，其他阶段各类专任教师年增长率均远远高于全国。国家高度重视民族地区教育事业的公平发展，2012～2015年，国家开展民族地区教育基础薄弱县普通高中建设项目，支持民族地区318所普通高中建设。2012～2015年，国家民委直属高校共安排本科招生计划12.4万多名，其中民族八省区4.6万多名，中央部门高校和地方高校安排少数民族预科招生计划18.5万多名。在师资培训方面，2012～2015年，国家分别实施了"国培计划"中西部项目和幼师国培项目、免费师范生项目、"农村学校教育硕士师资培养计划"。2011～2015年，投入108亿元实施528个教育援疆项目。截至2015年，各类教育援藏项目达405个，援助资金9.38亿元。各类教育支援青海项目134个，援助资金6.7亿元。③ 三是医疗服务条件和能力逐步改善和提升。2011～2014年民族八省区卫生机构数、

---

① 《千亿扶贫资金到底怎么花？》，新华网，http：//news.xinhuanet.com/politics/2015-12/08/c_1117394491.htm。
② 国家民委政策法规司：《〈国家人权行动计划（2012～2015年）〉规定目标任务如期完成少数民族权利得到有力保障》，国家民委门户网站，http：//www.seac.gov.cn/art/2016/6/15/art_31_257258.html。
③ 国家民委政策法规司：《〈国家人权行动计划（2012～2015年）〉规定目标任务如期完成少数民族权利得到有力保障》，国家民委门户网站，http：//www.seac.gov.cn/art/2016/6/15/art_31_257258.html。

卫生技术人员数和卫生机构床位总数的年增长率大部分高于全国。民族地区每千人口卫生技术人员数持续增长，且与全国水平差距呈缩小趋势。四是社会保障财政投入和覆盖范围持续扩大。2011~2014年，民族地区社会保障事业财政投入连年增长，以西部12省（区、市）为例，年均增长率为13.1%，增速高于东部地区和全国水平。随着《社会保险法》的贯彻实施以及产业结构的调整优化，民族地区社会保险的参保人数不断增加，覆盖面越来越广。"十二五"期间，民族八省区城镇基本医疗保险、城镇职工基本养老保险、城乡居民社会养老保险、新型农村合作医疗4项制度参保人数的年均增长率分别为6.8%、5.5%、4.1%和0.6%。城乡最低生活保障制度基本实现了"应保尽保"，城乡社会救助人数趋于稳定。

在生态文明建设方面，随着生态功能修复工程和重大生态工程的深入推进，民族地区用于生态修复、减排治污、生态功能区和保护区建设等方面的投入不断加大，治理成效逐步显现。据统计，2014年，民族八省区中有六个省区城市生活垃圾的无害化处理率均呈上升状态。2014年民族地区水与大气的主要污染物排放总量与亿元生产总值的排污量都有所下降，排污优化程度呈提高态势。民族地区的工业污染治理投资与林业投资总额和各单项额度占全国的比重均超过了其生产总值占全国的比重。2014年以来，民族地区治理与保护生态环境的资金投入力度相比而言要高于全国其他地区。在自然保护区建设方面，民族地区2014年自然保护区达到643个，总面积10106.50万公顷，占全国总面积的80%左右。第三方的评估结果也表明，2014年民族八省区中除宁夏与新疆外，生态文明建设水平即绿色生态文明指数GECI均高于全国平均水平。[①]

在少数民族文化保护方面，近年来民族地区文化发展在非物质文化遗产保护、少数民族特色村寨保护、文化产业、"文化走出去"、公共文化服务等领域取得了较快发展。据统计，截至2015年底，布达拉宫等9项分布在民族地区的自然、文化遗产被列入《世界文化遗产名录》。维吾尔族的木卡姆艺术、羌族的羌年等18项少数民族项目分别入选联合国教科文组织《人类非物质文化遗产代表作名录》《急需保护的非物质文化遗产名录》。在已经公布的四批

---

① 严耕等：《中国生态文明建设发展报告2014》，北京大学出版社，2015，第39~52页。

国家级非物质文化遗产代表性项目名录和四批国家级非物质文化遗产代表性项目及传承人名单中，少数民族的代表性项目和传承人的总量以及占全国的比重均快速增加。全国少数民族古籍解题书目套书《中国少数民族古籍总目提要》于2014年全部出版。① 在少数民族特色村寨保护与建设方面，截至2015年，全国已组织实施了1000个少数民族特色村寨试点项目，直接受益人口达数十万人，涉及40多个少数民族，地域上覆盖了大多数民族地区。② 在文化产业方面，2015年1月，文化部开展2015年度文化产业项目征集工作，项目征集首次对丝绸之路文化产业重点项目进行试点征集。文化部已经选择丝绸之路沿线的内蒙古、陕西、甘肃、青海、宁夏、新疆、海南、广西等8个省、区作为试点，率先开展丝绸之路文化产业重点项目征集工作。③ 在公共文化服务方面，随着国家出台政府购买社会服务政策之后，宁夏、内蒙古、云南等地公布了政府向社会力量购买公共文化服务指导性目录，共涉及5大类38种项目，逐步增强了民族地区公共文化服务的供给渠道。在"文化走出去"战略中，民族地区抓住了"一带一路"战略布局，纷纷通过出台专项规划或组织演出巡展等方式将多元多彩的民族文化在全世界范围内进行传播和宣传。

三　全面小康社会建设取得新进展，城乡居民对全面建成小康社会很有信心

2014~2015年是我国"十二五"规划的收官之年，也是为实施"十三五"规划奠定坚实基础的一年。尽管我国经济增速下降到一位数，处于相对平缓的增长时期，但与"十二五"时期各年份相比基本持平。这一时期民族地区增速高于全国增速，西藏、贵州等经济最不发达的省区增幅更加明显，这为民族地区全面建成小康社会提供了更加坚实的物质基础。同时，民族地区公共服

---

① 国家民委政策法规司：《〈国家人权行动计划（2012~2015年）〉规定目标任务如期完成少数民族权利得到有力保障》，国家民委门户网站，http：//www.seac.gov.cn/art/2016/6/15/art_31_257258.html。
② 王甜：《少数民族特色村镇保护与发展学术研讨会召开》，《中国民族报》2015年11月27日第5版。
③ 《文化部试点征集丝绸之路文化产业重点项目》，《中国民族报》2015年2月6日第9版。

务、社会治理、文化发展、生态文明建设总体格局态势更加协调,全面小康社会建设取得的进展有目共睹,并进一步增强了城乡居民的信心。

对"21世纪初中国少数民族地区经济社会发展综合调查"(以下简称"大调查")2014年和2015年的家庭问卷分析发现,民族地区各民族被访者对所在地区2020年全面建成小康社会的信心度很高。2014年和2015年"大调查"家庭问卷共收集有效问卷12703份,家庭问卷抽样地区涵盖内蒙古、吉林、浙江、湖北、广西、海南、四川、云南、西藏、青海、宁夏和新疆12个省区的30个县、市,根据随机等距抽样方式选定入户调查样本,从样本数据可以看出,城乡居民对党和政府提出到2020年全面建成小康社会很有信心。[①] 83%的受访者对所在地区2020年全面建成小康社会有信心(西藏受访者没有人认为本地不可能在2020年全面建成小康社会,信心度高达100%),没有信心的受访者占9%。仅有2%的受访者表示不可能建成,6%的受访者表示没有听说过本地要在2020年全面建成小康社会的口号或目标。西藏、内蒙古、宁夏受访者表示很有信心的人数比例要远高于其他地区,并且除四川和青海的受访者外,其他民族地区均有超过75%的受访者对当地在2020年全面建成小康社会有信心。

表1 2014~2015年不同民族地区受访者对全面建成小康社会的信心度

单位:%,份

	很有信心	有信心	没什么信心	不可能	没听说过	合计	样本数
内蒙古	38	44	11	1	5	100	1303
吉 林	27	50	15	1	6	100	454
浙 江	27	54	7	1	12	100	424
湖 北	22	53	22	2	1	100	427
广 西	19	69	7	1	3	100	1190
海 南	25	51	13	2	8	100	393
四 川	19	50	14	5	10	100	892
云 南	24	57	12	3	5	100	1269
西 藏	55	41	2	0	2	100	1888

---

① 王延中、丁赛主编《2013年调查问卷分析·综合卷》,中国社会科学出版社,2015。

续表

	很有信心	有信心	没什么信心	不可能	没听说过	合计	样本数
青海	21	44	11	3	21	100	828
宁夏	40	46	7	1	5	100	842
新疆	27	59	8	1	5	100	1982
合计	31	52	9	2	6	100	11892

按民族区分，各民族受访者认为当地2020年全面建成小康社会的信心度都比较高，认为不可能全面建成小康的人数比例均很低，普遍未超过5%；四川的彝族受访者有6%的人认为不可能。朝鲜族和土家族的受访者认为没什么信心的人数比例相对高于其他民族，这一比例均为22%。这表明，中部和东北民族自治地方的少数民族在横向发展水平比较中，对自己所在地区是否能如期全面建成与其他地区水平相当的小康社会仍然存在担忧。因此，增强民族政策的公平性和扶持发展、扶贫开发等资源投放的公平性是这些地区做好民族工作的重要着力点。

表2 2014~2015年不同民族受访者对全面建成小康社会的信心度

单位：%，份

	很有信心	有信心	没什么信心	不可能	没听说过	合计	样本数
汉族	27	53	13	2	6	100	3512
蒙古族	42	39	11	2	7	100	276
回族	41	48	6	0	4	100	854
藏族	47	42	3	2	6	100	2406
维吾尔族	33	58	4	1	5	100	316
苗族	18	67	8	0	7	100	203
彝族	27	40	12	6	15	100	430
壮族	27	63	7	1	1	100	363
朝鲜族	24	46	22	0	8	100	83
侗族	16	72	8	1	3	100	137
瑶族	17	71	6	1	6	100	339
白族	34	55	11	0	0	100	56
土家族	24	50	22	1	2	100	294
哈尼族	15	78	5	0	2	100	87
哈萨克族	23	65	5	0	8	100	371

续表

	很有信心	有信心	没什么信心	不可能	没听说过	合计	样本数
黎族	30	53	10	0	6	100	205
傈僳族	31	51	13	1	4	100	149
畲族	28	54	7	2	10	100	61
拉祜族	11	66	14	0	10	100	167
纳西族	38	43	14	3	3	100	37
柯尔克孜族	30	60	4	0	5	100	271
达斡尔族	23	57	14	2	4	100	177
羌族	11	66	16	2	5	100	349
撒拉族	26	47	10	2	15	100	374
怒族	37	55	4	0	3	100	92
独龙族	33	56	6	3	3	100	79
其他民族	26	50	15	2	7	100	204
合计	31	52	9	2	6	100	11892

此外，彝族、撒拉族、拉祜族、畲族等受访者中表示没有听说过本地要全面建成小康社会目标的人数比例较高的现象值得重视。这意味着还需要进一步加大基层宣传力度，尤其是要加强对西部偏远民族地区少数民族群众的宣传，增强全面建成小康社会的知晓度，凝聚人心，提升各民族团结一致、共同繁荣发展的信心。

根据受访者的年龄、受教育水平、城乡、职业等维度，我们进一步分析了民族地区城乡居民对全面建成小康社会的信心度。从年龄看，各年龄段受访者表示有信心的人数比例均超过了80%，且表现出了年长的受访者信心度要高于年轻受访者的特征。29岁及以下受访者认为没有信心或不可能的人数比例为14%，而60岁及以上受访者这一比例则仅为7%。从受教育程度看，大学及以上学历的受访者表示有信心的人数比例较低，为79%；而小学及以下、初中、高中三类受访者表示有信心的人数比例则分别为84%、85%和84%。受教育水平越高的受访者对当地2020年全面建成小康社会没什么信心或认为不可能建成的人数比例越高，大学及以上学历受访者该比例为19%，高中、初中、小学及以下三类受访者该比例则分别为12%、10%和7%。造成这种差异的原因值得进一步分析。从城乡居民的态度看，城乡受访者在表示有信心的人数比例上差异不大，农村受访者表示有信心的比例略高于城镇受访者。城镇

受访者表示没什么信心或认为不可能全面建成小康社会的人数比例则高出农村受访者6个百分点，分别为15%和9%。各职业受访者对当地2020年全面建成小康社会的信心度差异不大，在77%~86%波动。

城乡居民对全面建成小康社会表现出来的信心，体现了民族地区这些年经济社会快速发展的成就，为今后民族地区各项工作特别是全面建设小康社会奠定了坚实的群众基础。2014~2015年的民族地区的快速发展，是各地区党委政府认真贯彻落实中央"四个全面"战略布局的结果，更是加大投入、不断创新工作方式方法、全面协调推进各项工作的结果。党的十八大以来特别是中央民族工作会议之后，民族地区经济社会发展与民族工作成效十分显著，民族地区全面建成小康社会的基础进一步夯实。

四 民族地区全面建成小康社会与民族工作依然面临严峻挑战

民族地区在取得"五位一体"建设成效的同时，因受多方面因素的影响，在全面建成小康社会和进一步做好民族工作方面仍然面临着严峻的挑战。民族地区全面建成小康社会面临的挑战具体反映在民族地区政治、经济、社会、文化和生态文明"五位一体"发展中存在的问题与面临的制约。

（一）民族地区反贫困任务依然沉重

据统计，全国14个连片特困地区共有680个县，其中有371个地处民族自治地方，占54.6%；在全国592个国家扶贫开发工作重点县中，有263个县地处民族自治地方，占44.4%；《扶贫开发整村推进"十二五"规划》确定的3万个贫困村中，有13158个村地处民族自治地方，占43.9%。[1]从2015年民族八省区的贫困状况来看，民族八省区农村贫困人口占全国的比重为32.5%，比上年（31.4%）略有增加，高1.1个百分点。民族八省区减贫率为17.8%，全国同期减贫率为20.6%，民族八省区减贫速度慢于全国。民

---

[1] 《中国民族报》评论员：《全面脱贫，民族地区不能掉队——论学习贯彻党的十八届五中全会精神》，国家民委官网，http://www.seac.gov.cn/art/2015/11/3/art_31_241642.html。

族八省区农村贫困人口占乡村人口的比重,即贫困发生率为12.1%,比全国(5.7%)高6.4个百分点。在中国经济放缓的背景下,民族地区的减贫难度越来越大。在与全国一样减贫速度放缓的同时,民族地区减贫速度呈加速减缓趋势,目前仍是全国扶贫开发的重点和主战场。民族地区反贫困目前主要面临着以下问题与挑战。第一,民族贫困地区均处于生态脆弱区,自然灾害使得民族地区贫困家庭的返贫风险依然较高。第二,民族地区基本公共服务配置依然存在较大缺口;基础设施建设薄弱、产业结构单一等,制约了贫困人口自身发展能力的有效提升。第三,民族地区贫困人口依然量大面广,且贫困状况存在内部差异,如何公平且精准地实施扶贫资源的投放是需着重解决的难题。第四,当前政府主导的扶贫开发项目,依然存在贫困农牧民参与不够的问题,制约了扶贫政策绩效。第五,政府扶贫开发项目的资金投入依然不足,以及扶贫资源在贫困户和低收入贫困户之间未能做好公平分配,导致贫困人口在扶贫项目中受益不多。第六,各类建设项目需要县级财政提供配套资金的项目财政运行机制,制约了民族地区贫困县对项目申请的意愿,也制约了扶贫项目实施的力度。第七,民族地区诸项反贫困政策仍然未形成反贫困合力,教育扶持政策、社会保障、人口政策、基本公共服务等多种能够从不同角度不同层次产生反贫困效果的政策未能统筹协同、良性互促,导致反贫困政策体系的反贫合力未能显现。

(二)民族地区社会发展水平不足对区域和个人发展能力制约明显

当前,民族地区的社会发展水平从纵向上比较有明显进步;但是从全面建成小康社会的要求来看,其社会发展水平与东中部地区相比仍然存在较大差距。在科技创新方面,民族地区科研水平相对较为落后,民族地区技术市场成交额较低,近几年民族八省区技术市场成交额占全国比重均不足5%,远低于东中部地区水平。在教育事业方面,虽然高等教育和中等职业教育教师数稳定增长,但中等职业教育阶段教师资源依然匮乏,教育事业的多项指标仍与其他地区和全国平均水平存在差距,制约了民族地区高素质人才的培养。在医疗卫生事业方面,尽管民族地区在医疗服务专业人员数、机构床位数、医疗机构数、新农合和城镇居民医疗保险制度等方面的指标与其他地区的差距在缩小。但是,由于少数民族的居住较为分散、民族地区交通不便等,民族地区社会成

员获取医疗服务的便利性很低，尤其是偏远民族地区农村居民获取优质医疗服务的成本过高。基层有效医疗资源配置依然不足等，使得民族地区因病致贫、因病返贫现象依然十分严重。在基础设施建设方面，仍然有很多民族地区没有等级公路，尽管实现了"村村通路"工程，但是道路通畅率低、道路安全问题严重，制约着民族地区城乡居民的出行。在互联网和快递网络建设方面仍处于落后局面，不仅制约了偏远民族地区的居民对外界信息和知识的获取，也制约了农产品的对外运输，交通成本高制约着农产品的销售，导致民族地区物价偏高。

（三）民族地区经济发展内外驱动力仍然不足

2014年以来，民族地区经济发展的势头迅猛，但受经济发展条件基础差、发展能力底子薄的制约，总体经济实力与发达地区依然存在显著差距。具体来看，第一，经济总量依然偏低，低于中东部地区。第二，产业结构有待优化，第一产业占比仍然高于全国平均水平，第三产业占比则依然低于全国水平。第三，固定资产投资依然是拉动民族地区经济增长的主要动力，但增长速度趋缓，经济增长驱动力单一。第四，民族地区的财政收入和财政支出也都实现了稳定增长，但财政收支之间压力越发加重。财政收支压力增大制约区域经济的可持续发展与扩大再生产。第五，由于民族地区金融服务体系不健全，民族地区的经济发展经常容易面临资金短缺的问题，制约了项目的落地及规模扩大，并且也导致资源开发的利用率偏低，制约了民族地区经济发展的整体效能。第六，民族地区劳动力的劳动技能和专业化程度欠缺，制约了民族地区产业结构的调整以及企业的转型升级，经济体的自我创新能力和内生发展动力不足。

（四）生态环境治理成效不足，制约经济社会可持续发展

21世纪初以来，各级政府投入了大量的资金用于改善民族地区的生态环境和生态文明建设。但是，民族地区整体落后的状况仍然没有改变。与其他地区相比，民族地区面临的发展社会经济与保护生态环境的双重压力都更为巨大。研究表明，民族地区2014年减排与排污优化程度仍落后于全国平均水平，大部分民族省份亿元生产总值的废水、废气单位排污量都高于全国平均数值。

此外，民族地区受自然灾害影响明显，自然灾害与环境恶化呈现出互为诱因的恶性循环关系。从经济发展和环境保护的互动关系来看，优化产业结构与能源消费结构，降低污染物的排放，提高排污优化程度是民族地区共同面临的问题。环境生态脆弱，可持续发展能力不强，两者互相影响，成为民族地区未来发展的突出瓶颈。

（五）民族地区传统文化的传承保护存在片面现象

在开发民族地区文化产业的过程中，民族文化传承与开发的关系依然没有理顺。由于一味追求经济发展和经济利益，缺乏对当地文化的基本认知，在旅游资源开发过程中改造或凭空打造非物质文化遗产和民族文化的现象较为常见。此外，在民族文化产业的发展过程中，仍然存在对发展民族文化产业的民营组织支持力度不足，文化产业管理部门缺乏协同机制制约资金使用效率等问题。在特色村寨建设方面，政府主导的保护工作往往只注重特色建筑等外在形式，而生活于其中的"人"以及他们的生活，在此过程中缺位或没有受到足够的重视。在民族地区的非物质文化遗产保护方面，各级政府投入的人力、物力明显增加，成效也十分显著。但是，在实际的"非遗"申报中，对文化生态的碎片化保护以及"重申报、轻保护"的现象依然普遍。碎片化申报、保护方式不但无法达到预期的保护效果，反而会破坏文化生态平衡，使这些"非遗项目"失去原有的生命力。而在已经完成"非遗"申报的项目中，舞台化和商业化现象较为突出，这也在不同程度上扭曲了"非遗"原有的存在形态。此外，"非遗"保护资金未得到有效利用也是当前民族地区在民族文化保护中面临的一个重要难题。民族地区的公共文化服务发展存在的问题主要表现为公共文化供给体制还存在一些问题，比如公共文化服务供给思路行政化色彩较浓，公共文化服务供给渠道单一，供给的内容与少数民族群众的文化需求匹配度低，少数民族群众获取公共文化服务的便利性较差等。

（六）城市民族工作的管理服务能力有待提升

中央民族工作会议指出，"民族工作的重心正在逐渐向城市倾斜，城市管理和服务将面临越来越多的民族因素"。随着各民族劳动力及其随迁家属进城务工人数增加、跨区域流动加速，城市民族工作管理服务能力不足的缺陷更加凸显。一是部分地区对城市民族工作认识不到位、城市民族工作得不到重视；二是一些地区的城市民族工作部门被"边缘化"，导致当地城市民族工作的开展缺乏有力主体；三是社区民族工作力量薄弱，不仅无法适应城市民族工作重心下移趋势，而且提供有效的管理和服务的能力也明显不足；四是目前城市民族工作的法治化进程仍然较为缓慢，制约了工作的开展；五是少数民族流动人口在流入地难以获得就业、宗教信仰、教育、医疗等方面的基本公共服务保障，导致融入社会的难度很大。

五　加强民族工作、促进民族地区持续健康发展的建议

推进我国民族地区民族工作创新，提升民族工作成效，并最终促进民族地区全面建成小康社会和健康可持续发展，既要从完善民族政策的角度来提升扶持少数民族和民族地区发展的公平性，同时也要从"四个全面"战略布局的角度来增强基层政府的治理能力现代化。增强民族地区政府治理能力现代化则具体要落实到"五位一体"建设协同推进的具体工作中。按照五大发展理念的指导，基层政府要在民族工作和行政的法治化上下功夫，也要在理顺民族地区协调发展的体制机制上下功夫，更要在打通惠及少数民族的基本公共服务供给政策的改革上下功夫。总体而言，加强民族工作和促进民族地区健康发展是一项系统工程，要从多个角度、多个层次、多条途径将扶持政策、扶持资源精准有效地惠及民族地区和少数民族。具体而言，"十三五"期间促进民族地区民族工作创新和健康发展可从以下方面采取措施。

（一）从民族因素和区域因素相结合的视角不断完善民族政策，提升民族地区治理能力

现阶段民族问题的本质是民族地区和少数民族的发展问题。要最终促进民族地区经济社会发展能力的提升、民族关系的和谐，帮助民族地区和少数民族增强内生发展驱动力和创造良好的发展条件是关键突破口。数据分析表明，社会公平感是影响被访者评价民族关系好坏的显著影响因素。因此，通过完善民族政策来进一步促进民族关系和谐，关键在于增强民族政策的横向公平。实现

这一目标,一方面要结合习近平总书记关于"要坚持统一和自治相结合、民族因素和区域因素相结合,把宪法和民族区域自治法的规定落实好,关键是帮助自治地方发展经济、改善民生"的总体部署,将民族政策放在民族地区发展政策体系的衔接和协同中综合考虑其完善思路,完善民族政策应当充分考虑区域因素,在一个区域内公共政策特别是基本公共服务均等化政策要尽量一致。实行区域因素与民族因素相结合,能更加因地制宜地促进区域内各民族间公平地参与国家经济社会发展的进程和共享经济社会发展成果。另一方面,考虑到我国民族地区的多样性、复杂性以及民族政策的实施条件,对各民族地区的扶持政策,也不要完全一刀切。因为没有差别就没有政策,一刀切的政策无法适应中国多样化民族地区的客观实际。在提升民族地区治理能力方面,需要做的工作更多。归根结底是形成党的领导与政府主导下的多元社会治理体系,发挥民间力量和广大民众自我组织与自我发展能力,提升多元治理体系的协调性与治理成效。

(二)增加扶贫资源投入,提升精准扶贫质量和反贫困实效

解决民族地区贫困问题,提升贫困人口和贫困地区的发展能力与条件,总体思路还是要紧密围绕"十三五"规划实施的精准扶贫、脱贫战略。为加快民族地区全面建成小康社会的步伐,增强"十三五"期间民族地区扶贫开发的实效则是目标。因此,要充分将区域经济发展、社会发展水平提升、基本公共服务均等化、教育扶贫、扶贫开发、社会扶贫与帮扶等多项反贫困政策的反贫力量形成合力。第一,对于民族地区的连片特困地区,要继续执行连片开发、整乡推进、整村推进等策略。在连片开发中,要高度重视打破行政区划的限制,在产业发展中要重视集中连片特困地区产业扶贫的规模化导向,统一规划、充分利用连片相似自然资源,从而增强贫困农户从产业扶贫中的受益能力。第二,完善产业扶贫项目,充分培育农村新型经济组织并发挥其带动作用,使贫困户在产业发展中能够参与到更高的产业链环节中。同时积极发展农业保险制度,降低贫困农户在产业扶贫项目中可能面临的市场风险。第三,加大扶贫资源的投入力度以及资源使用的整合力度,以增强民族地区贫困户自身发展能力为主线,提高各类扶贫资金、资源的有效使用程度。第四,进一步发挥社会保障的兜底保障作用。第五,扶贫资源投入和扶贫方式同时也要重视满

足贫困户的个性化需求,针对具体贫困户的贫困原因制定切实可行、有针对性的扶贫措施,提升扶贫资源投放的有效性。

(三)促进城市民族工作法治化,增强城市民族工作管理服务能力

改革开放和城镇化进程加速了各民族社会成员在城乡之间的流动,聚居于城市的少数民族人口越来越多。城镇化将认知中的多民族国家兑现为现实中的多民族城市,这种民族成分变动的格局、利益竞争与分享的格局从未有过。①调查数据也表明,少数民族被访者认为跨更大区域流动时,因民族身份带来不便的概率更高。因此,进一步加强城市民族工作的管理和服务能力,重点在于加强少数民族流动人口和定居人口在获取城市基本公共服务方面的能力。具体而言,一是加强对城市、街道和社区等基层工作人员民族工作能力的培训;二是提高城市民族工作管理和服务的法治化水平;三是充分依托并发挥好社区、流动服务站等点面结合的管理和服务实施载体,建立健全少数民族在城市居住、工作、生活的网格化管理服务平台。

(四)提升基层政府社会治理能力,增加基本公共服务的有效供给

在新的城镇化进程中和"十三五"期间,各民族社会成员跨城乡、跨区域的流动加速,涉及民族因素的社会成员利益纠纷将越来越多。由于这类利益纠纷在当事主体间存在价值观、习俗文化、宗教信仰等的差异,因此必须要有政府作为中间主体进行引导和干预。具体而言,就是要提升基层政府公共管理能力和公共服务的供给能力。在公共管理能力的提升方面,首先要做到民族事务治理法治化和涉及民族因素利益纠纷的法治化,增强法治对维护各族人民合法利益的保障作用。其次,继续加大党风廉政建设,规范干部行为与职责,增强政府机构和工作人员为人民服务的意识与能力,从而建立和谐干群关系,以此推动涉及民族利益纠纷的高效处理。再次,涉及民族因素利益纠纷的产生,在很大程度上与基本公共服务供给总量不足和分布不均衡有关,因此提升基层

---

① 严庆:《我国城市民族工作的再出发——解读和贯彻全国城市民族工作会议精神》,《民族论坛》2016年第1期。

政府的公共服务能力，增强基本公共服务供给的公平性，也是促进当地民族关系和谐发展的重要举措。

（五）强化可持续发展理念，形成经济发展与生态建设的良性互促

生态文明是"五位一体"建设的重要组成部分之一。民族地区的生态建设不仅对当地各民族社会成员的日常生产生活和幸福感、获得感产生直接影响，同时也关系着全国其他地区的生态环境建设和居民生活的幸福感。因此，应当把加强民族地区生态文明建设摆在重要的位置。"十三五"期间，为进一步推动民族地区生态文明建设，全面建成小康社会提供有利的环境基础，应从以下几个方面采取改进措施。第一，贯彻落实国家的各项政策法规，建立健全民族地区的生态文明制度体系。以《生态文明体制改革总体方案》为民族地区生态文明建设法治化的依据，完善法律制度体系，提升执法用法力度。第二，调整优化民族地区产业结构，充分发展民族地区绿色旅游的优势，改变民族地区过度依赖矿产开发等粗放型经济结构，使民族地区的生态环境治理和经济开发活动有效结合，形成可持续发展的经济发展结构和模式。第三，加强民族地区的节能减排工作，大力发展清洁能源的开发与使用。在不损害生态功能的前提下，在重点生态功能区内资源环境承载能力相对较强的特定区域，支持其因地制宜适度发展能源和矿产资源开发利用相关产业。此外，利用少数民族地区的自然优势，大力发展风能、太阳能、沼气、地热等清洁能源，解决山区、高原、草原地区的能源需求。第四，继续加大中央对民族地区的支援力度，切实推行资源有偿使用与生态补偿制度。坚持使用资源付费，谁污染环境、谁破坏生态谁付费，谁受益谁补偿的原则，让民族地区生态环境的贡献得到合理补偿。第五，加强生态文明的宣传教育工作，形成全民参与的良好氛围。充分挖掘和宣传各民族优秀的生态理念，全面加强生态文明的宣传教育，提高人民群众的环保意识与法制观念，最终形成全民关注、支持、参与、监督、共享生态文明建设的良好氛围。

（六）重视发挥少数民族在文化保护中的主动性，促进民族文化传承保护和开发创新的有机衔接

在文化产业发展中，摒弃短视开发的思路，充分尊重少数民族的意愿；让

他们积极参与到本民族和当地文化产业发展规划中来。充分发挥他们作为民族文化保护主要载体的优势，将文化产业开发与传承保护良性互促。同时，完善各部门统筹安排文化产业项目和资金的工作机制，提高民族文化产业发展的资源使用效能。在少数民族特色村寨建设中，建议由国家的强势介入转为积极引导当地居民自主参与。在"非遗"保护方面，通过体制机制创新，营造一个宽松自由的文化政策环境。进一步完善合理有效的传承机制，让传承人发挥其能动性和自主性。改革"非遗"保护自上而下的行政管理模式，由政府主导转向政府协调与服务。将"非遗"保护的主动权更多地交给传承人，让传承人在生活中传承。在公共文化产品的供给方面，深入了解当地各民族文化需求的特点，构建"需求导向型公共文化服务体"，实现公共文化服务均等化，动员社会资源，发挥市场和社会组织的作用。

分 报 告
Branch Reports

B.2
民族地区政治建设报告

周竞红*

摘　要： 本报告通过考察民族地区人民代表大会、政治协商、民族区域自治和基层民主等政治建设活动，展示了民族地区政治建设成果、进程，以及政治建设活动中面临的主要问题，使我们看到自中国共产党第十八次代表大会之后，中共中央强化了全面深化改革进程中政治建设的顶层设计，一系列治国理政的新理念、新论断、新思想、新举措在民族地区政治建设中得以实践，民族地区政治建设呈现出新气象。随着"四个全面"战略布局的深入实施，民族地区政治建设定位更加明确，重点得到突出，技术路线方向日益明晰。民族地区政治建设将在新基础、新背景、新举措中获得新成就，为维护国家统一、民族团结和各民族共同繁荣发展提供保障。

---

* 周竞红，中国社会科学院民族学与人类学研究所研究员。

民族发展蓝皮书

关键词： 民族地区　政治建设　政治制度　民族区域自治

民族地区①政治建设是中国特色社会主义政治建设的重要组成部分，也是在中国特色社会主义建设目标引领下，围绕着巩固国家政权、推动民族地区发展、实践各民族共同团结奋斗、共同繁荣发展目标进行的政治建设活动。民族地区政治建设活动依据国家根本政治制度、基本政治制度，并围绕着中国共产党的领导、人民当家做主、广泛的政治协商和依法行政等有序展开，并不断取得成果，以符合各民族地区政治生活发展的社会需求。

一　民族地区政治建设新基础

全面深化改革被视为中国当前"最大的政治"，2014~2015年有诸多关系中国发展重要节点的事件发生，"十二五"计划收官为"十三五"启动创造良好条件，民族地区政治建设获得新基础。在"创新、协调、绿色、开放、共享"发展理念指导下，提升地区治理水平和治理能力现代化是民族地区必须面对的政治建设现实。政治系统的平稳运转是一个国家或地区政治建设最基本的条件。既有制度、理念和组织正常运行是推动这一"最大的政治"实践的基础。以各级人民代表大会、政治协商、多党合作、政府职能转变、民族区域自治和基层自治运转平稳为特征，民族地区的政治建设呈现新生态。

（一）各级人民代表大会及常务委员会平稳运行

支撑中国国家治理体系和治理能力现代化的根本政治制度是人民代表大会制度，人民代表大会制度是中国特色社会主义制度的重要组成部分。受行政层级法定权限规约，民族地区不同层级人民代表大会及其常委会法定职权存在着一定差别，但是，其基本职能都是在本级行政区职权范围履行选举、任命和罢免权、监督权和重大事项决定权，各级人民代表大会在其特定行政区均发挥着权力机关和代议机关的双重作用。因此，民族地区各级人大运行状况直接影响

---

① 民族地区主要指民族八省（区）和建立在其他省的民族自治地方。

着民族地区政治建设状况。2014~2015年，民族地区各级人民代表大会多运行于届中，各民族地区完善人民代表大会常务委员会工作机制探索活动十分活跃，各级人民代表大会功能日益增强，立法、决策、监督、人事任免等各项权力履行呈现良好态势。表1呈现了2015年各民族省（区）级人大及常委会活动的一些基本信息。从人大立法、监督等活动来看，各地人大运行都表现得更具活力。

地方人大常委会的良好运行，强化了其更好承担国家代理人、政党代理人和地方代理人三重角色的能力。以数十万计的各级人民代表大会代表是传达民意的基本力量，也是推动地方政治建设的制度性力量。据统计，2013年，广西全区共有各级人民代表大会1278个，各级人大代表10.6万人，驻桂全国人大代表90人，自治区级693人，市级5261人，县级2.4万人，乡（镇）7.6人。① 西藏自治区各级人大代表则有3.42万余人，新疆选出的各级人大代表也有6万余人。② 各省（区）党委加强了对人大工作的领导，这从各省（区）人大常委会主要领导配置上已得到体现。至2015年，八省（区）人大常委会主任中，只有新疆、西藏两个自治区人大常委会主任为专职，其余各省（区）均为省（区）级党委一把手兼任省（区）人大常委会主任。

民族地区各级人民代表大会机制日益完善，围绕着重大事项决策、监督、代表联系群众、人大自身建设等工作不断健全功能，推动着本区域政治生活有序运行。

首先，各民族省（区）人民代表大会强化了立法工作的组织协调，探索完善立法沟通协调机制，常委会与法规起草部门的组织协调工作受到重视，法规清理工作常态化，完善了法规草案向社会公开征求意见制度，进一步拓宽了公民有序参与立法的渠道，人大代表和基层人大的意见得到党委和政府的重视。各民族省（区）将立法行为纳入条例或规定，民族地区地方立法活动更加规范，有的省（区）已开始修改和完善相应的程序以适应立法新需求。③

其次，县级以上各级人民代表大会常务委员会落实《监督法》取得成效，

---

① 《广西年鉴（2014年）》，广西年鉴社，2014，第57页。
② 数据来自两自治区人大常委会工作报告（2013年）。
③ 2015年9月宁夏回族自治区人民代表大会常务委员会第十九次会议通过了《关于修改〈宁夏回族自治区人民代表大会及其常务委员会立法程序规定〉的决定》。

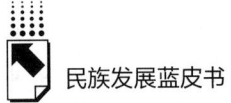

表 1 民族八省（区）人民代表大会信息表（2015 年）

项目	届数	常委会专门委员会数（个）	常委会工作委员会数（个）	省（区）驻省级人大代表总数（人）	全国人大代表数（人）	上届人大代表总数中少数民族代表数	上届人大接待来信来访民族代表数来访情况	上届人大立法情况	上届人代上届人大表期间提依法出建议数（件）	上届人大常委会任免人事总数（人）	2015年省（区）人大常委会主要监督工作	常委会组成人员总计人数	少数民族委员数（人）
内蒙古	12	2	8	531	58	25	来信来访7887件（次）	共制定 23 件地方性法规，修改 15 件，废止 2 件，批准呼和浩特市、包头市和三个自治旗地方性法规、单行条例 48 件；发布 7 件修改、废止法规的决定，废止法规的决定修改、废止法规的决定	2160	932	听取、审议 12 项"一府两院"工作报告，开展 6 项执法检查、执法调研，5 项专题询问、工作评议，开展 6 项集体视察、专题调研和跟踪监督	63	26
广 西	12	8	2	693	90	54	受理来信10982件，通过来访6136人次	共审议法规案78件，通过审议法规48件，审议南宁市法规19件，批准南宁市法规、批准自治县单行条例 2 件	3049	332	审议 22 件法规、批准法规 16 件。专项工作报告 2 件，审计 9 个和决算报告，检查 5 部法律法规的实施情况，开展了 6 项专题调研、备案审查 21 件规范性文件等	63	25
云 南	12	4	5	629	91	51	—	制定 86 件，废止 26 件地方性法规，批准民族自治地方自治条例 60 件，废止 1 件，批准昆明市制定和修改法规 38 件，废止 16 件	3625	520	制定和修改省的地方性法规 14 件，废止 11 件，批准民族自治地方制定和修订单行条例 10 件，批准昆明市制定和修改地方性法规 5 件	64	29

续表

项目	届数	常委会专门委员会工作委员会数(个)	常委会省(区)级人大代表委员数(人)	省(区)驻全国人大代表数(人)	全国人大代表数少数民族代表数	接待来信来访情况	上届人大立法情况	上届人大代表期间提建议出建议人事任免案数(件)	上届人代依法开展2015年省(区)人民代表大会常委会主要监督工作人数(人)	常委会组成人员数 总计人数	常委会组成人员数 少数民族委员数
贵州	12	9	2	600	73	28	—	制定45件,修订56件,废止13件地方性法规;批准贵阳市地方性法规18件,批准民族自治地方单行条例21件,批准修订1件,批准废止单行条例、变通规定5件	2202	600	审议"一府两院"专项工作报告15项,开展执法检查1次,工作评议1次,专题询问3次,审查报备规范性文件83件	62	18
西藏	10	4	3	445	20	14	来信来访580批(件)中制定、修改56件,废止1527(人次)4件,批准拉萨市人大常委会批报批法规7件,1件法规草案正在审议中	审议通过地方性法规草案和做出具有法规性质的决议、决定68件。其	1566	1013	听取审议自治区人民政府9个工作报告,开展专题询问2次,专项督办和3项专题调研,5次跟踪督办15件,审查报备规范性文件8件,做出决议决定8件	45	24
宁夏	11	3	8	425	21	8	6985人(件)次	审议通过地方性法规和法规性决定60件,修订21件,废止8件,批准银川市法规30件	1501	272	审议地方性法规和法规决定草案14件,通过12件,废止地方性法规3件,审查批准废止银川市地方法规5件;听取审议专项工作报告16个对其中3个进行满意度测评,开展专题询问2次,对10件法律法规实施情况开展了执法检查	12	3

续表

项目	届数	常委会专门委员会数（个）	常委会工作委员会数（个）	驻省（区）人大代表级委员数（人）	全国人大代表总数（人）	全国人大代表总数中少数民族代表数	上届人大常委会接待来信来访情况	上届人大立法情况	上届人大代表期间提出建议总数（件）	上届人大代表期间提出建议总数中人事任免人数（人）	2015年省（区）人民代表大会常委会主要监督工作	常委会组成人员数（人）总计人数	少数民族委员数
青海	12	7	3	398	22	9	来信3185件(次)来访10830(人)次	共制定法规条例34件,修改84件,废止25件	2280	370	审议9件地方性法规,其中制定7件,废止1件,初审1件,西宁市地方性法规和自治州自治县单行条例7件得到审查批准。共听取和审议4个专项工作报告,开展3次执法检查,审查规范性文件68件	56	15
新疆	12	0	8	550	60	38	18000(件)次	共审议通过、审查批准地方性法规和法规性决议、决定96件	4590	1703	共听取和审议"一府两院"12项工作报告,开展了19次执法检查和视察调研,加强了规范性文件备案审查工作	58	24

资料来源：各省区人大网公布信息。

各级人大及其常委会围绕本区域发展大局和重点工作开展监督，听取和审议"一府两院"专项工作报告、审查和批准预算及发展规划、检查法律法规实施情况、备案审查规范性文件等均取得良好效果。一些省（区）人大加强对当地政府全口径预算决算的审查和监督，努力推进本级政府理财的科学化和精细化管理，以期有效提高本地财政资金使用效益。作为一种监督方式，地方人大及其常委会的质询权也得到尊重和运用，人大的监督工作更加主动和有力。

再次，人民代表工作日益强化。各民族省（区）均在尊重代表主体地位、为代表参政提供良好服务方面进行了积极探索，创造条件为代表依法履职、行使权力和联系群众提供便利。常委会组织代表参加立法和监督、联系群众、视察和专题调研，开展代表履职培训、规范代表议案及建议的办理和督办等。广西、内蒙古、云南、贵州、青海等都在试行人大代表述职机制，这一举措强化了人大代表与选民的联系，使人民群众意愿得到更充分的表达。

最后，人大自身建设不断取得成果。民族地区各级人大逐步健全和规范议事规则，对重大事项、重要问题等的决策形成一定的规则和程序，保障了集体讨论和决定的法定程序。人大组成人员的培训得到强化，履职能力得到不断提升。一些省（区）构建了人大组成人员联系人大代表制度，拓宽了听取和吸纳人大代表反映民意的渠道。各地探索的人大代表联系选民制度化成果促进了公众有序政治参与水平的提升，有利于提高人民代表大会闭会期间代表作用的发挥。相关研究表明：在兼职代表制度和目前会议结构下，通过代表结构的调整提高代表履职绩效并非关键，提高年轻代表、女性代表和受教育程度高的代表的比例，并不一定能够带来履职绩效的改善；而压缩中共党员代表、官员代表和企业家代表的比例，也不一定能带来闭会期间履职绩效的提升。[1] 可见提升代表作用要从人大自身建设入手，特别是提升人大组成人员和人大代表闭会期间功能的充分发挥。

各省（区）人大系统功能完善的重要目标是使人大制度在政治建设中有为、有位、有威，各民族省（区）在实践和理论两个层面强化了这方面的研

---

[1] 何俊志：《代表结构与履职绩效——对北京市13个区县的乡镇人大之模糊集分析》，《南京社会科学》2012年第1期。

究，云南、青海、宁夏、内蒙古均成立相关研究组织，① 其组织构成多以人大实际工作者为主体，但已成为组织、协调、整合各方面研究力量，成为有计划、有重点地开展人大理论和制度研究的重要平台。

（二）各级人民政协参政议政有成效

人民政协作为协商民主重要渠道和专门协商机构，是社会主义协商民主发展的基础之一，在民族地区政治建设中扮演着重要角色。团结和民主是人民政协工作的两大主题，推进政治协商、民主监督、参政议政制度建设，提高人民政协协商民主制度化、规范化、程序化是民族地区政治建设的新目标。2014~2015年，民族八省（区）政治协商会议除西藏、宁夏两自治区政协为第十届，其余均为第十一届，各自治州、自治县的政协届次则多有不同。但是，近年来各级政协在界别、政协委员构成、参政议政能力建设和参政方式建设等方面成果频现。各省（区）政协在政治协商、民主监督、参政议政方式、渠道、工作机制等方面都进行了积极的探索，并取得了重要进展，具体信息见表2。

表2　民族八省（区）人民政治协商代表大会活动信息表（2015年）

项目 省区	届数	界别数（个）	政协常委会数（个）	委员数（人）	常委数（人）	主席、副主席职数（人）	上届政协提案建议等办理情况
内蒙古	11	29	8	526	102	9	受理3858件提案，组织11次委员视察团活动，提交22份研究报告，19件报告和建议得到国家和自治区党政领导的重要批示
广西	11	30	9	707	123	12	提交意见建议5000多件，共征集社情民意信息3268条，督办失地农民安置等50多件重点提案

---

① 云南省人大制度理论研究会成立于1994年，附属省人大常委会办公厅，个人会员145名；青海省人大制度理论研究会也成立于1994年，附属省人大常委会办公厅，有66名理事，16名常务理事；宁夏人大工作研究会成立于2010年，属自治区人大常委会办公厅，个人会员280个，单位会员100人；内蒙古人大工作研究会成立于2015年，自治区人大常委会副主任新任第一届理事长；新疆乌鲁木齐市人大工作理论研究会成立于2005年。

续表

省区＼项目	届数	界别数（个）	政协常委会数（个）	委员数（人）	常委数（人）	主席、副主席职数（人）	上届政协提案建议等办理情况
云南	11	32	8	644	116	10	常委会专题调研视察200多次，形成调研报告140多份，视察报告70多份，立案交办提案3471件，召开专题协商会250多次，组织大会发言材料3000余篇，反映社情民意信息2000多件
贵州	11	31	9	584	71	11	主席会议督办重点提案29件，请省委办公厅全程跟踪督办各民主党派省委、省工商联、无党派人士界别提案44件。重大问题视察报告100多份，专题调研报告50余份并附若干意见建议
西藏	10	17	8	615	77	15	共提交提案1746件，经审查立案1672件。提案数量比上届增加13%，质量稳步提高。委员们和政协各参加单位深入调查研究，提出了人力开发西藏水资源、支持农牧民创业增收、发展优势特色产业、突破交通瓶颈的600多件提案，其中85%的提案建议被采纳
宁夏	10	29	8	420	84	10	常委会向自治区党委、政府提交10件建议案，提交80余份调研报告。共收到2918件提案，2667件得到审查立案，得到基本解决或列入计划解决的提案占87.2%。其中，69件成为自治区领导牵头督办的重点提案。40名自治区政协委员、429名市级政协委员、581名县(区)级政协委员担任了各级行风政风监督员、评议员。开展专题调研120余次。协助驻宁全国政协委员向全国"两会"提交大会发言63件、提案538件

续表

省区\项目	届数	界别数（个）	政协常委会数（个）	委员数（人）	常委数（人）	主席、副主席职数（人）	上届政协提案建议等办理情况
青海	11	27	8	393	67	10	向省委、省政府及相关方面提出提案2042件，反映社情民意信息500多条，报送各类议政成果及专题调研报告600余份
新疆	11	30	8	525	120	13	审查立案提案5505件，提交建议案10件，形成调研视察报告142份，组织大会发言580余篇，反映社情民意信息336条，参与立法协商31项

资料来源：各省区政协网站。

各民族省（区）政协机制日益稳定。随着民族地区政治建设的进展，政协参政议政活动更加活跃，政协委员参政水平逐年提升，参政议政能力也得到逐步提高，政协成为民族地区政治协商的稳定平台。以新疆为例，2013年，全区有各级政协组织114个，各级政协委员1.3万多名，各级政协机关干部2000余人。① 2016年1月，新疆维吾尔自治区召开第十一届政协第四次会议，应出席委员524人，实到481人，增补选举白志杰、卡德尔汗·米拉斯汗为自治区政协副主席；阿布都瓦依提·赛迪瓦卡斯、佟伟为自治区政协常委。

政协参政议政的议题也日益集中于每年本地区发展大局和中心工作，务求实效。据统计，2015年，西藏自治区政协围绕自治区中心工作开展调研26次，形成报告26份，提出建议192条。同时，形成整体履职新态势，通过举办议政性常委会（1次）、文化产业等专题协商会（2次）、其他协商座谈会（6次）等方式履职，还组织90名政协常委、500余名委员和相关专家学者协商议政，全区构建"四级委员"联动履职格局。政协常委会通过组织界别委员专项视察、界别委员协商座谈会等，汇集意见建议200余条，同时，推进专

---

① 《政协简介》，http://www.xjzx.gov.cn/xjzx/zxjj/10734.htm。

题视察调研活动,通过视察调研报告建言献策,界别作为民意通道的优势得到发挥。①

(三)中国共产党各级组织建设得到强化

据 2014 年统计,中国共产党组织有各级地方委员会 3218 个,其中省(区、市)级 31 个,市(地、州)级 397 个,县(市、区)级 2790 个。全国 99.9% 城市街道、乡镇、社区(居委会)、建制村已建立党的基层组织,99.6% 的机关、92.7% 的事业单位、91% 的公有制企业、53.1% 的非公有制企业、41.9% 的社会组织中组建了党的基层组织。党的基层组织总计达 436.0 万个,其中党委 20.9 万个,总支部 27.1 万个,支部 388.0 万个。② 中国共产党在民族地区的地方委员会和基层党组织是民族地区政治生活的领导力量,民族地区地方委员会和基层党组织的思想、组织、队伍建设等关系到地方政治生活的全局和政治文明建设的最终成果。加强和改进中国共产党的领导是民族地区政治建设的核心内容,2013 年以来,八省(区)和其他民族自治地方的中国共产党组织执政能力不断提升,思想建设、组织建设、制度建设得到加强。民族八省(区)各级党的领导机构健全,党员队伍规模不断扩大,数量也十分可观,具体信息见表 3③。

表 3 民族八省(区)中国共产党地方委员会主要信息(2014 年底)

项目 省区	届数	省(区)党委常委数(人)	省(区)党委委员、候补委员数(人)		纪律检查委员会委员(人)	基层党组织数(万个)	党员总数(万人)	少数民族党员比重(%)
			委员	候补委员				
内蒙古	9	13	73	14	45	7.9	154.1	23.0
广 西	10	13	71	15	45	—	—	—
云 南	9	11	75	14	41	7.90 (2013)	—	—
贵 州	11	13	69	13	45	8.05	167.06	34.60

---

① 《十届西藏自治区政协工作综述》,http://www.xizangrd.gov.cn/Articles/10157-1.htm。
② 《2014 年中国共产党党内统计公报》,http://www.gov.cn/xinwen/2015-06/30/content_2886856.htm。
③ 《2014 年中国共产党党内统计公报》,http://www.gov.cn/xinwen/2015-06/30/content_2886856.htm。

续表

项目 省（区）	届数	省（区）党委常委数（人）	省（区）党委委员、候补委员数（人）		纪律检查委员会委员（人）	基层党组织数（万个）	党员总数（万人）	少数民族党员比重（％）
			委员	候补委员				
西藏	8	15	60	15	33	1.5	30.7	81.43
宁夏	11	13	65	12	41	—	—	—
青海	12	13	61	12	35	—	36.68	—
新疆	8	15	75	15	47	7.49	145.64	37.55

资料来源：贵州、西藏、新疆数据来自其2014年发布的党内统计公报。其他省区信息查自《内蒙古日报》、《广西日报》、《云南日报》、《青海日报》及人民网，http：//cpc.people.com.cn/GB/67481/94156/231710/index.html。

表3虽然缺少2014年广西、云南、宁夏党员数、基层组织数的统计数据，但是，2013年的统计数据显示广西有基层党组织12.43万个，党员总数达227.78万人，其中少数民族党员占党员总数的36.23%，① 2013年，云南省基层党组织也有7.9万个，② 党员数超过200万人，宁夏党员总计也近40万人，2012年的统计表明，宁夏全区党员中少数民族党员占22.14%，基层党组织1.8万人。③ 民族八省（区）共有党员总计可达990余万人，民族地区党员队伍结构有了显著改善。以新疆、内蒙古为例，据统计，至2014年底，新疆全区中共党员中35岁以下的有30万人，占党员数的20.6%，大专及以上学历72.94%，占总数的50.08%④；内蒙古全区35岁党员占党员总数的22.9%，具有大专及以上学历的74.7万人，占党员总数的48.5%。⑤

党员发展和管理更加规范，治党管党制度化水平不断提升，社会效果良好。自2013年2月，中央组织部发布党员和发展相关规定⑥后，贵州、广西、内蒙古、青海等省（区）党委组织部依据党中央关于加强发展党员和党员管

---

① 《广西年鉴（2014年）》，广西年鉴出版社，2014，第49页。
② 《云南年鉴（2014年）》，云南年鉴出版社，2014，第45页。
③ 《全区党员总数逾38万人》，《宁夏日报》2012年6月5日第1版。
④ 《2014年中国共产党新疆维吾尔自治区党内统计公报》，新疆人民广播电台网，http：//www.xjbs.com.cn/news/2015 - 07/01/cms1782419article.shtml？nodes = _ 3377_ 。
⑤ 及庆铃：《数据表明：全区党员队伍又壮大了》，《内蒙古日报》2015年7月2日第1版。
⑥ 即中共中央《关于加强新形势下发展党员和党员管理工作的意见》。

理工作的总体目标和本区域实际，积极采取措施推进此项工作。青海省委提出未来10年，全省党员数量年均净增1.5%左右。县级以上党委（工委）采取每年确定发展党员数量或增长比例的办法，确保发展党员总量调控目标任务落实到位。① 贵州、广西、内蒙古均发布专门文件，针对本区域党员发展和管理中存在的实际问题采取相应管理措施。

各省（区）党委注重基层党组织建设，基层党员的培训得到进一步加强，思想建设和组织建设并进。如内蒙古实施基层党建工作责任，全区基层党建工作实施"三级联述联评联考"，分类指导、分层推进，结合特定的组织活动优化街道社区布局和健全社区党组织体系，社区党组织组建率达99.9%。在非公企业中开展集中组建月活动，新组建党组织的企业数达1367个。采取1+N组建、网格化组建、区域化联建等办法，全年有1804个社会组织建立了党组织，选派369名民警兼任边境嘎查村"两委"职务。②

民族地区党内基层民主建设有所创新，县级党代会常任制和乡镇党代会年会制不断推进，如青海省从2003年先后确定西宁市城中区、海东市平安县、海南州共和县、海北州祁连县、海西州德令哈市5个县级党代会常任制试点。2013年，省委组织部确定85个乡镇作为全省第一批党代会年会制试点，从2014年卅始，协调省财政为每个试点乡镇落实2万元的年会制工作经费。内蒙古制定下发《关于试行苏木乡镇党代会年会制的意见》，进一步提升党的组织建设规范化水平，落实党的代表大会制度，党代表联络工作机构得到健全和理顺，党代表履职能力得到提升，自治区党委通过组织党代表列席或参加自治区党委全委会等，拓宽其发挥作用的途径。按照"健全保障机制，搭建活动平台，充分发挥作用，推进党内民主，促进社会和谐"的思路发展推进基层党内民主建设。各级党代表在党代会闭会期间监督、议事和决策等权利得到有效保障，党员活动经费增加。③

---

① 《中共青海省委办公厅印发〈关于加强新形势下发展党员和党员管理工作的实施意见〉的通知》（青办发〔2013〕32号）。
② 《内蒙古年鉴（2014年）》，内蒙古人民出版社，2014，第94~95页。
③ 《内蒙古年鉴（2014年）》，内蒙古人民出版社，2014，第94~95页。

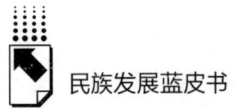

（四）民族区域自治制度实践有实效

作为当代中国基本政治制度——民族区域自治制度运行良好，据统计，55个少数民族中，有44个建立了自治地方，全国71%的少数民族人口分布于民族自治地方域内。1173个民族乡则成为民族自治地方的补充形式。11个因人口数量较少且聚居区域较小而未实现区域自治的少数民族中，有9个建有民族乡。① 面对20世纪90年代以来国内外针对民族区域自治制度的各种质疑、攻击和境内外别有用心势力对民族区域自治制度的抹黑、质疑等，2014年中央民族工作会议重申了民族区域自治制度的重要性和法定地位。② 基于国家基本制度完善的需求，国家权力机关和中央人民政府及其职能部门围绕发展经济和改善民生这一核心工作，积极推进民族区域自治制度的健康运行。

首先，国务院及各部委积极履行上级国家机关支持和帮助民族地区经济社会发展的法定义务成效显著。国务院和各部委继续实施积极的政策投入，民族八省（区）经济社会发展政策各有侧重，各具特色。2014年5月、8月，中央分别召开了第二次新疆工作座谈会和第六次西藏工作座谈会，两次会议分别对两个自治区整体发展做出了战略安排，推动两个自治区发展的相关配套政策表现得更具针对性。特别是中央政府出台的一批规划纲要③成为系统落实上级国家机关帮助民族地区发展的具体政策保障。中央政府推动民族地区建设的资金投入大幅增加，"十二五"以来，中央政府各部门都增加了对民族地区的投入，其中国家发展改革委员会累计安排支持民族地区改善交通基础设施条件中央预算内投资约达541亿元；累计安排支持民族地区农林水利建设约480亿元；累计安排用于民族8省区的教育、医疗卫生、文化等社会领域，改善当地群众公共服务条件投资430亿元。财政部2014年共安排转移支付520亿元，

---

① 国务院新闻办公室：《中国的民主政治建设》，《光明日报》2005年10月20日。
② "民族区域自治是党的民族政策的源头，我们的民族政策都是由此而来，依此而存。这个源头变了，根基就动摇了，在民族理论、民族政策、民族关系等问题上就会产生多米诺效应"。
③ 主要有"十二五"规划纲要、少数民族事业"十二五"规划、扶持人口较少民族发展规划、兴边富民行动规划等。

较上年增长12.1%。"十二五"期间，国务院扶贫办对民族8省区累计安排中央财政扶贫资金807.6亿元。①2015年8月11日国务院印发《关于加快发展民族教育的决定》，明确提出实现民族教育新发展、新跨越的目标，民族教育发展获得有利的资金保障。工信部、科技部、农业部、教育部、交通部、国资委等各部委均出台了支持民族自治地方发展的具体项目和措施。上级国家机关积极履行了其法定责任，民族自治地方经济社会发展面貌焕然一新。

其次，民族自治地方依法行使各自治权，各民族当家做主权益得到保障。5个自治区30个自治州120个自治县是民族区域自治制度的基本政区空间，依据民族区域自治制度，实现了实行区域自治民族的公民担任本区域行政首长，如自治区主席、自治州州长、自治县县长。全国人民代表大会、全国政协等机构，都有相应的少数民族代表参加，第十二届全国人大代表中有少数民族代表409人，占代表总数的13.7%，第十二届全国政协委员中有少数民族委员258人，占委员总数的11.5%。②这些少数民族代表委员大多来自各民族自治地方，如在西藏十二届全国人大代表、全国政协委员中，80%以上为藏族和其他少数民族。③2014年，新疆共60名代表出席第十二届全国人大会议，其中少数民族代表38名，占63.33%。④

民族法制建设取得成效，全国现行法律法规中，涉及民族问题规定的法律共有115件，法律、行政法规47件。尤其是2005年国务院关于执行民族区域自治若干规定颁布后，国务院各有关部门加快制度配套规章、措施办法工作。在这一过程中，民族自治地方共制定和修改262件自治条例，现行有效的有139件；制定912件单行条例，现行有效的有698件。⑤

---

① 向巴平措：《全国人民代表大会大常务委员会执法检查组关于检查〈中华人民共和国民族区域自治法〉实施情况的报告》，http://www.npc.gov.cn/npc/xinwen/2015-12/22/content_1955659.htm。
② 国家统计局：《中国统计年鉴2015》，中国统计出版社，2015，第811页。
③ 国务院新闻办公室：《民族区域自治制度在西藏的成功实践》，《光明日报》2015年9月7日第6版。
④ 国务院新闻办公室：《新疆各民族平等团结发展的历史见证》，《光明日报》2015年9月25日第7版。
⑤ 向巴平措：《全国人民代表大会大常务委员会执法检查组关于检查〈中华人民共和国民族区域自治法〉实施情况的报告》，http://www.npc.gov.cn/npc/xinwen/2015-12/22/content_1955659.htm。

作为统一多民族国家的地方行政区域,中国的各民族自治地方在维护国家统一和民族团结方面承载着重要的责任。依据统一多民族国家政治运行的法定原则,各民族自治地方围绕党的中心工作任务,不断完善政治结构、拓展基本制度功能和提高效能,充分发挥积极性和主动性,强化了法律制度对各民族平等权益的保障,推动各民族共享发展成果的实现。近年来,各民族地区经济社会面貌的全面改善与民族自治地方的积极努力分不开。2015年,宁夏回族自治区人大常委会审议自治区地方性法规草案9件,通过6件;集中修改法规15件,废止3件;审查批准、废止银川市地方性法规5件,① 为宁夏新建设目标提供法律保障。

最后,在民族地区政治发展进程中,民族干部依然是执政党决策执行的骨干力量。少数民族干部和人才培养工作一直受到各级政府重视,并逐步取得显著成效。

全国有少数民族干部290多万人,比1978年增长了3倍多。至2015年,包括5个自治区在内的13个省级公务员主管部门,在公务员招录时都结合本地区和本部门实际专门制定和采取了针对少数民族考生的政策措施。155个民族自治地方的少数民族干部在干部队伍中所占比重,大都接近甚至超过少数民族人口占当地总人口的比例。② 以西藏为例,据截止到2014年底的统计数据,西藏全区有11万少数民族干部,比自治区成立之初增长13倍多,少数民族干部占全区干部总量的70%以上,其中省级干部33人、地厅级450人,大部分地(市)、县(区)党政正职由少数民族干部担任,乡镇(街道)党政班子中70%以上为少数民族干部,少数民族领导干部在全区各级党政机关中都依法得到配备。少数民族代表、委员均占西藏自治区十届人大代表、政协委员的70%以上。2014年,新疆干部队伍中少数民族干部总计为41.7万人,占全自治区干部总数的51.4%,还通过划定比例、定向招考、适当加分等方式保障在公开选拔领导干部、录用国家工作人员时有一定数量的少数民族干部进入公务员队伍,当年全区招录少数民族公务员占招录总数的48.3%。新疆全区少

---

① 《立足民生之需回应人民所盼》,《宁夏日报》2016年1月10日第2版。
② 向巴平措:《全国人民代表大会大常务委员会执法检查组关于检查〈中华人民共和国民族区域自治法〉实施情况的报告》,http://www.npc.gov.cn/npc/xinwen/2015-12/22/content_1955659.htm。

数民族干部中省级干部25人，占总数的55%，地厅级干部467人，占33.55%，县处级干部4558人，占26.58%。① 少数民族专业技术人才培养得到重视，自2000年起，"少数民族科技人才特殊培养计划科研专项资金"在新疆设立，成为少数民族科技骨干实施科技项目的重要政策支持。至2014年，3917名新疆急需的中高层次少数民族专业技术人才得到培养，全疆少数民族专业技术人员总计达29.44万人，得到支持的专业技术人才占全区专业技术人员总数的58.37%，其中有2.11万人为高级职称的专业技术人才。② 内蒙古自治区少数民族干部占干部总数的33%，全区12个盟市党政班子全部配备少数民族干部，102个旗县（市、区）党政领导班子中，少数民族干部占班子成员总数的36%，自治区党委、政府工作部门中，配备少数民族干部的领导班子占82%。③

执政党对民族干部提出了更为明确的政治标准，即三个特别："明辨大是大非的立场特别清醒""维护民族团结的行动特别坚定""热爱各族群众的感情特别真诚"，新疆维吾尔自治区党委针对本区域实际要求民族干部要有格局、有担当，自觉强化引领意识，"做政治坚定的引领者；做维护祖国统一、维护社会稳定的引领者；做民族团结的引领者；做现代文化的引领者；做善于学习、干事创业的引领者；做清正廉洁的引领者"。④

（五）民族地区基层民主建设有成果

2007年，"基层群众自治制度"被提升为中国社会四大基本政治制度之一，民族地区城乡也普遍建立起居民委员会和村民委员会作为基层群众自治性组织，在"自我管理、自我教育、自我服务"中实现基层社会有序治理，民族八省（区）村居委会数及换届情况见表4。

---

① 《新疆少数民族干部占51%——60年总数增长9倍》，《人民政协报》2015年9月14日第1版。
② 国务院新闻办公室：《新疆各民族平等团结发展的历史见证》，《光明日报》2015年9月25日第7版。
③ 《大力推进民族团结进步事业，为祖国北疆亮丽风景线增光添彩》，《内蒙古日报》2015年9月28日第7版。
④ 《张春贤强调培养选拔少数民族干部是做好新疆工作的重要保证》，国家民委网站，http://www.seac.gov.cn/art/2016/3/1/art_36_248680.html。

表4 民族八省（区）社区居委会和村民委员会数量（2015年）

省区	社区居民委员会数（个）	村民委员会数（个）	"两委"换届情况
内蒙古	—	11214	2015年完成第九届嘎查（村）居委会换届
广　西	1891	14323	2014年完成第六届村委会、第四届居委会选举
贵　州	2016	16747	2013年完成第九届村（居）委会选举
云　南	2166	12065	2016年居委会、村委会同步换届
宁　夏	479	2146	2014年完成第九届村委会、2015年完成第九届居委会换届
青　海	361	4167	2015年完成第九届村（居）委会换届
新　疆	—	8586	2012年完成第八届村委会换届
西　藏	208	5465	2015年完成村（居）委会换届

资料来源：各省区2014年年鉴和当地报纸报道。

村民直接选举或罢免村民委员会成员是民主选举的核心内容，民族地区绝大多数村民委员会由民主选举产生，如2014年3月，宁夏第九届村民委员会换届选举工作基本结束，共选出村委会委员9067人，村委会主任2146人。村"两委"班子成员交叉任职4486人，占总人数的25.2%，其中村党组织书记和村委会主任"一肩挑"895个，占全区行政村总数的39.7%。新当选村"两委"班子成员平均年龄40.5岁。[1]村委会直接选举范围进一步扩大，宁夏全区231.43万人直接参加了村委会投票选举，参选率达95.95%。[2]

西藏自治区2015年3月完成全区村（居）委员会换届，新一届村（居）"两委"班子中党员占96.9%，书记、主任的受教育程度大幅提高，他们中具有初中以上文化程度者较上届增长36.7%。换届后，基层党员和群众对两委满意率达99.5%。新一届村（居）"两委"班子的妇女干部比例较上届增加8.2%；班子平均年龄比上届下降1.4岁；班子中吸纳的致富带头人、技术能手、外出务工经商人员、大学生村干部、返乡大中专毕业生占比大幅提升，优秀

---

[1] 任建中：《我区第九届委员会换届选举结束》，《宁夏日报》2014年3月15日第3版。
[2] 《宁夏第九届村民村委会换届结束选出村委会主任2146人》，http://www.nxnews.net/sz/system/2014/03/14/011000477.shtml。

"双联户"户长首次入选村（居）"两委"班子，8844名公职人员被选派到村（居）任职。①

涉及村民利益的重要事项由村民会议或村民代表会议讨论，民主决策在大多数民族地区村社建立起来。据统计，西藏95%的村委会实现了村民代表会议制，内蒙古早在2010年就推行了村民代表会议②常设制。村民代表的任期与村民委员会的任期相同。村民代表可以连选连任。村民每5~15户推选1人为村民代表，或者由各村民小组推选若干人。村民代表要向其推选户或者村民小组负责，接受村民监督，还要发展具有地方特色的村治模式。③

二　民族地区政治建设新举措

民族地区社会主义政治文明建设不仅需要积极有效应对全面深化改革提出的一系列目标，同时也需要不断解决当时的社会实际问题。民族地区各级党组织在执政党顶层制度设计引领下积极探索在根本制度和基本制度完善中推进地区政治建设，从而切实维护国家统一、民族团结和各民族共同繁荣发展，采取一些具有地方特色的新举措。

（一）完善人民代表大会制度的新举措

各民族地区人民代表大会根据依法治国和"四个全面"战略目标要求，积极推进各级人民代表大会功能完善，在立法、监督、人民代表工作等方面都采取了更为积极的新举措，成效良好。

1. 立法工作更具规划性，专业立法、开门立法机制正在形成

立法是民族自治地方人大的一项重要权力，各民族省（区）近年来的立法更具规划性。早在2011年新疆维吾尔自治区人大常委会便编制五年立法规划，

---

① 常川：《我区5665个村（居）"两委"换届工作全面完成》，《西藏日报》2015年3月30日第1版。
② 村民代表会议由村民委员会成员和村民代表组成，村民代表占村民代表会议组成人员的5/4以上，妇女村民代表应占村民代表会议组成人员的1/3以上。
③ 钱其鲁：《夯实基础推进农村牧区基层民主政治建设》，《内蒙古日报》2010年8月13日第1版。

征集到立法规划项目 162 件,编入规划的 96 件,相关信息显示,这些立法规划项目均经过广泛征求意见、反复筛选论证、科学慎重比较。立法规划项目有 96 件,可分为两大类:第一类,立法条件比较成熟、较有把握在 5 年内制定出台的项目;第二类,有立法的必要性,但立法条例尚不成熟的后备项目。立法规划突出依法保障经济发展、改善民生、生态维护、社会稳定的核心目标,在工作机制上使立法规划与自治区国民经济和社会发展五年规划同步。[①] 云南省十二届人大五年立法规划中年度立法计划任务更加明确,对列入规划、计划的项目,确定了各牵头负责起草的部门和单位的责任,实践目标为任务、责任、人员三落实。负责一审、二审工作的委员会则需提前介入立法工作。[②]

立法审议规范化。立法审议是省(区)人大的重要职能之一。近年来,各民族省(区)立法审议程序更加明确,一些规范的出台成为推进科学立法、民主立法,完善立法体制机制的重要举措。[③]

专家参与立法过程更普遍。法学和法律专家参与立法文本形成过程有利于提升立法质量,近年来各民族地区都建立专家参与立法过程的工作机制。如新疆维吾尔自治区人大法制委员会早在 2006 年就聘用专家参与立法,当时以两年为一个聘期,2013 年十二届人大则改为五年一个聘期,人数也从 21 人增至 26 人。[④] 宁夏回族自治区人大常委会法制委员会聘任了 35 名法律专家为咨询委员会委员。2015 年 9 月,西藏自治区也聘请巴桑罗布等 35 名来自全区各行业的专家学者为立法咨询专家。[⑤]

立法后评估机制逐步实践。立法后评估机制是完善立法制度的重要组成部

---

① 《96 件法规项目列入新的 5 年立法规划》,http://www.xjpcsc.gov.cn/jnjw/201111/t25108.html。
② 《省人大常委会 2016 年立法工作计划》,《云南日报》2016 年 2 月 27 日第 3 版。
③ 2014 年 9 月 12 日云南省第十二届人大常委会第二十七次主任会议发布《云南省人民代表大会及其常务委员会各委员会审议地方性法规案工作程序规定》(简称《审议工作程序规定》),并以云人办发〔2014〕75 号文件印发执行。2015 年 9 月,宁夏回族自治区人民代表大会及其常务委员会修改《宁夏回族自治区人民代表大会及其常务委员会立法程序规定》,以期提高立法质量。
④ 《自治区人大法制委聘请 26 名立法咨询专家》,http://www.xjpcsc.gov.cn/ztbd/cwhhy/cwh12_2/zxdt/201305/t4028e49c3ea10733013ef3367a7602e1.html。
⑤ 《自治区人大常委会聘任 35 名立法咨询专家》,http://www.xizangrd.gov.cn/Articles/9399-1.htm。

分，各民族地区均进行了相应的实践。2014年，西藏自治区人大法制委员会正式委托西藏民族学院法学院就自治区道路交通安全条例进行立法后评估。西藏民族学院法学院为此成立了立法后评估课题组，并专程到重庆、广西进行考察，学习两地在立法后评估方面的主要经验。此次立法后评估采取了实地调查、委托评估、问卷调查、公开征求意见4种方法。[①] 云南省人大常委会2015年报省委批准启动的对全省现行有效的119件地方性法规进行立法后评估，由省内专家、学者组成的评估小组签订委托评估协议。目前，这项工作已进入分组交叉评审和总评估报告撰写阶段，成为全省推进科学立法、民主立法基础性工作。[②] 2015年，内蒙古自治区人大常委会则首次委托第三方开展立法后评估。贵州省贵阳市最先启动立法后评估机制。

公民参与立法途径增多。拓宽公民有效、有序参与立法途径，充分发挥基层单位在地方立法中的积极作用，实现推进科学立法、民主立法的目标，成为内蒙古2015年6月[③]探索实践的一个新机制，这一机制被视为立法接地气的新方式。通过公开征集、有关部门推荐等多种方式，自治区人大在苏木乡镇、街道、大专院校、行业组织以及企事业组织中建立基层立法联系点。这些基层立法联系点提出对法律草案、地方性法规草案的修改建议，参与地方立法建议项目征集，对常委会立法规划草案、立法计划草案提出意见和建议，收集并反馈地方性法规施行中的问题，对自治区人大常委会立法工作提出其他意见建议，还可以参与自治区人大各专门委员会、常委会工作机构组织的立法调研、课题研究和立法评估等工作。这些立法联系点一方面将成为基层群众和社会组织直接参与立法活动的重要载体，另一方面将成为立法机关深入基层直接了解群众意见的经常性互动平台。基层立法联系点的条件、申报方式以及选设方法则有明确的依据。[④] 由乡镇苏木人大、街道工委和企业工会、基层消费者协会、基层律师协会、高等院校等14家单位担任常委会基层立法联系点，并于2015年10月公示。

---

① 《区人大立法后评估〈道路安全交通条例〉》，《西藏法制报》2013年10月19日第2版。
② 《省人大常委会2016年立法工作计划》，《云南日报》2016年2月27日第3版。
③ 2015年6月发布《内蒙古自治区人大常委会基层立法联系点工作办法》。
④ 《内蒙古人大常委会拟建立基层立法联系点》，http://www.npc.gov.cn/npc/xinwen/dfrd/nmg/2015-07/14/content_1941524.htm。

立法辩论会也是扩大公众有序参与、引导和带动公众关注地方立法的一个有益尝试。① 为了促进开门立法，2014年3月18日，宁夏回族自治区人大常委会法制工作委员会召开立法辩论会，② 8位辩论人和50位旁听者参加，正反两方就宁东农垦管区可否拥有规划组织编制权和规划条件有效期一年是否合理等问题进行激烈辩论，取得了重要成果。

2. 监督机制常态化

监督机制是各级人大及其常委会的一项重要权力，依法③开展监督活动是人大最为常态的工作内容。各民族地区人大围绕本地中心工作，突出重点、完善机制，探索创新监督方式、加大监督力度。

各省（区）均强化了对本级"一府两院"专项工作报告的听取和审议，开展满意度评测，有的还强化了预算、决算和审计的监督，如2013年，云南省人大常委会就改进对财政资金使用和管理的监督，细化支出科目，深化预算审查监督，部门预算审查范围由24个增加到151个，推动形成相对完整的政府预算体系。④ 同年，广西人大常委会听取和审议"一府两院"的6个专项工作报告和计划、预算情况报告，检查4部法律法规的实施情况，开展13项专题调研；做出10项决议决定。⑤ 新疆2013年首先开展对"一府两院"专项工作报告的满意度测评，宁夏也对"一府两院"的18个工作报告开展了满意度测评。

人大专题询问以其崭新的监督形式受到社会各界广泛关注和人民群众好评，成为近年来各地人大监督工作的一大亮点。2013年，云南省第十二届人大常委会首次启动专题询问，焦点锁定"医药卫生体制改革"，13名委员围绕医改工作中社会关切、百姓关心的问题提出了完善医保资金监管、加强基础医疗服务体系建设、改进基本药物采购配送等11个方面的意见。专题询问结束后，省政府安排部署省人大常委会专题询问审议意见的办理落实，并把这11个方面的审议意见全部纳入省2013年度医改主要工作涉及的17项

---

① 申东：《宁夏人大首办立法辩论会》，《法制日报》2014年3月20日第3版。
② 就《宁夏回族自治区实施〈中华人民共和国城乡规划法〉办法（草案）》进行辩论。
③ 全国人大于2006年制定通过《中华人民共和国各级人民代表大会常务委员会监督法》。
④ 《云南省人民代表大会常务委员会工作报告》，《云南日报》2013年1月31日第3版。
⑤ 《广西年鉴（2014年）》，广西年鉴社，2014，第57页。

具体任务当中，明确有关责任部门的工作职责。云南省政府相关部门按照省人大常委会审议意见采取切实措施、落实整改，积极稳妥推进全省医药卫生体制改革。① 新疆、西藏、广西、贵州于 2011 年，宁夏和青海于 2012 年，内蒙古于 2014 年②启动专题询问，各省（区）的专题询问内容涉及食品安全、道路安全、社会保障、水资源管理、公共安全、城乡社会保险、财政预算执行、医疗体制改革、义务教育法落实、推进新型工业化、中小学教师队伍建设、人口与计划生育工作、国有资产监管等与本地区民生密切相关的一些事项。

3. 人大代表履职有平台

各级人民代表依法积极参政是人民代表大会制度效能得以充分发挥的一个核心。各民族地区都强化了对代表的履职培训，促进代表与选民间的日常联系。如按照青海省人大的统一部署，各州市、县（区）级人大常委会积极建立代表接待室和代表联络室，"代表履职网络平台"得以建立健全，人大代表与人民群众的联系由此得以加强。"代表履职网络平台"的建设一方面强化了代表与群众间的联系，使群众的合理诉求得到有效表达和及时解决，提升了群众对代表的信任度；另一方面可有效提升代表的履职能力，使代表履职更富活力，作用发挥更加充分。③

内蒙古自治区人大常委会改进人大代表服务保障工作条件。2013 年，全年邀请 70 余名代表列席常委会会议参与立法、监督等工作，同时对 310 位代表分四期进行初任培训，以切实增强代表意识，保障代表依法履行好职责。④全自治区建成 2400 多个"人大代表之家"，实现了苏木乡镇（街道）全覆盖的年度工作目标，逐步向嘎查村（社区）延伸，为人大代表活动的经常化、规范化搭建了重要平台。⑤

---

① 《追踪问效云南医改》，http://www.srd.yn.gov.cn/ynrdcwh/10107766413679656 96/20140227/254777.html。
② 为规范质询活动，《内蒙古自治区人民代表大会常务委员会询问和质询的规定（草案）》2014 年 3 月颁布，主要对询问、专题询问、质询案的提出和相关程序等内容做出规定。
③ 王平等：《走进青海省，哪些亮点值得回眸》，《人大杂志》2015 年第 19 期。
④ 《内蒙古年鉴（2014 年）》，内蒙古人民出版社，2014，第 1 页。
⑤ 《内蒙古自治区人民代表大会常务委员会工作报告》（2016 年），《内蒙古日报》2016 年 2 月 2 日第 1 版。

民族发展蓝皮书

云南省人大推行常委会组成人员联系代表制，62名常委会组成人员直接联系190名省人大代表，定期为代表寄送人大工作资料，通报常委会会议审议情况，支持"一府两院"以多种方式向代表通报重要工作，邀请48位代表列席省人大常委会会议，组织部分代表参加"一府两院"相关会议、参与省人大各委员会工作调研，在人大代表普遍联系群众的基础上，还实行了代表直接联系1~2名基层群众的制度，629名省人大代表直接联系基层群众1208名。①

议案是代表履职的重要方式之一，各地人大代表都能很好地运用这一方式。如西藏十届人大二次会议议案质量有所提高，数量也增加不少。截至2014年1月14日上午10时，西藏自治区十届人大二次会议收到大会期间代表团或代表联名向大会提交的建议、批评和意见共307件，其中政法类22件，财经计划类74件，农牧林水类65件，工业交通类71件，科教文卫类39件，劳动人事类36件。②

总之，新一届人大组成以来，各民族地区人民代表大会及其常委会，围绕本区域经济发展和本级党委政府确立的发展战略和中心工作，开展立法、调研、提交提案、加强执法检查、立法后评估、建立人大工作程序等，使权力机关运行机制不断完善，权力机关效能逐年提升。人民代表大会在完善其运行机制中，除了健全机构功能、提升代表素质外，也强化了与各类社会群体的联系，拓展了公民有序参与政治的渠道。人民代表参政能力和议政素质提升大大推动人民代表大会及其常委会作为权力机关在立法、监督、决定重大事项、人事任免等方面的职责和功能的发挥。

（二）探索社会主义民主协商的新举措

社会主义民主协商创新与探索是各民族地区政治建设的重要特征。在民族地区政治建设中，社会主义协商民主将在新的顶层设计中得到提升，③ 制度保

---

① 《云南年鉴》（2014），云南年鉴社，2014，第60页。
② http://www.scio.gov.cn/zhzc/8/1/Document/1359916/1359916.htm。
③ 2015年2月9日，中共中央印发《关于加强社会主义协商民主建设的意见》，对政党协商、人大协商、政府协商、政协协商、人民团体协商、基层协商、社会组织协商等做出全面部署，相应的制度细化也在进行之中。

障水平也将提升,① 有了新的制度机制和政策保障。②

搭建平台促协商。各省（区）政协是政治协商的重要平台，随着协商方式和活动的多样化，这一平台协商效率得到提高。广西壮族自治区十一届政协围绕"创新"做文章，2015年自治区政协机构共举办了43次各层次的协商活动，各界委员600多人次参与协商，曾启用专题协商、对口协商、界别协商、提案办理协商等多种形式，各种形式间相互衔接、相互促进，协商内容广泛，已扩展至地方性法规、党风廉政建设等领域。政治协商呈现"层次高、内容广、形式活、密度大、成果实"的特征。③

青海省政协则推进了本省立法协商机制功能，2015年11月，省人大法制委、省政协社会和法制委员会签订关于建立立法协商工作制度的备忘录。此前，省政府法制办、省政协社会和法制委员会已于2014年签订了立法协商工作备忘录，保障了省政协民主参与省人大、省政府层面的地方立法协商。为推进立法协商专业性，省政协还聘任了66名政协立法协商专家作为智库成员。立法协商加强了政协机关与立法机关的沟通和联系，正确引导政协委员、智库专家和社会各界群众代表有序参与、理性表达意见建议，努力提高立法协商质量。④

内蒙古积极推进广泛协商机制建设。2014年，中共内蒙古自治区委为每

---

① 2015年12月25日起实施的《中国共产党地方委员会工作条例》规定：党的地方委员会应当加强对同级人大、政府、政协等的领导，建立健全沟通协调机制，及时通报重要情况。注重通过国家机关、政协组织、民主党派、人民团体、基层单位等渠道，就经济社会发展重大问题和涉及群众切身利益的实际问题，广泛协商、广集民智、增进共识、增强合力。应当有计划地邀请同级党代表大会代表列席全会或者常委会会议等重要会议，适当增加列席的人员数量和频次。定期组织党代表大会代表进行专题调研，组织党代表大会代表开展提案提议，充分听取意见建议。
② 2015年12月10日中共中央办公厅印发了《关于加强政党协商的实施意见》进一步规范了政党协商的有关原则、事项、方式、程序、保障机制等，各项党内法规的发布，也大大促进了民族地区各级地方委员会管党治党水平。《中国共产党统一战线工作条例（试行）》则将党外人士，重点是其中的代表人士纳入工作对象范围，以巩固和发展最广泛的爱国统一战线。
③ 肖亮升、农超：《凝心聚力打造协商议政新格局》，《人民政协报》2016年1月12日第2版。
④ 张旺：《省政协召开立法协商会议——仁青加出席并讲话》，《青海日报》2015年11月26日第1版。

个民主党派区委增设"参政议政部",解决其工作生活困难;建立完善了民主党派以调研报告、建议等形式向中共党委提出对相关政务工作意见和建议的机制;自治区政府13个部门与民主党派区委建立对口联系制度,以保证民主党派参政议政、民主监督职能的发挥。各民主党派重点调研课题协商座谈会、党外人士建言献策调研报告直接上报自治区党委、政府,为党委政府决策提供参考。①

强化提案和提案办理。提案和提案办理是各级政协政治协商的重要方式。各民族地区政协提案数量增加和提案办理效率提高是近年来的普遍现象。

至2015年宁夏回族自治区政协十届三次会议,提案委员会收到提案760件,其中各民主党派、工商联和政协专门委员会提案173件,占提案总数的22.8%。经审查立案615件,并案提案42件,不予立案97件,立案率81%。宁夏以三级审查的方式强化提案审查,自治区党委、政府13个部门的人员受邀参与提案初审。经提案交办会及时将审查立案的提案,送交自治区党委、人大、政府、政协办公厅和自治区高级人民法院、自治区人民检察院批转办理。截至2015年底,99%的提案已经办复。政协委员所提意见和建议得到落实或基本落实的226件,占立案总数的36.7%;已列入计划逐步落实的328件,占立案总数的53.3%。②

新疆维吾尔自治区政协则借助技术改进提升提案效率。2015年新疆维吾尔自治区政协提案委员会首次启用网上提交提案办公系统,网上系统的启用方便了政协委员网上提交,有利于加强平时提案的审查、立案和交办工作,保障了政协委员反映的建议及时送达承办单位。

2014年西藏自治区政协十届二次会议以来,政协委员提出提案519件,其中立案的有497件。截至2014年10月底,提案全部办复,所提问题已经解决或意见建议被采纳的284件,提案列入计划逐步解决的115件,提案因条件限制暂时难以解决的98件,得到处理的三类提案分别占立案总数的57.14%、23.14%、19.72%,对办理结果满意和基本满意的提案者为97.5%。很多提案

---

① 《凝心聚力打造祖国北部边疆亮丽风景线》,《内蒙古日报》2015年7月30日第5版。
② 《自治区政协提案委员会2015年综述》,宁夏政协网,http://www.nxzx.gov.cn/zmwyhgz/tawyh/tadsj/201601/t20160108_ 3527872.html。

具有较强的针对性和可操作性，部分蕴含重要信息资源和建议的提案进入区党委、政府的决策程序。①

创造条件提高提案质量。新疆政协办公厅积极为提案者知情明政、知情议政创造条件。依据《自治区政协关于加强和改进新形势下政协提案工作的实施意见》（新协发〔2013〕10号），围绕中央确定的自治区总目标、工作重点②等征集汇总提案选题，形成5个方面220个参考目录，为提案者撰写平时提案及政协十一届四次会议提案提供参考。云南省政协也在第十一届政协四次会议召开前通过信函向省内党政部门、通过媒体向社会征集71条提案线索作为参考选题，为政协委员和政协各参加单位撰写提案提供参考。③

加强提案遴选与督办机制建设。各民族地区省（区）政协提案遴选与督办机制日益完善，2010年广西壮族自治区在政协重点提案、重要提案的督办方面就构建了一套有效的机制，包括建立自治区党委、政府领导对政协提案批示的民主监督制、完善自治区政协领导督办重点提案制。④青海省出台《青海省政协重点提案遴选与督办暂行办法》，规范相关工作，并提出由各位副主席领衔督办、相关专门委员会组织督办的措施，提高办理实效成为工作着力点。形成重点提案高层办理协商、热点提案集中办理协商的态势。政协机关加强协商、推动提案的办理落实，推进和协调承办单位与提案者办前沟通、办中互动、办后反馈。⑤2015年，内蒙古自治区将提案工作和提案办理协商纳入党政工作大局，提高提案交办规格、办理实效。⑥自治区政府8位副主席首次批

---

① 《自治区召开两会新闻发布会》，《西藏日报》2015年1月16日第1版。
② 新疆发展总目标和具体目标：社会稳定和长治久安，以推进新疆治理体系和治理能力现代化为引领，以经济发展和民生改善为基础，以促进民族团结、遏制宗教极端思想蔓延等为重点，坚持依法治疆、团结稳疆、长期建疆，努力建设团结和谐、繁荣富裕、文明进步、安居乐业的社会主义新疆。
③ 云南政协网，http://www.ynzx.gov.cn/info/detail.jsp? infoId=A000014424。
④ 《创新重要提案和重点提案督办方式推动提案办理落实》，全国政协提案委员会编《全国政协第六次提案工作座谈会材料汇编》，2010。
⑤ 朱文平：《青海省政协寓协商于提案工作全过程》，《人民政协报》2015年1月12日第2版。
⑥ 内蒙古自治区党委办公厅、政府办公厅印发了《关于进一步加强人民政协提案办理工作的实施意见》，自治区政府制定《内蒙古自治区人民政府领导同志批办重点办理建议提案工作规程》，自治区政协制定《政协内蒙古自治区委员会提案办理协商办法》和《关于做好自治区政协十一届四次会议提案办理工作的意见》。

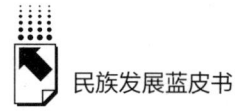

办、督办政协提案，提案办理工作取得了很好的效果。2016年1月，云南省政协结合本省实际，也开始起草《云南省政协提案办理协商实施办法》，以规范提案办理协商工作。

2014年，青海省各党派、团体及政协委员共提出435件提案，经审查334件立案。截至2014年底，所有提案已全部办理完毕。青海省实现政协提案工作由数量型向质量型的转变，增强了提案办理实效。① 这一年，生态畜牧业发展、西宁公共交通管理等内容的40余件提案成为青海省政协领导和专委会督办的重点提案，提案办理协商会效果显著，其中省政协组织提、办双方召开15次提案办理协商会，参与协商的有60多位委员、41个承办单位；协商使许多建议得到采纳，转化为相关部门的实际举措；首度引入专家参与协商会。②

广西壮族自治区为提升协商效率，探索开展由提案委员会、提案者、承办单位、社会各界代表组成的提案办理协商"四方民主评价"，通过互评打分，有效强化提案者提出高质量提案的意识，增强承办单位办好提案的责任感，提升政协办公厅服务工作的质量和水平。把提案办理成果纳入自治区绩效考评，提案办理的权重分值提高，促进了提案办理的效率和成效的提升。③

（三）全面从严治党的新举措

中国共产党作为中国特色社会主义事业的领导力量，其组织活动、建设和组织引领功能发挥的状况关系到民族地区政治建设的核心。十八大以来，党要管党、从严治党，解决党组织建设自身存在的突出问题成为全面从严治党的切入点。加强党风党纪和党组织建设，借助中央巡视组巡视机制，各省（区）积极行动，明确主体责任、切实开展工作，深入实施不断完善的党内法规，管党治党不断取得成效。作风建设、组织建设、干部队伍建设和干部管理均取得实效。

---

① 朱文平：《青海省政协寓协商于提案工作全过程》，《人民政协报》2015年1月12日第2版。
② 朱文平：《青海省政协寓协商于提案工作全过程》，《人民政协报》2015年1月12日第2版。
③ 《自治区政协办公厅2014年绩效考评公众评价意见整改落实情况报告》，http://www.gxzx.gov.cn/3/2015_12_11/3_91302_1449792064485.html。

积极落实各项党内法规。十八大以来，回应社会实际和国家政治建设目标，依法治国和从严治党得到高位推动，党内法规日益完善和系统化，[1] 党内法规也实现了与时俱进。至2014年，中国共产党全面筛查新中国成立至2012年6月出台的中央文件2.3万多件，梳理出规范党组织工作、活动和党员行为的党内法规及规范性文件1178件。经过清理，322件被废止，369件宣布失效，继续有效的487件。487件继续有效的党内法规和规范性文件，绝大部分都出台于1978年以后，只有20件出台于改革开放以前。[2] 各民族地区依据党中央发布党内法规从严治党是依法治国的重要组成部分，积极落实党内法规，强化管党治党是民族地区政治建设的一项基础性工作。

充分利用巡视工作，强化党内规范执行。2013~2014年，中央巡视组对各省（区）的巡视工作已完成，巡视情况见表5。各省（区）对自身存在问题和整改方案已通报全社会。从中央巡视组巡视结果来看，各省（区）普遍在主体责任落实和严明政治纪律、党风廉政建设和反腐败斗争、执行八项规定、干部选用等方面存在问题，中央巡视组的工作对各省（区）党委管党治党提出了更为明确的组织目标，不合格党员干部受到处罚，2013年内蒙古全区党员干部受到党纪政纪处分的有2022名，其中地厅级干部12人、县处级干部57人，移送司法机关145人，为国家挽回经济损失2.91亿元。自治区党委加强和改进地方党委巡视工作，推动地区、部门、企事业的全覆盖。2013~2016年自治区党委对全区12个盟市常委和同级人大、政府、政协党组领导班子及其成员至少巡视1~2次，对102个旗县（市、区）党委和同级人大、政府、政协党组领导班子及其成员至少巡视1次，巡视所有未巡视过的部分区直机关、单位、高校和国有企业。[3] 各省（区）也积极依据自身实际，采取有力措施，强化管党治党，积极开展思想和组织建设。

---

[1] 2015年12月25日颁发的《中国共产党地方委员会工作条例》。
[2] 《党内法规与制度建设是长期的》，《半月谈》2014年第23期。
[3] 《内蒙古自治区党委关于中央第四巡视组巡视内蒙古自治区反馈意见整改落实情况通报》，《内蒙古日报》2014年2月21日第2版。

表5 中央巡视组在民族八省（区）巡视情况表（2014年）

省区名称	中央巡视组巡视时间	中央巡视组反馈时间	中央巡视组别	地方党委通报时间	公布监督方式	整改内容
内蒙古	2013年6～8月	2013年9月26日	第四巡视组	2014年2月21日	邮政信箱,限时一个月	党风廉政建设,严格执行八项规定,强化政治纪律,干部选用制度建设等4类15个具体问题
广西	2014年7～9月	2014年11月1日	第一巡视组	2015年1月31日	电话号码、邮政信箱,无明确限时	共梳理出17个具体问题
贵州	2013年5～7月	2013年9月25日	第六巡视组	2014年2月22日	省纪委、省委组织部电话号码	党风廉政建设,作风、干部作风,民主集中制3类问题
云南	2013年10～12月	2014年2月13日	第五巡视组	2014年6月19日	电话号码、邮政信箱、电子信箱,无明确限时	党风廉政反腐、作风建设和八项规定,执行政治纪律民主集中制,干部选任等4类17个问题
宁夏	2014年3～5月	2014年7月10日	第三巡视组	2014年10月10日	电话号码、邮政信箱、电子信箱,无明确限时	党风廉政主体责任、政府性工程建设管理、八项规定落实等5个方面21个具体问题
青海	2014年7～9月	2014年10月28日	第三巡视组	2015年1月25日	电话号码、邮政信箱、电子信箱,无明确限时	巡视组指出4个方面10个问题和加强改进意见6条,有34条具体改进措施
新疆	2014年3～5月	2014年7月12日	第六巡视组	2014年10月11日	电话号码、邮政信箱、电子信箱,无明确限时	党风反腐,严明政治纪律等5大类20个方面,74项具体措施
西藏	2014年7～9月	2014年11月3日	第四巡视组	2015年2月1日	电话号码、邮政信箱、电子信箱,无明确限时	存在5个方面的问题,17项整改任务

资料来源：《内蒙古日报》2014年2月21日,《广西日报》2015年1月31日,《贵州日报》2014年2月22日,《云南日报》2014年6月19日,《宁夏日报》2014年10月10日,《青海日报》2015年1月25日,《新疆日报》2014年10月11日,《西藏日报》2015年2月1日。

强化"一把手"责任制。经过巡视,各省(区)都强化了一岗双责制,推动一级抓一级之势,纪律检查工作得到加强。新疆维吾尔自治区党委承诺督促各地各单位各部门全面推行党政主要领导"四个不直接分管制度",行政审批制度改革得到积极推动,34个自治区本级部门(单位)实施的226项行政审批"权力清单"公开向社会发布。

党的群众路线教育实践活动推进领导干部联系群众。各民族地区在推进党的群众路线教育活动中,全面推动了领导干部加强与群众联系,如内蒙古自治区自上而下建立了领导干部联系群众制度和定点扶贫、对口帮扶制度,有37位省级领导干部每人联系1个贫困旗县,有465位盟市级领导干部每人联系1个贫困苏木乡镇,有2308位旗县级领导干部联系4200个贫困嘎查村,全自治区5000多个党政机关、企事业单位开展"单位包村"活动,10.6万名党员干部参与蹲点帮扶工作。[①]

(四)基层民主建设的新举措

围绕民主决策、民主管理、民主监督目标建立健全居民、村民治理运行机制是基层民主建设的核心目标。各民族地区在推进基层民主建设中,抓住村级组织权力运行的制约和监督环节,积极采取措施探索建立领导权、决策权、执行权和监督权合理配置、适度分离、相互制约、相互协调的权力结构和运行机制的协调。

依据本区域实际落实法规。各民族地区积极落实《中华人民共和国村民委员会组织法》,依据本区域实际出台实施办法,其中内蒙古(2011)、西藏(2012)、贵州(2012)、云南(2013)、广西(2013)均已修订本省(区)村民委员会组织法的实施办法,宁夏、新疆均完成了组织法实施办法的修订,[②]青海省将实施《中华人民共和国村民委员会组织法》办法的修订列入2013年

---

① 《内蒙古自治区党委关于中央第四巡视组巡视内蒙古自治区反馈意见整改落实情况通报》,《内蒙古日报》2014年2月21日第2版。

② 《宁夏回族自治区实施〈中华人民共和国村民委员会组织法〉办法》经2000年11月17日宁夏回族自治区八届人大常委会第16次会议通过,2014年7月23日宁夏回族自治区十一届人大常委会第11次会议修订,废止原办法。新疆维吾尔自治区第十二届人民代表大会常务委员会第十三次会议于2015年1月10日修订通过《新疆维吾尔自治区实施〈中华人民共和国村民委员会组织法〉办法》,自2015年3月1日起施行。

省政府立法计划酝酿项目内。

结合实际创新基层权力运行机制。在推进基层民主建设中，依法探索基层社会领导权、决策权、执行权和监督权具体运行环节增效强能的操作方式。如内蒙古自治区紧密结合农村牧区实际探索的"532"工作法和"四权四制"村治模式。① 这些探索强化了村级权力运行的规范化，可有效抵御嘎查（村）级事务管理决策中不合法、不合规，过程不透明、不公开，甚至以权谋私，违法违纪的现象，也强化了苏木乡镇责任，促使苏木乡镇党委政府职能由"行政命令型"向"服务引导型"转变。内蒙古自治区全面精简规范社区工作，着力解决社区行政化问题，切实减轻社区工作负担，取消社区居委会的35项工作任务、18项评比达标、22项社区组织机构、27项社区纸质台账，② 进一步明确和规范了社区居委会依法履行职责事项和依法协助政府工作的制度。云南省新增和规范村务监督委员会的组成和职责、村民代表会议职责，完善了民主选举、民主管理、民主监督等制度设计和村委会工作经费保障制度。③

基层干部责任制建设实践。突出责任制和对村委会组成人员的工作评价和考核。西藏林周县在村民自治过程中，强化内部责任制。2015年，林周县强嘎乡典冲村村委会与各小组组长签订了包括纪律、维稳、学习、环境卫生以及奖励机制等内容的目标责任书，明确各项工作标准，进一步推动全村各小组工作，促进工作效率提高，确保全村各项制度有效落实。④ 2015年11月，香格里拉格咱乡纪委到格咱乡浪都村召开村委会主任、副主任2014~2015年度述职述廉测评工作报告会，村"三委"干部、各村民小组长、党员代表、群众代表50余人参加会议。乡党委负责组织述职述廉工作，乡纪委具体实施，频次为每年一次，述职述廉过程由个人报告、代表质询、民主测评三个步骤构

---

① "四权四制"村治模式，即党支部履行决策组织权、村民（代表）会议履行决策表决权、村委会履行决策实施权、村民监督委员会履行决策监督权，形成"四权"配置的村级组织权力。涉及村级重大事项决策都按决策启动、民主表决、组织实施、监督评议的运行机制进行，村民会议或村民代表会议实行集体决策，会议议题由村党支部、村民委员会或1/3以上村民代表提出，提交村民会议或村民代表会议讨论表决。

② 内蒙古自治区党委办公厅、人民政府办公厅颁发《关于精简和规范社区工作的通知》（厅发〔2014〕42号）。

③ 《云南省实施〈中华人民共和国村民委员会组织法〉办法》（2013年修订）。

④ 拉姆次仁：《村委会与各组签订工作目标责任书》，《拉萨晚报》2015年2月12日第4版。

成。述职述廉时，以村为单位召开述职述廉大会，村主任、负责人所述内容围绕履行职责、完成工作任务、个人廉洁自律等开展，村民代表就自己关心的热点、难点问题进行现场质询，最终与会人员还结合村干部平时表现和个人述职，以无记名投票方式进行民主评议。这一措施旨在进一步巩固党在农村的执政基础，加强农村基层党风廉政建设，强化对农村干部的监督，增强农村干部"勤政、为民、清廉"的意识，有利于促进农村干部勤政廉政。①

探索完善基层法制环境改善。依法治国离不开基层法制环境的改善，促进群众知法守法是完善全社会法制环境的重要途径。蒙自市新安所镇为改善和创新法治建设，在全镇建立村委会法治联络员制度。司法所、派出所及行政执法单位干警、村第一书记、大学生村干部、普法志愿者中具备一定法律知识、热衷法治工作的人员承担村委会法治联络员工作。该镇根据每个村的特色，精心挑选人员，全镇有5个村配备了法治联络员。村委会法治联络员可为村级组织和村民提供法律咨询服务，开展与农村生产生活相关的法律宣传教育，及时解决村级组织在民主选举、民主管理、民主决策、民主监督等方面遇到的法律问题。②

（五）民族团结创建举措更有实效

民族团结是各民族地区政治建设的重要内容，也是民族地区发展、繁荣、稳定最为重要的社会基础。近年来，随着各地民族工作中对于党和政府解决民族问题模糊认识的清理，以及中央政府各项举措的推动，民族团结创建工作得到民族地区各级地方政府的高度关注。各民族地区推进民族团结工作举措更有实效，有利于全面贯彻落实党和政府的民族政策，积极推进平等、团结、互助、和谐民族关系的发展。如新疆将2016年作为"民族团结进步年"，加强推进民族团结进步工作的全面谋划和顶层设计，细化有效措施，这些措施以紧抓关键、突出重点为特征，主要内容包括以下几点。

第一，政府采取措施强化领导干部在巩固民族团结中的关键作用，明确提出"各民族领导干部带头与各民族群众交朋友"的工作任务，汉族领导干部

---

① 《嘎咱乡考核村委会负责人》，《迪庆日报》2015年11月19日第2版。
② 李自赢等：《建立村委会法治联络员制度》，《红河日报》2015年2月10日第3版。

至少联系一户基层少数民族群众,少数民族领导干部至少联系一户基层汉族群众,重点与困难家庭、宗教人士、"四老人员"、流动人口等结对子,强化民族团结,改善干部群众关系;提出既要培养一大批少数民族干部,也要培养一大批懂少数民族语言、懂民族工作的汉族干部。加大上下之间、南北疆之间、兵地之间干部交流力度。积极推动少数民族干部到中央机关、中央企业和内地省区市交流任职。同时紧抓干部作风,深入开展"四风"及隐形变异"四风"问题、党政机关干部"不作为"问题、基层党员干部损害群众利益问题"三项治理",抓乡带村,推动全面从严治党向基层延伸,为民族团结营造良好的政治生态。

第二,政府完善流动人口管理,通过技术改进等措施为群众提供出行便利,如用二代身份证信息化取代便民服务卡、规范和简化申请条件和办理程序、解决好证件规范和统一等问题。

第三,各级政府继续开展农村土地清理工作,加快公共服务设施建设和合理布局,形成各民族群众嵌入式居住社区的良好社会环境;同时,积极采取措施,解决儿科医生紧缺、儿科医疗服务能力不足等问题。

第四,政府相关部门加强少数民族语言教育和服务工作。因地制宜推进双语教育,加强小学初中双语教材建设、加强少数民族语言文字的翻译工作,不断提升翻译工作水平。凡是下发基层的文件材料,都要翻译成少数民族语言文字。社会管理服务部门特别是医院、银行、车站等窗口服务单位,要更好地使用少数民族语言为群众服务。各高校要扩大少数民族语言专业面向汉族学生的招生名额,培养一大批懂少数民族语言的汉族人才。

第五,相关部门落实好驻疆企业、各类援疆项目、政府投资项目新增用工70%以上用于吸纳当地劳动力的要求,并且尽可能多地吸纳当地少数民族群众就业。企业招聘考试要对少数民族群众给予一定照顾。

第六,相关政府部门和机构保护好喀什高台民居,加大对各民族优秀文艺作品和文艺人才的扶持、奖励、表彰力度,保护各民族传统文化。

第七,加强对中医民族医药传统理论①、古籍文献、方剂等的整理研究,开展民间验方和技术收集验证工作。加强专科专病学科带头人和技术骨干培

---

① 对新疆来说,包括中医、维吾尔族传统医学、蒙医等。

养，造就一批领军人才和中青年专家。试点举办中医及民族医实验班，从小培养真正能传承和弘扬中医民族医药的人才。①

总之，各级政府从政治、经济、文化、教育等全方位推进民族团结在各民族地区政治建设中已取得的共识，并逐年取得成效，"各民族都是一家人，一家人都要过上好日子"成为民族地区推进民族团结的重要信念，正是民族团结的巩固为民族地区政治文明的进一步发展奠定了良好的社会基础。

三　民族地区政治建设新期待

民族地区政治建设是国家政治建设的重要组成部分，也是民族地区一系列建设的重要组成部分，是民族地区稳定发展的重要保障。随着经济发展面临更为复杂的形势，民族地区改革发展任务更加艰巨，围绕创新、协调、绿色、开放、共享发展理念，全面推进民族地区发展，全社会对民族地区政治建设也有新期待。

1. 从严治党更有成效

依法依规从严治党取得更好成效是维护民族地区各级党组织健康远行的重要环节，执政党在民族地区的各级组织需要出实招、施实策，真正落实从严治党的各项党规党纪。第一，依据各民族地区实际，探索有效方式，严格执行各项党内法规，提升党内法规权威性；② 第二，提升党内民主制度化、规范化水平，强化党内权力，实现权力配置合理化，有效预防各种消极腐败现象的发生，完善和推行"三重一大集体决策""主要领导四个不直接分管和末位表态"制度；第三，推进干部选拔任用更透明，在干部选用的考察预告、用前公示、试用期和地方党委全体会议无记名投票表决等环节把好关；第四，完善各级党代表大会代表任期制、党代表提案制等，充分发挥党代会和党代表作用，推动各级党委民主决策、民主监督制度建设，切实推进各级党组织党内民主取得实效。

---

① 卉子、张艳芳：《我区开启首人"民族团结进步年"活动》，《新疆经济报》2016年3月31日第2版。
② 真正有效落实《中国共产党地方委员会工作条例》《关于加强政党协商的实施意见》《中国共产党纪律处分条例》《中国共产党廉洁自律准则》等党内法规。

2. "两会"运行更接地气

一年一度的"两会"在民族地区政治建设中影响日益广泛,人大和政协构成、组织方式、活动方式等都有了更加规范的程序和议事规则,人们期待"两会"机制在地方民主政治建设中更有实效,"两会"代表提案和议案工作管理、办理等,以及"两会"对公权力运行的监督工作等,对民族地区政治机制的良性发展有更大的推动作用。其中,人民代表大会制度的基本职能和主要功能应得到充分发挥,使民族地区的立法工作更具针对性和前瞻性,不断提高立法质量;使人民代表大会的监督工作更加深入并常态化;使各级人民代表大会与当地各族群众的联系更加密切并经常化,各民族的意愿能够得到充分表达;使各级人民代表大会及其常务委员会的组织制度和工作制度能够更好地维护各族人民的利益。"两会"机制和法治政府建设均应规范公众参与、专家论证、风险评估、合法性审查和集体讨论决定的程序。凝心聚力推动中国经济社会全面发展,实现"两个一百年"的战略目标,就需要集全社会之力、聚全社会之智,执政党和各级政府反映和整合日益多元化的民意,更有效地推动政府职能转变;提升国家治理体系和治理能力现代化,发展社会主义民主,就需要使"两会"提质增效,使其运行更加接地气。目前来看,各民族地区公众对人民代表大会工作了解程度并不高,对人大、政协与政府部分的关系缺少更高的认知,如贵州省人大网开展了一项网上调查,参与调研的有2535人,当问及"你对人大工作了解吗",有1506人回答"非常了解",占到参与调研者的59.41%;有307人"知道一些",占到被调研者的12.11%;仍有722人"不了解者",占到被调研者的28.48%。① 可见,"两会"仍需更多地接近人民群众,实现其特定的制度设置功能。

3. 民族区域自治落实更有力

在全面深化改革的历史关头,国家推进和加快民族地区经济社会全面发展战略正在深入推进,切实贯彻落实《中华人民共和国民族区域自治法》已经成为全面正确贯彻落实党的民族政策的根本标志。国家治理体系和治理能力的现代化进程,必将要求全面贯彻落实《中华人民共和国民族区域自治法》,人们更加期待民族问题和民族关系依据《中华人民共和国宪法》和《中华人民

---

① 贵州人大网,http://www.gzrd.gov.cn/。

共和国民族区域自治法》而得到更好调节，各层级配套法规的完善及法规的执行在全面深化改革的进程中，应"有步骤地对自治州、自治县已经制定的自治条例组织执法检查，并根据各地区经济社会发展的实际和自治条例的落实程度、存在问题进行科学、严谨、规范的修订和完善，保障宪法原则、基本法律规定因地制宜地落在实处，有效转化为国家的治理能力"。①

4. 提升公众政治文化素质，推动民族地区政治参与有序进行

民族地区的政治建设进程除了受到政党和政府政治建设活动影响外，还受到公众政治文化素质变迁的约束。由于地理区位、经济文化发展水平、语言文化差异及民族发展进程等客观因素的制约，加之长期以来城乡二元结构不平衡的影响，民族地区公民政治文化素质和政治参与能力呈现较为复杂的状况。城市居民相对于乡村居民有较好的政治文化素质，对政治信息的把握能力和对自身合法权益有较高的意识。多数乡村居民把握信息的能力和权益意识较弱，加之传统等级文化、宗教文化的影响，使人们对自身担负的政治义务和所享受政治权利的理解、认知、把握较弱，其所具有的政治知识、政治观念、政治价值观、政治态度、政治心理等都不利于构建良性的民主政治秩序。一些以群体利益导向的政治参与，还可能受到国际社会反中国势力或组织的动员或利用，使民族地区民主政治参与格局复杂化。因此，在全面深化改革的背景下，各民族地区需要依据本地区环境和政治生活实际，充分挖掘现有政治体制民主政治的参与渠道，有序扩大现行政治体系吸纳政治参与的能力，在制定事关本地区公共利益的决策时，充分发布相关信息，借助各类平台引导相关性强的群体表达意见，使相应的决策能够准确反映和代表各族人民根本利益。

5. 促进各民族干部之间的团结、干部与群众之间的团结

社会团结对民族地区政治建设有着非同寻常的重要作用。各民族干部之间的团结是民族团结的核心，如果干部能够依法全面贯彻执政党的民族政策，就会给民族团结创造更为有利的社会条件。各民族干部之间团结行为主要发生于组织内部的共事与配合，一般而言，民族心理、民族情感、民族习俗等的差异会影响到源于不同民族干部之间的团结；同时，由具体工作观点或方法差异得

---

① 郝时远：《必须依法坚持和完善民族区域自治制度》，http://news.ifeng.com/mainland/special/2014lianghui/tianyian/detail_2014_03/12/34707696_0.shtml。

不到良好沟通而导致的矛盾可能会与前述因素形成叠加效应，成为干部之间团结协作的障碍。这些因素的克服需要各级政府采取积极行动：一是加强所有干部正确民族观和国家观教育及国情教育，使各民族干部充分认识到在一个长期处于社会主义初级阶段的国家发展现代化的国情，明确不同民族党员干部的团结基础、原则和目标，消除阻碍团结的思想基础；二是加强组织制度建设，通过强化上级管理，同级信息交流、思想沟通、民主考核等多种方法，促进干部之间的相互了解、理解和团结协作，能否团结干部和群众应成为党组织选人用人的重要标准。干部与群众之间是否团结，主要取决于干部联系群众的状况。如果干部能及时有效地回应群众诉求，发挥组织作用，帮助群众解决困难和问题，就能够赢得群众的拥护，搞好与群众的关系。目前，民族地区干群关系出问题的地方，主要是干部不顾群众疾苦，甚至与群众争利，损害群众利益。因此，加强各类干部的管理，用纪律和制度约束干部的行为，使各级干部在日常工作实践中不忘"权为民所用，情为民所系，利为民所谋"。

总之，民族地区政治建设是国家政治建设的重要组成部分，在基本制度层面有其特定的法律依据和历史依据及制度保障。不论是在现代国家治理层面，还是在地方社会治理层面，民族地区政治建设都需要满足经济社会发展、稳定和国家安全的目标，并在实现这些目标的同时，推进各民族共同繁荣发展。民族地区政治建设任何进步和成绩，都需要紧紧围绕两个核心：现有的政治主体和公权持有者依法运行公权；各族群众知情权、参与权、表达权、监督权的充分满足、保障，以及相应的法律程序和机制建设。一切政治建设都难以脱离经济、社会、文化建设状况的影响，民族地区政治建设在执政党的领导下必将在经济、社会、文化建设进步中不断取得成果，并充分顾及各民族群众生存和发展诉求。这一进程日益表现为面对诸多的困难和挑战的进程，全面正确贯彻执行执政党的民族政策，推进各民族在相互了解、相互尊重、相互包容、相互欣赏、相互学习、相互帮助中加强交往交流交融，是保障民族地区政治文明建设不断获得成果的重要条件，也是各民族走向共同繁荣发展的必然历程。

B.3
新常态下民族地区经济发展回顾

丁 赛*

摘 要： 本文在我国经济发展进入新常态的大背景下，重点阐述和分析了2014~2015年民族地区经济发展的总体态势。具体包括：第一，民族地区2014年和2015年发展速度超过全国和西部地区，综合实力显著增强，但经济总量依然偏低；第二，产业结构在发展中逐渐转型，在优化中不断升级，第一产业稳定发展，第二产业占比有所下降，第三产业增长明显；第三，民族地区固定资产投资依然是拉动经济增长的主要动力，但增长速度趋缓，国有投资仍占据主导地位；第四，在积极的财政政策下，民族地区财政收入和财政支出稳定增长，财政支出对改革发展和民生、教育等重点领域的支持力度继续加大；第五，民族地区城镇化进程不断推进，但总体与全国的差距较大；第六，城乡居民收入水平显著提升。农村居民可支配收入增幅总体高于城市，城乡收入差距仍明显大于全国的城乡收入差距。

关键词： 经济发展　产业结构　固定资产投资　财政收支　居民收入

在我国经济发展进入增长速度换挡期、结构调整阵痛期和前期刺激政策消

---

* 丁赛，中国社会科学院民族学与人类学研究所研究员。

化期的"三期叠加"阶段的大背景下,2014年和2015年,各级政府适应和引领经济发展新常态,推进供给侧结构性改革,着重进行稳增长、调结构、促改革、惠民生等方面的工作推动。

2014年和2015年,我国经济增长速度从高速转为中高速,经济增长更趋平稳,增长动力更为多元。2015年我国GDP年增长6.9%,虽然经济增长速度有所放缓,但依然位居全球主要经济体前列;经济总量达到67.7万亿元,对世界经济增长的贡献率超过了25%①,显示出我国经济发展上的巨大回旋空间和较强发展韧劲。2016年是"十三五"时期的开局之年,我国站在了发展的更高起点上,与此同时,经济结构调整的艰巨性凸显,传统增长动能减弱,新增长动能正在培育。总体而言,我国经济既面临难得的历史机遇,也存在诸多严峻的挑战。

民族地区②在2014年和2015年经济发展中呈现了强劲态势,和全国平均水平相比,经济增长速度逆向超速位居全国前列,成为新常态下的新亮点。虽然民族地区在国家"一带一路"建设、新型城镇化和区域经济协同发展等重大战略的推动下,改革开放的增量红利不断积聚,经济结构出现积极变化,但因长期以来的发展差距,发展水平较低、经济总量较小的局面依然延续。

一 经济超速发展

总体上,民族地区2014年和2015年发展速度超越全国和西部地区,综合实力显著增强,但经济总量依然偏低。③

统计数据显示,2010年至今我国GDP年增速从2010年最高点的10.6%逐渐降至2014年的7.4%,再到2015年的6.9%;人均GDP的增速也表现

---

① 顾阳:《经济增速"换了一档"动能转换"进了一步"》,《经济日报》2016年4月6日第5版。

② 本文的民族地区是指民族八省区,即:西藏、新疆、内蒙古、广西、宁夏五个自治区和青海、云南、贵州三省。

③ 本文中引用的数据如没有注明均来自2014年和2015年各省区的国民经济和社会发展统计公报及政府工作报告。

出同样的下降态势。民族地区虽然和全国一样也是自2010年开始GDP增速出现下行，但下行速度慢于全国平均水平，如图1所示，2014年民族八省区的GDP平均增速超过了全国平均水平和西部地区，达到了9.2%，其中西藏和贵州的GDP增速达到了10.8%，内蒙古的GDP增速位居八省区之末为7.8%。和西部地区整体相比，西藏、新疆、贵州和青海的GDP增速超过了西部地区平均增速。

民族地区的人均GDP增速略低于GDP增速，但走势基本一致，除了宁夏人均GDP增速和全国平均水平持平，其他七个省区都超过了全国平均值。和西部地区相比，高于西部地区人均GDP增速的省区有西藏和贵州。这说明，和全国平均水平相比，民族地区在2014年实现了经济的超速发展。

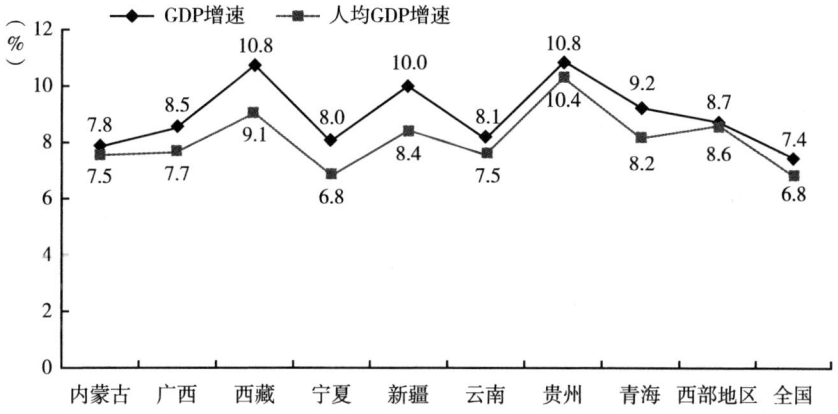

图1 2014年民族地区GDP和人均GDP增速

资料来源：图中民族八省区平均增速和西部地区GDP及人均GDP增速是根据统计数据计算得到，其他数据源自《中国统计年鉴2015》，中国统计出版社，2015。

从经济总量上看，2014年民族八省区的国民生产总值是西部12省区市国民生产总值的51.23%[①]，是全国GDP总量的8.5%。与全国人均GDP的46652元相比，只有内蒙古超过了该值；其他七个民族省区的人均GDP都低于

① 根据《中国统计摘要2015年》中的统计数据计算得到。

全国平均水平。贵州省人均GDP只有26393元，相当于全国平均水平的57%；从2014年31个省区的GDP排名看，内蒙古第15位，广西第19位，云南第23位，新疆第25位，贵州第26位，最后三位是：宁夏第29位，青海第30位，西藏第31位。人均GDP的31个省区排名是：内蒙古第6位，宁夏第15位，新疆第16位，广西第27位，西藏第28位，云南第29位，贵州第31位。

通过民族八省区人均GDP同全国人均GDP相比得到（见图2），内蒙古人均GDP超过了全国人均水平52.29个百分点，在民族地区遥遥领先；宁夏、新疆、青海的人均GDP与全国人均水平相差10%~15%；广西与全国人均水平相差了近30个百分点；西藏和全国平均水平相差了近37个百分点；而云南和贵州分别只有全国平均水平的58.44%和56.57%。这也说明虽然2014年民族地区经济发展的势头迅猛，但因基础差、底子薄，总体经济实力与发达地区相比，差距依然非常显著。

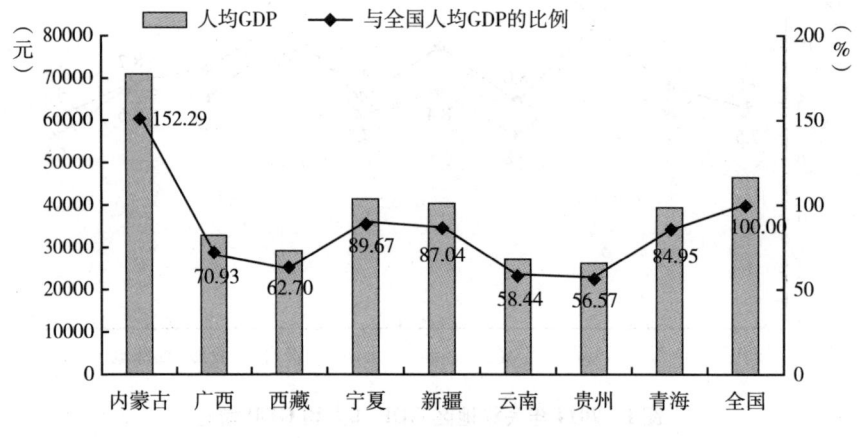

图2 2014年民族地区人均GDP情况

资料来源：《中国统计摘要2015年》，中国统计出版社，2015。

2015年民族地区的经济增长速度继续保持超过全国平均6.9%增长速度的良好态势（见图3）。在民族八省区中，西藏自治区GDP增速达到了11%；超过全国平均增速4.1个百分点，不仅位居民族八省区第一，同时也和重庆一起在GDP增速上领跑全国；新疆和贵州都以高出全国增速3.8个百分点并列民族八省区第二位，新疆2015年的GDP增速超过了2014年的增速；其他省区高出全国平均水平的幅度也在1%~2%。民族八省区GDP总量占全国67.8万亿元的比例约为11%，和2014年8.5%的比例相比，增加了近2.5个百分点；2014年民族八省区平均GDP增速和2015年基本一致。这也表明民族八省区虽然GDP增速明显超过了全国平均水平，但总量较低的情况依然持续，地区差距有所缩小但依然明显。

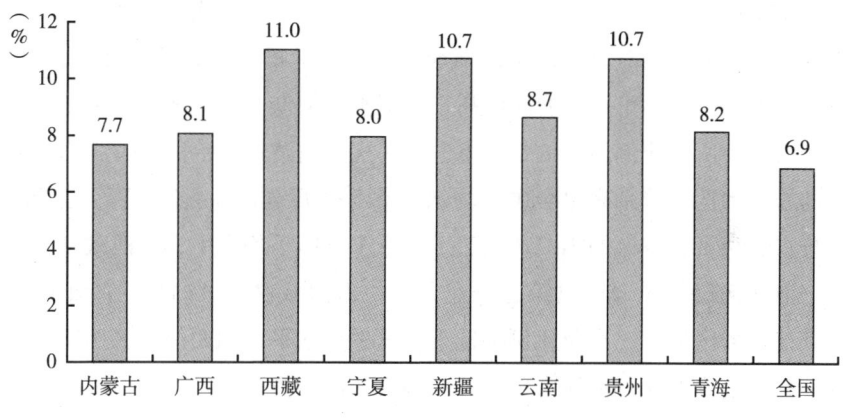

图3　2015年民族地区GDP增速

资料来源：民族八省区的2016年政府工作报告和国民经济、社会发展统计公报。

二　推进产业结构优化转型

民族地区2014年和2015年的产业结构在发展中逐渐转型，在优化中不断升级，第一产业稳定发展，第二产业占比有所下降，第三产业增长明显。

从全国来看，2014~2015年服务业在GDP总值中的比重上升明显，2014年占比为48.2%，2015年达到了50.5%；消费对经济增长的贡献率在2014年为51.2%，2015年上升至66.4%；高技术产业和装备制造业增速快于一般工业。2014年单位GDP能耗下降了4.8%，2015年又继续下降了5.6%。与此同时，2014年实施的创新驱动发展战略通过2015年的《中国制造2025》和"互联网+"行动计划更加落到了实处，大众创业、万众创新的新政策、新举措陆续出台。

民族地区在2014~2015年着力推动产业结构向开放型、创新型和高端化、信息化、绿色化转变，聚焦主导产业发展，巩固和提升优势产业，推进重大项目建设，大力培育新兴产业，尤其是以旅游、信息、电商为代表的现代服务业快速成长为民族地区经济发展的新动力。

图4中民族八省区2014年三大产业结构比例显示，第一产业的比例均超过了全国第一产业所占比例。其中新疆第一产业的比例为16.6%，位居民族八省区之首；新疆、广西、云南、贵州四省区的第一产业比例达到了全国平均水平的3倍以上；同时也超过了西部地区第一产业的比例；而内蒙古、西藏、宁夏、青海四省区的第一产业比例高于全国水平但低于西部地区第一产业的比例。第二产业所占比例最高的是青海省，其次是内蒙古自治区，位居第三的是宁夏回族自治区，分别高出全国平均水平6.5个百分点、4.2个百分点和1.6个百分点；余下五省区的第二产业比重都低于全国平均水平；而西藏自治区的第二产业比例仅为36.6%。第三产业方面，除西藏自治区的第三产业比例过半，其他六省区的第三产业比例都低于全国平均水平，和西部地区相比，超过西部地区第三产业比例的还有宁夏、新疆、云南和贵州。

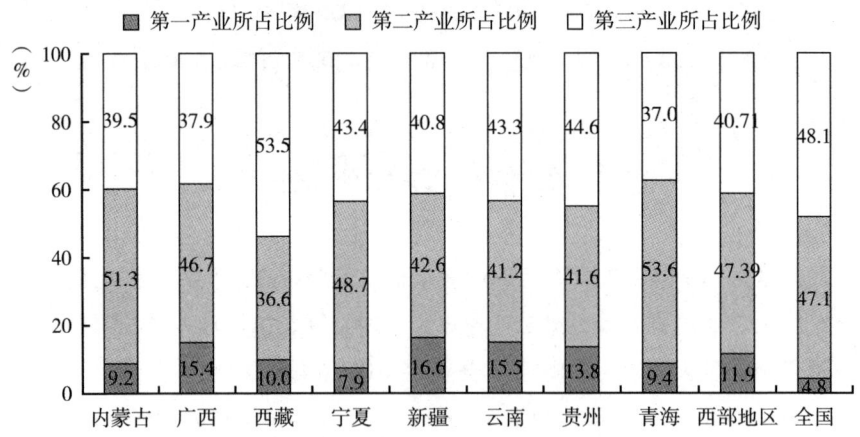

图4 2014年民族地区三大产业的构成情况

资料来源：《中国统计摘要2015年》，中国统计出版社，2015。

根据已经公布的2015年统计数据，我们可以得到民族地区除西藏外的内蒙古、广西、宁夏、新疆、云南、贵州和青海七省区三大产业的构成比例（见图5）。

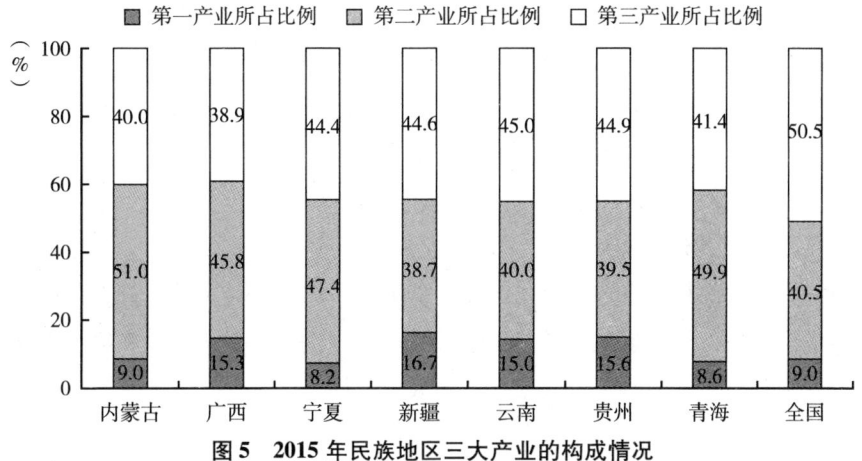

图5 2015年民族地区三大产业的构成情况

资料来源：图中数据来自各省区2015年国民经济和社会发展统计公报及各省区统计局公布的经济发展报告。

和2014年相比，2015年内蒙古的第一和第二产业所占比例都略有下降，第三产业略有上升；广西的第一产业所占比例几乎没有变化，第二产业占比略有下降，第三产业占比上升，第三产业的增幅达到了9.7%，这是广西自2003年以来第三产业首次快于第二产业的增速。宁夏的第一和第三产业比例略升，第二产业略有下降；新疆第一产业比例略微提升了0.1个百分点；第二产业下降了3.9个百分点，第三产业上升了3.8个百分点。新疆第三产业比重十几年来首次超过第二产业，对经济增长贡献率超过55%[①]。云南的第一产业和第二产业比例有所下降，第三产业增加了1.7个百分点；贵州省第一产业比例增加了1.8个百分点，第二产业比例下降了2.1个百分点，第三产业比例略有增长（0.3个百分点）；青海省第一产业略有下降（0.8个百分点），第二产业下降了3.7个百分点，第三产业显著增加了4.4个百分点。

同全国2015年三大产业比例分布相比，民族七个省区第一产业比例略微下降，而全国第一产业比例从2014年的4.8%上升至2015年的9%。因此，民族七个省区与全国平均水平的差距较之2014年在缩小。民族七个省区2015年的第二产业比例与2014年相比，也都有明显的下降；第三产业所占比例在

---

① 《新疆维吾尔自治区政府工作报告（2016）》。

2015年显著上升。虽然目前没有西藏三大产业的具体数据，但2015年西藏自治区政府工作报告显示，2015年西藏接待游客突破2000万人次、总收入达到280亿元，分别比"十一五"末增长1.9倍、2.9倍；文化产业产值突破30亿元，世界旅游目的地建设和特色文化产业发展迈出坚实步伐①。由此可见，民族地区的第三产业发展迅猛，已成为民族地区新的经济增长点。

民族地区2014~2015年三大产业比例的变化表明：总体上，民族八省区的第一产业比例相对稳定，第二产业比例下调，第三产业比例上升，说明产业转型步伐加快；同时也反映了民族地区在全面推进生态文明建设和绿色发展下信息、旅游、文化消费等新兴服务业的大力发展。

三　固定资产投资增速趋缓

民族地区固定资产投资依然是拉动经济增长的主要动力，但增长速度趋缓，国有投资仍占据主导地位。

根据统计数据，民族地区在2013~2015年的全社会固定资产投资增速均保持在两位数，且明显高于全国平均增速。

图6中2013~2015年民族八省区全社会固定资产投资增速同全国一样，增速逐渐放缓，但和全国平均增速相比，不同地区有不同的变化。内蒙古的全社会固定资产投资增速在2013年略低于全国平均增速（0.7个百分点），2014年反向超出0.3个百分点；2015年继续超出4.7个百分点。西藏在2013年超过全国平均增速10.3个百分点，2014年下降至超出6.6个百分点，2015年继续超出10.1个百分点。宁夏、新疆和青海的全社会固定资产投资增速三年来逐渐下调，宁夏从2013年超出全国平均水平8个百分点，到2014年超出4.1个百分点，再到2015年仅略高出0.6个百分点；新疆从2013年超出全国平均水平11.1个百分点，到2014年超出9.9个百分点，再到6.6个百分点；青海2013年固定资产增速超过全国平均增速15.6个百分点，2014年下降至5.7个百分点，2015年继续下降到2.5个百分点，是民族八省区中增速下降幅度最大的。广西、贵州、云南三省区各自的全社会固定资产投资增速在2013~

---

① 《西藏自治区政府工作报告（2016年）》。

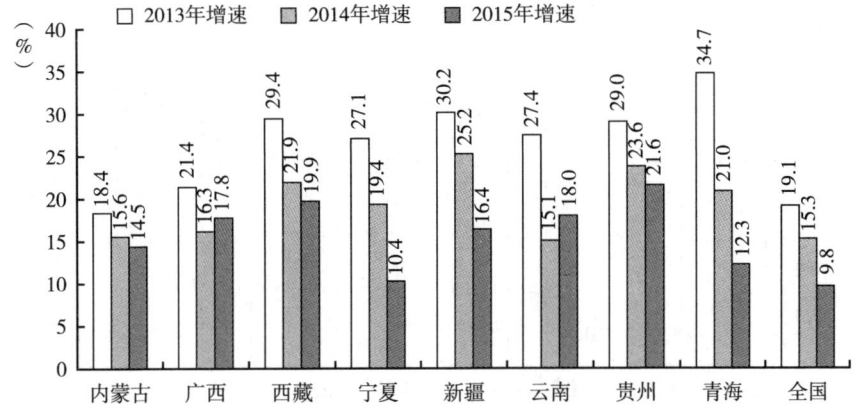

图6　2013~2015年民族地区全社会固定资产投资增长情况

资料来源：图中2013~2015年数据来自各省区、全国国民经济和社会发展统计公报及2016年政府工作报告，西藏的全社会固定资产投资增速根据《西藏政府工作报告2016年》的绝对数计算得到。

2015年是波动增长的情况。广西在2013年高于全国平均增速2.3个百分点，2014年下降到1个百分点，而2015年显著增长至8个百分点；贵州在2013年超过全国平均水平9.9个百分点，2014年超出8.3个百分点，2015年超出11.8个百分点；云南的波动较大，2013年超过全国平均增速8.3个百分点，2014年低于全国平均增速0.2个百分点，2015年重又高出全国平均增速8.2个百分点。

全社会固定资产投资的力度大小可以通过全社会固定资产投资额占当年GDP总量的比重看出。图7显示，2013年民族八省区全社会固定资产投资额占GDP的比例最低值是内蒙古84.46%，最高值是西藏108.4%；2014年最低值依然是内蒙古67.95%，最高值是青海126.4%；2015年最低值是内蒙古的76.66%，最高值是青海135.1%。具体到各个地区，内蒙古连续三年在民族八省区中全社会固定资产投资占GDP比重最小，2015年不到70%，说明内蒙古的经济增长动力在逐渐多样化；广西、云南、贵州三个省区的全社会固定资产投资略低于GDP总量（贵州省2015年与GDP基本持平）；西藏、宁夏、新疆（新疆2013年除外）和青海的全社会固定资产都超过了当年GDP总量。

图8中民族八省区和全国相比，国有投资占固定资产投资总额的比重明显超出。广西和全国平均水平最为接近，只高出了1.89个百分点；其次是内蒙古，

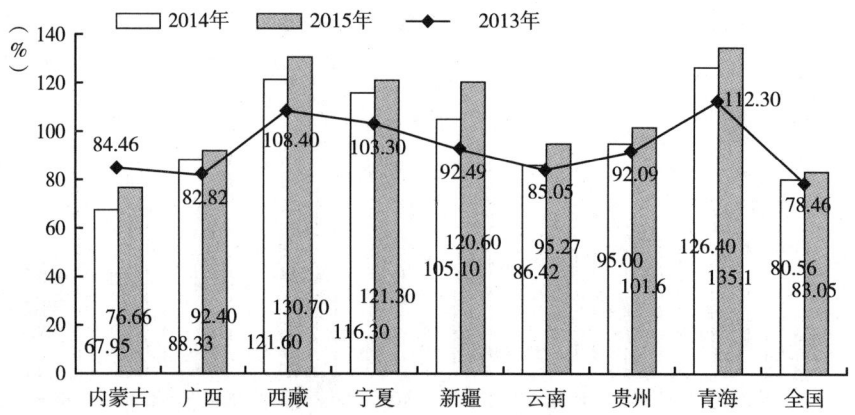

图7 2013~2015年民族地区全社会固定资产投资占GDP的比重

资料来源：各省区、全国国民经济和社会发展统计公报及2016年政府工作报告，西藏的全社会固定资产投资增速根据《西藏政府工作报告2016年》的绝对数计算得到的。

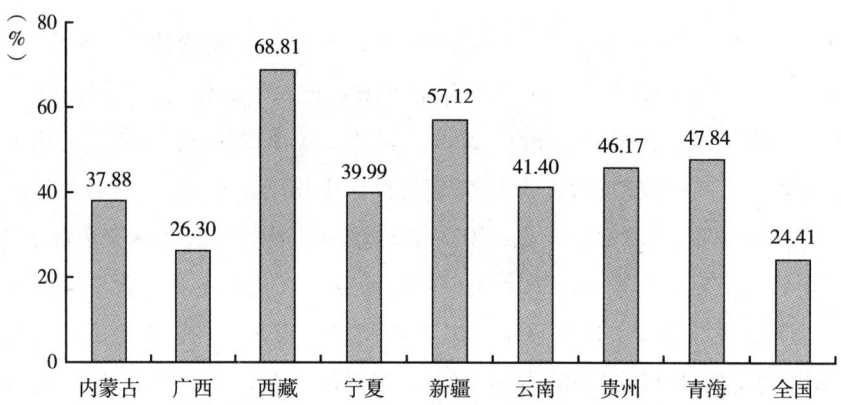

图8 2014年民族地区固定资产投资中国有投资的比例

资料来源：根据2014年各省区和全国的统计年鉴相关数据计算得到。

高出了13.47个百分点；宁夏和云南超出幅度为16%~17%；贵州和青海高出了22%~23%；新疆和西藏的国有投资比例显著高出其他民族六省区，分别是全国平均水平的2.8倍和2.3倍。民族地区国有投资的比例反映出当地经济所有制的发展情况，西藏和新疆国有经济占主导的地位也能从上述数据中得到进一步证实。

四 财政收支稳定增长

在积极的财政政策下，民族地区财政收入和财政支出稳定增长，财政支出对改革发展和民生、教育等重点领域的支持力度继续加大。

2014年我国继续实施了积极的财政政策，全国和民族地区的财政收入和财政支出也都实现了稳定增长，但已表现出财政收入增速放缓、财政支出压力加大的趋势。从公共预算财政收入和公共预算财政支出在2014年的增速来看，总体上公共预算财政收入的增速大于公共预算财政支出的增速；其中广西、云南、贵州和青海四省区的公共预算财政收入增速低于公共预算财政支出；内蒙古、西藏、宁夏、新疆四省区和全国一样都是公共预算财政收入的增速大于公共预算财政支出的增速。

财政收支的基础是经济发展，但为了加快民族地区的发展步伐，国家财政资金对西藏、青海、新疆等地实施倾斜，加大了扶持力度。如图9所示，从全国看，公共预算财政收入、公共预算财政支出的增幅都超出GDP增幅；与此相同趋势的还有西藏、宁夏、贵州和青海。特别是西藏2014年公共预算财政收入的增幅达到了30.8%，是全国平均增幅的3.6倍，是西藏2014年GDP增速的3倍，接近公共预算财政支出增幅的2倍。宁夏的公共预算财政收入超过GDP增速2.2个百分点，公共预算财政支出略高出GDP增速0.5个百分点。贵州的公共预算财政收入和财政支出分别高出GDP增速2.5个百分点和4个百分点；青海的公共预算财政收入和财政支出均高出GDP增速3个百分点。新疆的公共预算财政收入超出GDP增速3.6个百分点，但公共预算财政支出低于GDP增速1.7个百分点。内蒙古、广西和云南的公共预算财政收入和财政支出增速都低于GDP的增幅。

根据目前已公布的除西藏外的内蒙古、广西、宁夏、新疆、云南、贵州和青海的2015年相关数据得到（见图10），只有宁夏的公共预算财政收入和财政支出都超出了GDP增速；内蒙古的公共预算财政收入增幅低于GDP增速，但公共预算财政支出增幅高于GDP增速；广西的公共预算财政收入增幅略低于GDP增速（0.3个百分点）；贵州的公共预算财政收入略低于GDP增速（0.7个百分点），公共预算财政支出略高于GDP增速（0.2个百分点）；青海

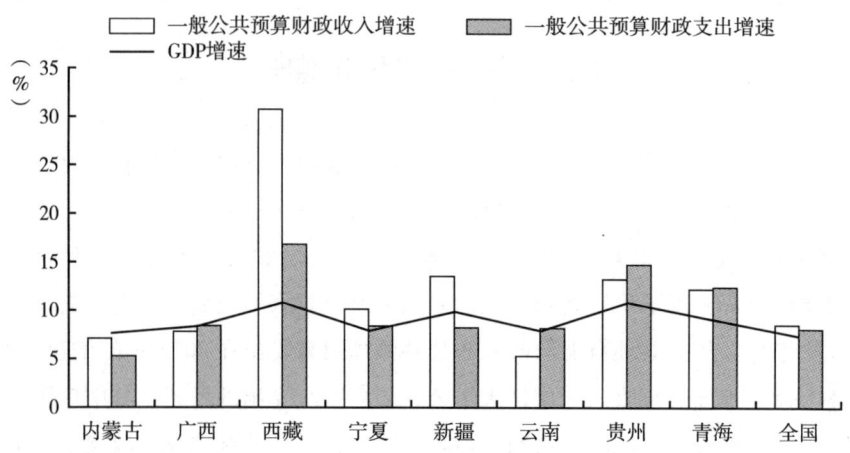

图 9　2014 年民族地区公共预算财政收入、支出和 GDP 增长情况

资料来源：各省区 2015 年统计年鉴及 2014 年国民经济和社会发展统计公报。

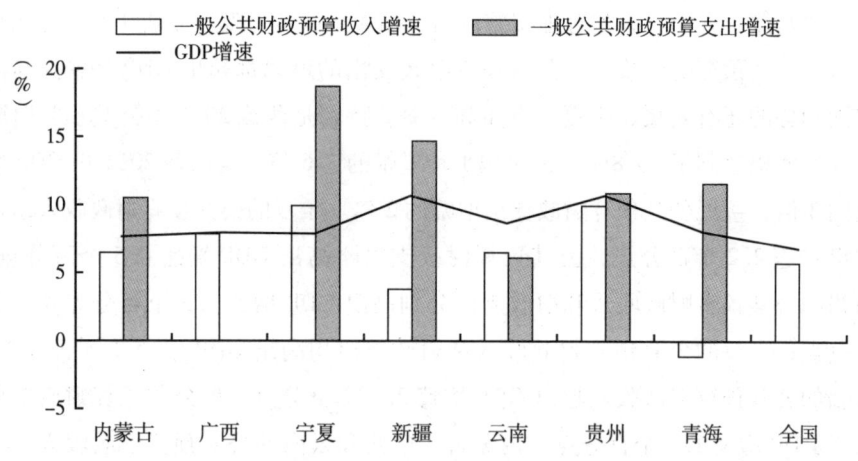

图 10　2015 年民族地区公共财政预算收入、支出和 GDP 增长情况

资料来源：各省区 2016 年政府工作报告或国民经济与社会发展统计公报得到。

同 2014 年的差距较大，公共预算财政收入是负增长，下降了 1.1 个百分点，而公共预算财政支出显著超过 GDP 增速 3.5 个百分点；云南和 2014 年相比，小于 GDP 增速的幅度在扩大，公共预算财政收入低于 GDP 增速 2.2 个百分点，公共预算财政支出低于 GDP 增速 2.5 个百分点；新疆 2015 年与 2014 年不同的是，公共预算财政收入增长幅度低于财政支出增长幅度也低于GDP增速6个百分点，而公共预算财政支出的增速超出了GDP增速4个百分点。

民族地区在全面小康社会建设的进程中，高度重视民生改善。2014年较之2013年，民族地区（除了青海省）的财政支出中用于社会保障和就业支出的比例都在增加。2015年，内蒙古各级财政民生支出2873亿元，增长17.8%，占总支出的66%[①]；广西的财政民生支出占比达79.6%；宁夏安排了74.7%的财力用于改善民生；在"十二五"期间，西藏坚持把70%以上的财力投向民生领域；新疆维吾尔自治区的财政民生支出占到一般公共预算支出的70%以上，2015年民生支出增长了21.7%。

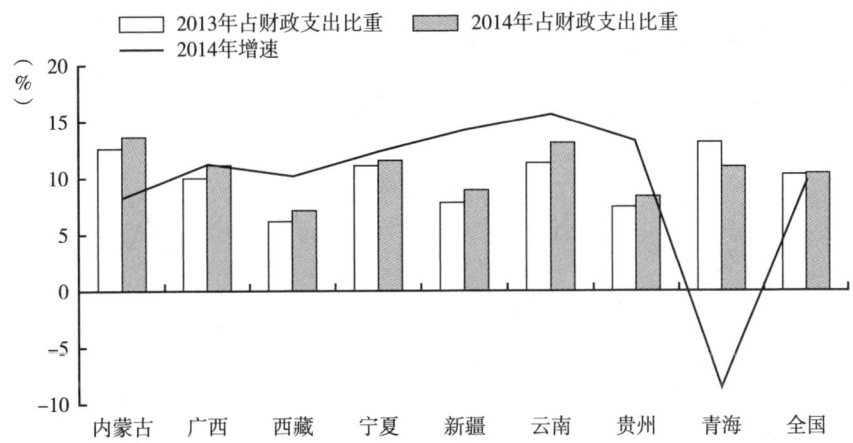

图11　2013～2014年社会保障和就业支出占财政支出的比例及增速

资料来源：各省区2015年统计年鉴。

图11中显示，除青海外的七个民族省区2014年的社会保障和就业支出占财政支出的比例高于2013年；2013年和2014年社会保障和就业支出占比高于全国平均水平的五个民族省区是：内蒙古、广西、宁夏、云南、青海；而西藏、新疆、贵州的社会保障和就业支出占比低于全国平均水平。从2014年社会保障和就业支出的增速看，低于全国平均增速（9.8%）的只有内蒙古和青海，内蒙古的社会保障和就业支出增速是8.3%；青海该值为负，也就是2014

---

① 参见《2016年内蒙古自治区政府工作报告》。

年青海的社会保障和就业支出低于2013年8.6个百分点。

教育落后是民族地区普遍存在的问题,近年来民族地区的教育事业发展迅速。2014年全国同比增长4.1%,民族八省区中教育支出增速低于全国平均水平的只有云南,实际教育支出为674.939亿元,较之2013年降低了1.6个百分点。其他七个省区的教育支出增速都高于全国平均水平。从教育支出占财政支出的比例上看,2013年和2014年均超过全国均值的有广西、新疆、贵州,但三个省区分别只超出1%~2%;云南2013年和2014年的教育支出比例与全国平均水平基本一致;内蒙古、西藏、宁夏、青海四个省区的教育支出占比低于2013年全国平均水平3.5%~6.7%;2014年四个省区的教育支出占比低于2014年全国平均水平3%~3.6%;说明和2013年相比,2014年的教育支出占比和全国平均水平的差距在缩小(见图12)。

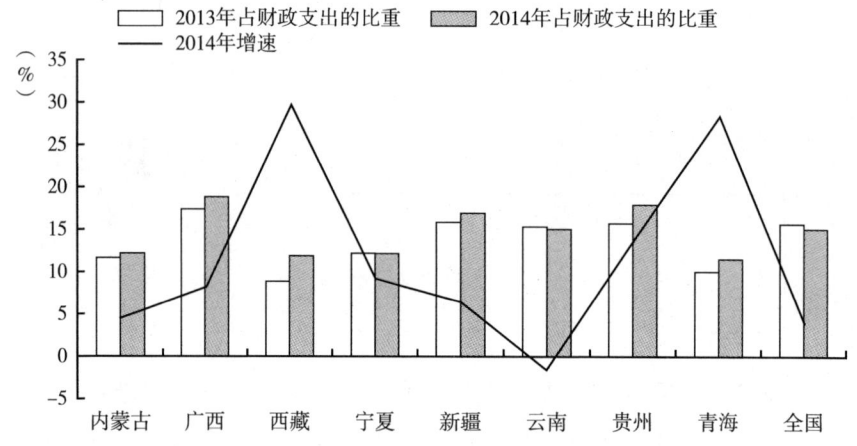

图12 2013~2014年教育支出占财政支出的比例及增速

资料来源:各省区2015年统计年鉴。

从社会保障和就业支出与教育支出之和占财政支出的比重来看,2013年和2014年都高出全国平均水平的有云南和广西;两年变化不大的是青海;贵州、新疆和内蒙古由2013年低于全国平均水平到2014年超出全国平均水平;宁夏和西藏虽然2013年和2014年都低于全国平均水平,但2014年和全国平均水平的差距在缩小(见图13)。

新常态下民族地区经济发展回顾

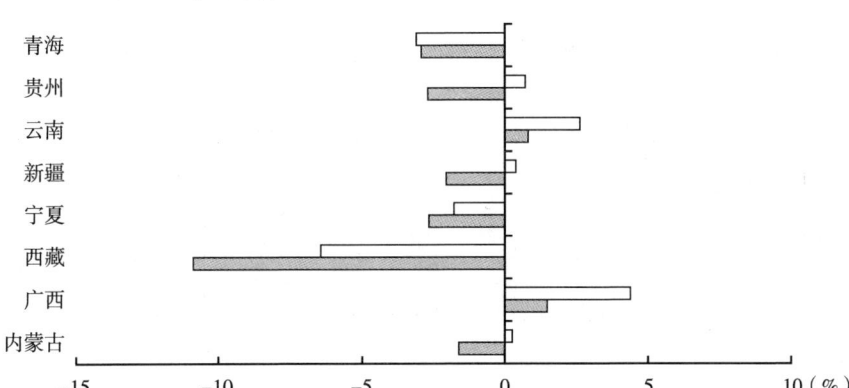

图13　2013~2014年民族地区社会保障就业和教育支出占比情况

资料来源：各省区2015年统计年鉴。

五　城镇化步伐加快

民族地区城镇化进程不断推进，但总体与全国的差距较大；经济快速发展使新增就业人数比例显著高出全国平均水平，但没有扭转国有单位从业人员比例过高的现象。

根据《国家新型城镇化规划（2014~2020年）》，2020年我国的常住人口城镇化率将达到60%。2014年民族地区除了内蒙古的城镇化率超过了全国54.77%的平均水平，达到了59.51%；其他七个省区都低于全国平均水平。与全国平均水平差距最大的是西藏，2014年城镇化率只有25.75%，不到全国城镇化率的一半。同2013年城镇化率相比，2014年民族地区城镇化率增幅只有内蒙古低于全国增幅，其他七个省区的增幅都超过了全国平均水平的增长，西藏的城镇化率增加了2个百分点，增幅在民族地区中最大。根据已公布统计数据，内蒙古、新疆、青海在2015年的城镇化率增长幅度也都低于全国平均增幅，民族地区总体城镇化率同全国的差距没有明显的改变（见图14）。

就业是民生之本，《2014年国民经济和社会发展统计公报》的数据显示，2014年我国城镇新增就业人员1322万人，同比增加12万人，再创历史新高。

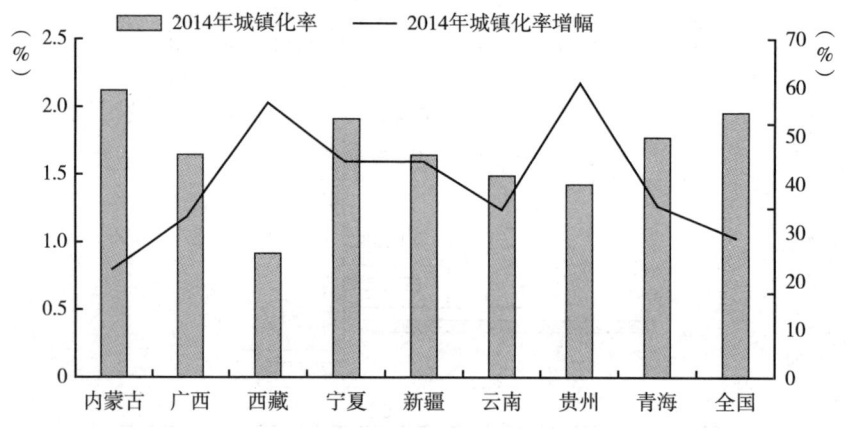

图 14　民族地区 2014 年城镇化率及增长

资料来源：《中国统计摘要 2015》，中国统计出版社，2015。

《2015 年国民经济和社会发展统计公报》的数据显示，2015 年我国城镇新增就业人员 1312 万人，在经济发展速度变缓的情况下，就业人数逆势增长成为经济运行的一大亮点。如表 1 所示，民族地区由于经济增长速度快于全国平均水平，且发展带来了更多的就业机会，2014 年新增就业人员比例也相应高于全国增幅。其中内蒙古 2014 年就业人员新增比例为 5.48%，显著高出全国平均水平 5 个百分点，而且在民族地区遥遥领先；西藏和新疆在 2014 年就业人员新增比例也分别为 3.96% 和 3.54%；贵州该增幅也达到了 2.4%；广西 2014 年就业人员新增比例在民族地区最低为 0.47%，但也略高于全国平均水平。

2013 年，民族地区三次产业的就业人员分布同 GDP 中三次产业分布的比例大体一致，第一产业就业人员比例明显高出全国平均水平，第二产业就业人员比例同全国平均水平的差距最大，第三产业从业人员除内蒙古、青海和西藏外其他省区该比例都低于全国平均水平。2014 年与 2013 年相比，民族地区三次产业的从业人员比例变化幅度不大。

民族地区就业人员中在国有单位从业的人员比例过高。全国平均水平只有 3.45%，而民族八省区该比例无一例外都是两位数，即使是最低的内蒙古，该值也达到了 22.75%，西藏的国有单位从业人员比例更是达到了 93.7%；民族地区中国有单位从业人员比例过半的还有新疆、贵州和广西。如此之高的就业人员比例，影响了民族地区的就业观念。民族地区国有单位就业是大多数年轻人和其所在家庭的单一选择，就业观念没有实现多元化与经济发展水平、就业现状有直接关系。

表1　民族地区就业人员情况

	2013年			2014年			就业人员新增比例	国有单位从业人员比例
	第一产业从业人员比例	第二产业从业人员比例	第三产业从业人员比例	第一产业从业人员比例	第二产业从业人员比例	第三产业从业人员比例		
内蒙古	41.25	18.79	39.96	39.20	18.30	42.50	5.48	22.75
广　西	53.14	19.01	27.85	51.90	19.30	28.80	0.47	51.43
西　藏	45.10	14.10	40.80	43.70	14.70	41.60	3.96	93.70
宁　夏	47.60	17.20	35.20	45.30	19.20	35.50	1.69	34.00
新　疆	46.17	16.31	37.52	45.38	15.97	38.65	3.54	65.27
云　南	55.50	13.20	31.30	53.70	13.20	33.10	1.71	26.11
贵　州	63.28	14.18	22.54	61.32	15.26	23.42	2.40	55.53
青　海	37.10	23.20	39.70	36.60	22.90	40.50	0.98	39.15
全　国	31.40	30.10	38.50	29.50	29.90	40.60	0.36	3.45

资料来源：各省区和全国2015年统计年鉴，其中新增就业人员比例和国有单位从业人员比例根据统计年鉴中的数据计算得到。

六　城乡居民收入继续快速增长

与民族地区经济超速发展相对应，民族地区居民收入水平显著提升。整体上，农村居民可支配收入增幅总体高于城市，但农村居民人均工资性收入比例偏低，城乡收入差距仍明显大于全国的城乡收入差距。

我国经济发展速度出现下行压力，全国居民可支配收入的增速随之下降，但在2014年和2015年均超越了GDP的增速，且农村居民可支配收入的增长速度高于城镇居民可支配收入的增速。民族地区中，2014年和2015年的全体居民、城镇居民和农村居民的可支配收入总体上都高于GDP的增速。2014年，民族地区中城镇居民可支配收入增速明显低于农村居民可支配收入的增速；2014年西藏、贵州城镇居民可支配收入增速低于GDP增速，因而与2013年相比，2014年民族地区的城乡收入差距明显缩小。

如表2所示,从绝对值上看,2014年和2015年民族地区平均收入水平超过全国平均收入水平的只有内蒙古;如果分城乡,所有民族地区两年的居民可支配收入都低于全国平均收入水平。城市和农村相比,民族地区的城市居民可支配收入与全国城市居民平均可支配收入的差距:2014年是2%~24%;2015年缩小至2%~21%;而农村居民可支配收入与全国农村居民可支配收入的差距:2014年是5%~36%;2015年是6%~35%。说明2014~2015年民族地区的城乡居民可支配收入同全国城乡居民可支配收入的差距略有缩小,但总体差距没有明显改变。

2015年同2014年相比,居民可支配收入增幅有所下降(小于2个百分点),这与经济增长速度放缓相一致。与2014年不同的是,2015年城乡居民可支配收入的增长不同地区变化不同。内蒙古、广西、宁夏、云南、贵州五个省区都是农村居民可支配收入降低幅度大于城镇居民可支配收入的降幅。西藏、新疆和青海三省区的城市居民可支配收入增幅大于2014年,但农村居民可支配收入增幅与2014年基本持平或略降,这使得和2013年相比明显缩小的城乡收入差距在2015年没有继续延续。同全国平均的城乡收入差距相比,民族八省区的城乡收入差距明显高出。2014年和2015年城乡收入差距达到3倍及以上的地区有西藏、云南、贵州、青海。

表2 2014~2015年民族地区城乡家庭收入及增速

	可支配收入(元)			增速(%)			GDP增速(%)	城乡之比(%)
	全体	城镇	农村	全体	城镇	农村		
2014年								
内蒙古	20559.3	28349.6	9976.3	10.0	9.0	11.0	7.8	2.8
广 西	15557.1	24669.0	8683.2	10.5	8.7	11.4	8.5	2.8
西 藏	10730.2	22015.8	7359.2	10.2	7.9	12.3	10.8	3.0
宁 夏	15906.8	23284.6	8410.0	9.2	8.4	10.7	8.0	2.8
新 疆	15096.6	23214.0	8723.8	10.4	10.1	11.2	10.0	2.7
云 南	13772.2	24299.0	7456.1	9.5	8.2	10.9	8.1	3.3
贵 州	12371.1	22548.2	6671.2	11.6	9.6	13.1	10.8	3.4
青 海	14374.0	22306.6	7282.7	11.0	9.6	12.7	9.2	3.1
西 部	15376.0	24390.6	8295.0	10.5	9.1	11.5	9.6	2.9
全 国	20167.1	28843.9	10488.9	10.1	9.0	11.2	7.4	2.7
2015年								
内蒙古	22310.00	30594.00	10776.00	8.50	7.90	8.00	7.70	2.80

续表

	可支配收入(元)			增速(%)			GDP增速(%)	城乡之比(%)
	全体	城镇	农村	全体	城镇	农村		
广 西	16879.45	26420.50	9464.69	8.50	7.10	9.00	8.10	2.80
西 藏	—	25457.00	8244.00	—	15.63	12.02	11.00	3.10
宁 夏	17329.00	25186.00	9119.00	8.90	8.20	8.40	8.00	2.80
新 疆	16859.11	26274.66	9425.08	11.70	13.20	8.00	10.70	2.80
云 南	14942.84	26024.23	8127.15	8.50	7.10	9.00	8.70	3.20
贵 州	13696.61	24579.64	7386.87	10.70	9.00	10.70	10.70	3.30
青 海	15812.70	24542.35	7933.41	10.00	10.00	8.90	8.20	3.10
全 国	21966.00	31195.00	11422	8.90	8.20	8.90	6.90	2.70

资料来源：2014年数据来自各省区2015年统计年鉴，2015年数据来自各省区国民经济与社会发展统计公报，其中西藏、广西、云南数据来自2015年政府工作报告。表中的收入增速是名义收入增速，没有扣除物价因素。

民族地区城镇可支配收入的构成数据显示（见表3），工资性收入是城镇居民可支配收入的主要来源。同全国城镇居民可支配收入中工资性收入占比相比，西藏、宁夏、新疆、青海四省区该比例明显超出；而广西、云南、贵州三个西南省区的工资性收入占比又明显低于全国平均水平；内蒙古该比例略低于全国平均水平。西藏和青海的经营性收入比例分别只有2.87%和7.62%，远远低于全国11.37%的平均水平；内蒙古、广西、宁夏、云南、贵州的经营净收入占比都超过了全国该比例。只有云南的财产性收入占比高出全国平均水平5个百分点，其他省区都低于全国平均水平。转移净收入占比超过全国该比例的有广西、新疆、云南、贵州和青海；内蒙古、西藏和宁夏该比例低于全国平均水平。由于2014年和2013年相比，在可支配收入的统计口径上发生了变化，因此没有对各构成来源的增速进行纵向对比。

表3　2014年民族地区城镇居民可支配收入来源

	可支配收入（元）	工资性收入比例(%)	经营净收入比例(%)	财产净收入比例(%)	转移净收入比例(%)	收入合计(%)
内蒙古	28349.6	61.40	16.01	6.36	16.24	100
广 西	24669.0	56.32	13.91	9.06	20.71	100
西 藏	22015.8	79.06	2.87	6.98	11.09	100
宁 夏	23284.6	67.58	11.53	4.40	16.49	100

续表

	可支配收入（元）	工资性收入比例（%）	经营净收入比例（%）	财产净收入比例（%）	转移净收入比例（%）	收入合计（%）
新 疆	23214.0	66.36	10.73	5.34	17.57	100
云 南	24299.0	55.68	11.98	14.99	17.34	100
贵 州	22548.2	58.31	14.07	7.75	19.88	100
青 海	22306.6	68.52	7.62	5.20	18.67	100
全 国	28843.9	62.19	11.37	9.75	16.70	100

资料来源：表中数据《中国统计年鉴2015年》，中国统计出版社，2015。

表4根据已公布的内蒙古、新疆、贵州和青海四省区2015年国民经济和社会发展统计公报的数据得到了城镇居民可支配收入来源的比例和增速。2015年和2014年相比，内蒙古和新疆的变化趋势一致，都是工资性收入比例略高，其他三项比例略低，总体变化不大。贵州的工资性收入比例、财产净收入比例和转移净收入比例略低，经营性收入比例略高；青海的工资性收入比例和财产净收入比例略高，经营性收入和转移净收入比例略有降低。

表4 2015年四省区城镇居民可支配收入来源及增长情况

	内蒙古	新疆	贵州	青海
可支配收入（元）	30594	26274.66	24579.64	24542.35
收入构成				
工资性收入比例（%）	62.1	68.3	57.6	68.9
经营净收入比例（%）	15.7	10.2	15.2	7.2
财产净收入比例（%）	6.1	4.8	7.6	5.4
转移净收入比例（%）	16.1	16.6	19.6	18.5
2015年增速（%）				
可支配收入	7.9	13.2	9.0	10.0
工资性收入	9.1	16.5	7.8	10.6
经营净收入	5.8	8.1	17.6	3.9
财产净收入	3.8	2.2	7.0	14.8
转移净收入	7.2	7.2	7.5	9.2

资料来源：各省区2015年国民经济与社会发展统计公报。

从2015年名义收入的增速看，内蒙古的工资性收入增幅最高，其次是转移净收入、财产净收入，增速最低的只有3.8%。新疆的工资性收入增长迅速,增幅达到了16.5%;贵州的经营性收入增长最快,增速是17.6%;青海省的财产净收入增幅明显,达到了14.8%。

2014年民族地区的农村居民可支配收入的构成显示(见表5),经营净收入是农村居民的主要收入来源,其次是工资性收入,转移净收入位居第三位,财产性净收入最低,不足4%。同城镇居民人均可支配收入相比,农村居民财产性净收入比例不到1/4,转移净收入比例差异不大。

农村居民人均工资性收入比例和全国平均水平持平的只有宁夏回族自治区,其他省区的农村居民工资性收入比例都低于全国平均水平,内蒙古、西藏和新疆三地的工资性收入占比在民族地区中最低,约为全国平均水平的一半,说明三个自治区非农就业较少。经营净收入低于全国平均水平的只有贵州,其他七个省区都高于全国平均水平。这两项收入比例同全国比较后可知,民族地区农村居民还是以农牧业经营为主,内蒙古、西藏、新疆、云南四省区的经营性收入占比都过半。财产性收入比例只有内蒙古和青海两地超过了全国平均水平。

表5 2014年民族地区农村居民可支配收入来源

	可支配收入(元)	工资性收入比例(%)	经营净收入比例(%)	财产净收入比例(%)	转移净收入比例(%)	收入合计(%)
内蒙古	9976.3	20.76	58.86	3.90	16.48	100
广西	8683.2	26.90	46.62	0.87	25.62	100
西藏	7359.2	21.35	59.27	1.76	17.62	100
宁夏	8410.0	40.32	43.34	1.77	14.57	100
新疆	8723.8	21.18	59.37	2.62	16.82	100
云南	7456.1	26.50	56.90	1.81	14.80	100
贵州	6671.2	37.80	39.62	1.06	21.52	100
青海	7282.7	28.03	41.49	3.95	26.53	100
全国	10488.9	39.59	40.40	2.12	17.90	100

资料来源:表中数据根据《中国统计年鉴2015》计算得到。

从2015年已公布的内蒙古、新疆、贵州和青海四省区的农村居民收入构成和增长情况看(见表6),四地的经营净收入比例有所下降,工资性收入比例略有上升,财产净收入比例波动不明显,转移净收入比例除贵州外其余三个省区都明显增加。内蒙古、新疆和贵州的农村居民人均经营净收入比例略有下降,但内蒙古和新疆该比例依然居高不下,达到了57%,青海下降的最为明显,降幅约为3个百分点;四个地区的工资性收入增幅不明显。说明四个地区非农就业收入并没有显著提高,农牧业经营为家庭收入的主要来源渠道的局面没有改变。

表6 2015年四省区农村居民可支配收入来源及增长情况

	内蒙古	新疆	贵州	青海
可支配收入(元)	10776.00	9425.08	7386.87	7933.41
收入构成				
工资性收入比例(%)	20.9	22.6	39.2	28.2
经营净收入比例(%)	57.1	57.3	39.0	38.6
财产净收入比例(%)	3.9	2.2	1.1	4.1
转移净收入比例(%)	17.8	17.9	20.7	29.2
2015年增速(%)				
可支配收入	8.0	8.0	10.7	8.9
工资性收入	8.6	15.3	39.2	9.5
经营净收入	5.3	4.2	39.0	1.2
财产净收入	9.4	-8.4	1.1	13.2
转移净收入	16.5	14.9	20.7	19.8

资料来源:各省区2015年国民经济与社会发展统计公报。

从表6显示的各类收入增幅上看,内蒙古农村居民可支配收入中的转移净收入增幅最大,增幅最低的是经营净收入;新疆农村居民可支配收入中的工资性收入增幅最高,其次是转移净收入,财产净收入和2014年相比下降了8.4个百分点;贵州农村居民可支配收入中工资性收入和经营净收入的增幅都达到了39%,转移净收入的增幅也达到了20.7%;青海的转移净收入增幅是19.8%,其次是财产净收入增加了13.2个百分点,工资性收入增加了9.5个百分点,而经营净收入只增加了1.2个百分点。

B.4
民族地区文化发展报告

刘正爱*

摘　要： 2015年是中国国民经济和社会发展"十二五"规划收官之年，"十二五"期间，国家制定并出台了多项与少数民族文化发展相关的政策与建议，都为少数民族地区的文化发展创造了越来越完善和宽松的政策环境。近年来，中国民族地区文化发展在文化产业、公共文化服务、少数民族特色村寨保护、非物质文化遗产保护、"文化走出去"等方面取得了较大成果，但也存在一定的问题，需要有针对性地去解决。

关键词： 文化产业　公共文化服务　非物质文化遗产　少数民族特色村寨　一带一路

2015年是中国国民经济和社会发展"十二五"规划收官之年，也是"十三五"时期的规划之年。"十二五"期间，中国共产党"十八大"的召开，为中国经济社会发展开创了一个新局面。以习近平为总书记的新一代领导集体，纵览全局，加强顶层设计，迈出全面深化改革的步伐，提出了国家治理体系现代化的新思路。提出了21世纪"一带一路"发展的战略构想，特别是2014年9月，中央民族工作会议在北京召开，习近平在会上深刻阐述了新一届领导集体对民族地区经济社会文化发展的大政方针，为加快民族地区发展战略，包括文化发展战略奠定了政策基础。它再次向世人宣告"繁荣发展少数民族文化事业，是中国政府二十一世纪的一项长期而重大的战略任务"。2015年10月，

---

* 刘正爱，中国社会科学院民族学与人类学研究所研究员。

中国共产党十八届五中全会通过了《中共中央关于制定国民经济和社会发展第十三个五年规划的建议》，把文化建设继续作为全面推进中国发展的五大建设之一，为"十三五"期间民族地区文化发展和文化建设明确了目标和指导思想。这一切都为少数民族地区的文化发展创造了越来越完善和宽松的政策环境。

一 近年来少数民族文化发展的政策环境

总结近年来少数民族文化的发展，首先需要考察作为少数民族文化发展场所的政策环境，而以往对少数民族文化发展的考察，往往忽略了这一点。中国的少数民族文化带有较强的意识形态意义，国家政策层面的认可往往直接影响着少数民族文化的发展。盘点"十二五"以来中国政府为繁荣发展少数民族地区文化的重大政策举措，2009年是少数民族文化发展的重要一年。6月12~13日，国务院在京召开全国少数民族文化工作会议。7月5日，国务院发布《国务院关于进一步繁荣发展少数民族文化事业的若干意见》（以下简称《意见》）[1]。上述会议和文件是中华人民共和国成立以来关于少数民族文化工作的第一次会议和第一份文件，因此具有划时代的意义。首先，它是第一次顶层设计；其次，它是第一次系统全面的规划；再次，会上提出了具体的实施措施。这无疑为"十二五"规划和"十三五"规划的发展奠定了一个良好的基础。

《意见》提出了繁荣发展少数民族文化事业的指导思想、基本原则、目标任务及政策措施，要求完善少数民族文化事业发展的体制机制，加强对少数民族文化工作的领导。需要强调的是，《意见》第一次提出的目标任务和政策措施是非常具体的。《意见》提出的目标任务是：到2020年，民族地区的文化基础设施要相对完备；建立覆盖少数民族和民族地区的公共文化服务体系；主要指标接近或达到全国平均水平；少数民族群众读书看报难、收听收看广播影视难、开展文化活动难等问题得到较好解决；少数民族的优秀传统文化得到有

---

[1] 《国务院关于进一步繁荣发展少数民族文化事业的若干意见》（国务院办公厅国发〔2009〕29号），国家民委理论政策研究室编《中国民族年鉴2010》，民族出版社，2010，第51页。

效保护、传承和弘扬。任务还包括：实施一批重大文化项目和工程；推出一批体现民族特色、反映时代精神、具有很高艺术水准的文化艺术精品；创作生产更多更好地适应各族群众需求的优秀文化产品。此外，在文化工作体制机制创新方面也提出了相应的要求。

《意见》提出的政策措施是：第一，加快少数民族和民族地区公共文化基础设施建设；第二，在大力发展少数民族新闻出版和广播影视事业的同时，加大对少数民族文艺院团体和博物馆建设的支持力度；第三，积极开展群众性少数民族文化活动；第四，加强对少数民族文化遗产的挖掘、保护和整理工作，尊重、继承和弘扬少数民族的优秀传统文化；第五，推进少数民族文化创新，积极促进少数民族文化产业发展；第六，加强边疆民族地区的文化建设，推动少数民族文化的对外交流；第七，加大投入，进一步完善政策法规，深化少数民族文化事业单位体制机制改革，加强少数民族文化人才队伍的建设。

该文件是民族地区文化发展的纲领性文件，它的颁布为完善和宽松少数民族地区文化发展的政策环境起到了催化的作用。文件发布后，文化部、国家广电总局、新闻出版总署分别发表文章，强调要以科学发展观为指导，进一步加强少数民族文化事业建设。内蒙古、广西、云南、宁夏、贵州、湖北等20多个省、自治区、直辖市结合本地实际情况，先后出台了具体的实施意见，其后党中央和国务院又相继出台了一系列力度大、操作性强的政策。

2011年10月18日，中国共产党第十七届中央委员会第六次全体会议通过《中共中央关于深化文化体制改革推动社会主义文化大发展大繁荣若干重大问题的决定》，该项决定强调要深化文化体制改革、加强文化建设，继续繁荣发展少数民族文化事业，在开展少数民族特色文化保护工作的同时，加强少数民族语言文字党报党刊、广播影视节目、出版物等的译制、播出、出版，加大对民族地区、边疆地区文化服务网络建设的支持和帮扶力度。这些都为少数民族地区文化发展创造了新的政策环境。

2012年7月12日，国务院印发了《少数民族事业"十二五"规划》（简称《规划》），对"十二五"期间少数民族文化发展事业提出了更加具体的任务和政策措施。"十二五"期间的主要任务之一是大力发展民族文化旅游业等特色优势产业，进一步做好少数民族特色村寨的保护与发展工作，促进少数民族文化传承。《规定》要求加快构建民族地区公共文化服务体系,以城乡基层文化设施为重点,以流动文化设施和数字文化阵地建设为补充,基本建成覆盖城乡的公共文化设施网络。《规定》还要求加大民族地区公共文化产品和服务的供给力度,积极扶持少数民族文化产品的创作和生产;继续加强少数民族文化遗产的保护工作;加强少数民族语言文字的规范化和信息化建设;充分发挥少数民族的文化资源优势,进一步加快少数民族文化产业的发展,增强少数民族文化的影响力;深化民族地区文化体制改革,加快培育文化市场主体。

《规划》建议在全国地市级公共文化设施建设规划、全国文化信息资源共享工程、公共电子阅览室建设计划、数字图书馆推广工程、公共图书馆文化馆免费开放计划、农家书屋建设工程等方面,向民族地区倾斜。广播电视村村通工程、农村电影放映工程、城市数字影院建设工程等向民族地区倾斜①。

2012年11月8日,中国共产党第十八次代表大会在京召开。十八大报告强调实现社会主义文化强国的关键是要增强全民族的文化创造活力,深化文化体制改革。报告指出,要繁荣和发展少数民族的文化事业,加快推进重点文化惠民工程,加大对农村和贫困地区文化建设的帮扶力度,继续推动公共文化服务设施向社会免费开放,构建优秀传统文化的传承体系,弘扬中华优秀传统文化。在该报告中,激发创造性成为文化建设的核心。值得一提的是,十八大报告所讲的文化建设主要包括文学艺术、报刊出版、广播电影电视、博物馆、图书馆、互联网、移动媒体等领域,而早前的教育、科技、医疗卫生则归入了社会管理的范畴。十八大报告另一个值得关注的点是,提出到2020年要使"文化产业成为国民经济支柱性产业",并将其作为实现全面建成小康社会目标的一项内容,这是十八大报告文化建设部分唯一一个可量化的指标,这说明文化的经济价值开始受到高度重视。

2013年11月,中国共产党十八届三中全会决定对文化体制改革提出了更加具体的要求和任务。决定要求完善文化管理体制,推动政府部门由办文化向管文化转变,推动党政部门与其所属的文化企事业单位进一步理顺关系。建立

---

① 中国政府网,http://www.seac.gov.cn/art/2012/7/23/art_149_161791.html。

党委和政府监管国有文化资产的管理机构，实行管人、管事、管资产、管导向相统一。这说明转变政府职能是进一步深化文化体制改革的一项重要任务。决定还要求建立和健全现代文化市场体系，强调市场在文化资源配置中的决定性作用，促进基本公共文化服务的标准化和均等化；引入竞争机制，促进公共文化服务朝社会化的方向发展；鼓励社会力量和社会资本参与公共文化服务体系的建设，培育文化非营利组织。

十八届三中全会决定提出的"现代文化市场体系"和"现代公共文化服务体系"是新一届中央领导集体对中国文化建设的顶层设计，其新颖之处在于"现代"二字。按照前任文化部部长蔡武的解释，"现代文化市场体系"的"现代"有四个特点。一是要符合市场规律，二是要体现中国特色社会主义的要求，三是要促进生产要素合理流动，四是要更加开放。构建公共文化服务体系是多年来文化建设的一项主要内容。需要强调的是决定首次提出了"现代公共文化服务体系"的说法。对此蔡武认为，"现代"二字可以从均等化、标准化、多元化等方面去理解。他认为，公共文化服务的均等化目前做得很不够，东西部之间、城乡之间、汉族地区和民族地区之间、不同阶层之间存在很大差别，因此，需要把公共文化服务这块蛋糕做大，做到合理分配①。

2013 年 9 月，新一届中央领导集体关于"一带一路"战略构想问世。2014 年 3 月 5 日，文化部、财政部联合下发《藏羌彝文化产业走廊总体规划》，将地处四川、贵州、云南、西藏、陕西、甘肃、青海等 7 省区交会处的地区纳入国家发展战略。这是中国第一个国家层面的区域文化产业发展专项规划，核心区域内藏、羌、彝等少数民族人口过 760 万人，覆盖面积超过 68 万平方公里。藏羌彝文化产业走廊是文化部、财政部共同策划实施的重大文化产业项目，是贯彻落实《国家"十二五"时期文化改革发展规划纲要》关于实施重大文化产业项目、发展特色文化产业精神的重要举措②。2014 年 5 月，文

---

① 《文化部负责人解读三中全会深化文化体制改革重点》，中国文化传媒网，2013 年 11 月 26 日，http：//www.ccdy.cn/cehua/2013ch/gaige/wenhuabu/201311/t20131126_811271_2.htm。

② 《中国文化报》电子版，2014 年 3 月 7 日，http：//epaper.ccdy.cn/html/2014-03/07/content_119563.htm。

化部提出"一带一路"文化先行的构想,通过进一步深化与沿线国家的文化交流与合作,促进区域合作,实现共同发展,让命运共同体意识在沿线国家落地生根①。5月8日,文化部和中国文化产业协会联合召开"丝绸之路文化产业带建设研讨会",提出以"文化先行"方式建设"丝绸之路文化产业带",通过文化经贸加强与周边国家的文化交流和贸易往来。

丝绸之路文化产业带的提法是对丝绸之路经济带的设想的积极响应,作为"丝绸之路经济带"的一项重要配套政策,它主要包括以下内容:通过建设"丝绸之路文化产业带",加强影视、演艺娱乐、动漫游戏、文化旅游、工艺美术、非物质文化遗产、民族文化、建筑设计、文化体育等多领域的交流合作,加强不同宗教信仰之间的理解和团结,加强国际交流和互信;最终实现产业带各地、各国家互利共赢、和平稳定、繁荣发展②。

2014年8月8日,文化部和财政部联合下发《关于推动特色文化产业及发展的指导意见》,指导意见强调特色文化产业是指依托各地独特的文化资源,通过创意转化、科技提升和市场运作,提供具有鲜明区域特点和民族特色的文化产品和服务的产业形态。指导意见提出重点发展工艺品、演艺娱乐、文化旅游、特色节庆、特色展览等特色文化产业,其中强调文化旅游业要开发具有地域特色和民族风情的旅游产品。发展区域性特色文化产业带,在丝绸之路文化产业带建设和藏羌彝文化产业走廊建设中,突出民族文化特色,推进文化与生态、旅游的融合发展。建设特色文化产业示范区,打造特色文化城镇和乡村,健全各类特色文化市场主体,培育特色文化品牌,促进特色文化产品交易。指导意见提出了六项保障措施:一是加大财税金融扶持,二是强化人才支撑,三是建立重点项目库,四是支持拓展境外市场,五是建立完善交流合作机制,六是加强组织实施。

2014年9月28～29日,中央民族工作会议暨国务院第六次全国民族团结

---

① 蔡武:《坚持文化先行,建设"一带一路"》,《求是》2014年第9期,求是理论网,2014年5月1日,http://www.qstheory.cn/zxdk/2014/201409/201404/t20140428_344302.htm。
② 李河、张晓明、张春霞:《抓住"一带一路"战略机遇 开创民族地区文化发展新局面》,国家民族事务委员会文化宣传司、中国社会科学院文化研究中心编《中国少数民族文化发展报告》(2014～2015),社会科学文献出版社,2015,第15～16页;新华网,2014年5月4日,http://news.xinhuanet.com/politics/2014-05/06/c_1110553596.htm。

进步表彰大会在北京举行。中央民族工作会议指出，中华文化是各民族文化的集大成。少数民族文化是中华文化不可分割的重要组成部分①，加强中华民族大团结，长远和根本的是增强文化认同，建设各民族共有精神家园，积极培养中华民族共同体意识。因此，要加强各民族文化的保护、传承和创新，促进文化事业和文化产业协调发展，推动整个中华文化繁荣发展。一是加快少数民族和民族地区公共文化基础设施建设。二是提高公共文化产品和服务的供给能力。三是注意尊重、继承和弘扬少数民族优秀传统文化，加强少数民族文艺作品创作生产。会议还强调指出，要推进少数民族特色村镇建设。

2014年10月23日，中国共产党十八届四中全会通过了《中共中央关于全面推进依法治国若干重大问题的决定》。十八届四中全会对推进依法治国的战略部署着眼于"全面"二字，涵盖了党、国家、文化、社会生活、军队建设等各个领域。在文化方面，提出要建立健全坚持社会主义先进文化前进方向、遵循文化发展规律、有利于激发文化创造活力、保障人民基本文化权益的文化法律制度。制定公共文化服务保障法，促进基本公共文化服务的标准化和均等化。制定文化产业促进法，把行之有效的文化经济政策法定化，健全促进社会效益和经济效益有机统一的制度规范。第一次把中国文化建设纳入国家依法治国的框架之下。

2015年5月5日，国务院转发文化部、财政部、新闻出版广电总局、体育总局《关于做好政府向社会力量购买公共文化服务工作的意见》，将公益性少数民族文化产品的创作、译制与传播纳入指导性目录②。对此，有专家认为，这一决策部署将彻底打破以往公共文化服务由政府大包大揽、公共文化机构包办垄断的旧格局，有力推动市场化配置公共文化资源新格局的形成③。这项举措意在引入竞争机制，催生一批能与政府、市场所承担的公共文化服务职能相辅相成的文化类社会组织，在文化治理体系中发挥"第三部门"的作用，打破提供主体单一垄断局面，形成提供主体多元化的格局。

2015年10月2日，国务院颁发《国务院办公厅关于推进基层综合性文化

---

① 《中央少数民族工作会议精神学习辅导读本》。
② 中华人民共和国文化部网站，http://zwgk.mcprc.gov.cn/auto255/201505/t20150513_30340.html。
③ 巫志南：《关于做好政府向社会力量购买公共文化服务工作的意见解读》，中华人民共和国文化部网，http://zwgk.mcprc.gov.cn/auto255/201505/t20150513_30339.html。

服务中心建设的指导意见》(国办发〔2015〕74号),该文件针对现有的基层文化设施和服务已难以满足广大人民群众的实际需要的问题,提出了具体的实施意见和管理办法①。

2015年10月29日,中国共产党第十八届五中全会通过了《中共中央关于制定国民经济和社会发展第十三个五年规划的建议》。2016年3月17日,《中华人民共和国国民经济和社会发展第十三个五年规划纲要》全文发布,纲要把加快少数民族和民族地区发展摆到更加突出的战略位置。纲要是对今后五年乃至更长一个时期少数民族文化发展的战略规划,除对少数民族地区文化建设进行全面部署外,还特别强调提出要保护和传承少数民族传统文化,重点推进边疆少数民族地区广播电视覆盖和译制能力的建设,完善应急广播体系;实施少数民族新闻出版"东风工程"和少数民族电影工程。在"特殊类型地区发展重大工程"中,纲要指出,民族地区奔小康行动,要实施"少数民族特色村镇"的保护与发展工程,重点建设一批少数民族特色村寨和民族风情小镇,支持少数民族传统手工艺品的保护与发展。

2015年11月19日,中宣部、文化部、新闻出版广电总局在通辽市联合召开全国贫困地区公共文化建设工作推进会,交流工作经验,研究部署"十三五"时期贫困地区公共文化建设任务。此后不久,文化部等7部委联合印发《"十三五"时期贫困地区公共文化服务体系建设规划实施纲要》,提出到2020年,贫困地区基本公共文化服务主要指标接近全国平均水平。纲要是对国家"十三五"规划纲要的具体贯彻落实,是贫困地区全面建成小康社会的基本公共文化服务顶层设计,是指导"十三五"时期贫困地区公共文化服务体系建设的行动纲领,也是落实中办、国办《关于加快构建现代公共文化服务体系的意见》推动贫困地区公共文化建设跨越式发展战略部署的又一具体举措,其关键点在于贯彻党中央和国务院提出的"十三五"期间的"精准扶贫",核心在"精准"二字。纲要从完善设施网络、推动均衡发展、增强发展活力、提高服务效能、推进数字文化、加强队伍建设、加大文化帮扶、推动脱贫致富八个方面提出具体要求,重点突出"保障基本、促进均等;增强活力、提

---

① 中华人民共和国文化部网站,http://zwgk.mcprc.gov.cn/auto255/201510/t20151020_30427.html。

效能；科技提速、人才支撑；加大帮扶、推动发展"四个方面。特点是补短板，兜底线，建机制，畅渠道，促发展。纲要实施范围含西藏、四省藏区、新疆南疆四地州等民族自治地方县426个、革命老区县357个、陆地边境县72个①。

2016年3月5日，国务院总理李克强在政府工作报告中回顾2015年工作时也提到了进一步加强基本公共文化服务建设的问题。在谈到"十三五"时期规划时，李克强提出要建立"国家基本公共服务项目清单"，构建"现代公共文化服务体系"，实施公民道德建设和中华文化传承等工程。今后要推进文化改革的发展，加强文化遗产的保护和利用，引导公共文化资源向城乡基层倾斜，推动文化产业的创新发展。

回顾"十二五"期间党中央和国务院有关中国文化建设和少数民族文化发展的政策出台，可以清晰地看出"十二五"时期是中国民族地区少数民族文化发展的一个政策环境的加强期、完善期、宽松期和在十八大以来一系列重大政策和举措基础上的重新营造期。这种政策环境的营造既有对改革开放以来中国政府关于少数民族地区文化建设和发展政策的继承完善，又有十八大以来对中国文化建设和少数民族地区文化发展政策环境的创新和重构，正是在这个意义上，我们说2015年是民族地区文化建设和少数民族文化发展的重要之年和承上启下之年。而"十三五"规划纲要的实施将为下一个五年乃至更长时期少数民族地区的文化发展带来更加宽松、完善和创新的政策环境。

二 "十二五"期间民族地区文化发展状况

政策环境的创新和发展为"十二五"期间民族地区的文化建设和少数民族地区的文化发展创造了有利条件。"十二五"期间，随着对党中央、国务院一系列政策的贯彻落实和民族地区各级政府相应的文化配套政策的出台和实施，少数民族地区文化事业发展得到有力支持，少数民族地区的群众精神文化

---

① 《文化部等7部委联合印发〈"十三五"时期贫困地区公共文化服务体系建设规划纲要〉》，新华网，2015年12月9日，http://news.xinhuanet.com/politics/2015-12/09/c_128514450.htm。

生活得到了极大的丰富。2015年，中央财政继续贯彻落实党中央和国务院的有关文件精神，配置少数民族地区文化体育与传媒有关转移支付资金共53.16亿元，其中包括博物馆和纪念馆免费开放专项资金2.36亿元；公共体育场馆免费或低收费开放补助资金1.02亿元；美术馆、公共图书馆、文化馆（站）免费开放专项资金3.75亿元；非物质文化遗产保护专项资金0.93亿元；国家文物保护专项资金9.60亿元；"三区"文化工作者专项资金0.91亿元；中央广播电视节目无线覆盖专项资金0.98亿元；农村文化建设专项资金3.33亿元；中央补助地方公共文化服务体系建设专项资金18.55亿元；少数民族文化事业发展补助资金11.73亿元。中央财政还通过国家电影事业发展专项资金（政府性基金）安排少数民族语言电影译制项目0.48亿元，用于支持新疆、西藏、云南等省区的少数民族语言电影译制工作①。2015年民族地区文化建设和少数民族文化发展主要体现在以下几个方面。

（一）文化产业

为了深化文化体制改革、促进文化产业的发展，特别是为了更好地发挥重大文化产业项目的引领带动作用，2015年1月，文化部通过国家文化产业项目服务平台开展2015年度文化产业项目征集工作。此次项目征集包括文化产业重点项目和特色文化产业、藏羌彝文化产业走廊及丝绸之路文化产业重点项目。其中，丝绸之路文化产业重点项目属于首次试点征集。这些项目以优秀地方、民族特色文化资源的保护传承和合理开发利用为核心，主要服务于国家"一带一路"建设总体战略布局，实施于丝绸之路沿线特别是西部地区、边疆地区、民族地区。文化部本着先行先试、稳步推进的原则，选择丝绸之路沿线的内蒙古、陕西、甘肃、青海、宁夏、新疆、海南、广西等8个省区作为试点，率先开展丝绸之路文化产业重点项目征集工作②。

2015年4月，文化部文化产业司经过逐级资格审查和专家评审，共确定66个项目为2015年度特色文化产业重点项目，24个项目为2015年度藏羌彝

---

① 《中央财政2015年支持少数民族地区文化事业发展情况》，中华人民共和国财政部网站，2015年8月21日，http://jkw.mof.gov.cn/zhengwuxinxi/tourudongtai/201508/t20150819_1425458.html。
② 《文化部试点征集丝绸之路文化产业重点项目》，《中国民族报》2015年2月6日第9版。

文化产业走廊重点项目，26个项目为2015年度丝绸之路文化产业重点项目。2015年度特色文化产业重点项目和藏彝文化产业走廊重点项目名单中，分别有17个和14个出自少数民族或民族地区。2015年度丝绸之路文化产业重点项目名单中，有17个出自少数民族或民族地区，占比高达65%。这一数据显示，未来少数民族文化资源将以其珍贵性和特殊性占据中国文化市场的很大份额。

2015年7月13日，财政部中央文化企业国有资产监督管理领导小组办公室在财政部官方网站公示了2015年中央文化产业发展专项资金拟支持的项目名单，850个项目获得总额50亿元的中央财政支持，较2014年增长6.25%。在专项资金重点支持的领域中，尤其重点支持在特色文化产业发展中具有地域特色和民族风情的民族工艺品创意设计、文化旅游开发、演艺剧目制作、特色文化资源向现代文化产品转化和特色文化品牌推广等项目，体现了专项资金向丝绸之路文化产业带、藏羌彝文化产业走廊等国家重点支持区域倾斜[1]。

国家有关文化产业的相关政策带动了地方文化产业的发展。民族地区文化产业园、文化产业博览会密集上演。云南省、贵州省、西藏自治区地处中国西南地区，是中国民族文化资源富集的地区。在国家文化产业政策的带动下，近年来，云南特色文化产业迅速发展。以"金木土石布"为主的特色文化企业遍地开花，成果丰硕，走向海内外，成为云南省文化创意产业的生力军。云南省文化产业统计显示，连续10年，云南省文化产业增加值年增长超20%。其中，2012年，云南文化产业增加值达到了635亿元，占GDP比重的6%左右，部分重点文化企业出口总额超20146万美元；到2013年云南省文化产业单位超1万家，占全省法人单位和产业活动单位的7%左右，实现增加值600多亿元，占全省GDP的6%以上。文化产业已成为云南经济新的增长点和支柱产业。从全国各省市城镇文化消费年均增长率排名来看，云南省位于第10位，相对于其他省市经济发展较好[2]。目前，云南省主营业务收入上亿元的文化企业有73家，全省文化产业增加值和增加值占全省GDP的比重均处于全国中上

---

[1] 《财政部办公厅关于申报2015年度文化产业发展专项资金的通知》，中华人民共和国财政部网，http://wzb.mof.gov.cn/zxzjsb/201502/t20150226_1195177.html。

[2] 《文化产业已成为云南经济新的增长点和支柱产业》，新华网，http://www.sh.xinhuanet.com/2015-01/27/c_133949246.htm。

水平①。

贵州省虽在全国GDP名单中排名靠后,但近年来,先后制定了《关于扶持文化产业园区(基地)建设发展的若干政策》《关于加快贵州文化产业发展的实施意见》等,推进省十大文化产业园、十大文化产业基地建设,文化企业整体实力不断增强。2015年初,贵州省推荐9家文化企业11个文化产业项目申报2015年文化部、财政部"文化金融扶持计划"文化金融合作项目库。根据《关于2015年度文化金融扶持计划有关事项的通知》,贵州有3个项目入选2015年度国家文化金融合作项目库。2015年1月,按照文化部文化产业司下发的《关于征集文化产业项目的通知》要求,贵州省推荐了6个特色文化产业重点项目和5个藏羌彝文化产业走廊重点项目,其中有4个项目入选。

西藏自治区虽然地处中国青藏高原西南部,人口较少,但民族文化资源丰富,文化产业发展较快。2014年,西藏自治区文化产业年产值约为27亿元,占全区GDP的3%。2015年全区加紧构建现代公共文化服务体系、优秀传统文化传承体系、现代文化市场体系、文化交流传播体系等"四个体系",扩大文化产业发展的专项资金规模,全面启动了18项藏羌彝文化产业走廊项目,积极推进拉萨慈觉林、日喀则江洛康萨、林芝工布明珠、昌都卡若等区域文化产业项目建设。第二届西藏文化博览会以及第五届唐卡艺术博览会也顺利召开②。2015年,西藏自治区公布了《西藏自治区推进文化与旅游深度融合发展 加快特色文化产业发展的意见》,筹备建立全区文化产业数据库;成立西藏自治区文化产业协会;组团参加第十一届中国(深圳)国际文化产业博览交易会,20余家文化企事业单位带去6000余件精美展品和总投资额近28亿元的82个招商引资项目③。"十三五"期间,西藏将联合四川、贵州、青海等省区继续推动藏羌彝文化产业走廊建设项目,预计总投资达30亿元以上。

地处中国西北地区的新疆维吾尔自治区和宁夏回族自治区,民族文化资源

---

① 《云南"十三五"文化产业发展规划下发 推进跨越式发展》,中国经济网,http://www.ce.cn/culture/gd/201601/21/t20160121_8432245.shtml。
② 《2015年西藏文化工作会议召开,构建四个体系发展文化产业》,中国西藏新闻网,http://www.chinatibetnews.com/xw/xzyw/201502/t20150207_314297.html。
③ 《2015年西藏文化事业和文化产业发展迈出新步伐》,中国西藏新闻网,http://www.chinatibetnews.com/xw/201602/t20160202_1066844.html。

不仅丰富，而且极具特色。近年来，在国家文化产业政策推动下，区域民族文化产业迅速发展。新疆维吾尔自治区从2011年起开展自治区文化产业示范基地评选命名工作。目前已建设近20个区级、地级文化产业园区；6家国家级文化产业示范基地，76家区级文化产业示范基地；新疆疆内小微文化企业已近2万家。建成了涵盖演艺、文化旅游、艺术品、动漫、网络、创意设计、新闻出版发行、广播影视等的一整套文化产业发展体系。随着国家"一带一路"构想的全面实施，新疆文化产业将迎来一个前所未有的历史机遇①。2014年12月，"第二届新疆丝绸之路文化创意产业博览会"在乌鲁木齐召开，此次文博会以"丝绸之路经济带核心区文化力量"为主题，以创意和科技为核心，以突出文化内容产品为重点，搭建了一个文化创意产业信息交流、产品交易和项目合作的重要平台。为了进一步打通西部文化输出道路，共建丝绸之路经济带，2015年11月新疆维吾尔自治区又举办了面向全国、辐射亚欧的"第三届新疆丝绸之路文化创意产业博览会"，邀请了丝绸之路沿线国家与19个援疆省市，目的在于进一步打通西部文化输出道路，助力"丝绸之路经济带"搭建文化产品、文化服务的交易平台，促进文化创意产业国际投资合作与文化贸易。

宁夏回族自治区以"文化强区"建设为目标，通过加快园区（基地）建设，支持文化企业发展，培育特色文化品牌，促进产业融合发展。自治区党委、政府先后制定了《关于做强做大文化旅游产业的决定》《关于加快文化产业发展的若干政策意见》，文化等有关部门制定了《关于进一步加强文化产业金融服务工作的意见》《关于鼓励和引导民间资本进入文化领域的实施意见》等扶持政策，设立了文化产业发展专项资金和文化产业种子基金，为文化产业发展创造了良好的政策环境。截至2015年3月，宁夏回族自治区建有国家级文化产业示范基地6家，试验园区1家，自治区级文化产业示范基地36家。截至2013年底，全区文化产业单位有9887个，其中法人单位2756家，个体经营户6883家，从业人员6.01万人；2014年全区实现文化产业增加值67亿元，占GDP2.44%。宁夏大学、北方民族大学分别设立了发展文化产业的相关

---

① 《新疆文化产业借"一带一路"再现古丝路辉煌》，凤凰网，http：//ent.ifeng.com/a/20151228/42552650_0.shtml。

院系，自治区文化部门举办了全区文化产业管理人员和示范户培训班，以此加大人才培养力度。

广西壮族自治区和内蒙古自治区，虽然地处边疆地区，但得一系列民族文化产业政策重点支持之利，近年来民族文化产业发展在特色、规模和效益上都在民族地区遥遥领先。2014年，广西壮族自治区在全国省级文化部门中率先出台《关于促进文化创意和设计服务与相关产业融合发展的实施意见》；自治区文化厅联合财政厅出台了《关于推动特色文化产业发展的指导意见》，并联合工信委、财政厅出台了《关于进一步鼓励和支持小微文化企业发展的实施意见》，组织推荐6个文化产业项目获得中央文化产业发展专项资金支持3810万元。2015年广西共有83家文化企业（单位）申请2015年度中央文化产业发展专项资金，申报的项目总数达90个，申请金额总数达13.8亿元。经评审，向财政部推荐的项目共67个，申请金额为10.3亿元①。2015年广西壮族自治区指导和推荐了20个项目入选文化部"文化金融合作重点项目库"、"特色文化产业重点项目库"、"丝绸之路文化产业重点项目库"和"国家动漫企业资源重点项目库"。其中有10个项目获得4050万元的国家文化产业发展专项资金扶持，11个项目获得810万元的自治区文化产业发展专项资金扶持。自治区还评选了20个项目为2015年度文化产业示范园区基地转型升级重点项目，给予前期经费支持共计400万元。广西文化厅还会同自治区扶持动漫产业发展厅际联席会议成员单位，评选和命名了10家第三批自治区动漫骨干企业，使自治区文化厅的重点动漫企业总数达到38家。文化厅还会同财政厅联合下发了2014～2015年度广西动漫产业发展引导资金1400万元，对该区27个动漫产业重点项目（单位）进行资助和奖励，促进了动漫企业的发展和原创动漫创作②。

在2015年1月文化部文化产业司公布的2015年度特色文化产业、丝绸之

---

① 《广西2015年度中央文化产业发展专项资金申报工作顺利完成》，中华人民共和国财政部网，http://www.mof.gov.cn/xinwenlianbo/guangxicaizhengxinxilianbo/201505/t20150520_1234145.html。

② 广西壮族自治区文化厅重点工作与绩效考核办公室：《广西壮族自治区文化厅2015年度绩效工作情况报告》，广西壮族自治区文化厅网，http://www.gxwht.gov.cn/affairs/show/14043.html。

路文化产业和藏羌彝文化产业走廊重点项目名单中，内蒙古自治区有1个项目进入特色文化产业重点项目名单、3个项目进入丝绸之路重点文化产业项目名单。元上都民族文化特色产业园项目总投资约4亿元，占地面积20.5万平方米，集游、购、娱、吃、住、行于一体，带动餐饮、商贸、物流、旅游等相关产业发展。在文化部第六批国家文化产业示范基地推荐名单公示中，呼市玉泉区"大召文化产业群落"被确定为第六批国家级文化产业示范基地，总占地面积43公顷，是内蒙古自治区唯一进入文化部公示程序的文化产业项目①。2015年8月，赤峰市首届文化产业博览会在赤峰国际会展中心举行，此次"文博会"旨在积极发展特色文化产业，大力培育新兴文化产业，不断壮大文化市场主体，打造一批核心竞争力强的文化产业企业集团，推进文化产业快速发展。2015年12月24日，内蒙古自治区印发《内蒙古自治区文化产业发展专项资金管理暂行办法》（以下简称《办法》）。《办法》明确提出专项资金支持方向，对自治区培育的重点文化产业聚集区和示范基地、国家级文化与科技融合示范基地、骨干文化企业、重点文化产业项目和小微创意文化企业，以及成长性好的新兴文化产业项目和具有发展优势的地方民族特色文化产业项目，通过贴息、担保等方式予以支持②。

（二）少数民族特色村寨的保护与发展

"少数民族特色村寨"是指少数民族人口相对聚居且比例较高，生产、生活功能较为完备，少数民族文化特征及其聚落特征明显的自然村或行政村。支持少数民族特色村寨保护与发展，是社会主义新农村、新牧区建设的重要组成部分，是民族工作的重要组成部分，也是保护中华文化多样性的重要举措。"保护和发展少数民族特色村镇"在中央民族工作会议和2015年的政府工作报告中都得到明确提及。"十二五"以来，国家民委和财政部共同开展了少数民族特色村寨保护与发展的试点工作，2009年正式发布《关于做好少数民族特色村寨保护与发展试点工作的指导意见》，编制并实施《少数民族特色村寨

---

① 《玉泉区"大召文化产业群落"成功获批国家级文化产业示范基地》，内蒙古自治区文化厅，http://www.nmgwh.gov.cn/ggfw/cy/201510/t20151020_123597.html。
② 《内蒙古设立文化产业专项资金　支持文化产业发展》人民网，http://culture.people.com.cn/n1/2016/0113/c172318-28047174.html。

保护与发展规划纲要（2011~2015年）》，从保护特色民居、培育特色产业、传承特色文化、改善特色环境和促进民族团结五个方面着手，促进少数民族特色村寨的保护与发展工作。截至2014年，中央财政在投入14亿元的少数民族发展资金的同时，吸引、整合并带动了其他部门及社会多方面的资金，初步形成了"党政主导、部门联动、社会参与、群众受益"的局面。2014年，全国共开展实施试点项目700多个，国家民委首批命名了340个"中国少数民族特色村寨"，其中，内蒙古3个、广西59个、贵州62个、四川5个、云南41个、西藏10个、宁夏12个、新疆8个、青海9个、甘肃5个①。截至2015年，全国已实施少数民族特色村寨试点项目1000个，直接受益人数10万人，其中涉及40多个少数民族，地域上覆盖了大多数民族地区②。

从各地情况来看，2014年全国公布的传统村落名录有1561个，其中292个在贵州，排名全国第二位③。在340个"中国少数民族特色村寨"中，有62个在贵州，排名第一。黔东南州是少数民族文化、多样、集中又富于原生特质的地区。2015年首届"中国传统村落·黔东南峰会"专家论坛在黔东南凯里市举行。截至2015年底，全州共有276个村落入选《中国传统村落名录》。

2009年以来，云南省民委按照"民族风格凸显、民族工艺精湛、民族文化繁荣、民生工程改善、民族关系和谐"的要求，先后投入资金1400万元对傣、白、纳西、藏、壮、傈僳等民族的14个少数民族特色村寨进行保护与发展试点工作。在2014年国家民委公布的340个少数民族特色村寨中，云南省有41个少数民族特色村寨入选，居全国第三，大理州有宾川县寺前村等7个村寨入选，入选数量为云南省第一。

2011~2014年，国家民委安排了四川省少数民族发展资金5780万元用于少数民族村寨建设，四川省共开展实施项目73个，受益人口近十万人，涉及7个世居民族、11个州市，取得了良好的经济和社会效益。各市（州）结合民族地区实际，突出重点，制定少数民族特色村寨保护与发展规划，初步探索

---

① 《国家民委命名首批"中国少数民族特色村寨"》，中华人民共和国国家民族事务委员会网，http://www.seac.gov.cn/art/2014/9/26/art_31_215257.html。
② 《中央少数民族工作会议精神学习辅导读本》；《2014年中国少数民族十大新闻公布》，《中国民族报》2015年1月30日第1版。
③ 《承载乡愁的古村落该如何保护》，《中国民族报》2015年2月13日第9版。

出建设特色村寨的路子。既保护和传承各民族优秀物质和精神文化，又使村寨发展具备多方面的基础条件。通过实施新村点房屋的"穿衣戴帽"和建设浓郁特色民族文化广场等工程，增添民族固有文化符号，引导广大群众移风易俗，追求新生活，通过产业扶持，改善群众生产和生活条件，促进村寨发展，实现发展与保护并重的目标①。2014年，四川共下达民族项目资金4.2亿元，推动了民族地区"四小"工程、现代农牧业增收工程、民族文化推进工程、"民族团结进步新村"、民族特色村寨建设等项目的实施②。

作为特色小城镇示范点前期工作年，2015年西藏自治区陆续制定了《西藏自治区人民政府办公厅关于印发西藏自治区特色小城镇示范点建设工作实施方案》，组建了特色小城镇示范点建设工作办公室，并督促各地按要求成立了工作专班；制定了《特色小城镇建设规划编制要求》《特色小城镇示范点建设专项资金管理办法》《特色小城镇示范点建设考核评价办法》等一系列规范性文件；组建了包括自治区内外知名专家学者在内的特色小城镇示范点建设专家委员会，进一步强化规划技术审查和现场技术指导等工作。西藏自治区财政2015年安排10亿元启动资金建设20个特色小城镇示范点，截至目前，20个示范点中，已有17个完成总体规划和控制性详细规划，11个完成城市设计，8个完成实施方案，6个完成建设规划③。

2009年至2013年底，新疆维吾尔自治区累计投入项目资金3200万元，初步形成了具有维、哈、回、蒙等不同民族建筑风格的17个特色村寨。自治区民委认为，从总体情况看，试点工作进展较为顺利，一批少数民族特色风情民居得到合理保护，优秀传统文化得到了较好传承，特色优势产业得到了较好发展④。

宁夏回族自治区按照《少数民族特色村寨保护与发展规划纲要（2011～2015年）》的要求，结合自治区黄河金岸建设、生态移民新村建设、小城镇建

---

① 《"十二五"期间四川少数民族特色村寨保护与发展工作成效显著》，中华人民共和国国家民族事务委员会网，http：//www.seac.gov.cn/art/2015/6/17/art_36_229777.html。
② 《四川紧抓三件大事做好民族工作》，《中国民族报》2015年1月27日第1版。
③ 《西藏启动特色小城镇示范点建设》，《中国民族报》2015年11月20日第1版。
④ 《新疆少数民族特色村寨保护与发展工作成效显著》，新疆维吾尔自治区人民政府网，http：//www.xinjiang.gov.cn/xxgk/zwdt/bmdt/2013/229117.htm。

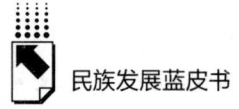

设等重点建设项目，争取4000多万元的国家专项经费，拉动约5亿元的地方和民间投资，重点打造了20多个回族村落。2014年，宁夏有12个回族聚居村被命名为首批"中国少数民族特色村寨"。在特色村寨建设中，宁夏突出回族历史文化建筑浓厚的民族风情和地域特色，除了重点打造回族特色风格建筑外，还整合资金开展美丽乡村建设，着重解决了人畜饮水、特色街（巷）道、设施农业、环境整治等问题，对村容村貌进行了整治和改造，拓宽、维修了村道、巷道，修建了民族文化广场，通电、通水、通路率达到100%①。自治区将民族团结进步创建工作融入特色村镇建设中，使其成为美丽乡村建设的样板和生态文化旅游的亮点，实现了经济发展、民族文化传承和生态环境保护同步协调发展。

广西壮族自治区是少数民族聚居区，共有12个世居民族。虽然民族特色村寨旅游起步较晚，但发展势头强劲。据研究，广西民族特色村寨的基本类型大致可分为古代商埠型、文物古迹型、自然风光型、民族风情型②。自2009年国家民委和财政部部署开展少数民族特色村寨保护与发展试点工作以来，广西壮族自治区结合各市县实际，在全区74个民族工作示范点的基础上，将69个村寨列为试点。自治区民委共安排专项资金8000多万元在试点村寨实施村屯道路、人畜饮水、特色民居改造、民族文化设施等项目，改善村寨生产生活条件。广西共有59个村寨被国家民委命名为首批"中国少数民族特色村寨"（全国共命名340个），并予以挂牌，数量位居全国第二③。

内蒙古自治区积极实施对少数民族特色村镇的保护与发展，并将其定位为自治区农村牧区"十个全覆盖"工程的有效互补④。自2009年以来，自治区先后选择43个嘎查（村）分期分批开展扶持工作。2014年，自治区民委根据

---

① 《宁夏倾力打造少数民族特色村寨》，新华网，http://www.nx.xinhuanet.com/2015-03/23/c_1114733965.htm。
② 周健：《关于广西民族特色村寨旅游的调查研究》，国家民委民族政策研究中心：《民族工作研究》，广西壮族自治区民族事务委员会网，http://www.gxmw.gov.cn/mzyj/BT/6686.html。
③ 《广西59个村寨入选首批"中国少数民族特色村寨"》，中国新闻网，http://www.chinanews.com/df/2015/04-28/7240702.shtml。
④ 《内蒙古民委：扶持人口较少民族发展 保护和发展少数民族特色村寨》，内蒙古新闻网，http://inews.nmgnews.com.cn/system/2015/07/09/011722433.shtml。

国家民委关于对少数民族特色村寨进行检查验收的通知要求，对9个嘎查（村）进行了验收。其中，呼伦贝尔市阿荣旗新发朝鲜民族乡东光村、呼伦贝尔市根河市敖鲁古雅乡敖鲁古雅村、锡林郭勒盟太仆寺旗贡宝拉格苏木后瓦窑嘎查被评为优秀特色村寨，被国家民委命名为首批"中国少数民族特色村寨"。内蒙古的少数民族特色村寨主要包括蒙古、达斡尔、鄂伦春、鄂温克、朝鲜、俄罗斯等族村寨。在这里，少数民族特色村寨的定义是：少数民族人口比例不低于30%、总户数不低于50户、民族特色民居不低于50%的嘎查（村）。此外还有少数民族特色小镇，指民族风情浓郁、民族文化保护价值较高和城镇化发展潜力较大的镇政府驻地所在的中心小城镇。从此意义上来看，内蒙古的少数民族特色村寨保护与发展工作是与扶持人口较少民族发展工作同时并进的。

与其他地区一样，内蒙古的少数民族特色民居也主要是采取穿衣戴帽、民族文化元素上墙等形式来打造的。阿荣旗新发朝鲜民族乡东光村几年来共投入资金3364.2万元，实施了28户特色民房屋顶改造，并实施了七彩广场、七彩湖、民俗礼仪馆、博物馆、韩式食品加工企业、农家乐等7个特色村寨项目。根河市对敖鲁古雅鄂温克族乡62户鄂温克猎民住房进行了整体改造，制定保护与发展规划，建设具有"敖鲁古雅风情、使鹿文化特色"的特色村寨。锡林郭勒盟太仆寺旗贡宝拉格苏木后瓦窑嘎查（村）于2009年被列为特色村寨试点。近年来，锡林郭勒盟把特色村寨项目与扶贫、整村推进、危房改造等各项资金进行有效的整合，先后投入670万元，在建设特色住宅的同时，开展水、电、路、通信等基础设施建设，改善了群众的生产生活条件，促进了民族团结进步事业的发展。

"十三五"期间，在"创新、协调、绿色、开放、共享"发展新理念的引领下，少数民族特色村镇保护与发展这项工作将成为统筹城乡发展、改善民众生活、弘扬民族文化、巩固民族团结的具体行动，成为民族地区加快全面建成小康社会的生动实践①。

（三）公共文化服务

老少边穷地区的公共文化服务，是"十三五"期间国家和民族地区各级

---

① 《少数民族特色村镇保护与发展学术研讨会召开》，《中国民族》2016年第1期。

政府作为精准扶贫的一个重要环节和重大举措，它主要以广播电视服务网络、数字文化服务、乡土人才培养、流动文化服务、农村留守妇女儿童文化帮扶等为重点，集中实施一批文化扶贫项目。

2015年5月国务院出台"政府购买"政策后，有些地方已经率先向社会力量购买公共服务。宁夏、内蒙古、云南等地公布了政府向社会力量购买公共文化服务指导性目录，共涉及5大类38种项目。这一举措将推动公共文化服务的社会化发展，逐步建立起与社会主义市场经济相适应的公共文化服务供给机制。

"十二五"期间，西藏自治区继续加强基层公共文化设施的建设。十八大以来，国家对西藏博物馆、图书馆、乡镇文化站、群众艺术馆等重点公共文化设施项目投入超过13亿元，每年安排的设施维修、免费开放、设备配备等专项资金总量超过1亿元①。几年来，西藏自治区政府为加强对公共文化服务体系建设的组织、管理和指导，制定并出台了《西藏自治区"十二五"时期公共文化服务体系建设规划》《西藏自治区贯彻落实〈关于加快构建现代公共文化服务体系的意见〉的实施意见》《关于加强全区图书馆、群艺馆、县综合文化活动中心、乡镇文化站免费开放的意见》等公共文化服务体系建设方面的政策文件，在人才、资金、项目等方面为公共文化服务体系建设提供了保障。截至2015年底，覆盖西藏自治区、地（市）、县、乡、村的五级公共文化服务体系全面形成，所有的公共文化设施实现了免费开放。目前西藏已建立5451个农家书屋、1787个寺庙书屋，实现了农家书屋、寺庙书屋的全覆盖。西藏广播电视综合人口覆盖率也由2010年的89.2%增长到94.78%。西藏全区县的民间艺术团数量已经达到74个，比2010年增加56个。西藏全区公共文化设施总量达790个，比2010年增加553个，增长率达233%，有效健全了公共文化设施网络。

为支持新疆维吾尔自治区文化体育与传媒事业发展，改善公益性文化事业单位的设施状况和工作条件，财政部下达2015年中央补助地方文化体育与传媒事业发展专项资金10594万元，专项用于新疆维吾尔自治区地州、县（市）

---

① 《西藏建设公共文化服务体系惠及广大牧民》，新浪财经网，http://finance.sina.com.cn/roll/2016-01-06/doc-ifxnkeru4682714.shtml。

级及县级以上公益性文化、文物、体育、广播电视、新闻出版事业单位基础设施维修改造、设备购置等①。

宁夏回族自治区2015年有公共图书馆24个、设置率86%，文化馆25个、设置率89%，乡镇（街道）文化站231个、设置率97%，扶持建立行政村（社区）文化活动室2146个、民间文艺团队1136支、农民文化大院730个，培育发展"清凉宁夏"等特色文化广场40多个，农家书屋覆盖全区所有行政村，启动实施乡镇文化站标准化建设工程，国家级公共文化服务体系示范区（项目）创建有序推进，公共图书馆、文化馆（站）、博物馆全面实行免费开放。品牌文化活动持续活跃，中阿博览会·中阿文化艺术展示周、中国西部民歌（花儿）歌会、"春雨工程"全国文化志愿者宁夏行和"欢乐宁夏"系列群文活动常态化开展，年均送戏下乡2100场、"清凉宁夏"特色广场演出2200场。各级党委、政府对公共文化建设的重视程度明显提高，覆盖区、市、县、乡、村的五级公共文化服务体系基本形成②。

广西壮族自治区积极筹措资金，加大投入，全力支持民族地区公共文化服务体系建设。2012~2014年，全区公共财政预算支出中文化体育与传媒支出累计达到164.5亿元，年均增长22.3%，主要体现在四个方面。一是加强公共文化服务体系建设，有效提升民族地区公共文化服务均等化水平。2009~2014年，自治区本级财政累计安排专项建设补助资金10亿元，共建成5579个村级公共服务中心，覆盖了全区39%的行政村，公共文化设施人均拥有量不断提高。2015年，自治区本级财政继续加大投入，筹措专项资金3亿元，支持新建1500个村级公共服务中心。二是整合农村文化建设投入，保证民族地区基层农村群众基本文化权益。从2012年起，自治区本级财政统筹资金，设立了农村文化建设专项资金，按每个行政村1万元的补助标准，支持农家书屋出版物补充及更新、农村电影公益放映以及行政村组织开展各类文化体育活动，进一步激发群众参与文体活动的热情，群众满意度不断提升。三是支持民族地区全面实施公共文化设施免费开放。2012~2014年，自治区筹措公共文化设施

---

① 新疆维吾尔自治区民委网，http://www.seac.gov.cn/art/2015/9/10/art_86_237047.html。
② 宁夏回族自治区文化厅：《我区公共文化服务体系建设现状与对策建议》，2015年7月，未公开资料。

免费开放补助经费共计4.85亿元,支持全区112个公共图书馆、1128个乡镇综合文化站、123个文化馆和45个博物馆的公共文化设施场地及基本服务项目全部实行免费开放。四是加强经费保障,加大民族地区文化人才队伍建设力度。2014~2015年,自治区统筹安排"三区"文化工作者专项经费4372万元,专项用于组织开展文化工作者选派和培养工作,为公共文化服务体系建设提供坚实人才保障,确保了全区公共文化机构组织培训、举办讲座等工作的开展①。

内蒙古自治区2013年投入约7000万元,加强农村和牧区的文化建设、公共电子阅览室建设,自治区、盟市、旗县、乡镇苏木、村嘎查五级公共文化服务网络基本建成。内蒙古自治区党委和政府于2015年投入了5000万元资金,把村嘎查文化室纳入农村牧区"十个全覆盖"工程,为村嘎查文化室配备了必要的活动设备。2014年,内蒙古自治区文化厅确定了包头市、鄂尔多斯市、内蒙古博物院、通辽市科尔沁区等16个地区和单位开展公共文化服务标准化、基层综合性文化服务中心建设、公共文化服务单位法人治理结构改革试点工作②。截至2014年7月,各地文化大院、传习所、民办博物馆、文化户、民办剧团、秧歌队、锣鼓队、老年合唱团等呈现蓬勃发展态势。鄂尔多斯全市的家庭文化户达1.1万多家。针对内蒙古东西跨度长,边境牧区800万群众居住分散、远离城镇、几乎无法获取网络信息的状况,自治区利用无线网络(Wi-Fi)等手段,开展"数字文化走进蒙古包"工程,为基层农牧民提供24小时全天候公共数字文化服务。目前,全区已有7个盟市的14个旗县(其中11个为国家级或自治区级贫困旗县)开展试点工作,为10万多位农牧民提供服务③。彩云服务是内蒙古探索公共文化服务机制创新的一项有效尝试。这一服务将传统图书馆的采、藏、借改造为以阅读需求为引领的借、采、藏,同时有效整合社会文化资源,将图书馆的服务外延到书店,推动了公共文化服务的均等化发展。

"十二五"期间,中国民族地区大力推进的文化惠民工程,基本满足了百姓读书看报、看电视、收听广播等文化需求,从面上解决了"文化温饱"问题。

---

① 广西壮族自治区民委网,http://www.seac.gov.cn/art/2015/11/11/art_86_241892.html。
② 《内蒙古要从3个方面推进现代化公共文化服务体系建设》,新华网内蒙古频道,http://www.nmg.xinhuanet.com/xwzx/2015-10/29/c_1116971710.htm。
③ 《内蒙古:五级公共文化服务网基本建成》,中国日报网,http://www.chinadaily.com.cn/hqcj/xfly/2014-07-04/content_11948251.html。

（四）非物质文化遗产

近年来，每年一度的"文化遗产日"伴随着各式各样的非遗展示在全国各地，吸引着人们的眼球。"非遗进校园""非遗下乡"等活动也在试图拉近政府主导的非遗保护工作与普通民众之间的距离。

2014年底，文化部第四批153项国家级非物质文化遗产代表性项目名录获得了国务院批准，其中新疆11项、内蒙古10项、云南8项、广西4项、青海4项、贵州4项、宁夏3项、西藏2项；此外，153项国家级非物质文化遗产代表性项目名录扩展项目名录获得批准，其中内蒙古7项、西藏6项、广西6项、宁夏5项、新疆4项、云南4项、青海3项、贵州2项。

2015年以来，西藏自治区公布13家第四批国家级非物质文化遗产代表性项目保护单位，成功举办了第二届西藏非物质文化遗产保护成果大展[①]。截至2015年，西藏全区非遗四级名录中国家级89项，自治区级323项，市级109项，县级939项。西藏自治区先后命名了四批自治区级非物质文化遗产代表性项目名录和三批自治区级非物质文化遗产代表性传承人名录。拉孜堆谐、拉萨囊玛、藏族天文历算等89项代表作入选国家级非物质文化遗产代表作名录；藏族唐卡画师丹巴绕旦、格萨尔说唱艺人次仁占堆等68人入选国家级非物质文化遗产代表性传承人名录；323项代表作入选自治区级非物质文化遗产代表作名录；350名传承人入选自治区级非物质文化遗产代表性传承人名录；格萨尔、藏戏被列入联合国教科文组织"人类非物质文化遗产代表作"名录[②]。截至2014年底，中央财政累计投入1.2亿元用于西藏非遗保护。这些资金主要用于国家级非物质文化遗产保护和对国家级非物质文化遗产代表性传承人的扶持，此外，西藏自治区财政至今投入了4000万元的非遗保护资金。西藏首批自治区级非物质文化遗产生产性保护示范基地也于2014年正式公布，12家项目保护单位获命名[③]。

[①] 《2015年西藏文化事业和文化产业迈出新步伐》，中国西藏新闻网，http://www.chinatibetnews.com/xw/201602/t20160202_1066844.html。

[②] 《西藏非遗四级名录体系基本形成 国家级项目达89项》，中国西藏新闻网，http://www.xzzw.com/xw/xzyw/201512/t20151228_1002940.html。

[③] 《中央财政近十年共投入1.2亿保护西藏非遗》，中国西藏新闻网，http://www.xzzw.com/fy/fyxg/201506/t20150608_629881.html。

与全国其他省区相比，新疆维吾尔自治区的非物质文化遗产展示活动起步较晚，首届展示活动起始于2013年6月的第八个文化遗产日。2014年，新疆文化厅认定了91个单位为首批"新疆非物质文化遗产保护传承基地"。其中，有20个被命名为"新疆非物质文化遗产传承基地"，28个为"新疆非物质文化遗产生产性保护基地"，8个为"新疆非物质文化遗产展示传播基地"，8个为"新疆非物质文化遗产民族传统节庆活动保护基地"，15个为"新疆非物质文化遗产教育普及基地"，5个为"新疆非物质文化遗产研究培训基地"，7个为"新疆非物质文化遗产特色景区景点"①。2015年初，新疆锡力旦科技文化发展有限公司成为新疆首个"国家级非物质文化遗产保护研究基地"②。2015年中央预算内投资5000万元，用于支持新疆10个国家文化和自然遗产保护设施，以及1个国家非物质文化遗产保护利用设施建设项目③。2015年3月，新疆试图以非物质文化遗产为依托，通过媒体来宣传新疆多民族节庆习俗。天山网推出的"天山南北贺新春——新疆非物质文化遗产春节习俗展"专题便是这样一种尝试④。2016年3月，新疆维吾尔自治区财政下拨非物质文化遗产保护专项经费600万元，其中：自治区级非物质文化遗产代表性项目补助经费320万元，自治区级非物质文化遗产代表性传承人补助费197.76万元，自治区非物质文化遗产保护基地补助

---

① 《新疆认定首批非物质文化遗产保护传承基地》，中国社会科学网，http：//www.cssn.cn/gd/gd_ rwxb/gd_ zxjl_ 1680/201410/t20141028_ 1379126. shtml。
② 新疆维吾尔自治区民委网，http：//www.seac.gov.cn/art/2015/1/8/art_ 86_ 222150. html。
③ 这11个项目分别为：若羌县米兰古城遗址、伊犁吐虎鲁克·铁木尔汗麻扎、伊犁将军府、哈密回王墓、哈密五堡古墓群、吐鲁番地区柏孜克里克千佛洞、吐鲁番地区洋海墓群、墨玉县麻扎塔格堡8个重点抢救性文物；巴音郭楞蒙古自治州罗布泊野骆驼自然保护区、博尔塔拉蒙古自治州哈日图热格国家森林公园2个自然遗产保护项目，及克孜勒苏柯尔克孜自治州《玛纳斯》国家非物质文化遗产保护利用设施建设项目。《新疆11个文化瑰宝获国家资金支持预投资5000万》，新疆维吾尔自治区民委网，2015年6月25日，http：//www. seac. gov. cn/art/2015/6/25/art_ 86_ 230273. html。
④ 该活动通过中华文脉——新疆非物质文化遗产纪录片《巴里坤年俗》和《高原节日》分别介绍了春节民俗和塔吉克族的引水节、播种节、肖尔巴贡节等节庆民俗。在微信、互联网等现代新型传媒推出"世界遗产在新疆"和"我们的节日"两个专栏，展示了维吾尔木卡姆艺术、玛纳斯、麦西热甫等联合国名录项目和汉族、满族、蒙古族、锡伯族、达斡尔族等民族的春节习俗及维吾尔族、塔吉克族、柯尔克孜族、乌孜别克族等民族的诺茹孜节习俗。除了互联网传播外，本次活动还充分利用电视、广播、报刊等传统媒体以及微博、微信等新媒体传播方式进行了宣传报道。

费40万元，综合性保护项目补助经费42.24万元。通过此专项资金的支持，新疆维吾尔自治区35个自治区级非物质文化遗产代表性项目得到保护和传承，412个自治区级非物质文化遗产代表性传承人得到补助，5家自治区非物质文化遗产保护基地对非物质文化遗产的研究、传承人培训能力将进一步提高①。

宁夏回族自治区文化厅于2015年8月启动了第四批自治区级非物质文化遗产代表性项目名录申报和评审工作。2015年12月1日，自治区文化厅组织专家对全区各市县（区）和区直单位申报的62个项目进行了认真评审，提出第四批自治区级非物质文化遗产代表性项目名录21项、扩展项目10项。针对该区部分原有国家级非物质文化遗产代表性项目代表性传承人（以下简称国家级非遗代表性传承人）离世或失去传承能力，新增第四批国家级项目无国家级非遗代表性传承人等实际情况，自治区文化厅组织开展了第五批国家级非遗代表性传承人增补和申报评审工作。紧接着按照有关规定和程序，邀请专家组成13人评审委员会，对自治区和各市、县（区）非遗研究保护中心及相关部门推荐申报的国家级非遗代表性传承人进行了认真评审，推荐15名自治区级非遗代表性传承人申报第五批国家级非遗代表性传承人②。

2015年10月，中国银川第三届西北非物质文化遗产博览会在镇北堡西部影视城举办。吴忠市宣传文化中心民族民间艺术研发中心组织4名非物质文化遗产传承人参加此次博览会，分别展示了陶艺、景泰蓝掐丝画、绒绣、金属装饰画4种工艺技法。"非物质文化遗产进校园活动"是积极探索学校教育与非物质文化遗产传承传播相结合的一种有效方式。2015年12月3日，宁夏非物质文化遗产进校园活动启动仪式暨首场演出花儿剧《回乡婚礼》在西北民族大学举行③。

2015年，广西柳州采取四项举措做好民族民间文化传承保护工作。一是

---

① 《新疆自治区财政下达专项资金600万元支持自治区非物质文化遗产保护工作》，中华人民共和国财政部网，http://www.mof.gov.cn/xinwenlianbo/xinjiangcaizhengxinxilianbo/201603/t20160330_1929825.html。
② 宁夏非物质文化遗产保护网，http://www.nxfwz.net/newsclass.asp?BigClass=国内新闻&sort=0。
③ 《宁夏启动非物质文化遗产进校园活动》，宁夏非物质文化遗产保护网，http://www.nxfwz.net/shownews.asp?id=548&sort=0。

建立民族民间文化资源数据库。摸清了全市非遗项目的重点项目、区域分布、历史价值和保护状况，收集592条"非遗"资源，整理"非遗"项目170多个，建立四级非物质文化遗产项目和传承人名录体系，建立市级"非遗"保护名录。目前，柳州市的国家级"非遗"项目达5个，自治区级项目为21个，市级"非遗"项目为45个。二是着力培育传承人。构建县、乡带村寨，骨干带农户的培训网络，培养传承队伍；成立首个市级"非物质文化遗产研究基地"，依托大专院所、职业技术学校进行专业化的"非遗"课题研究。目前全市有4人被评为国家级非物质文化遗产项目代表性传承人，23人被评为自治区级传承人。三是建设传承基地。充分利用农家、旅游景点、文化商业地带、学校、家庭手工作坊、村屯文化站、专业剧团等建设传承基地，建立生态博物馆、传承点、保护基地等各类保护利用设施；创建苗族文化（融水）生态保护区、侗族文化（三江）生态保护区，借助文化生态保护区的平台对重点非物质文化遗产项目及其文化生态环境进行区域性整体保护，如三江县程阳八寨建立广西第一个"非物质文化传承基地"，柳江县下伦屯壮文化民俗馆等20多个民族民间文化项目均引入市场化运营，形成保护、开发和利用并进的新模式。四是打造民族文化品牌。举办"中国·柳州三江侗族多耶文化节"等大型少数民族民俗节庆活动；培育并引导文化项目"天下侗寨·坐夜三江"实行市场化运营，共演出1000余场，收入突破亿元；鼓励引导群众自办侗族大歌、芦笙比赛等活动，推动民族民间文化事业蓬勃发展①。

2015年7月初，内蒙古自治区非物质文化保护中心发动社会力量，委托呼和浩特市金轮文化传媒有限责任公司，组织专业技术人员设计研发了蒙古语服务网络、手机服务平台（蒙汉文），大大提高了网络平台服务水平。内蒙古自治区非物质文化遗产保护中心汉语、蒙古语手机服务网站的正式运行，引起社会各界及有关专家、学者以及非物质文化遗产保护工作人员的关注。该网站是目前唯一蒙汉文同步运行、面向全世界的内蒙古自治区非物质文化遗产保护中心的官方网站②。

---

① 《广西柳州四举措做好民族民间文化传承保护工作》，广西壮族自治区民委，http://www.seac.gov.cn/art/2015/6/30/art_ 86_ 230605.html。
② 内蒙古自治区文化厅网，2015年11月27日，http://www.nmgwh.gov.cn/ggfw/whyc/201511/t20151127_ 126596.html。

2015年9月，内蒙古自治区非物质文化遗产保护中心全面启动国家级非物质文化遗产代表性传承人口述史抢救性记录工程。举办传承人讲座，举办"草原文化遗产日"、全区非物质文化遗产展。为了更好地保护传承世界非遗三项——蒙古族"长调、呼麦、马头琴"项目，健全蒙古族大、中、小学校以及幼儿园的"非遗"活态传承链条，进一步推进为此而制定的全区非物质文化遗产的"千校万户"计划。近日，由内蒙古艺术研究所和锡盟文体新广局联合主办，锡盟非物质文化遗产保护中心协办的全区"千校万户"计划项目受签单位业务座谈会在锡林浩特市成功举办①。2015年12月31日，内蒙古自治区人民政府公布了第五批自治区级非物质文化遗产代表性项目和自治区级非物质文化遗产代表性项目名录扩展项目。公布蒙古语口传叙事诗（《成吉思汗的两匹骏马》）等57个项目为第五批自治区级非物质文化遗产代表性项目，祝赞词（《阿巴嘎祝赞词》）等29个项目为自治区级非物质文化遗产代表性项目名录扩展项目。截至2015年12月，内蒙古的自治区级非物质文化遗产代表性项目共计5批399项②。

（五）"一带一路"与文化"走出去"

丝绸之路经济带与"一带一路"的建设，为中国少数民族经济发展提供重要的发展机遇和平台。"一带一路"战略与少数民族及民族地区经济快速发展之间的关系，正在成为大家关注的焦点。在此新形势下，随着中国文化"走出去"步伐的持续加快，中外文化交流与合作日趋频繁与密切。总的看来，目前中国民族文化"走出去"活动的主题仍以展示中国多元文化的传承发展为主。

2014年12月30日，中国网络电视台（CNTV）少数民族语新媒体传播平台正式上线，这是贯彻落实中央民族工作会议精神、弘扬少数民族优秀传统文化、创新民族文化传播体系、推动民族文化"走出去"的重要举措③。2015年

---

① 内蒙古自治区文化厅网，http://www.nmgwh.gov.cn/ggfw/whyc/201510/t20151020_123771.html。
② 内蒙古自治区文化厅网，http://www.nmgwh.gov.cn/ggfw/whyc/201602/t20160218_130403.html。
③ 《2014年中国少数民族十大新闻公布》，《中国民族报》2015年1月30日第1版。

5月22日,"中国少数民族歌舞集萃演出"在哈萨克斯坦首都阿斯塔纳和平和谐宫举行,这是国家民委"2015多彩中华——中国民族文化教育代表团'丝绸之路'展演交流活动"的重要组成部分。2015年2月26日,由国家民委、文化部、国家新闻出版广电总局和北京市政府联合公布《关于举办第五届全国少数民族文艺会演的通知》(以下称为《通知》)。根据《通知》,2016年9月在北京举行的第五届全国少数民族文艺会,将展现少数民族传统文化的精华,反映中华民族传统文化的博大精深。这将全面推动中国民族传统文化建设的有序开展。

从2014年起,云南省实施《云南文化产业"走出去"三年行动计划》,在建立协调机制、加大扶持力度、培养人才队伍等方面,全方位支持文化产业"走出去"。该计划提出,省级文化产业发展专项资金每年对文化产业"走出去"的资助不低于3000万元,三年内将培育50个省级文化出口重点项目、30家省级文化出口重点企业,为文化产业"走出去"创造出良好的政策环境①。2015年8月7~11日,2015文化产业博览会在昆明国际会展中心召开。云南正在把文博会打造成为云南建设中国面向南亚东南亚人文交流中心的一个重要文化合作与交流的载体和平台。

西藏自治区近年来积极实施"文化走出去"战略,全区先后组团(组)近百个,到印度、尼泊尔、意大利、美国、中国台湾等50多个国家和地区进行访问,在国外110多个城市进行演出和文物展览,到北京、上海、河南、湖南、广西、广东等省市开展文化交流活动,邀请青岛、福建、重庆等省市文艺团体到西藏开展文化服务活动,扩大了西藏文化的影响力,促进了西藏与内地的文化交流②。

2015年10月12日,由中国国家文化部、新疆维吾尔自治区人民政府共同主办的2015年"中国新疆文化周"在法国巴黎举行,丰富多彩的文化活动让巴黎观众感受到了新疆的独特魅力。此次"中国新疆文化周"的主题是"魅力中国,多彩新疆",具体包括"欢乐新疆"文艺演出、"魅力新疆"专题片

---

① 《文化产业走出去的"云南样本"》,云南网,http://yn.yunnan.cn/html/2015-08/02/content_3846528.htm。
② 《西藏实施"文化走出去"大力推进文化交流活动》,大众网,http://www.dzwww.com/xinwen/xinwenzhuanti/2008/ggkf30zn/201211/t20121105_7884330.htm。

展播、"大美新疆"摄影展、"探秘新疆"文物讲座、"印象新疆"纪录片展播等五个部分,"文化周"全面呈现了新疆的自然风光、人文风情和新疆的历史发展,展示了新疆一体多元的丝路文化。2015年"中国新疆文化周"是中国对外文化交流的重要活动之一,是践行"一带一路"战略构想的具体行动,也是自治区成立60周年庆祝活动的进一步延伸和展示①。

中国宁夏民俗风情展于2015年10月30日在老挝首都万象的国家文化宫举行,此次展览共分为三个板块,分别是宁夏风光、回乡风情、宁夏非遗。集中展示了宁夏特色鲜明的回族文化、厚重悠远的黄河文化、神秘古老的西夏文化、多彩多姿的移民文化。展厅内设两个展台,由宁夏非物质文化遗产项目剪纸、木版年画、活字印刷进行作品展示,同时木板年画传承人任振斌和剪纸传承人鲁卫东在现场进行技艺展示,非遗专家同观众互动交流,介绍宁夏独具魅力的民俗文化②。

2015年,广西壮族自治区开展"美丽中国·美丽广西"文化交流活动。在马耳他、意大利、美国、中国台湾、中国香港举办专场活动,深受当地社会各界民众的欢迎。在米兰世博会,中国馆进行了16场民族器乐、歌舞、杂技表演并开展了非物质文化遗产展示活动。在台湾佛光山举办"美丽广西——少数民族文化展演周",在香港参加由国家文物局举办的"汉武盛世"文物展。这些活动进一步促进了广西与欧美、港澳台地区的文化交流合作③。

三 问题和建议

1. 文化产业

民族地区文化产业目前主要以文化旅游业为主,通过旅游带动并开发文化产品。而民族地区非物质文化遗产往往和民族文化资源紧密相连,由于一味追

---

① 《"中国新疆文化周"亮相巴黎》,新疆维吾尔自治区民委网,http://www.seac.gov.cn/art/2015/10/15/art_86_239956.html。
② 《宁夏展览小组赴老挝举办"宁夏民俗风情展览"》,宁夏非物质文化遗产网,http://www.nxfwz.net/shownews.asp?id=551&sort=0。
③ 广西壮族自治区文化厅重点工作与绩效考核办公室:《广西壮族自治区文化厅2015年度绩效工作情况报告》,广西壮族自治区文化厅网,http://www.gxwht.gov.cn/affairs/show/14043.html。

求经济发展和经济利益，缺乏对当地文化基本知识的了解，在旅游资源开发过程中改造或凭空打造非物质文化遗产和民族文化现象较为常见。我们建议，文化产业要避免短视开发，尊重当地居民的意愿，引导他们的主体意识，让他们积极地参与其中，结合他们自身的生活，设计出合理的、有益于当地居民生活的文化产业发展计划，让他们成为文化产业最大的受益者。这与文化扶贫的理念是相辅相成的。

从笔者调查的宁夏回族自治区来看，在国家专项资金使用方面，国家财政拨付的中央文化产业专项资金目前主要用于改制演艺团体，对民营资金的支持力度还远远不够。目前中央文化产业专项资金主要由财政部主导，文化部门只负责推荐项目、参与项目评估，文化部门不掌握文化产业资金配置权，因此开展工作时常常处于被动状态。此外，还存在职能部门与资金管理部门之间的协调力度不够的问题。文化产业涵盖部门较多，需要各部门建立良好的协调机制，同时要建立健全文化产业专项资金专用制度。

2. 特色村寨

少数民族特色村寨保护工作应该注重该民族长期以来生活于其中的具有民族特色的生活空间以及蕴含其中的文化。建筑、桥梁、池塘、树木、寺庙、道路甚至墓地等构成村民生产、生活、信仰习俗等的所有物质遗产都承载着村民的生产生活记忆，是不断生成的文化的不可或缺的载体。而村民以及他们真实的日常生活是村寨之所以为村寨的灵魂。但从目前特色村寨保护情况来看，政府主导的保护工作往往只注重特色建筑等外在形式，有的地方为了吸引游客，对村寨原有风貌加以改造，重新规划，整齐划一，改变了村寨原有的人文景观。有的甚至无中生有，凭空创造出所谓的特色村寨，并美其名曰"打造"。生活于其中的"人"以及他们的生活，在此过程中缺位或没有受到足够的重视。究其原因，特色村寨保护工作是自上而下的政府行为，当地居民很少有机会参与政府的规划，居民往往是被动地接受政府的安排，居民的主体性在此无法得到发挥。因此，我们建议少数民族特色村寨保护要由国家的强势介入转为引导当地居民自主参与，让他们意识到自身文化的价值，充分发挥他们的能动性。

3. 公共文化服务

近年来，国家在公共文化服务方面投入了大量的资金。但在实施过程中过于行政化，自上而下、大包大揽，以至于出现有些文化产品不合群众口味，有些书看不懂用不上、影片过时老化，而百姓喜闻乐见的地方戏等未被纳入等问题，导致实施效果大打折扣。公共文化服务涉及的人群较多。他们在年龄、文化、教育程度、收入、职业等方面均有差异。在广大农村地区，由于外出打工人员的增多，村庄常住人口急剧减少，农村地区空巢化现象突出，留守儿童问题较为严重。公共文化服务一刀切的做法在此无法获得相应的效果，大量资金投入流于形式，公共文化服务落实不到实处。村级文化站、农家书屋得不到充分利用。例如，农家书屋通常设在村民委员会，而村民委员会常常是大门紧锁，想看书的人进不去，进得去的人又不愿看书。从农家书屋借书需要交押金，这使那些想看书的村民（包括学生）望而却步。

鉴于上述状况，公共文化产品要避免形式化，要有利于民众利用，有利于民族传统文化的保护。公共文化服务体系的建设既要考虑满足社区成员的整体需求，也要不断满足人们的个性化要求。政府提供公共文化产品要考虑人们的年龄、性别、民族、职业、生活区域等多方面的因素，既要考虑共性，也要兼顾个性，具体情况具体安排，以便满足不同人群的消费需求。这就需要做大量的实地调研。在民族地区，要深入了解当地各民族文化需求的特点，构建"需求导向型公共文化服务体"，实现公共文化服务均等化，动员社会资源，发挥市场和社会组织的作用。

4. 非物质文化遗产

非物质文化遗产保护工作虽然取得了一定的成效，但其中存在的问题也一直很突出。忽视文化生态的碎片化保护以及重申报、轻保护的现象依然普遍。许多仪式类项目均与当地的民间信仰有着密切关系，但由于国家宗教政策对民间信仰的定位尚不明确，各级文化部门对仪式类项目的申报和保护顾虑重重，有的地方索性将一个完整的仪式分成若干部分，分门别类进行申报。当然，导致这种现象的原因是多方面的，除了政策性顾虑外，文化部门对民俗知识的欠缺和政绩主义、业绩主义也是其中的主要原因。比如，有的地方将一套完整的丧葬仪式拆分成三个项目来进行申报：鼓乐、葬礼习俗和面活制作，这种碎片化的申报、保护方式不但得不到预期的保护效果，反而会破坏文化生态平衡，使这些"非遗项目"脱离其赖以生存的文化土壤，失去原有的生命力。目前申报的许多艺术、舞蹈类非遗项目多来自人们的生活实践，其文化意义只有在生活中才能得到真正体现，而目前"非遗项目"舞台化和商业化现象较为突出，这在很大程度上改变了"非遗"原有的存在形态。虽说文化是在不断创新过程中得到传承，但当前"非遗"的舞台化和商业化运作已经背离了"非遗"保护的初衷。由于过分注重表演和展演，那些不适合表演和展演的项目得不到应有的重视，有的项目申报成功后再无人问津。而那些所谓适合表演和展演的项目，也往往为了迎合舞台表演而不得不改变原有的形式和内容。在这种情况下，保护什么，如何保护，是决策者今后需要不断思考的问题。此外，"非遗"保护资金未得到有效利用。在一些地方，不是保护资金不足，而是资金没有得到有效利用。大量资金用于各级文化部门开展的各类"非遗"展演活动，而未能真正有效地用于项目本身的传承保护。

"非遗"保护的关键在于有一个宽松自由的文化政策环境。在传承人断代现象较为严重的情况下，需要建立合理有效的传承机制，让传承人发挥其能动性和自主性。"非遗"保护需要改变自上而下的行政管理模式，由政府主导型转向政府协调型或政府辅助型，将"非遗"保护的主动权交给传承人，让传承人在生活中传承，而不是在政府搭建的舞台上做短暂的表演。因为"非遗"真正的生命力是在生活中。

B.5 民族地区社会发展报告

薛 品*

摘　要：本报告利用民族地区省级宏观统计数据，从科学、教育、卫生、就业、社会保障、城镇化、民族关系与居民主观感受等方面展现"十二五"时期我国民族地区社会建设与社会发展方面取得的重大成就和进展，并对民族地区发展所面临的各种困难例如科教资源短缺、人力资本不足、城镇化水平低、人口红利面临消失等问题进行了深入分析。报告最后从加大财政转移支付、促进民族地区卫生事业发展、加快新型工业化与城镇化以及促进科学教育事业发展等方面对进一步促进民族地区社会发展提出了相关政策和建议。

关键词：民族地区　社会发展　小康社会

社会发展程度是一个社会文明程度的重要体现，是全面建成小康社会的重要手段和主要目标。目前，我国人均国民收入已经达到较高水平，但经济发展水平的提高并不必然带来社会发展程度的提高。我国区域间社会发展水平差距较大，虽然在"十二五"时期民族地区社会事业得到全面发展，但相比东部发达地区，仍然处于较为落后的水平。在党的十七大提出把社会建设作为我国社会主义现代化建设"五位一体"战略重要组成部分的基础上，十八届五中全会进一步提出，到2020年确保如期全面建成小康社会的奋斗目标，并提出

---

* 薛品，中国社会科学院民族学与人类学研究所民族社会研究室，助理研究员。

"创新、协调、绿色、开放、共享"五大发展理念,明确"完善区域政策,促进各地区协调发展、协同发展、共同发展","坚持把改善民生、凝聚人心作为经济社会发展的出发点和落脚点","推进经济社会协调发展、走向全面小康"①。

本报告拟利用省级层面的宏观统计数据,系统总结"十二五"时期民族地区社会发展的经验,分析民族地区社会发展面临的挑战和困难,并在此基础上,提出相关的对策和建议。

一 民族地区社会事业取得的进展

(一)科技、教育、卫生等社会事业继续发展

第一,民族地区科技事业进步较大,但总体水平仍然偏低。R&D人员全时当量②民族地区近几年连续增长,绝对数字从2010年的12.3万人年增加到2013年的16万人年,年均增长率达到9.2%;R&D经费支出也有较大幅度增加,绝对支出从2010年的250.3亿元增加到2013年的434.3亿元,年均增长率高达20.2%。

表1 2010~2013年民族八省区R&D人员全时当量与R&D经费支出

年份	R&D人员全时当量(万人年)	R&D经费支出(亿元)
2010	12.3	250.3
2011	13.8	320.6
2012	15.0	381.9
2013	16.0	434.3
2010~2013年年均增长率(%)	9.2	20.2

资料来源:2011~2014年《中国科技统计年鉴》。

---

① 《中共十八届五中全会在京举行》,《人民日报》2015年10月30日。
② R&D人员全时当量指全时人员数加非全时人员按工作量折算为全时人员数的综合,为国际上比较科技人力投入时制定的可比指标。有关说明见《中国统计年鉴2015》,中国统计出版社,2015,第690页。

民族科研水平相对较为落后，民族地区技术市场成交额较低。近几年民族八省区技术市场成交额占全国比重均不足5%，而东部10省（市）占比为民族八省区的几十倍（如表2所示）。技术市场成交额与地区产业发展水平、科技资源丰富程度和科研水平、创新水平均有密切关系，民族地区这一指标水平较低，综合反映出民族地区在产业发展、科技资源和科研创新水平等方面仍存在较大不足。

表2 2011~2014年民族八省区与东部10省（市）技术市场成交额比较

地区	2011年	2012年	2013年	2014年
全国成交额(亿元)	4763.6	6437.1	7469.1	8577.2
东部十省(市)占全国比重(%)	71.8	66.6	67.7	63.9
民族八省区占全国比重(%)	1.7	3	1.8	1.5

资料来源：《中国统计年鉴2015》，中国统计出版社，2015。

第二，民族地区教育事业有较快发展，但教育资源和师资力量仍无法和东部地区相提并论。"十二五"时期民族地区教育事业有了长足发展，除小学阶段以外，其他阶段各类专职教师年增长率均远远高于全国数字（如表3所示）。其中，高等学校和普通高中专职教师增长率尤其明显，每年增长率均在5%左右。在中等职业教育阶段，民族八省区的中等职业学校专职教师数在全国相应数字连年下降的趋势下稳步增长，保持了较高发展水平。初中教师数量的变化

表3 2011~2014年民族八省区各类学校专职教师数年增长率

单位：%

	高等学校专职教师数增长率		普通高中专职教师数增长率		中等职业学校专职教师数年增长率		初中专职教师数年增长率		普通小学专职教师数年增长率	
	全国	民族八省区	全国	民族八省区	全国	民族八省区	全国	民族八省区	全国	民族八省区
2011~2012年	3.4	4.1	2.4	5.8	-0.8	1.7	-0.6	0.8	-0.3	-0.1
2012~2013年	4.0	5.8	2.1	6.4	-2.2	0.8	-0.7	0.4	0.02	-3.0
2013~2014年	2.5	4.7	2.1	5.8	-0.7	2.3	0.2	1.0	0.9	2.1

资料来源：依据2012~2015年《中国统计年鉴》中的数据整理计算而得。

也有类似趋势,在全国下降趋势下民族地区四年来一直保持增长。由于全国推行的"撤点并校"行动以及我国人口结构中学龄人群比例的下降,民族八省区近几年小学师资力量有所波动,从 2012 年到 2013 年变动尤为明显,专职教师降低了 3 个百分点,但到 2014 年,该趋势得以扭转,民族八省区小学专职教师数又有一定比例增长。

虽然近几年民族地区高等教育和中等职业教育教师数稳定增长,但民族地区教育事业发展在许多方面仍然落后于全国平均水平和经济水平较为发达的东部地区。2014 年统计数据显示,民族地区各级学校生师比呈现明显的"两端优化、中间落后"趋势(见表 4),小学和高等学校生师比均低于东部地区和全国平均水平,但初中、普通高中和中等职业学校生师比仍然高于东部地区和全国平均水平。从时间趋势来看,民族地区小学、初中和高中生师比均比 2011 年明显下降[1],师资力量有了明显改善,但中等职业教育阶段教师资源依然匮乏,生师比远远高于东部地区和全国平均水平。

表 4 2014 年各地区各级普通学校生师比(教师数 = 1)

地 区	小学	初中	普通高中	中等职业学校	普通高校
东部地区	16.5	11.8	12.0	19.5	17.4
民族八省区	16.3	14.0	15.0	26.8	17.1
全国平均	16.8	12.6	14.4	21.3	17.7

资料来源:《中国统计年鉴 2015》,中国统计出版社,2015。

与 2010 年相比,包括民族八省区在内的西部 12 个省(区、市)合计的高等教育资源在 2013 年有了很大提高,学校数从 564 个增加到 610 个,招生数从 153.4 万人增加到 169.2 万人,在校学生数从 502.7 万人增加到 594.1 万人,毕业生从 123.4 万人增加到 143.8 万人[2],但仍然远远低于 2013 年东部 10 省(市)合计(见表 5)。

---

[1] 王延中、宁亚芳:《民族地区社会发展报告》,《民族发展蓝皮书——中国民族发展报告(2015)》,社会科学文献出版社,2015,第 192 页。
[2] 2010 年数据见《中国区域经济统计年鉴 2011》,中国统计出版社,2012。

表5 2013年西部地区与东部地区高等教育资源比较

指　标	西部12省(区、市)合计	西部12省(区、市)占全国比重(%)	东部10省(市)合计	东部10省(市)占全国比重(%)
学校数(个)	610	24.5	969	38.9
招生数(万人)	169.2	24.2	274.1	39.2
在校学生数(万人)	594.1	24.1	972.3	39.4
毕业生数(万人)	143.8	22.5	257.8	40.4

注：东部10省（市）包括北京、天津、河北、上海、江苏、浙江、福建、山东、广东和海南。本报告其余部分所提东部10省（市）均与此处相同。西部12省（区、市）包括重庆市、四川省、广西壮族自治区、贵州省、云南省、陕西省、甘肃省、内蒙古自治区、宁夏回族自治区、新疆维吾尔自治区、青海省、西藏自治区等。

资料来源：《中国区域经济统计年鉴2014》，中国统计出版社，2015。

第三，民族地区卫生事业发展保持较快增速。民族八省区卫生机构数、卫生技术人员数和卫生机构床位总数2011~2014年年增长率大部分指标高于全国增长率（其中，民族八省区2012~2013年卫生机构数增速低于全国水平，另外卫生机构床位数民族八省区2011~2012年增速与全国持平）。卫生技术人员数和机构床位总数的增长尤为可观（见表6）。

表6 2011~2014年卫生事业发展情况（年增长率）

单位：%

	卫生机构数年增长率		卫生技术人员数年增长率		卫生机构床位总数年增长率	
	全国	民族八省区	全国	民族八省区	全国	民族八省区
2011~2012年	-0.4	2.1	7.6	8.2	10.9	10.9
2012~2013年	2.5	2.2	8.0	11.4	8.0	10.7
2013~2014年	0.7	0.9	5.3	6.9	6.8	7.3

资料来源：依据2012~2015年《中国统计年鉴》中的数据整理计算而得。

"十二五"时期，民族地区医疗卫生服务均等化水平逐年提高。从2011年到2014年，民族地区每千人口卫生技术人员数持续增长，且与全国水平差距呈缩小趋势（如表7所示）。2014年民族八省区每千人口卫生技术人员数达到5.4人，全国为5.6人，相差0.2人；而2011年相应的差别为0.3人，从2011年到2014年差距在缩小。

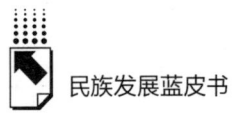

表7 2011~2014年医疗卫生服务均等化进展（每千人口卫生技术人员数）

单位：人

年份	全国	民族八省区	年份	全国	民族八省区
2011	4.6	4.3	2013	5.3	5.0
2012	4.9	4.6	2014	5.6	5.4

民族八省区近几年卫生事业发展速度较快，但从横向比较来看，与东部地区仍存在较大差距（见表8）。卫生机构数西部和东部总量基本持平，但包括民族八省区在内的西部12省（区、市）无论在卫生技术人员数还是在卫生机构床位数方面，合计量都远远低于东部10省（市）。

表8 2014年西部地区与东部地区卫生事业发展水平比较

指标	西部12省（区、市）合计	西部12省（区、市）占全国比重(%)	东部10省(市)合计	东部10省(市)占全国比重(%)
卫生机构数(个)	312533	31.8	319062	32.5
卫生技术人员数(人)	2017208	26.6	3091987	40.7
卫生机构床位数(万张)	190.0	28.8	235.5	35.7

（二）就业的产业分布更趋合理，社会保障覆盖范围扩大

"十二五"时期前三年，民族地区就业结构持续优化；以三次产业就业人数所占比例来看（见表9），从2011年到2013年，第一产业就业人员所占比例逐年下降，第二和第三产业就业比例则逐年增加；但就业结构与全国相比仍存在较大差异，第一产业就业比例仍高于全国水平20多个百分点，且就业人员所占比例过半，高于第二产业和第三产业从业人员比例之和。民族八省区第二产业和第三产业就业人员比例远低于全国水平（见表9）。第二产业和第三产业都是国民经济的重要组成部分，并能反映一个地区的技术水平和经济发展水平，民族八省区第二产业和第三产业就业人员比例过低，从侧面反映了民族八省区第二产业和第三产业发展水平较低，产业结构仍需继续优化。

表9 民族八省区及全国就业人数的产业分布

单位：%

	民族八省区按产业分所占比重			全国按产业分所占比重		
	第一产业	第二产业	第三产业	第一产业	第二产业	第三产业
2011年	55.3	15.8	28.9	34.8	29.5	35.7
2012年	54.2	16.0	30.0	33.6	30.3	36.1
2013年	52.5	16.3	31.2	31.4	30.1	38.5

资料来源：《中国统计年鉴2015》和2012~2014年民族八省区统计年鉴相关数据整理计算得来。

西部地区与东部地区就业结构上的产业差异也同时反映在不同产业对地区生产总值的贡献上（见表10），民族八省区就业人员超过半数集中在第一产业，但民族地区第一产业贡献的地区生产总值较低，远低于第二产业和第三产业对地区生产总值的贡献，包括民族八省区在内的西部12省（区、市）2014年第一产业地区生产总值远低于第二和第三产业地区生产总值，占全国生产总值的比例也远远低于东部10省（市）。

表10 2014年西部地区与东部地区三大产业的地区生产总值比较

单位：亿元，%

产业	西部12省（区、市）合计	西部12省（区、市）占全国比重	东部10省（市）合计	东部10省（市）占全国比重
第一产业	16432.8	28.2	20131.6	34.5
第二产业	65440.5	20.4	159086.0	49.6
第三产业	56226.5	18.4	170883.3	55.9

资料来源：《中国统计年鉴2015》，中国统计出版社，2015。

"十二五"时期，民族地区社会保障事业财政投入连年增长，从2011年到2014年西部12省（区、市）保持13.1%的年均增长率，这一增长率高于东部地区水平和全国水平，同时也高于一般财政性预算支出的年均增长率（西部地区为12.3%，见表11）。

表 11 西部 12 省（区、市）和东部 10 省（市）社会保障和
就业财政支出及一般财政性预算支出

单位：亿元，%

年份\地区	社会保障和就业财政支出			一般财政性预算支出		
	全国	东部	西部	全国	东部	西部
2011	10606.9	3469.6	3319.9	92733.7	37249.6	27396.7
2012	11999.8	3960.9	3753.7	107188.3	42093.1	32269.1
2013	13849.7	4508.7	4319.9	119740.3	47369.8	35564.2
2014	15269.0	4959.2	4801.6	129215.5	51378.5	38796.7
2011~2014年年均增长率	12.9	12.6	13.1	11.7	11.3	12.3

"十二五"时期，民族八省区社会保障和就业财政支出占一般财政性预算支出的比重低于全国各级地方政府总体水平，不过相比而言，这一比重高于东部10省（市）（见表12）。

表 12 民族八省区和东部 10 省（市）社会保障和就业财政
支出占一般财政性预算支出比重

单位：%

地区\年份	2011	2012	2013	2014
全国地方政府	11.4	11.2	11.6	11.8
民族八省区	11	10.6	10.9	11.1
东部10省（市）	9.3	9.4	9.5	9.7

资料来源：根据《中国统计年鉴》（2012~2015）数据整理计算得来。

民族地区近年来社会保险参与情况不断改善，参保人数不断增加，社保覆盖面越来越广泛（见表13）。"十二五"时期，城镇基本医疗保险参保人数保持6.8%的年均增长率，城镇职工基本养老保险参保人数保持5.5%的年均增长率，城乡居民社会养老保险也有4.1%的年均增长率；新型农村合作医疗保险参保人数年均增长率为0.6%，不过，这一增速低于2003~2011年的年均增长率（2.8%）[①]。工伤保险、失业保险和生育保险参保人数都有较大幅度增长。

---

① 郝时远等主编《中国民族发展报告（2015）》，社会科学文献出版社，2015，第197页。

表13 民族八省区社会保险参与情况

单位：万人

	城镇基本医疗保险参保人数	城镇职工基本养老保险参保人数	新型农村合作医疗保险参保人数	城乡居民社会养老保险	工伤保险参保人数	失业保险参保人数	生育保险参保人数
2011年	4592.6	2206.7	13729.5	—	1325.5	1217.6	1271.8
2012年	5146.0	2347.8	13818.7	6753.3	1516.2	1268.9	1390.3
2013年	5486.8	2480.9	13870.1	7163.8	1647	1309.2	1492.8
2014年	5601.4	2593.9	13984.5	7315.9	1724.6	1339.6	1544.9
年均增长率	6.8	5.5	0.6	4.1	9.2	3.2	6.7

注：2010年开始试点新型农村社会养老保险，从2012年开始城乡居民社会养老保险合并进行统计，但2011年尚未合并，故表格中没有2011年数据。

资料来源：依据2012~2015年《中国统计年鉴》相关数据计算得来。

民族地区社会救助事业水平有了显著提高，贫困人群基本生活得到有力保障。2011~2013年，民族八省区城镇居民最低生活保障待遇水平年均增长率较高，除了宁夏、西藏和贵州三省区，其他五省区增长率超过全国水平；增长率也远远超过2007~2010年年均增长率。不过，民族八省区城镇居民最低生活保障绝对水平仍存在较大分化，除了西藏和内蒙古两个自治区，其他六省区城镇居民最低生活保障水平与全国水平还有较大差距（见表14）。

表14 民族八省区城镇居民最低生活保障待遇水平

单位：元/（月·人），%

	全国	内蒙古	广西	贵州	云南	青海	宁夏	新疆	西藏
2011年	287.6	343.5	241.3	270.9	248.3	235.8	244.3	200.4	355.8
2012年	330.1	407.7	270.5	308.0	284.4	310.8	252.5	261.0	399.7
2013年	373.3	460.3	334.7	347.6	323.9	330.1	287.6	300.4	432.4
2011~2013年年均增长率	13.9	15.8	17.8	13.3	14.2	18.4	8.5	22.4	10.2
2007~2010年年均增长率	10.3	8.5	19.4	11.5	8.9	5.2	7.8	5.3	8.7

资料来源：2007~2014年《中国社会统计年鉴》。

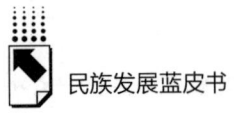

（三）城镇化率有较大提升

我国正处在工业化、城镇化的推进过程中，产业升级仍然有空间，而新型城镇化是最大的内需，尤其对于民族地区而言。从2006年到2014年，民族地区城镇化率提升较快，但与全国水平差距仍然较大，除内蒙古自治区城镇化率一直高于全国水平以外，其他七个省区均远远低于全国水平，其中西藏自治区城镇化率水平最低，2014年仅有25.8%（见表15）。

表15 民族八省区城镇化率

单位：%

地 区	2006年	2010年	2011年	2012年	2013年	2014年
全 国	44.3	50.0	51.3	52.6	53.7	54.8
内蒙古	48.6	55.5	56.6	57.7	58.7	59.5
宁 夏	43.0	47.9	49.8	50.7	52.0	53.6
青 海	39.3	44.7	46.2	47.4	48.5	49.8
新 疆	37.9	43.0	43.5	44.0	44.5	46.1
广 西	34.6	40.0	41.8	43.5	44.8	46.0
云 南	30.5	34.7	36.8	39.3	40.5	41.7
贵 州	27.5	33.8	35.0	36.4	37.8	40.0
西 藏	21.1	22.7	22.7	22.8	23.7	25.8

资料来源：《中国统计年鉴2015》，中国统计出版社，2015。

（四）民族关系与居民主观感受基本面良好

本报告通过一份针对民族地区的调查数据发现，总体而言，居民对不同时期全国和本地民族关系的判断有几个特点：第一，对本地民族关系状况了解的比例更高（同时，表示说不清的比例也更低）；第二，从不同历史时期来看，对2001年以来民族关系状况了解比例更高（同时，表示说不清的比例也更低）；第三，无论是对全国民族关系的判断还是对本地民族关系的判断，居民对民族关系的好评判断均随时间推移而增加；第四，对不同时期的民族关系判断，居民均认为本地民族关系好于全国范围内的民族关系。民族地区居民认为改革开放前、改革开放至2000~2001年以来全国范围内各民族间关系很好/较好的比例分别为：39.4%、53.2%、63.3%；民族地区居民认为改革开放前、改革开放至2000年、2001年以来当地各民族间关系很好/较好的比例分别为：47.8%、63.9%、73.5%。

表16 民族地区居民对不同时期民族关系判断

单位：%

		很好/较好	一般	不太好/很不好	说不清	合计	样本量
不同时期全国民族关系评价	改革开放前	39.4	23.1	7.6	30.0	100	5560
	改革开放至2000年	53.2	28.2	1.9	16.7	100	5561
	2001年以来	63.3	20.7	4.1	11.9	100	5557
不同时期本地民族关系评价	改革开放前	47.8	21.7	6.8	23.6	100	5548
	改革开放至2000年	63.9	23.8	1.9	10.4	100	5549
	2001年以来	73.5	17.6	3.1	5.8	100	5550

资料来源：21世纪初少数民族地区经济社会发展综合调查2014年调查数据。

民族地区居民对当前各民族冲突是否严重的判断如下：认为非常严重的有2.3%，认为比较严重的有11.1%，大部分人认为当前各民族冲突并不严重。

表17 民族地区居民对当前各民族间冲突严重程度的判断

单位：%

非常严重	有点严重	不算严重	完全不严重	合计	样本量
2.3	11.1	43.6	43.0	100	9916

资料来源：21世纪初少数民族地区经济社会发展综合调查2013年、2014年调查数据。

对于民族地区各民族居民相互之间的交往意愿，数据发现，无论是汉族居民与其他少数民族的交往意愿，还是少数民族与汉族或其他少数民族的交往意愿，各民族的交往意愿均呈现相似的模式：都表现为更愿意和其他民族居民聊天、成为邻居、一起工作和成为亲密朋友（愿意比例均超过80%），但在涉及彼此结为亲家时，愿意比例都大幅度下降（愿意比例均低于70%）。汉族居民愿意与少数民族聊天、成为邻居、一起工作、成为亲密朋友和结为亲家等的比例分别为：93.2%、91.9%、92.5%、86.6%、61.8%（见表18）。少数民族居民愿意与汉族居民各类交往的比例分别是91.7%、88.6%、90.6%、86.3%、57.9%；愿意与其他少数民族各类交往的比例分别是91.4%、89.4%、90.2%、86.4%、58.6%（见表19）。

表18 汉族居民与其他民族交往的意愿

单位：%

	很愿意	不愿意	合计	样本量
聊天	93.2	6.8	100	2751
成为邻居	91.9	8.1	100	2733
一起工作	92.5	7.5	100	2723
成为亲密朋友	86.6	13.4	100	2708
结为亲家	61.8	38.2	100	2612

资料来源：21世纪初少数民族地区经济社会发展综合调查2013年、2014年调查数据。

表19 少数民族居民与其他民族交往的意愿

单位：%

		很愿意	不愿意	合计	样本量
少数民族与汉族居民交往意愿	聊天	91.7	8.3	100	9113
	成为邻居	88.6	11.4	100	9080
	一起工作	90.6	9.4	100	9083
	成为亲密朋友	86.3	13.7	100	8985
	结为亲家	57.9	42.1	100	8583
		很愿意	不愿意	合计	样本量
少数民族居民与其他少数民族居民交往意愿	聊天	91.4	8.6	100	8470
	成为邻居	89.4	10.6	100	8458
	一起工作	90.2	9.8	100	8447
	成为亲密朋友	86.4	13.6	100	8382
	结为亲家	58.6	41.4	100	7904

资料来源：21世纪初少数民族地区经济社会发展综合调查2013年、2014年调查数据。

从实际的交往行为来看，民族地区居民大部分都有关系较好的其他民族朋友，只有33.5%的居民一个最好的其他民族朋友都没有，52.8%的居民有三个以上较好其他民族朋友（见表20）。

表20 民族地区居民拥有较好的其他民族朋友数量

单位：%

三个以上	两个	一个	一个都没有	合计	样本量
52.8	8.4	5.3	33.5	100.0	11202

资料来源：21世纪初少数民族地区经济社会发展综合调查2013年、2014年调查数据。

在这份针对民族地区的调查中，还包括居民主观感受相关问题。总体而言，民族地区居民感到生活压力较大的比例为53.5%，居民生活中各方面的压力情况排在前几位的包括：经济压力77.3%、个人发展48.7%、医疗/健康压力47.7%、孩子教育压力47.3%，住房压力41.0%（见表21）。

表21 民族地区居民生活中的压力

单位：%

	压力很大/有压力	压力很小	没有这方面压力	合计	样本量
经济压力	77.3	14.0	8.7	100	11708
个人发展	48.7	24.5	26.8	100	11624
医疗/健康压力	47.7	28.3	24.0	100	11644
孩子教育压力	47.3	20.2	32.5	100	11652
住房压力	41.0	23.0	36.0	100	11667
人情往来压力	33.1	30.7	36.3	100	11623
赡养父母的压力	29.5	21.7	48.8	100	11626
婚姻生活压力	15.1	20.0	64.8	100	11596
总体的社会生活压力	53.5	31.4	15.2	100	11490

资料来源：21世纪初少数民族地区经济社会发展综合调查2013年、2014年调查数据。

在安全感方面，调查询问了民族地区居民总体的社会安全感和具体的安全感问题，包括人身安全、个人和家庭财产安全、人身自由、劳动安全、医疗安全、生态环境安全、个人信息隐私安全、交通安全和食品安全九个方面。在总体的社会安全感方面，87.5%的民族地区居民表示感到安全。在具体的安全感方面，居民在人身安全（90.3%）、个人和家庭财产安全（89.8%）、人身自由（89.2%）、劳动安全（83.5%）、生态环境安全（81%）五个方面有安全感的比例均超过80%；居民对个人信息隐私安全、医疗安全、交通安全和食品安全四个方面安全感低于80%，有安全感的比例分别是：79.5%、79.4%、77.1%、72%。居民对食品安全的安全感在九个具体项目中有安全感的比例最低（见表22）。

表22 民族地区居民生活中的安全感

单位：%

	安全	不安全	不确定	合计	样本量
人身安全	90.3	6.6	3.1	100	11652
个人和家庭财产安全	89.8	7.5	2.7	100	11665
人身自由	89.2	5.2	5.6	100	11624
劳动安全	83.5	8.5	8.0	100	11623
生态环境安全	81.0	10.1	8.9	100	11633
个人信息、隐私安全	79.5	9.7	10.7	100	11631
医疗安全	79.4	14.8	5.8	100	11646
交通安全	77.1	17.2	5.7	100	11648
食品安全	72.0	21.6	6.4	100	11643
总体上的社会安全状况	87.5	7.6	5.0	100	11524

资料来源：21世纪初少数民族地区经济社会发展综合调查2013年、2014年调查数据。

民族地区居民对当前生活水平评价颇高，76.3%的居民认为与5年前相比生活水平上升了，仅有1.9%的居民认为当前生活水平与5年前相比下降了。展望未来，民族地区居民表现出更强的信心和乐观，其中86.1%的居民认为与当前生活水平相比，未来5年生活水平会上升，表示下降的仅有3.7%。另外有16.6%的居民无法判断当前生活水平与5年前相比的变化情况，但几乎所有居民都对未来生活水平变化有明显预期，仅有1.8%的居民表示不好说。

表23 民族地区居民对当前生活水平和未来变化预期

单位：%

	上升	没有变化	下降	不好说	合计	样本量
与5年前相比生活水平变化情况	76.3	5.2	1.9	16.6	100	11700
未来5年生活水平变化预期	86.1	8.4	3.7	1.8	100	11665

资料来源：21世纪初少数民族地区经济社会发展综合调查2013年、2014年调查数据。

二 民族地区社会发展中面临的困难与挑战

进入"十二五"时期以来,民族地区经济发展水平有了突飞猛进的提高,尽管从全国范围来看,经济增速进入"新常态"模式,但民族地区经济增速仍快于全国平均增速。以西藏为例,2014年和2015年西藏GDP增速均领跑全国[①]。但在其经济水平飞速发展的同时,民族地区的社会发展水平并没有相应的高速提升,其面临的困难和挑战主要如下。

(一)人口预期寿命偏低,健康状况与国内其他地区有较大差距

除广西外,民族七省区居民健康状况与全国平均水平相差较大,2010年全国居民预期寿命为74.83岁,民族八省区只有广西超过这一水平,其他省区均低于该水平。其中,青海、云南和西藏远低于这一水平,发达地区上海市的预期寿命为80.26岁,民族地区与预期寿命最高的上海市更为悬殊(见表24)。

表24 民族八省区居民预期寿命

单位:%

地 区	1990年预期寿命(岁)			2010年预期寿命(岁)		
	合计	男	女	合计	男	女
广 西	68.72	67.17	70.34	75.11	71.77	79.05
内蒙古	65.68	64.47	67.22	74.44	72.04	77.27
宁 夏	66.94	65.95	68.05	73.38	71.31	75.71
新 疆	63.59	61.95	63.26	72.35	70.3	74.86
贵 州	64.29	63.04	65.63	71.1	68.43	74.11
青 海	60.57	59.29	61.96	69.96	68.11	72.07
云 南	63.49	62.08	64.98	69.54	67.06	72.43
西 藏	59.64	57.64	61.57	68.19	66.33	70.07
总 计	68.55	66.84	70.47	74.83	72.38	77.37

资料来源:《中国卫生和计划生育统计年鉴2015》,中国协和医科大学出版社,2015。

---

① 西藏GDP增速2014年为10.8%,2015年为11%,并已经连续23年保持两位数增长。

（二）人口年龄结构不合理，人口红利渐趋消失

社会发展最终要靠人来实现，人口的年龄结构和抚养比影响经济发展和社会发展水平，即人口红利。所谓"人口红利"，是指一个国家的劳动年龄人口占总人口比重较大，抚养率比较低，为经济发展创造了有利的人口条件，整个国家的经济呈高储蓄、高投资和高增长的局面。"红利"在很多情况下和"债务"是相对应的①。民族地区劳动力结构不平衡，除了内蒙古地区外，其他七省区处于劳动力年龄段的人口比例均低于全国平均水平；从历史趋势来看，除贵州省之外，其他七省区处于劳动力年龄段的人口比例自2010年以来均有下降趋势，65岁以上人口所占比例自1990年以来一直呈增加趋势（见表25）。

表25 民族八省区人口年龄结构

地区	1990年			2010年			2014年		
	0~14岁	15~64岁	65岁以上	0~14岁	15~64岁	65岁以上	0~14岁	15~64岁	65岁以上
全　国	22.9	70.1	7	16.6	74.5	8.9	16.5	73.4	10.1
内蒙古	21.3	73.4	5.4	14.1	78.3	7.6	13.6	77.1	9.3
青　海	26.6	69.1	4.3	20.9	72.8	6.3	18.3	74.6	7.1
宁　夏	28.4	67.2	4.5	21.5	72.1	6.4	19.7	73.5	6.8
云　南	26	68	6	20.7	71.7	7.6	19.0	72.3	8.7
新　疆	27.3	68.2	4.5	20.8	73	6.2	21.1	72.0	6.9
西　藏	31.2	64.3	4.5	24.4	70.5	5.1	24.6	69.9	5.5
贵　州	30.3	63.9	5.8	25.2	66.2	8.6	22.1	68.7	9.2
广　西	26.2	66.6	7.1	21.7	69.1	9.2	21.9	68.6	9.5

资料来源：《中国卫生和计划生育统计年鉴2015》，中国协和医科大学出版社，2015；《中国统计年鉴2015》，中国统计出版社，2015。

（三）教育、科技资源较少，劳动力素质偏低，女性文盲比例高

民族地区教育资源较少，与全国平均水平有明显差距，并远远低于全国最好水平。从各级学校生师比来看，除内蒙古、西藏和新疆三省以外，其他五省区小学生师比高于全国平均水平（见表26），初中、高中、中等职业学校和普

---

① 蔡昉：《人口转变、人口红利与刘易斯转折点》，《经济研究》2010年第4期。

通高校均存在类似趋势。其中，中等职业学校师资力量尤为薄弱，亟待补充。基础教育、技术教育和高等教育等不同教育阶段均有重要的培养目标，以中等职业学校为代表的技术培训教育对民族地区发展有不可忽视的作用，各阶段师资力量的匮乏对民族地区各层次人才的培养质量有负面影响。

表26　2014年民族八省区各级普通学校生师比（教师数=1）

地　区	普通小学	初中	普通高中	中等职业学校	普通高校
全　国	16.78	12.57	14.44	21.34	17.68
内蒙古	12.09	11.02	14.4	15.83	18.17
广　西	19.87	16.56	17.33	38.33	17.87
贵　州	17.96	17.29	18	33.32	17.93
云　南	16.94	15.49	15.53	23.02	18.84
西　藏	14.56	13.08	12.64	17.11	13.93
青　海	18.28	13.81	14.19	31.5	15.36
宁　夏	17.65	14.59	15.92	33.09	17.01
新　疆	13.39	10.47	12.25	22.26	17.72
全国最低生师比	11.26	9.3	8.41	8.55	13.93

民族地区教育资源缺少，不但体现在师资力量匮乏方面，还体现在中高素质人才的缺少方面，民族地区受过中等及以上教育人口的比例较低，15岁及以上文盲人口比例较高（见表27）。民族八省区6岁及以上人口中，高中学历比例全部低于全国平均水平；除新疆和青海外，其他六省区居民大专及以上学历比例均低于全国平均水平，其中，云南和西藏与全国水平差距悬殊。另外，除新疆、内蒙古和广西，其他五省区15岁及以上人口中文盲比例均高于全国水平，尤以贵州、青海和西藏三省区为甚。

民族地区女性文盲比例偏高。15岁及以上人口文盲比例全国为7.4%，民族地区除了新疆、内蒙古和广西三省区外，其他五省区均高于全国水平，西藏、青海、贵州、云南、宁夏五省区15岁及以上人口文盲比例分别是：48.02%、17.51%、15.9%、11.97%和11.72%，西藏自治区文盲比例远远高于其他省区。教育的性别差异不仅影响社会公平正义，还影响经济发展水平[①]；民族地区要全面建成小康社会，人才素质必须得到大幅提升，其中，提高民族地区女性的教育程度应是重要的工作内容。

---

① 王鸿雁、赵泉：《性别平等与经济增长理论综述》，《经济师》2006年第11期。

表27 2014年民族八省区不同学历人口比例

单位：%

地区	6岁及以上人口		15岁及以上人口文盲比例		
	高中	大专及以上	合计	男性	女性
新疆	14.9	13.2	3.25	2.4	4.14
青海	12.1	12.8	13.12	8.7	17.51
内蒙古	16.0	10.9	4.66	2.6	6.76
宁夏	14.2	10.7	8.05	4.5	11.72
贵州	10.4	10.4	11.11	6.4	15.9
广西	15.5	8.0	3.6	1.3	6.04
云南	9.9	6.8	8.23	4.6	11.97
西藏	4.0	2.6	39.93	31.9	48.02
全国	16.7	11.5	4.92	2.5	7.4

资料来源：《中国统计年鉴2015》，中国统计出版社，2015。

民族地区科技研发投入的人力资源和研究经费严重偏少，科技事业发展水平较为低下，民族地区发展动力存在明显的内在不足（见表28、表29）。以R&D人员全时当量为指标测算各地区研发人员数量，民族八省区占全国比重近年来均只有13%左右，而东部10省市比重近年来一直超过60%。研发人员数量存在明显的地区差异，民族地区研发人员数量严重不足。研究经费方面，从2010年到2013年民族八省区R&D经费支出占全国比重一直低于4%，而东部地区R&D经费支出占全国比重一直在60%以上。民族八省区与东部地区在研发经费方面的差距也较大。

表28 2010~2013年民族八省区与东部地区研发人员比较

地区 年份	2010	2011	2012	2013
R&D人员全时当量(万人年)	255.4	288.3	324.7	353.3
东部地区占全国比重(%)	66.2	67.0	64.8	64.7
民族八省区占全国比重(%)	13.3	12.3	12.3	12.5

注：东部地区2010~2011年指东部10省（市）加辽宁省共11个省（市）。2012~2013年未纳入辽宁，同前述东部10省（市）一致。

资料来源：2011~2014年《中国科技统计年鉴》。

表29 2010~2013年民族八省区与东部地区研发投入比较

地 区	2010年	2011年	2012年	2013年
全国R&D经费支出(亿元)	7062.6	8687.0	10298.4	11846.6
东部地区占全国比重(%)	70.61	71.17	67.01	66.89
民族八省区占全国比重(%)	3.54	3.69	3.71	3.67

资料来源：2011~2014年《中国科技统计年鉴》。

民族地区教育资源缺少、受过中等和高等教育人口比例偏低以及科研投入的人力资源和经费资源偏少最终导致科学技术的研发水平也远远低于东部地区（见表30）。三种专利申请授权数、R&D项目数（项）占全国的比重都远远低于东部地区。

表30 2014年民族八省区科学技术研发水平

地 区	三种专利申请授权数(件)	R&D项目数(项)
全国	1209402	342507
东部地区	852433	234573
东部地区占全国比重(%)	70.5	68.5
民族八省区	75633	11528
民族八省区占全国比重(%)	6.3	3.4

资料来源：《中国统计年鉴2015》，中国统计出版社，2015。

三 民族地区全面建成小康社会在社会发展方面应该注意的问题

民族地区在"十三五"时期加快社会发展，全面实现小康社会，应该在以下方面加强工作。

1. 继续加大对民族地区财政转移支付的力度，扩大社会保障制度的覆盖范围

十八届五中全会指出：要增加公共服务供给，加大对革命老区、民族地区、边疆地区、贫困地区的转移支付[①]。扩大民族地区社会保障制度的覆盖范

---

① 《中共十八届五中全会在京举行》，《人民日报》2015年10月30日。

围，稳步扩大医疗保障保险的覆盖范围，完善各类保险制度体系，尽早实现全民参保；进一步提高社会保障的财政支出水平和居民低保待遇水平；在全面建设小康社会过程中，切实发挥社会保障事业的"兜底"功能①，对于民族地区完全丧失或部分丧失劳动能力的人口，通过社保政策兜底脱贫。

2. 促进民族地区教育事业的发展，增强人才素质并提高干部的综合能力，实现大众创业、万众创新

第一，大力实施科技扶贫计划，使优秀的科技资源和教育资源、师资力量向民族地区倾斜，通过提高民族地区的科技水平、教育水平和人才素质，提高民族地区发展的内生动力。大力发展职业技术教育，尤其要向民族地区引进更多职业技术教育方面的师资力量，培养与产业结构升级相配套的专门技术人才，最终提高劳动者素质。加强民族地区基础教育工作，加大人、财、物投入，改善偏远地区义务教育的基础设施条件，提高民族地区基层教师的工资待遇和福利水平。通过各类培训、交流、学习等措施提高基础教育阶段教师队伍的工作积极性。

第二，提高民族地区各级干部的综合素质，加强培训，对不同类型干部培训重点要有针对性。基层干部在一线与群众打交道，对其培训重点应放在加强党性原则、对国家政策的理解和执行能力、对民族地区群众实际困难的判断和解决等方面；对于民族地区的汉族干部或非当地的少数民族干部，应重点培训其学习当地民族语言，增强和当地群众的沟通与联系；对在民族地区开展工作的各级干部和相关人才均加强培训，培训重点是国家的民族政策、宗教政策，以及各个民族的文化传统、生活习惯、信仰和禁忌等各类知识。通过以上措施使广大干部和人才树立正确的民族观，在工作中将民族平等、团结、互助、和谐民族关系原则真正落到实处②。

第三，建立民族地区人才队伍建设的组织机构和领导机制。建议国家民委加入中央人才工作协调小组，更好地开展针对民族地区的人才队伍建设工作，继续推进各地干部援疆、援藏和支边工作。

---

① 《中共中央、国务院关于打赢脱贫攻坚战的决定》，http://news.xinhuanet.com/politics/2015-12/07/c_1117383987.htm。
② 王延中、龙远蔚、扎洛、吴兴旺、王剑峰：《加快民族地区小康社会建设的挑战、问题及对策（下）》，《广西民族研究》2015年第5期。

第四，促进大众创业、万众创新。把握新时期的经济规律，利用互联网普及带来的各种机遇，积极支持灵活就业，完善相关配套措施，大力支持民族地区居民就地就近就业创业。

3.促进民族地区卫生事业发展

民族地区医疗卫生事业发展重点是加强医疗基础设施建设和医疗人才队伍建设①。

首先，要加强民族地区医疗基础设施的建设和加大对医疗设备的投入，各级党组织和政府一定要重视民族地区医疗卫生事业存在的问题，通过制定相应的保障措施，加快民族地区医疗卫生事业的发展，提高民族地区的医疗卫生水平，减少民族地区同东部发达地区在医疗卫生领域的差距。对经济落后的少数民族地区来说，医疗卫生事业的发展直接关系到当地群众的生活质量，因此一定要推动民族地区医疗卫生事业的发展，并将其作为政府重要工作来抓，从根本上改变基层医疗卫生机构基础设施落后的局面。另外，政府还要做好宣传工作，帮助当地人民群众认识到自我保健的重要性，并形成自我保健意识。针对民族地区人民群众对医疗卫生的需求不断增多，而当地卫生基础设施依然落后的具体状况，政府要重视基层医疗机构的建设工作，在资金上支持基层医疗机构购进先进的医疗设备，建立人才吸引机制，吸纳更多的优秀医疗人才。另外，政府要充分发挥自身监管职能，加大对基层医疗机构的监管力度，尤其是药品监管力度。为了支持基层医疗机构的发展，政府可以给予适当的补贴。

其次，加快卫技人才队伍建设，抓好从业人员培训，建立人才流动机制。其一，采用定向人才培养模式，从当前的医务工作者队伍中选出优秀人员，为其提供专业培训机会，如进入高等院校学习，或者进入更高级别的医疗机构学习等，力争培养一大批既熟悉当地民族医疗知识，又掌握扎实专业知识的医疗人才；其二，构建"一对一"帮扶制度，省、国家级医疗机构要支援民族地区基层医疗机构的建设，为基层医务人员提供进修机会，上一级医疗机构的知名专家要参与指导基层医务人员，尤其是在专业技能方面；其三，要构建人才引进机制，当地政府要制定一定的优惠政策吸引高学历的医疗人才，如在薪酬待遇、晋职等方面多照顾外来专业人才，使其安心扎根于民族地区，为提高民

---

① 吴小红：《民族地区医疗卫生事业发展困境与突破》，《贵州民族研究》2015年第2期。

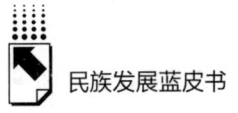

族地区的医疗卫生事业做贡献;其四,民族地区上一级医疗机构的医生必须在基层医疗机构工作满三个月,才具备晋升技术职务的资格。

4. 推进工业化与城镇化,积极开展应对人口老龄化行动

工业化和城镇化是现代化的必然要求,但民族地区工业化、城镇化所处阶段和水平与发达地区差距较大,应该因地制宜,一方面遵循现代市场经济发展规律,发展现代产业;另一方面注意与沿海地区的各种差距,吸取经验、教训而非照搬照抄,开拓充分体现民族地区特色的工业化、城镇化发展道路①。

第一,民族地区工业化的重点应该包括高新技术产业、工业园区建设,本地资源开发,当地民族手工业和特色旅游业。在各类产业发展和资源开发过程中必须兼顾保护环境和解决当地居民就业问题,将效率与公平有效结合。在发展当地民族手工业和特色旅游业过程中注意保护当地民族文化传统。

第二,城乡协调发展,有序推进民族地区城镇化。重点是实施城乡一体化发展战略,扩大各类公共服务的覆盖面,缩小城乡差距,使城乡居民均能享受到公共服务。

第三,促进民族地区人口均衡发展,利用各种措施改善人口结构,积极应对人口老龄化。近几年国家计生政策逐步放开,从"单独二孩"政策到十八届五中全会提出"全面放开二胎"政策,但要真正改善人口结构,还需要很多配套工作。应进一步落实各单位的法定生育假和相关福利;针对民族地区留守儿童和留守老人较多的情况,应该建立专门的关爱服务体系②,对其精神健康、人身安全和各类需要加以关注,探索针对民族地区尤其是农村地区老年人的养老服务体系。

---

① 王延中、龙远蔚、扎洛、吴兴旺、王剑峰:《加快民族地区小康社会建设的挑战、问题及对策(下)》,《广西民族研究》2015年第5期。
② 《中共十八届五中全会在京举行》,《人民日报》2015年10月30日。

B.6
民族地区生态文明建设报告

张 姗*

摘 要： 中国民族地区的生态文明建设除了面临全国普遍性的困难，还具有特殊性。民族地区担负着重要的生态屏障作用，用于治理污染与保护环境的资金投入高于全国平均水平。民族地区的资源储量在全国占有重要比例，但部分资源特别是水资源呈减少趋势。民族地区节能减排与排污优化程度有所提高，但是仍落后于全国平均水平，大部分民族省区亿元生产总值的废水、废气单位排污量均高于全国平均数值。民族地区受自然灾害影响明显，某些自然灾害与环境恶化呈现出互为诱因的恶性循环关系。民族地区的生态文明建设优势与劣势同在，进步与曲折共存，未来任重而道远。

关键词： 民族地区 生态文明建设 现状研究 政策建议

自2007年党的十七大报告第一次明确提出建设生态文明，并将其作为全面建设小康社会奋斗目标的新要求以来，生态文明建设在全国各地蓬勃推展开来。其中，生态资源丰富多样但生态系统又相对脆弱的民族地区[①]有其自身特点。本报告将从生态文明建设的政策背景、民族地区生态文明建设的形势、民族地区生态文明建设的水平与趋势、结论与建议四个部分对我国民族地区的生态文明建设

---

* 张姗，中国社会科学院民族学与人类学研究所助理研究员。
① 本报告中的"民族地区"指的是：内蒙古自治区、宁夏回族自治区、新疆维吾尔自治区、西藏自治区、广西壮族自治区五大少数民族自治区以及少数民族分布集中的贵州、云南和青海三省。

进行梳理总结,以期展现民族地区生态文明建设中取得的进展与成就,指出其所面临的现实困难与问题,对其未来的推进提供一定的政策支持与对策建议。

一 生态文明建设的政策背景

随着中国经济的快速发展,环境生态问题也逐渐显现,引起了中共中央和国务院的高度重视。继1979年颁布了《中华人民共和国环境保护法(试行)》后,1983年的第二次全国环保会议把环境保护确定为基本国策。1992年联合国环境与发展大会后,中国政府组织制定了《中国21世纪议程——中国21世纪人口、环境与发展白皮书》,开始了中国可持续发展的进程。进入21世纪之后,除了退耕还林、生态移民、防沙治沙等具体环境保护工程的开展,更具全面性、系统性、整体性的"生态文明"概念开始被提出与使用,并逐渐上升到国家战略的高度。2003年,中共中央、国务院发布《关于加快林业发展的决定》,提出"建设山川秀美的生态文明社会"[1],这是党和国家的重要文件首次明确使用"生态文明"概念。2007年,党的十七大上,中共中央首次把"建设生态文明"写入党代会报告,"生态文明"开始成为全面建成小康社会的新要求[2]。2012年,党的十八大报告中指出"建设生态文明,是关系人民福祉、关乎民族未来的长远大计。面对资源约束趋紧、环境污染严重、生态系统退化的严峻形势,必须树立尊重自然、顺应自然、保护自然的生态文明理念,把生态文明建设放在突出地位,融入经济建设、政治建设、文化建设、社会建设各方面和全过程,努力建设美丽中国,实现中华民族永续发展"[3],生态文明建设被正式纳入"五位一体"中国特色社会主义总体布局。2013年,党的十八届三中全会要求"紧紧围绕建设美丽中国深化生态文明体制改革,加快

---

[1] 《中共中央国务院关于加快林业发展的决定》,中华人民共和国中央人民政府官网, http://www.gov.cn/test/2005-07/04/content_11993.htm。

[2] 《高举中国特色社会主义伟大旗帜为夺取全面建设小康社会新胜利而奋斗——在中国共产党第十七次全国代表大会上的报告》,新华网,http://news.xinhuanet.com/newscenter/2007-10/24/content_6938568.htm。

[3] 《坚定不移沿着中国特色社会主义道路前进为全面建成小康社会而奋斗——在中国共产党第十八次全国代表大会上的报告》,新华网,http://www.xj.xinhuanet.com/2012-11/19/c_113722546.htm。

建立生态文明制度,健全国土空间开发、资源节约利用、生态环境保护的体制机制,推动形成人与自然和谐发展现代化建设新格局"①。

2014年,生态文明制度建设的步伐不断加快。4月,第十二届全国人民代表大会常务委员会第八次会议表决通过了《环境保护法修订草案》,"推进生态文明建设,促进经济社会可持续发展"被列入立法目的,将"保护优先"作为第一基本原则,将"生态红线"等要求首次写入法律。10月,党的十八届四中全会通过的《中共中央关于全面推进依法治国若干重大问题的决定》,提出"用严格的法律制度保护生态环境,加快建立有效约束开发行为和促进绿色发展、循环发展、低碳发展的生态文明法律制度,强化生产者环境保护的法律责任,大幅度提高违法成本。建立健全自然资源产权法律制度,完善国土空间开发保护方面的法律制度,制定完善生态补偿和土壤、水、大气污染防治及海洋生态环境保护等法律法规,促进生态文明建设"②。2015年,生态文明制度建设与体制改革全面推进。全年先后出台实施了新《环境保护法》《水污染防治行动计划》《大气污染防治行动计划》;新《大气污染防治法》由第十二届全国人民代表大会常务委员会第十六次会议修订通过,于2016年1月1日起实施;《土壤污染防治行动计划》获得国务院审核通过,预计将于2016年公布实施。5月,中共中央、国务院发布《关于加快推进生态文明建设的意见》,这是我国第一个以中共中央、国务院名义对生态文明建设进行专题部署的文件,指出了生态文明建设的总体要求、目标愿景、重点任务和制度体系,确立了生态文明建设的时间表和路线图——"到2020年,资源节约型和环境友好型社会建设取得重大进展,主体功能区布局基本形成,经济发展质量和效益显著提高,生态文明主流价值观在全社会得到推行,生态文明建设水平与全面建成小康社会目标相适应"③,成为当前和今后一个时期推动我国生态文明建设的纲领性文件。9月,中共中央、国务院印发了《生态文明体制改革总体

---

① 《中共中央关于全面深化改革若干重大问题的决定》,新华网,http://news.xinhuanet.com/politics/2013-11/15/c_118164235.htm。
② 《中共中央关于全面推进依法治国若干重大问题的决定》,新华网,http://news.xinhuanet.com/ziliao/2014-10/30/c_127159908_2.htm。
③ 《关于加快推进生态文明建设的意见》,中华人民共和国国务院新闻办公室官网,http://www.scio.gov.cn/xwfbh/xwbfbh/yg/2/Document/1436286/1436286.htm。

方案》，系统阐述了生态文明体制改革的6大理念、6大原则以及8项制度，建立了生态文明体制方面的"四梁八柱"，指出生态文明体制改革目标是"到2020年，构筑起由八项制度构成的产权清晰、多元参与、激励约束并重、系统完整的生态文明制度体系，推进生态文明领域国家治理体系和治理能力现代化，努力走向社会主义生态文明新时代"[①]。与此同时，经济体制和生态文明体制改革专项小组联合有关部门和单位共同打出"1+6"生态文明改革组合拳，以《生态文明体制改革总体方案》为"1"，先后推出6项配套政策文件，包括：《环境保护督察方案（试行）》《生态环境监测网络建设方案》《开展领导干部自然资源资产离任审计的试点方案》《党政领导干部生态环境损害责任追究办法（试行）》《编制自然资源资产负债表试点方案》《生态环境损害赔偿制度改革试点方案》。10月，党的十八届五中全会通过了《中共中央关于制定国民经济和社会发展第十三个五年规划的建议》，"生态环境质量总体改善"作为"十三五"时期经济社会发展的主要目标之一被写入其中，同时，"加强生态文明建设"将首入国家五年规划。未来，生态文明建设将在中国经济社会发展中占据更加重要的地位。

二 民族地区生态文明建设的形势

（一）民族地区生态文明建设的特殊性

从地理位置来看，我国的民族地区多处于边疆或者接近边疆地区，无论是宁夏、新疆、内蒙古所处的中西部，还是青海、西藏所处的青藏高原，亦或云南、贵州、广西所处的西南地区，都是我国重要的自然生态功能区，蕴含着丰富的森林资源和淡水资源，对于全国的生态系统安全有着至关重要的作用。生态系统的独特性与脆弱性使这些地区一旦遭到破坏，短时间内很难恢复，因此生态保护的任务艰巨；相对于东部地区，这些地区发展经济、提高人民生活水平的任务却更为迫切。2012年，民族地区全面建成小康社会经济发展方面的

---

① 《生态文明体制改革总体方案》，新华网，http://news.xinhuanet.com/2015-09/21/c_1116632159.htm。

实现程度为66.17%，比全国落后3年，比东部地区落后6年，比中部地区落后2年，比西部地区落后1年。目前，民族八省区的生产总值加起来仅相当于广东一个省，民族地区人均GDP只有全国平均水平的78%，城镇化率远低于全国平均水平。尤其是，民族地区贫困面大，农村贫困人口占全国的50.2%，不少群众生产生活条件仍然较差。全国14个集中连片特困地区有11个在民族地区，片区内的680个县有351个属于民族地区，其中155个属于主体功能区限制或禁止开发县。① 如果民族地区发展差距持续拉大的趋势长期得不到扭转，将会造成心理失衡乃至民族关系、地区关系失衡。② 因此，除了面临全国普遍性的困难，民族地区的生态文明建设还具有自身的特殊性，在涉及生态保护之外，还与经济开发、脱贫致富、城镇化、民族关系、国家生态安全、边疆国防安全等诸多问题紧密相连。

（二）民族地区的资源环境现状③

首先，整体而言，民族地区的资源储藏量在全国占有重要比例。在石油、天然气、煤炭三大主要能源方面，民族地区的储量2013年分别为75479.36万吨、18911.12亿立方米、813.04亿吨，占全国总储量的22.42%、40.73%、34.41%；2014年分别为77081.90万吨、19583.47亿立方米、853.73亿吨，占全国总储量的22.45%、39.60%、35.57%。在黑色金属基础储量方面，民族地区的锰矿与铬矿储量2013年分别为14899.01万吨、273.20万吨，占全国总储量的69.14%、68.04%；2014年分别为15183.69万吨、273.87万吨，占全国总储量的70.90%、65.24%。在有色金属基础储量方面，民族地区的铜矿、铅矿、锌矿、铝土矿储量2013年分别为1168.97万吨、934.27万吨、2342.42万吨、61321.97万吨，占全国总储量的42.48%、59.21%、62.20%、62.37%；2014年分别为1225.22万吨、1084.16万吨、2648.00万吨、

---

① 国家民族事务委员会编《中央民族工作会议精神学习辅导读本》，民族出版社，2015，第137页。
② 国家民族事务委员会编《中央民族工作会议精神学习辅导读本》，民族出版社，2015，第139页。
③ 为更具有时效性，本报告尽量采用截至写作时（2015年12月）公布的最新相关数据。同时，为了展现变化，往往会选取相邻两年或者三年数据进行对比。

61443.88万吨,占全国总储量的43.20%、63.00%、65.64%、62.49%。在非金属矿基础储量方面,民族地区的磷矿与高岭土矿的储量2013年分别为13.17亿吨、28848.56万吨,占全国总储量的43.61%、58.10%;2014年分别为13.84亿吨、37053.77万吨,占全国总储量的45.08%、64.42%。在水资源方面,民族地区水资源总量2013年为11512.01亿立方米,占全国总量的41.18%;2014年为11415.6亿立方米,占全国总量的41.87%。在森林资源方面,民族地区以及全国2013年与2014年的各项数值一样,其中民族地区森林面积为9036.14万公顷,占全国总量的43.51%;森林蓄积量为64.97亿立方米,占全国总量的42.92%。在草原资源方面,2013年民族地区的草原总面积为28579.31万公顷,占全国总量的72.75%;可利用草原面积为23878.66万公顷,占全国总量的72.14%。在土地资源方面,2013年民族地区的耕地总面积为3185.76万公顷,占全国总量的23.57%;农用地总面积为33813.50万公顷,占全国总量的52.33%;建设用地总面积为666.00万公顷,占全国总量的17.78%。

其次,从民族地区八省区内部来看,不同地区的资源优劣势不尽相同。在石油与天然气储量方面,新疆、内蒙古、青海、宁夏北方省区优势明显,特别是新疆的石油储量遥遥领先。煤炭储量方面,内蒙古、新疆、贵州、云南占有明显优势,特别是内蒙古。在黑色金属方面,内蒙古的铁矿储量、西藏的铬矿储量远远高于其他省区;广西、贵州、云南西南三省的锰矿含量,广西的钒矿储量,新疆的原生钛铁矿储量占压倒性优势。在有色金属方面,内蒙古在铜矿、铅矿、锌矿储量上都具有明显优势,其次为云南与新疆;广西、贵州、云南西南三省占有全部的铝土矿资源。非金属矿产资源方面,内蒙古、贵州、云南在硫铁矿储量方面占有优势,云南、贵州的磷矿储量远高于其他省区,广西的高岭土储量具有压倒性优势。水资源方面,西藏在水资源总量与人均水资源量方面占有绝对优势,除宁夏人均水资源量远低于全国整体水平外,其他省区的人均水资源量均高于全国水平。森林覆盖率方面,广西、云南、贵州西南三省远高于其他省区,新疆数值最低,其次为青海。草原资源方面,无论是草原总面积还是可利用草原面积,西藏、内蒙古、新疆、青海均排在前列。土地资源方面,内蒙古、云南、新疆的耕地面积位列前三,而耕地面积相对较少的青海、西藏的农业用地总面积占有相对优势。

表1 2013年民族地区的资源环境状况

指标	内蒙古	宁夏	青海	西藏	新疆	广西	云南	贵州	民族地区总和	全国	民族地区在全国的占比(%)
石油储量(万吨)	8339.35	2313.96	6284.94	—	58393.63	135.27	12.21	—	75479.36	336732.80	22.42
天然气储量(亿立方米)	8042.54	294.40	1511.79	—	9053.88	1.32	0.80	6.39	18911.12	46428.80	40.73
煤炭储量(亿吨)	460.10	38.47	12.17	0.12	156.53	2.26	60.10	83.29	813.04	2362.90	34.41
铁矿储量(亿吨)	20.99	—	0.03	0.17	4.56	0.30	4.13	0.13	30.31	199.20	15.22
锰矿储量(万吨)	567.74	—	—	—	567.17	8441.54	1074.79	4247.77	14899.01	21547.70	69.14
铬矿储量(万吨)	56.29	—	3.68	169.22	44.01	—	—	—	273.20	401.50	68.04
钒矿储量(万吨)	0.77	—	—	—	0.16	171.49	0.07	—	172.49	909.90	18.96
原生钛铁矿储量(万吨)	—	—	—	—	45.73	—	—	—	45.73	21957.00	0.21
铜矿储量(万吨)	400.27	—	25.63	274.36	168.20	3.33	296.90	0.28	1168.97	2751.50	42.48
铝矿储量(万吨)	508.02	—	55.96	46.91	81.01	25.98	210.66	5.73	934.27	1577.90	59.21
锌矿储量(万吨)	962.32	—	115.51	13.99	167.98	106.13	905.28	71.21	2342.42	3766.20	62.20
铝土矿储量(万吨)	—	—	—	—	—	46631.76	1485.24	13204.97	61321.97	98323.50	62.37
菱铁矿储量(万吨)	—	—	49.90	—	—	—	—	—	49.90	120747.50	0.04
硫铁矿储量(万吨)	16039.32	—	50.08	—	59.36	837.06	4878.86	5594.47	27459.15	130194.10	21.09
磷矿储量(亿吨)	0.02	0.01	0.60	—	—	—	6.49	6.05	13.17	30.20	43.61

续表

指标	内蒙古	宁夏	青海	西藏	新疆	广西	云南	贵州	民族地区总和	全国	民族地区在全国的占比（%）
高岭土储量（万吨）	4814.68	—	—	—	9.93	23605.60	402.30	16.05	28848.56	49649.70	58.10
水资源总量（亿立方米）	959.81	11.40	645.61	4415.74	955.99	2057.33	1706.69	759.44	11512.01	27957.86	41.18
地表水资源量（亿立方米）	813.52	9.47	629.54	4415.74	905.63	2056.26	1706.69	759.44	11296.29	26839.47	42.09
地下水资源量（亿立方米）	249.33	22.13	290.77	991.73	560.15	478.12	573.29	235.63	3401.15	8081.11	42.09
地表水与地下水资源重复量（亿立方米）	103.04	20.19	274.72	991.73	509.79	477.05	573.29	235.63	3185.44	6962.75	45.75
人均水资源量（立方米/人）	3848.60	175.25	11216.59	142530.58	4251.88	4376.83	3652.24	2174.15	—	2059.69	—
林业用地面积（万公顷）	4398.89	180.10	808.04	1783.64	1099.71	1527.17	2501.04	861.22	13159.81	31259.00	42.10
森林面积（万公顷）	2487.90	61.80	406.39	1471.56	698.25	1342.70	1914.19	653.35	9036.14	20769.00	43.51
人工林面积（万公顷）	331.65	14.43	7.44	4.88	94.00	634.52	414.11	237.30	1738.33	6933.38	25.07
森林覆盖率（%）	21.00	11.90	5.60	12.00	4.20	56.50	50.00	37.10	—	21.60	—

续表

指标	内蒙古	宁夏	青海	西藏	新疆	广西	云南	贵州	民族地区总和	全国	民族地区在全国的占比(%)
活立木总蓄积量(亿立方米)	14.84	0.09	0.49	22.88	3.87	5.58	18.75	3.44	69.94	164.33	42.56
森林蓄积量(亿立方米)	13.45	0.07	0.43	22.62	3.37	5.09	16.93	3.01	64.97	151.37	42.92
草原总面积(万公顷)	7880.45	301.41	3636.98	8205.19	5725.88	869.83	1530.84	428.73	28579.31	39283.27	72.75
可利用草原面积(万公顷)	6359.11	262.56	3153.07	7084.68	4800.68	650.04	1192.56	375.97	23878.66	33099.54	72.14
耕地面积(万公顷)	9199.00	1281.10	588.20	441.80	5160.20	4419.40	6219.80	4548.10	31857.60	135163.40	23.57
农用地(万公顷)	8291.10	381.10	4510.80	8724.50	5168.70	1959.00	3299.50	1478.80	33813.50	64616.80	52.33
建设用地(万公顷)	157.60	30.00	33.70	13.80	150.10	118.10	99.40	63.30	666.00	3745.60	17.78

注: 1. 石油、天然气的数据为剩余技术可采储量。2. "人均水资源"中的人口数量按城区人口与城镇区暂住人口之和计算,以公安部门的户籍统计利暂住人口为准。

资料来源: 本表格中"耕地面积""农用地""建设用地"指标数据参考《中国统计年鉴2015》的"8~23分地区耕地面积""8~24分地区土地利用情况"(http://www.stats.gov.cn/tjsj/ndsj/2015/indexch.htm)整理计算,其他指标数据参考国家统计局国家数据网(http://data.stats.gov.cn/index.htm)的"年度数据"与"地区数据"整理计算而成。

表2 2014年民族地区的资源环境状况

指标	内蒙古	宁夏	青海	西藏	新疆	广西	云南	贵州	民族地区总和	全国	民族地区占全国百分比（%）
石油储量（万吨）	8354.40	2180.60	7524.50	—	58878.60	—	12.20	—	77081.90	343335.00	22.45
天然气储量（亿立方米）	8098.14	272.76	1457.94	—	9746.20	131.60	0.80	6.31	19583.47	49451.80	39.60
煤炭储量（亿吨）	490.02	38.04	11.82	0.12	158.01	1.32	59.47	93.98	853.73	2399.90	35.57
铁矿储量（亿吨）	25.32	—	0.03	0.17	5.21	2.27	4.18	0.13	35.33	206.60	17.10
锰矿储量（万吨）	567.55	—	—	—	560.17	0.29	1152.27	4417.10	15183.69	21415.40	70.90
铬矿储量（万吨）	56.29	—	3.68	169.22	44.68	8486.60	—	—	273.87	419.80	65.24
钒矿储量（万吨）	0.77	—	—	—	0.16	171.49	0.07	—	172.49	900.20	19.16
原生钛铁矿储量（万吨）	—	—	—	—	45.73	—	3.12	—	48.85	21611.20	0.23
铜矿储量（万吨）	415.67	—	25.08	274.40	210.87	3.33	295.59	0.28	1225.22	2836.40	43.20
铅矿储量（万吨）	584.78	—	51.58	92.93	87.37	44.54	213.43	9.53	1084.16	1720.80	63.00
锌矿储量（万吨）	1178.88	—	109.74	43.34	177.88	147.08	905.84	85.24	2648.00	4034.10	65.64
铝土矿储量（万吨）	—	—	—	—	—	46644.67	1476.94	13322.27	61443.88	98321.90	62.49
菱镁矿储量（万吨）	—	—	49.90	—	—	—	—	—	49.90	108367.00	0.05

146

续表

指标	内蒙古	宁夏	青海	西藏	新疆	广西	云南	贵州	民族地区总和	全国	民族地区在全国的占比（%）
硫铁矿储量（万吨）	14865.81	—	50.08	—	59.36	6141.93	4878.86	5721.90	31717.94	133859.90	23.69
磷矿储量（亿吨）	0.11	0.01	0.60	—	—	—	6.48	6.64	13.84	30.70	45.08
高岭土储量（万吨）	4813.18	—	—	—	7.84	31906.65	311.10	15.00	37053.77	57521.20	64.42
水资源总量（亿立方米）	537.79	10.07	793.86	4416.30	726.93	1990.90	1726.63	1213.12	11415.60	27266.90	41.87
地表水资源量（亿立方米）	397.61	8.16	775.97	4416.30	686.55	1989.65	1726.63	1213.12	11213.99	26263.91	42.70
地下水资源量（亿立方米）	236.26	21.32	349.39	985.11	443.93	402.97	558.44	294.43	3291.85	7745.03	42.50
地表水与地下水资源重复量（亿立方米）	96.08	19.41	331.50	985.11	403.55	401.72	558.44	294.43	3090.24	6742.04	45.84
人均水资源量（立方米/人）	2149.89	152.98	13675.45	140200.00	3186.91	4203.31	3673.28	3461.12	—	1998.64	—
林业用地面积（万公顷）	4398.89	180.10	808.04	1783.64	1099.71	1527.17	2501.04	861.22	13159.81	31259.00	42.10

续表

指标	内蒙古	宁夏	青海	西藏	新疆	广西	云南	贵州	民族地区总和	全国	民族地区在全国的占比(%)
森林面积（万公顷）	2487.90	61.80	406.39	1471.56	698.25	1342.70	1914.19	653.35	9036.14	20768.73	43.51
人工林面积（万公顷）	331.65	14.43	7.44	4.88	94.00	634.52	414.11	237.30	1738.33	6933.38	25.07
森林覆盖率（%）	21.00	11.90	5.60	12.00	4.20	56.50	50.00	37.10	—	21.60	—
活立木总蓄积量（亿立方米）	14.84	0.09	0.49	22.88	3.87	5.58	18.75	3.44	69.94	164.33	42.56
森林蓄积量（亿立方米）	13.45	0.07	0.43	22.62	3.37	5.09	16.93	3.01	64.97	151.37	42.92

注：1. 石油、天然气的数据为剩余技术可采储量。2. 人均水资源中的人口数量按城区人口与城区暂住人口之和计算，以公安部门的户籍统计和暂住人口统计为准，2014 年"草原总面积""可利用草原面积""耕地面积""农用地面积""工业用地面积"指标的相关数值还未公布，故此表将其省略。3. 截至本文写作时，国家统计局国家数据网（http://data.stats.gov.cn/index.htm）的"年度数据"与"地区数据"指标的"年度数据"与"地区数据"整理计算而成。

资料来源：本表格由中华人民共和国国家统计局国家数据网（http://data.stats.gov.cn/index.htm）的"年度数据"与"地区数据"整理计算而成。

最后，与2013年相比，2014年不同指标的变动程度略有所不同。除铬矿和菱镁矿的储量保持不变之外，2014年民族地区能源、黑色金属、有色金属、非金属矿产的探明总储量都要高于2013年。水资源方面，2014年民族地区的水资源总量、地表水资源量、地下水资源量较2013年都有所下降。具体到各省区，内蒙古、新疆、广西呈明显下降趋势，贵州、云南、青海呈明显上升趋势，宁夏稍有下降，西藏变化不大。森林资源方面，2014年与2013年保持数值一致。

（三）民族地区的主要污染物排放

首先，从民族地区整体情况考察其排污情况以及与全国平均水平的对比。因为目前国家还未发布反映各省土地质量变化的数据，本报告将从废水、废气、城市生活垃圾的排放方面进行数据整理（见表3、表4）。在所有条件、能力完全均等的前提下，一个地区污染物排放量的全国占比应与其生产总值的全国占比相符合。如果污染物排放量的全国占比低于其生产总值的全国占比，则说明这一地区产生的污染物相对较少；反之则说明这一地区的污染物相对较多。2013年、2014年民族地区生产总值的全国占比分别为11.10%、11.13%，废水排放量的全国占比分别为10.76%、10.73%，貌似后者与前者基本符合甚至还要略低，但如果细看废水中主要污染物排放量的占比不难发现：除总铬、六价铬占比较低外，其他污染物特别是我国当前最主要的水体污染物化学需氧量、氨氮排放量的全国占比均高于生产总值占比。废气方面，主要废气污染物二氧化硫、氮氧化物、烟（粉）尘排放量的全国占比2013年分别为23.78%、20.04%、23.21%，2014年分别为23.96%、19.92%、19.97%，远高于民族地区生产总值的全国占比。城市生活垃圾清运量方面，2013年、2014年民族地区的全国占比为10.33%、10.49%，与生产总值的全国占比基本符合。由此可见，与其他地区相比，在同样的产值下，民族地区要排出更多的水体污染物与大气污染物，从而说明目前民族地区的生产方式还比较粗放，减排和排污优化程度较低。

其次，从民族地区内部情况考察各省区的排污程度并进行相应对比。为了更为直观地进行对比，笔者在表3、表4的基础上计算出亿元生产总值的污染物

表3 2013年民族地区污染物排放情况

指标	内蒙古	宁夏	青海	西藏	新疆	广西	云南	贵州	民族地区总和	全国	民族地区全国占比(%)
生产总值（亿元）	16916.50	2577.57	2122.06	815.67	8443.84	14449.9	11832.31	8086.86	65244.71	588018.80	11.10
废水排放总量（万吨）	106920.47	38528.43	21953.03	5004.68	100720.29	225302.67	156583.28	93084.53	748097.40	6954432.70	10.76
化学需氧量排放量（万吨）	86.32	22.19	10.34	2.58	67.24	75.94	54.72	32.82	352.15	2352.70	14.97
氨氮排放量（万吨）	5.12	1.71	0.97	0.32	4.65	8.10	5.80	3.83	30.50	245.66	12.42
总氮排放量（万吨）	15.50	2.74	0.72	0.58	16.21	11.69	7.66	4.38	59.48	448.10	13.27
总磷排放量（万吨）	1.25	0.21	0.06	0.04	1.20	1.36	0.74	0.44	5.30	48.73	10.88
石油类排放量（吨）	947.77	153.44	342.37	0.55	1571.87	265.17	373.62	437.39	4092.18	18385.35	22.26
挥发酚排放量（吨）	241.50	6.92	1.28	—	15.99	12.93	2.73	0.27	281.62	1277.33	22.05
铅排放量（千克）	3746.86	19.09	631.29	2.57	135.03	6301.88	6248.39	265.71	17350.82	76111.97	22.80
汞排放量（千克）	94.22	5.23	8.71	0.06	21.82	108.13	10.57	20.28	269.02	916.52	29.35
镉排放量（千克）	536.90	2.41	299.55	0.51	59.58	1075.89	1210.08	26.85	3211.77	18435.72	17.42
总铬排放量（千克）	152.53	241.59	13.20	1.03	2067.09	1780.40	117.58	63.92	4437.34	163117.68	2.72
砷排放量（千克）	6071.59	52.79	1480.14	8943.04	885.43	8290.96	8161.50	486.85	34372.30	112230.03	30.63
六价铬排放量（千克）	37.27	125.92	6.76	—	1638.99	154.58	19.33	30.56	2013.41	58291.45	3.45
二氧化硫排放量（吨）	1358691.70	389712.30	156694.00	4191.66	829431.08	471986.80	663091.24	986423.12	4860222.00	20439000.00	23.78
氮氧化物排放量（吨）	1377573.10	437439.67	132256.10	44327.60	886926.57	504306.91	523672.47	557292.49	4463795.00	22273587.00	20.04
烟（粉）尘排放量（吨）	822126.73	230619.65	173762.04	6750.75	755909.37	289473.82	386895.16	301301.56	2966839.00	12781411.00	23.21
城市生活垃圾清运量（万吨）	350.10	106.00	74.10	24.10	352.30	302.30	324.10	248.40	1781.40	17238.60	10.33

资料来源：本表格由中华人民共和国国家统计局国家数据网（http://data.stats.gov.cn/index.htm）的"年度数据"与"地区数据"整理计算而成。

表 4 2014年民族地区污染物排放情况

指标	内蒙古	宁夏	青海	西藏	新疆	广西	云南	贵州	民族地区总和	全国	民族地区全国占比（%）
生产总值（亿元）	17770.19	2752.10	2303.32	920.83	9273.46	15672.89	12814.59	9266.39	70773.77	635910	11.13
废水排放总量（万吨）	111916.93	37277.25	23001.19	5449.68	102748.31	219304.06	157544.15	110912.12	768153.69	7161750.53	10.73
化学需氧量排放量（万吨）	84.77	21.98	10.50	2.79	67.02	74.40	53.38	32.67	347.51	2294.59	15.14
氨氮排放量（万吨）	4.93	1.66	0.98	0.34	4.59	7.93	5.65	3.80	29.88	238.53	12.53
总氮排放量（万吨）	18.88	3.08	0.79	0.62	17.27	11.43	7.67	4.70	64.44	456.14	14.13
总磷排放量（万吨）	2.15	0.33	0.08	0.05	1.44	1.41	0.77	0.49	6.72	53.45	12.57
石油类排放量（吨）	1226.51	165.50	339.34	3.83	847.91	269.87	319.34	330.79	3500.09	16203.64	21.60
挥发酚排放量（吨）	183.52	156.88	0.97	5.41	26.76	9.97	2.12	0.57	386.20	1378.43	28.02
铅排放量（千克）	7057.93	30.52	692.69	5.03	125.08	5009.33	4846.39	396.62	18163.59	73184.74	24.82
汞排放量（千克）	44.02	1.77	8.26	3.13	21.60	90.55	16.37	9.91	192.61	745.91	25.82
镉排放量（千克）	760.50	2.49	244.10	0.97	56.89	953.76	845.70	197.37	3061.78	17251.10	17.75
总铬排放量（千克）	88.67	105.28	1478.97	2.05	1285.18	1353.37	189.67	9351.45	12388.29	132797.43	9.33
砷排放量（千克）	15637.91	69.97	12.62	5203.48	847.11	5012.22	7354.07	276.30	35880.03	109729.85	32.70
六价铬排放量（千克）	37.13	20.09	5.54	0.62	1009.26	132.20	105.52	70.32	1380.68	34925.33	3.95
二氧化硫排放量（吨）	1312436.37	377055.54	154276.00	4249.87	852981.33	466588.74	636683.23	925787.10	4730058.18	19744159.85	23.96
氮氧化物排放量（吨）	1258281.03	404032.35	134518.07	48343.52	862792.27	442398.76	498879.94	491070.70	4140316.64	20780015.34	19.92
烟（粉）尘排放量（吨）	1021510.38	239170.83	239866.81	13889.88	813915.92	402934.62	366818.71	377856.14	3475963.29	17407507.58	19.97
城市生活垃圾清运量（万吨）	324.60	118.40	77.60	30.80	360.60	338.90	349.50	273.80	1874.20	17860.20	10.49

资料来源：本表格由中华人民共和国国家统计局国家数据网（http://data.stats.gov.cn/index.htm）的"年度数据"与"地区数据"整理计算而成。

排放量（见表5、表6）。本文选取了中国"十二五"时期重点控制的约束性指标——化学需氧量、氨氮作为水体污染物的代表，二氧化硫、氮氧化物作为大气污染物的代表。以产生1亿元国民生产总值为单位，单位化学需氧排放量方面，2013年除西藏外，2014年除西藏、贵州外，其他各省区的排放量均高于全国平均数值。其中，宁夏排放量最高，两年均为同年全国平均数值的两倍多，其

表5 2013年民族地区亿元生产总值的单位污染物排放量

指标	内蒙古	宁夏	青海	西藏	新疆	广西	云南	贵州	民族地区	全国
化学需氧量排放量（吨）	51.03	86.09	48.73	31.63	79.63	52.55	46.25	40.58	53.97	40.01
氨氮排放量（吨）	3.03	6.63	4.57	3.92	5.51	5.61	4.90	4.74	4.67	4.18
二氧化硫排放量（吨）	80.32	151.19	73.84	5.14	98.23	32.66	56.04	121.98	74.49	34.76
氮氧化物排放量（吨）	81.43	169.71	62.32	54.35	105.04	34.90	44.26	68.91	68.42	37.88
城市生活垃圾清运量（吨）	206.96	411.24	349.19	295.46	417.23	209.21	273.91	307.16	273.03	293.16

资料来源：由中华人民共和国国家统计局国家数据网（http://data.stats.gov.cn/index.htm）的"年度数据"与"地区数据"整理计算而成。

表6 2014年民族地区亿元生产总值的单位污染物排放量

指标	内蒙古	宁夏	青海	西藏	新疆	广西	云南	贵州	民族地区	全国
化学需氧量排放量（吨）	47.70	79.87	45.59	30.30	72.27	47.47	41.66	35.26	49.10	36.08
氨氮排放量（吨）	2.77	6.03	4.25	3.69	4.95	5.06	4.41	4.10	4.22	3.75
二氧化硫排放量（吨）	73.86	137.01	66.98	4.62	91.98	29.77	49.68	99.91	66.83	31.05
氮氧化物排放量（吨）	70.81	146.81	58.40	52.50	93.04	28.23	38.52	52.99	58.50	32.68
城市生活垃圾清运量（吨）	182.67	430.22	336.90	334.48	388.85	216.23	272.74	295.48	264.82	280.86

资料来源：由中华人民共和国国家统计局国家数据网（http://data.stats.gov.cn/index.htm）的"年度数据"与"地区数据"整理计算而成。

次是新疆。单位氨氮排放量方面，除内蒙古、西藏低于全国平均数值，其他省区均高于全国平均数值，其中最高的是宁夏，其次是广西。单位二氧化硫排放量方面，宁夏最高，是民族地区平均数值的两倍多，是全国平均数值的四倍多；贵州、新疆、内蒙古、青海也均为全国整体数值的两倍多，西藏最低，其次为广西，两者均低于全国平均数值。单位氮氧化物排放量方面，宁夏最高，其次是新疆；广西排放量最低，低于全国平均数值，其次为云南。单位城市生活垃圾清运量方面，2013年新疆最多，2014年宁夏为最多；内蒙古最少，其次为广西，云南也低于全国平均数值。整体而言，2013年、2014年民族地区的排污优化程度不容乐观，大部分民族省区的排污数值都高于全国平均数值，其中宁夏的情况都最为严重，其次是新疆；西藏相对情况最好。

最后，纵观民族地区及各省区2014年与2013年的变化。从排污总量上来看（见表3、表4），2014年民族地区的废水排放总量较2013年有所上升，但最主要水体污染物化学需氧量、氨氮的排放量有所下降；废气污染物中最主要的二氧化硫与氮氧化物的排放量有所下降，烟（粉）尘的排放量有所上升；城市生活垃圾清运量有所上升。具体到各民族省区的排放总量，最主要水体污染物化学需氧量、氨氮的排放量方面，除青海、西藏有所上升外，其他六省区的排放量均有所降低；二氧化硫排放量方面，西藏和新疆有所上升，其他省区均有所下降；氮氧化物排放量方面，青海和西藏有所上升，其他省区有所下降；城市生活垃圾清运量方面，内蒙古之外的其他省区均有所上升。在亿元生产总值的污染物排放量方面（见表5、表6），2014年民族地区整体以及各民族省区单位化学需氧量、氨氮、二氧化硫、氮氧化物的排放量都有所下降，在单位城市生活垃圾的清运量方面，除宁夏、西藏、广西数值有所上升外，其他各民族省区及民族地区整体都有所下降。

综上，民族地区整体的排污优化程度落后于全国平均水平，大部分民族省区亿元生产总值的排污量都高于全国平均数值，尤其是宁夏与新疆引人注目。优化产业结构与能源消费结构，降低污染物的排放，提高排污优化程度是民族地区共同面临的问题。同时，与2013年相比，2014年民族地区水与大气的主要污染物排放总量和亿元生产总值的排污量都有所下降，虽然个别省区的个别指标污染物排放总量有所上升，但是所有民族省区的亿元生产总值的单位排污量均有所下降,排污优化程度呈提高态势。西藏地区虽然生态环境基础比较好,亿元生产总值的化学需氧量、氨氮、二氧化硫、氮氧化物单位排污量也呈下降趋势,但与其他民族省区降低排污总量的大趋势不同,2014年其化学需氧量、氨氮、二氧化硫、氮氧化物排放总量以及城市生活垃圾清运量都呈上升状态,值得警惕。

(四)民族地区的突发环境事件与自然灾害

除了日常排污之外,突发的环境事件与自然灾害也会对生态环境带来某些突变性的破坏。2013年民族地区突发环境事件46次,占全国突发环境事件总次数的6.46%,其中广西发生次数最多,为16次;其次是新疆,发生10次;西藏发生最少,0次。2014年民族地区突发环境事件34次,全国占比7.22%,其中广西发生次数依旧最多,为8次;其次是宁夏,发生7次;西藏发生最少,0次。按照事件的严重程度,突发环境事件可以分为特别重大环境事件、重大环境事件、较大环境事件、一般环境事件、未定级环境事件五类,上述事件中除2013年宁夏发生过1次较大环境事件,广西发生过1次较大环境事件、1次重大环境事件,2014年宁夏发生过1次较大环境事件外,其他事件均为一般环境事件。自然灾害方面,2013年民族地区受灾人口为6297.5万人次,占全国受灾人口人次的16.22%,民族地区直接经济损失626.6亿元,全国占比为10.79%;2014年民族地区受灾人口的人次数量有所下降,为5535.2万人次,全国占比有所上升,为22.73%,民族地区直接经济损失1144.9亿元,是2013年的近两倍之多,全国占比也大幅上升为33.94%。从民族地区各省区的数据来看,2013年与2014年自然灾害受灾人口人次最多的省区均为贵州、云南、广西西南三省区,2013年直接经济损失最大的三个省区分别为云南、贵州、内蒙古,2014年直接经济损失最大的三个省区分别为:云南、贵州、广西。自然灾害虽为天灾,但是诱发自然灾害的因素里却不乏人为因素,特别是西南地区的泥石流、山体滑坡等灾害。破坏生态环境会加重水土流失,容易引发自然灾害;而自然灾害也在一定程度上加速了环境的恶化,两者呈现出恶性循环的关系。

表7 2013年民族地区突发环境事件及自然灾害情况

指标	内蒙古	宁夏	青海	西藏	新疆	广西	云南	贵州	民族地区总和	全国	民族地区全国占比(%)
突发环境事件次数(次)	4	3	2	0	10	16	2	9	46	712	6.46
自然灾害受灾人口(万人次)	565.6	188.7	167.5	151.5	197.1	764.8	1984.2	2278.1	6297.5	38818.7	16.22
自然灾害直接经济损失(亿元)	128.9	15.4	13.6	42.0	80.4	63.1	154.2	129.0	626.6	5808.4	10.79

资料来源：表中"全国突发环境事件次数"参考中华人民共和国环境保护部发布的《全国环境统计公报（2013年）》（http：//zls.mep.gov.cn/hjtj/qghjtjgb/201503/t20150316_297266.htm），其他数据由中华人民共和国国家统计局国家数据网（http://data.stats.gov.cn/index.htm）的"年度数据"与"地区数据"整理计算而成。

表8 2014年民族地区突发环境事件及自然灾害情况

指标	内蒙古	宁夏	青海	西藏	新疆	广西	云南	贵州	民族地区总和	全国	民族地区全国占比(%)
突发环境事件次数(次)	2	7	6	0	5	8	3	3	34	471	7.22
自然灾害受灾人口(万人次)	644.5	220.6	129.8	17.6	513.6	100.5	1414.8	1493.8	5535.2	24353.7	22.73
自然灾害直接经济损失(亿元)	113.1	16.6	9.3	1.9	170.1	191.7	444.2	198.0	1144.9	3373.8	33.94

资料来源：表中"全国突发环境事件次数"参考中华人民共和国环境保护部发布的《全国环境统计公报（2014年）》（http：//zls.mep.gov.cn/hjtj/qghjtjgb/201510/t20151029_315798.htm），其他数据由中华人民共和国国家统计局国家数据网（http://data.stats.gov.cn/index.htm）的"年度数据"与"地区数据"整理计算而成。

三 民族地区生态文明建设的水平与趋势

(一) 民族地区的生态治理与保护

治污减排、植树育林、建立自然保护区,是生态治理与保护的重要途径。在城市生活垃圾的无害化处理方面,西藏暂无统计数据,2013年广西的处理率最高,为96.40%;其次是内蒙古、宁夏、贵州,均高于全国平均水平;云南、青海、新疆的处理率低于全国平均水平。2014年除广西的无害化处理率有所下降之外,其他六个民族省区及全国均呈上升状态。其中内蒙古的无害化处理率最高,为96.1%;其次为广西、宁夏、贵州、云南,均高于全国平均水平;青海和新疆仍低于全国平均水平。在工业污染治理方面,整个民族地区2013年完成投资1670341万元,占全国总投资的19.66%;2014年投资升至2057416万元,全国占比也提高至20.62%。从民族地区内部来看,2014年除广西与贵州的投资有所下降之外,其他民族省区均有所提高。从投资项目的比例来看,西藏地区比较特殊,其他民族省区及全国的工业污染治理总投资中的最大比例开支都为废气治理,而西藏的废水治理投资占据了总投资的最大比例,2013年为85.45%,2014年为70.24%。林业投资方面,整个民族地区2013年投资12347077万元,全国占比32.64%。其中生态建设与保护投资4029716万元,全国占比21.54%;2014年林业投资升至15046424万元,全国占比34.79%,其中生态建设与保护投资升至4196869万元,全国占比21.54%。民族省区中,2014年内蒙古、青海、新疆、广西、云南、贵州六省区的林业投资总额和生态建设与保护投资较2013年均有上升;宁夏林业投资总额有所下降,生态建设与保护投资有所上升;西藏林业投资总额有所上升,生态建设与保护投资有所下降。综观工业污染治理投资与林业投资,如上文表3、表4所示,2013年民族地区生产总值的全国占比为11.13%,2014年为11.10%;而通过表9、表10可以看出:民族地区的工业污染治理投资与林业投资,无论是总额还是各单项额度的全国占比,均超过了其生产总值的全国占比,这也就意味着在民族地区治理与保护生态环境的经济投入要相对高于其他地区。

造林总面积方面，民族地区2013年造林230.74万公顷，全国占比37.83%；2014年造林187.35万公顷，全国占比33.76%；其中除西藏造林面积有所上升之外，其他民族省区均处于下降状态。关于自然保护区，民族地区2013年建有自然保护区642个，总面积10203.30万公顷，其中国家级自然保护区110个，面积为7654.50万公顷；2014年建有自然保护区643个，总面积10106.50万公顷，其中国家级自然保护区115个，面积为7695.60万公顷。虽然2013年、2014年民族地区自然保护区总个数以及国家级自然保护区个数的全国占比分别在23%左右与27%左右，但其面积的全国占比分别为69%与80%左右，因此对全国的自然保护都起着至关重要的作用。民族省区中，2014年内蒙古、青海、广西、云南的自然保护区面积均有缩小，新疆、贵州的自然保护区面积有所扩大，宁夏与西藏保持不变。另外，西藏与青海的自然保护占辖区面积比最高，2013年分别为33.9%、30.1%，即两省区近1/3的面积为自然保护区，再次凸显青藏高原的生态安全地位。

（二）民族地区生态文明建设水平

生态文明建设作为一项全面性、系统性、整体性工程，除了上文提及的治污减排、植树育林、自然保护之外，还包含许多其他项目内容。2010年，北京林业大学生态文明研究中心构建了一套中国省域生态文明发展指数评价指标体系，提出了对生态文明动态发展进行评估的生态文明发展指数（Ecological Civilization Progress Index，ECPI）以及反映静态生态文明水平的绿色生态文明指数（Green Ecological Civilization Index，GECI）。其中，前者反映各省区生态文明发展的相对速度，与后者相结合，更能全面反映出各地区生态文明建设现状。根据其所发布的最新数据，从整体建设水平而言，2014年民族省区中只有宁夏与新疆低于全国平均水平，其他六省区均高于全国水平。从总体发展速度来看，内蒙古、宁夏、广西、贵州高于全国平均值，新疆、青海、西藏、云南低于全国平均值，其中西藏、云南还低于自身上年的总体发展速度。从生态保护、环境改善、资源节约、排放优化四个指标来看，各省区生态文明发展各有特色，优劣势有所区别，各省区应该根据自身情况，因地制宜地找到符合自身发展的生态文明建设道路。

表9 2013年民族地区环境治理与保护

指标	内蒙古	宁夏	青海	西藏	新疆	广西	云南	贵州	民族地区总和	全国	民族地区全国占比（%）
城市生活垃圾无害化处理率（%）	93.6	92.5	77.8	—	78.1	96.4	87.6	92.2	—	89.3	—
工业污染治理完成投资（万元）	626746	165486	30456	9889	220054	183218	238930	195562	1670341	8496647	19.66
治理废水项目完成投资（万元）	53677	18947	2985	8450	37086	66235	35224	22867	245471	1248822	19.66
治理废气项目完成投资（万元）	477779	138889	27174	466	165143	110217	163633	170472	1253773	6409109	19.56
治理固体废物项目完成投资（万元）	27484	5176	—	845	8187	540	8768	198	51198	140480	36.45
治理噪声项目完成投资（万元）	101	6	—	15	38	276	3115	543	4094	17628	23.22
治理其他项目完成投资（万元）	67706	2469	297	113	9600	5950	28190	1483	115808	680608	17.02
林业投资（万元）	1500005	186810	268967	166755	695760	8283917	854863	390000	12347077	37822700	32.64
生态建设与保护本年完成投资（万元）	1046212	118161	201321	149535	424264	1250515	493739	345969	4029716	18705800	21.54
造林总面积（万公顷）	80.52	10.12	15.28	6.96	16.45	14.99	52.43	34	230.74	610.01	37.83

续表

指标	内蒙古	宁夏	青海	西藏	新疆	广西	云南	贵州	民族地区总和	全国	民族地区全国占比（%）
国家级自然保护区个数（个）	27	8	7	9	10	21	20	8	110	407	27.03
自然保护区个数（个）	184	14	11	47	31	78	154	123	642	2697	23.80
自然保护区面积（万公顷）	1368.90	53.30	2176.50	4136.90	1948.30	145.60	285.70	88.10	10203.30	14631.00	69.74
国家级自然保护区面积（万公顷）	416.70	43.90	2073.40	3715.30	1193.10	37.40	150.30	24.40	7654.50	9403.93	81.40
自然保护区占辖区面积比重（%）	11.6	10.3	30.1	33.9	11.7	6.0	7.5	5.0	—	14.8	—

资料来源：表格中"林业投资""生态建设与保护本年完成投资"数据参考国家林业局《2013 年全国林业统计年报分析报告》（http://www.forestry.gov.cn/main/225/content-677457.html），其他数据由中华人民共和国国家统计局国家数据网（http://data.stats.gov.cn/index.htm）的"年度数据"与"地区数据"整理计算而成。

表10　2014年民族地区环境治理与保护

指标	内蒙古	宁夏	青海	西藏	新疆	广西	云南	贵州	民族地区总和	全国	民族地区全国占比（%）
城市生活垃圾无害化处理率（%）	96.1	93.3	86.3	—	81.9	95.4	92.5	93.3	—	91.8	—
工业污染治理完成投资（万元）	775439	272967	74508	10283	316542	178909	244003	184765	2057416	9976511	20.62
治理废水项目完成投资（万元）	20939	30829	11752	7723	37007	32927	31218	13117	185512	1152473	16.10
治理废气项目完成投资（万元）	708403	219777	48768	1453	278911	106049	134079	169146	1666586	7893935	21.11
治理固体废物项目完成投资（万元）	17731	14840	3328	260	42	17201	33521	665	87588	150504	58.20
治理噪声项目完成投资（万元）	1042	—	10659	—	38	—	215	—	1295	10950	11.83
治理其他项目完成投资（万元）	27325	7522	281662	847	543	22731	44971	1837	116435	768649	15.15
林业投资（万元）	1513615	164160	281662	188309	730509	10861358	904811	402000	15046424	43255100	34.79
生态建设与保护本年完成投资（万元）	1082552	132263	203853	128958	453909	1298740	544312	352282	4196869	19479700	21.54

续表

指标	内蒙古	宁夏	青海	西藏	新疆	广西	云南	贵州	民族地区总和	全国	民族地区全国占比（%）
造林总面积（万公顷）	55.93	8.42	13.20	8.27	15.13	14.37	40.04	32	187.35	554.96	33.76
自然保护区个数（个）	182	14	11	47	31	77	157	124	643	2729	23.56
国家级自然保护区个数（个）	29	9	7	9	11	22	20	8	115	428	26.87
自然保护区面积（万公顷）	1264.30	53.30	2166.50	4136.90	1971.20	142.10	283.20	89.00	10106.50	14699.15	68.76
国家级自然保护区面积（万公顷）	428.40	46.00	2073.40	3715.30	1218.90	38.90	150.30	24.40	7695.60	9651.63	79.73

资料来源：表格中"林业投资""生态建设与保护本年完成投资"数据参考国家林业局《2014年全国林业统计年报分析报告》（http://www.forestry.gov.cn/main/304/content-769221.html），其他数据由中华人民共和国国家统计局国家数据网（http://data.stats.gov.cn/index.htm）的"年度数据"与"地区数据"整理计算而成。

表11　2014年民族地区生态文明发展的基本情况

地　区	生态保护	环境改善	资源节约	排放优化	总体发展速度	建设水平
全　国	5.01	1.74	5.03	5.84	4.40	69.09
内蒙古	3.07	-5.46	69.76	23.74	22.78	69.50
宁　夏	6.80	14.70	2.62	28.23	13.08	56.65
青　海	1.52	1.20	1.02	5.82	2.39	68.37
西　藏	-12.47	0.21	5.10	4.88	-0.57	77.00
新　疆	0.10	-1.05	-1.40	18.23	3.97	66.02
广　西	2.09	4.86	5.00	12.97	6.23	75.70
云　南	0.99	0.54	-14.34	-2.16	-3.74	73.39
贵　州	4.48	6.05	-3.33	13.00	5.05	70.26

注：生态保护、环境改善、资源节约、排放优化以及总体发展速度均用2013~2014年的进步率（%）表示，建设水平用绿色生态文明指数（GECI2014）表示。

资料来源：根据严耕等《中国生态文明建设发展报告2014》（北京大学出版社，2015）39页、43页、46页、52页表格制作而成。

（三）民族地区的可持续发展能力

生态文明建设与社会经济的整体发展水平息息相关，特别是与可持续发展能力的关系密不可分。中国科学院可持续发展战略研究组自1999年开始推出《中国可持续发展报告》，近三年更是持续关注生态文明建设。报告从生存支持系统、发展支持系统、环境支持系统、社会支持系统、智力支持系统五个方面建构可持续发展能力评估指标体系，根据其2015年公布的最新数据[①]，2013年民族八省区的可持续发展能力综合评估结果及排序如表12。从整体得分来看，内蒙古最高，西藏最低，但民族八省区的可持续发展能力均低于全国平均水平，情况不容乐观。从大陆31个省区的排序来看，民族地区整体排名较为落后，位居后10位的省区中有7个属于民族地区。从系统指标来看，除西藏外，其他各省区以及全国平均值中得分最少的均为环境支持系统，可见环境系统发展已经成为大部分民族地区以及全国整体可持续发展能力的最主要制约因素。特别是在宁夏和新疆，环境支持系统的得分不仅低于2013年的全国平均

---

① 中国科学院可持续发展战略研究组：《2015中国可持续发展报告——重塑生态环境治理体系》，科学出版社，2015。

水平，甚至低于1995年的全国平均水平。除此之外，各个省区可持续发展能力的制约因素有所不同，比如西藏的生存支持系统与环境支持系统得分均高于全国平均水平，但其发展支持系统与智力支持系统是明显的发展短板。因此，未来民族地区要有针对地协调各系统，全面提升可持续发展能力。

表12 2013年民族地区可持续发展能力综合评估结果及排序

地区	生存支持系统	排序	发展支持系统	排序	环境支持系统	排序	社会支持系统	排序	智力支持系统	排序	可持续发展能力	排序
内蒙古	107.2	7	111.4	23	101.9	25	112.1	11	108.4	24	108.2	20
宁夏	101.4	30	108.1	27	98.7	31	111.1	19	108.8	22	105.6	30
青海	104.9	20	103.8	30	102.8	19	111.0	20	106.9	29	105.9	29
西藏	107.9	3	96.6	31	103.0	16	106.9	31	98.0	31	102.5	31
新疆	106.2	12	105.8	29	99.2	30	111.4	18	106.9	30	105.9	28
广西	106.8	11	112.3	22	103.7	12	109.3	29	107.8	28	108.0	22
云南	106.0	13	109.1	25	103.4	14	109.4	30	108.0	27	107.1	24
贵州	103.8	24	108.5	26	103.0	17	109.6	28	108.1	25	106.6	26
全国	105.5		115.0		102.2		111.6		111.9		109.2	

注：1995年全国=100.0。
资料来源：根据中国科学院可持续发展战略研究组《2015中国可持续发展报告——重塑生态环境治理体系》（科学出版社，2015）第212页表格制作而成。

（四）民族地区生态文明的发展趋势

上文所提的ECPI指标是对生态文明发展速度相对快慢的比较，北京林业大学生态文明研究中心通过计算生态文明发展速度的进步率，进一步探索生态文明发展趋势，其中少数民族省区的相关情况如表13。2012~2014年，宁夏、内蒙古生态文明发展速度的进步率最快，分别为41.70%与22.87%，分列全国的前两名。其中，宁夏主要依靠排放优化和环境改善指标的进步率，内蒙古则主要依靠资源节约与排放优化指标的进步率。新疆的发展速度进步率为1.51，推动因素主要为排放优化。贵州、广西、西藏、青海、云南的生态文明发展速度放缓，进步率呈负增长趋势。这一时期，全国生态文明水平保持连年上升，但进步速度也显示出下降趋势。这恰恰说明治理污染、改善生态环境非一日之功，需要长期不懈地坚持与努力。

表 13 2012～2014 年民族地区生态文明发展趋势

地区	ECPI 进步率(%)	生态保护 进步率(%)	环境改善 进步率(%)	资源节约 进步率(%)	排放优化 进步率(%)	排名
宁 夏	41.70	-6.93	21.90	-2.61	154.45	1
内蒙古	22.87	0.37	-10.68	86.77	15.01	2
新 疆	1.51	-2.58	-2.64	-6.73	17.98	11
贵 州	-2.42	-3.36	5.98	-19.58	7.26	17
广 西	-2.51	-4.08	1.52	-5.72	-1.75	18
西 藏	-4.05	-22.27	-3.67	7.76	1.97	23
青 海	-4.89	-1.69	1.33	0.79	-20.00	26
云 南	-10.23	-0.79	-3.53	-21.36	-15.23	30

资料来源：根据严耕等《中国生态文明建设发展报告 2014》（北京大学出版社，2015）第 20 页表格制作而成。

四 结论与建议

（一）结论

民族地区的生态文明建设具有自身特殊性。民族地区大多位于我国的中西部地区，地理位置上较为偏远，自然条件较差。2005 年中央民族工作会议之后，国家从各方面持续加大对民族地区的支持力度，深入实施西部大开发战略，民族地区经济社会发展取得显著成就；但从全国范围看，民族地区整体落后的状况仍然没有改变。与此同时，民族地区多处于大江大河的源头和上游，是国家重要的生态屏障。近些年伴随以生态功能修复为主的天然林保护、三江源保护、退耕还林、退牧还草、防沙固沙、生态移民等重大生态工程的开展，民族地区的生态文明建设取得了一定进展，但生态系统整体质量仍然较低。[1]因此，与东部地区相比，民族地区面临的发展社会经济与保护生态环境的双重压力都更为巨大。民族地区的资源储藏量在全国占有重要比例，是资源富集区，但部分资源特别是水资源 2014 年较 2013 年呈减少状态。虽然民族地区

---

[1] 国家民族事务委员会编《中央民族工作会议精神学习辅导读本》，民族出版社，2015，第 133~138、216~219 页。

2014年减排与排污优化程度有所提高,但是仍落后于全国平均水平,大部分民族省区亿元生产总值的废水、废气单位排污量都高于全国平均数值。民族地区受自然灾害影响明显,特别是贵州、云南、广西西南三省区,自然灾害与环境恶化呈现出互为诱因的恶性循环关系。民族地区治理污染与保护环境资金投入大,其中无论是在治理工业污染方面还是在生态建设与保护等林业投资方面,民族地区投入资本的全国占比都明显超过了其生产总值的全国占比,承担了全国超过1/3的造林任务,拥有全国面积近80%的国家级自然保护区,担负着重要的生态屏障作用。2014年民族八省区中除宁夏与新疆外,生态文明建设水平即绿色生态文明指数GECI均高于全国平均水平,但发展速度呈放缓趋势。环境生态脆弱,可持续发展能力不强,两者互相影响,成为民族地区未来发展的突出瓶颈。总之,民族地区的生态文明建设优势与劣势同在,进步与曲折共存,未来任重而道远。

(二)对策建议

1. 贯彻落实国家的各项政策法规,建立健全民族地区的生态文明制度体系

生态文明建设作为一项需要融入经济建设、政治建设、文化建设、社会建设各方面和全过程的系统工程,其开展推行离不开中央与地方的政策支持与制度保障。近些年国家连续出台一系列有关生态文明建设的政策法规,其中,2015年中共中央国务院印发的《生态文明体制改革总体方案》在阐述我国生态文明体制改革的目标时,明确指出构成生态文明制度体系的八项制度——"自然资源资产产权制度、国土空间开发保护制度、空间规划体系、资源总量管理和全面节约制度、资源有偿使用和生态补偿制度、环境治理体系、环境治理和生态保护市场体系、生态文明绩效评价考核和责任追究制度"[①]。因此,生态文明建设中央层面的顶层设计已经初步完成,关键的是地方上的贯彻与落实。民族地区要严格地按照中央要求,调整完善地方相关规划和政策法规,建立健全生态文明制度体系,为地方的生态文明建设保驾护航。

2. 因地制宜、有的放矢地在民族地区开展生态文明建设

民族地区幅员辽阔,生态文明建设虽然面临着一些共同的问题,但各地情

---

① 《生态文明体制改革总体方案》,新华网,http://news.xinhuanet.com/2015-09/21/c_1116632159.htm。

况也存在很大差异。比如在污染物的排放方面，西藏地区虽然生态环境基础比较好，亿元生产总值的化学需氧量、氨氮、二氧化硫、氮氧化物单位排污量也呈下降趋势，但与其他民族省区降低排污总量的大趋势不同，2014年其化学需氧量、氨氮、二氧化硫、氮氧化物排放总量以及城市生活垃圾清运量都呈上升状态，值得警惕。根据北京林业大学生态文明研究中心的中国省域生态文明发展指数评价指标体系，2014年的民族地区中广西属于生态文明水平较高、发展速度较快的领跑型省区；宁夏属于生态文明水平相对偏低，发展速度较快的追赶型省区；西藏、云南属于生态文明水平较高，发展速度偏慢的前滞型省区；内蒙古、贵州、新疆属于生态文明水平或速度接近于平均值的中间型省区。① 因此，根据不同地区面临的不同问题，生态文明建设的重点也要有所区分与侧重。

3. 调整优化民族地区产业结构，利用自身优势发展特色经济

生态文明建设的顺利开展要以社会经济的全面发展为基础，而产业结构的优化是经济结构优化的根本。由于历史与现实的原因，民族地区产业基础薄弱，结构不合理的问题突出，产业发展层次低，产业关联度不高，辐射带动效应差；轻重工业失衡，工业经济整体效益偏低；分配结构与增长动力结构失衡明显②。民族地区地域辽阔，资源丰富，风景秀丽，民族文化多姿多彩，在农牧业、矿产、能源、文化、旅游等方面都具有独特优势。近些年在人们追求"绿色、生态、健康、环保"的消费潮流下，民族地区发展绿色有机农牧业与生态休闲观光农业的市场前景广阔。民族地区的旅游业虽已有一定的发展历史，但是目前形式还较为低端，经济效益有限且对环境的破坏较大，未来应向中高端的绿色、环保、精品旅游模式发展，同时，带动旅游服务业、民族特色产品加工业、民族文化产业等特色优势经济的发展，最大限度地为当地少数民族群众提供就业机会，扩大少数民族群众收入来源。

4. 加强民族地区的节能减排工作，大力发展清洁能源的开发与使用

目前民族地区粗放式的资源开发模式与生产方式还未彻底改变，未来还需

---

① 严耕等：《中国生态文明建设发展报告2014》，北京大学出版社，2015，第17页。
② 国家民族事务委员会编《中央民族工作会议精神学习辅导读本》，民族出版社，2015，第223页。

要进一步严格执行污染物排放标准和总量控制指标,大幅度减少污染物排放。民族地区是我国矿产、能源的重要储藏区,但同时也是我国多处限制开发区域和禁止开发区域的所在地。《国务院关于印发全国主体功能区规划的通知》中明确指出:位于限制开发的重点生态功能区的能源基地和矿产资源基地建设,必须进行生态环境影响评估,尽可能减少对生态空间的占用,并同步修复生态环境。在不损害生态功能前提下,在重点生态功能区内资源环境承载能力相对较强的特定区域,支持其因地制宜适度发展能源和矿产资源开发利用相关产业。资源环境承载能力弱的矿区,要在区外进行矿产资源的加工利用。对适宜开发矿产的地区进行保护性开发,加快技术攻关,提高资源综合利用水平,构建循环经济产业链[1]。与此同时,利用少数民族地区的自然优势,大力发展风能、太阳能、沼气能、地热能等清洁能源,解决山区、高原、草原地区的能源需求。

5. 继续加大中央对民族地区的支援力度,切实推行资源有偿使用与生态补偿制度

虽然民族地区的发展,从根本上要依靠民族地区自身的努力,但是要尽快缩小其与发达地区的差距,实现跨越式的发展,离不开中央的支援[2]。并且,多年来民族地区承担着资源输出与生态屏障的作用,其贡献未得到合理的体现与补偿。通过上文分析得知:与生产总值相比,民族地区治理污染与保护环境资金的投入要高于全国平均水平,这让社会经济水平本身就较为落后的民族地区无疑有了更沉重的财政负担。根据全国主体功能区的规划,民族地区有诸多限制开发区域和禁止开发区域,承担着重要的生态保护任务。因此,中央对于民族地区的支援力度只能加大不能减少。进一步加大完善对民族地区的财政转移支付,通过一系列基础设施建设工程、公共服务项目、重大生态保护工程以及民族地区优惠政策,全面促进民族地区的社会经济发展,提升民族地区科教文卫及环境保护事业的整体水平。坚持使用资源付费,谁污染环境、谁破坏生态谁付费、谁受益、谁补偿的原则,让民族地区对生态环境的贡献得到合理补偿。

---

[1] 《国务院关于印发全国主体功能区规划的通知》,中华人民共和国中央人民政府官网,http://www.gov.cn/zwgk/2011-06/08/content_1879180.htm。

[2] 国家民族事务委员会编《中央民族工作会议精神学习辅导读本》,民族出版社,2015,第148页。

6. 加强生态文明的宣传教育工作，形成全民参与的良好氛围

生态文明建设作为一项利国利民的长期工程，每一个人都应该是其中的参与者与受益者。但是由于长期以来，人们对经济增长的片面追求，特别是民族地区人民群众对于发展经济、提高生活水平的愿望更为迫切，因此用经济发展牺牲生态环境的例子屡见不鲜。其实，在传统的民族文化中，有着许多适度开发、人与自然和谐发展的生态保护理念。因此，要在重新挖掘民族地区传统的环境保护观念基础上，全面加强生态文明的宣传教育工作，把生态文明理念融入生产生活的各个方面，提高人民群众的环保意识与法制观念，最终形成全民关注、支持、参与、监督、共享生态文明建设的良好氛围。

专题报告

Special Reports

B.7
民族地区扶贫开发与全面建成小康社会

刘小珉*

摘 要： 本文对民族地区经济社会发展现状、农村贫困特征、农村扶贫开发的成效及面临的问题进行了全面分析。主要结论是：民族地区是中国的面积大区、水系源头区、生态屏障区、文化特色区、资源富集区、战略重点区、经济社会欠发达地区。民族地区农村贫困表现出量大面广、贫困分布与生态脆弱区高度耦合、贫困人口向少数民族集中、脱贫难度大，并呈整体性、长期性特征。因此，中国政府始终关注民族地区的经济社会发展，制定和实施了一系列扶贫政策和措施，推动民族地区的减贫事业。特别是"十一五"以来，民族地区由专项扶贫、行业扶贫、社会扶贫组成的"三位一体"扶贫工作格局逐渐清晰，扶贫开发工作取得了显著

---

* 刘小珉，中国社会科学院民族学与人类学研究所研究员。

民族发展蓝皮书

成果。但由于民族地区自然、生态环境、基础设施等限制条件及以往扶贫开发实践中存在诸多问题,民族地区实施的扶贫政策绩效还不太高。而且,近年来,在中国经济放缓的背景下,减贫难度越来越大,在与全国一样减贫速度放缓的同时,民族地区减贫速度呈加速减缓趋势,从而导致民族地区脱贫攻坚的难度越来越大,目前仍是全国扶贫开发的重点和硬骨头。因此,针对民族地区发展现状、贫困特征及扶贫开发中存在的问题,在今后的扶贫工作中,政府应该坚持精准扶贫战略,做到"因人因地施策,因贫困原因施策,因贫困类型施策"。

关键词: 民族地区 扶贫开发 全面小康

改革开放以来,中国的反贫困大致经历了体制减贫、大规模开发式扶贫、扶贫攻坚、扶贫新开发以及全面建成小康社会扶贫攻坚新阶段等五个阶段。① 回顾反贫困历程,可以得出,中国的反贫困实践是一个逐渐推进的过程,其主要途径有三个:经济增长、扶贫开发及社会救助。伴随着国家"八七扶贫攻坚计划""农村扶贫开发纲要"的顺利实施,包括专项扶贫、行业扶贫、社会扶贫"三位一体"的扶贫工作格局逐渐清晰,扶贫投入成为公共财政预算安排的优先领域,扶贫开发成效显著。2000~2014年,中央财政累计投入专项扶贫资金2959.44亿元。② 按照当年的贫困标准,中国农村贫困人口从2000年的9422万人,减少到2015年的5575万人。③

---

① 《中国式扶贫进入第五阶段:主攻14片区,最难的是跨省协调》,《东方早报》2012年7月5日。
② 根据《中国扶贫开发年鉴2015》中相关数据计算、整理。《中国扶贫开发年鉴》编委会编《中国扶贫开发年鉴2015》,团结出版社,2015。
③ 国家统计局:《中国统计年鉴2015》,中国统计出版社,2015;中华人民共和国国家统计局:《中华人民共和国2015年国民经济和社会发展统计公报》,国家统计局网站,2016年2月29日,http://www.stats.gov.cn/tjsj/zxfb/201602/t20160229_1323991.html。

民族地区是中国的欠发达地区，是中国扶贫攻坚的主战场。中国政府在扶贫政策、项目资金上一直向民族地区倾斜。2006~2013年，中央财政投入民族八省区的扶贫资金从51.5亿元增加到166亿元，八年累计投入758.4亿元，占全国总投入的40.6%。① 在中央、各级地方政府与社会各界的大力支持下，在民族地区人民群众的努力下，民族地区农村经济全面发展、农村居民生存和温饱问题基本解决，贫困人口大幅减少。按照当年的贫困标准，民族八省区贫困人口从2000年的3144万人，减少到2015年的1813万人。但是，民族地区脱贫攻坚形势依然严峻。2015年末，民族八省区农村贫困人口占全国农村贫困人口的比重32.5%，是其乡村人口占全国比重的近两倍。②

2015年11月3日，《中共中央关于制定国民经济和社会发展第十三个五年规划的建议》（以下简称《建议》）正式公布。《建议》明确提出要在已经确定的全面建成小康社会目标要求的基础上，到2020年在"我国现行标准下农村贫困人口实现脱贫，贫困县全部摘帽，解决区域性整体贫困"。③ 这说明，农村贫困人口脱贫是民族地区全面建成小康社会的最大短板，也在很大程度上影响、制约着全国2020年实现全面建成小康社会的宏伟目标。为了实现2020年现行标准下农村贫困人口全部脱贫，2015年11月召开了中央扶贫工作会议，会议要求包括民族八省区在内的多个省区立下军令状、签订脱贫攻坚责任书。2016年3月17日，新华社公布《中华人民共和国国民经济和社会发展第十三个五年规划纲要》，该纲要把加快少数民族和民族地区发展摆到更加突出的战略位置，势必会给民族地区扶贫开发带来史无前例的支持力度，有理由相信，民族地区能在2020年实现现行标准下农村贫困人口脱贫。

---

① 国家民委民族政策理论研究室：《中央民族工作会议精神学习辅导读本》，中华人民共和国国家民族事务委员会网站，2015年6月1日，http://www.seac.gov.cn/art/2015/6/1/art_143_228926_51.html。
② 国家统计局：《中国统计年鉴2015》、国家民委经济发展司：《国家民委发布：2014年少数民族地区农村贫困监测结果》（中华人民共和国国家民族事务委员会网站，2015年4月15日，http://www.seac.gov.cn/art/2015/4/15art_31_225897.html），并根据相关数据计算得出。
③ 《中共中央关于制定国民经济和社会发展第十三个五年规划的建议（全文）》，新华社，2015年11月3日，http://news.cnr.cn/native/gd/20151103/t20151103_520379989.shtml。

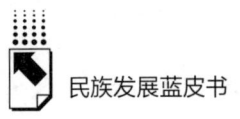
民族发展蓝皮书

一 民族地区经济发展现状及农村贫困特征

（一）民族地区基本情况

从总体看，民族地区①具有如下特征。其一，民族地区的地形地貌复杂，中国的大盆地、大沙漠、大峡谷、大水塔、国家生态脆弱带均分布在这里，因此生态环境十分脆弱，是中国重要的生态屏障区。民族八省区土地面积567万平方公里，占全国国土面积的59.1%，高原和山地面积占总面积的80%以上。

其二，民族地区是少数民族聚居地区，少数民族占比较高，民族文化丰富多彩。据第六次人口普查数据，民族地区有汉族、蒙古族、壮族、回族、藏族、维吾尔族、土家族、苗族、柯尔克孜族等56个常居民族，少数民族占民族八省区总人口的37.5%。其中蒙古族占2.4%、壮族占8.4%、回族占2.7%、藏族占2.3%、维吾尔族占5.3%、土家族占0.4%。

其三，民族地区自然资源丰富，矿产资源尤其丰富，其中煤、石油、天然气、稀土、铁、镍、黄金、盐、宝石等储量很大，是国家长期发展的战略储备区。

其四，民族地区国境线漫长，具有重要的战略地位。民族地区分别与俄罗斯、蒙古、哈萨克斯坦、吉尔吉斯斯坦、塔吉克斯坦、越南、老挝、缅甸、印度、尼泊尔、巴基斯坦、阿富汗等国相邻，是中国连接中亚、南亚、东南亚、西亚的纽带和对外开放的桥头堡。全国2.2万公里边境线有1.9万公里在少数民族地区。在全国136个边境县（旗、市、市辖区）中，有民族自治地方107个，在2200万的边境总人口中，少数民族人口占48%。

其五，21世纪以来，民族地区经济发展保持较快增速，但由于起点低，经济总量仍很小。据统计，2000~2015年，民族八省区生产总值从8700.33亿

---

① "少数民族地区"（简称民族地区）是一个笼统的概念，应包括所有少数民族聚居地区，大到自治区，小到民族自治州、县（旗）、乡（镇），甚至是少数民族居住的村落。由于数据收集的局限性，目前学界所指的少数民族地区经常只包括新疆、宁夏、广西、内蒙古、西藏五个自治区和少数民族人口相对较多的云南、青海、贵州三省，共8个省区，本文简称为民族地区或民族八省区。

元增长到74736.36亿元,按可比价计算,年均增长11.72%,高于同期全国平均增速2.2个百分点。① 特别是2011~2015年("十二五"时期),民族八省区生产总值从51664.24亿元增长到74736.36亿元,按可比价计算,年均增长10.66%,高于同期全国平均增速2.84个百分点。但由于起点低,2015年民族八省区GDP在全国的比重仅为11.04%,只比广东省的GDP(72813亿元)高1923.36亿元。其中,西藏、青海、宁夏的GDP总量均在3000亿元以下,位列全国31省区中GDP总量倒数第一、第二、第三位。

其六,随着民族地区经济的发展以及自我发展能力的提高,地方财政收入、地方财政支出逐年提高,财政自给率波动小幅提高,但财政自给能力仍然很低。2001~2014年,民族八省区地方财政收入、地方财政支出分别从717.72亿元、2005.31亿元增长到8328.83亿元、22191.73亿元,按当年价计算,年均增长分别为20.25%、21.7%。财政自给率从35.79%波动上升到37.53%。

其七,民族地区工业化、城镇化进程落后,制约着农村剩余劳动力转移到第二、第三产业就业,从而制约着农村居民增收渠道的拓宽。2014年,民族八省区非农业人口8834.36万人,占总人口45.67%,比全国非农人口占总人口的比重(54.77%)低9.1个百分点。也就是说,民族八省区城镇化率比全国平均水平低9.1个百分点。另外,据研究,2010年全国处于工业化后期的前半阶段,民族八省区中只有内蒙古与全国的工业化平均水平相当,青海、宁夏、广西、云南、贵州处于工业化中期阶段,西藏、新疆工业化水平最低,仍然处于工业化初期后半阶段。全国城镇化进入中期阶段,绝大部分民族省区仅仅处于城镇化起步阶段。②

其八,随着经济的快速发展,民族地区农牧民收入水平大大提高,与全国的相对差距有所缩小,但收入水平仍然很低。2006~2013年,民族八省区农

---

① 本文所有图、表及文中数据,如果没有特殊说明,均为作者根据国家统计局网站"国家数据"、《中国统计年鉴》(2005~2015年)、《中国统计摘要》(2006~2015年)、《中国农村贫困监测报告》(2008~2015年)、《中国扶贫开发年鉴》(2011~2015年)、《发布:2015年民族地区农村贫困情况》及2015年各省区及全国经济社会统计公报的相关数据计算整理。另外,本文中,如果没有注明,绝对数按现价计算,增速按可比价格计算。如果没有注明,"民族地区"的指标值是8个民族省区相应指标值经过加权计算得出的。

② 黄群慧:《中国的工业化进程:阶段、特征与前景》,《经济与管理》2013年第7期。

村居民人均纯收入从2504.2元增长到6561.9元,年均增长9.95%,高于全国平均增幅0.49个百分点;占全国的比重从69.81%上升到73.76%。

综上所述,民族地区是中国的面积大区、水系源头区、生态屏障区、文化特色区、资源富集区、战略重点区、经济社会欠发达地区。①

(二)民族地区农村贫困的特征

当前民族地区农村贫困问题具有如下特征。

1. 民族地区贫困人口量大面广

由于受资源禀赋、地理环境、区位条件和历史文化等因素的制约,民族地区一直是经济社会欠发达地区,贫困问题严峻。据统计,按当年农村贫困标准,2000年,民族八省区农村贫困人口为3144万人,贫困发生率为23.0%,比全国平均水平高12.8个百分点。2015年,民族八省区贫困人口1813万人,贫困发生率12.1%,比全国平均水平高6.4个百分点(见表1)。显然,通过国家多年的大力扶持,民族地区贫困问题得到了较大缓解,但相对全国,民族地区贫困人口仍然是量大面广。

表1 2000~2015年民族八省区与全国贫困人口及贫困发生率分布情况

年份	贫困标准*（元）	贫困人口(万人)			贫困发生率(%)		
		民族八省区	全国	八省区占全国比重(%)	民族八省区	全国	八省区比全国高（百分点）
2000	865	3144	9422	33.4	23.0	10.2	12.8
2001	872	3077	9029	34.1	22.2	9.7	12.5
2002	869	2986	8645	34.5	21.5	9.2	12.3
2003	882	2771	8517	32.5	19.8	9.1	10.7
2004	924	2601	7587	34.3	18.5	8.1	10.4
2005	944	2338	6432	36.3	16.4	6.8	9.6
2006	958	2090	5698	36.7	14.6	6.0	8.6
2007	1067	1695	4320	39.2	11.8	4.6	7.2

---

① 《中央民族工作会议创新观点面对面》,中华人民共和国国家民族事务委员会网站,2015年6月1日,http://www.seac.gov.cn/art/2015/6/1/art_143_228925.html。

续表

年份	贫困标准*（元）	贫困人口（万人）			贫困发生率（%）		
		民族八省区	全国	八省区占全国比重（%）	民族八省区	全国	八省区比全国高（百分点）
2008	1196	1585	4007	39.6	11.0	4.2	6.8
2009	1196	1451	3597	40.3	12.0	3.6	8.4
2010	1274	1034	2688	38.5	8.7	2.8	5.9
2011	2536	3917	12238	32.0	26.5	12.7	13.8
2012	2625	3121	9899	31.5	20.8	10.2	10.9
2013	2736	2562	8249	31.1	17.1	8.5	8.6
2014	2800	2205	7017	31.4	14.7	7.2	7.5
2015	2855	1813	5575	32.5	12.1	5.7	6.4

* 自1978年以来，中国共采用过三条贫困标准，分别是"1978年标准"、"2008年标准"和"2010年标准"，三条标准所代表的生活水平各不相同；同一标准在年度之间的变化主要体现的是物价水平的变化。本文中，2000~2010年贫困标准为"2008年标准"，2011~2014年贫困标准为"2010年标准"。《中国农村贫困监测报告2015年》，中国统计出版社，2015。

资料来源：2000~2008年数据根据《中国农村贫困监测报告2011》的相关数据整理、计算。2009~2015年数据来自经济发展司《国家民委发布：2014年少数民族地区农村贫困监测结果》中华人民共和国国家民族事务委员会网络，2015年4月15日，http://www.seac.gov.cn/art/2015/4/15/art_31_225897.html；《国家民委发布：2015年民族地区农村贫困情况》，中华人民共和国国家民族事务委员会网站，2016年4月11日，http://www.seac.gov.cn/art/2016/4/11/art_31_251389.html。

2. 民族地区贫困分布与生态脆弱区高度耦合

国内外研究表明，贫困与生态环境脆弱经常是相伴而生的。在中国，贫困人口往往分布在生态环境恶劣的偏远区域，出现贫困分布与生态脆弱区高度耦合的现象。① 如上文所述，民族地区生态环境脆弱，是中国重要的生态屏障区，也是自然灾害高发区，地震、冰雹、大风、霜冻、浮尘、暴雨、干旱、泥石流、滑坡等频繁发生。如属于四大生态脆弱带之一的西南石山岩溶地区分布在贵州、广西等西南地区，北方黄土地区分布在宁夏、青海等北方地区，西北荒漠化地区分布在新疆、内蒙古、青海等西北地区。这些地区自然条件比较恶劣，地势高而陡峭，山地比重大，易于产生大面积的水土流失。众所周知，地

---

① 〔英〕戴维·皮尔思、〔英〕杰瑞米·沃福德：《世界无末日：经济学、环境与可持续发展》，张世秋等译，中国财政经济出版社，1996；魏小文、朱新林：《环境资源视角下西藏农牧民反贫困研究》《技术经济与管理研究》2012年第2期。

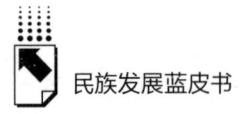

理、自然条件直接影响农业劳动生产率和产出水平，对农村贫困的发生有很大影响。因此，可以发现，民族地区贫困分布与生态脆弱地区高度耦合。

3. 民族地区农村贫困人口向少数民族集中

民族地区是我国少数民族分布集中的区域，也是农村贫困分布集中的区域。据第六次人口普查数据，少数民族人口占民族八省区总人口的37.5%。2015年，民族八省区农村贫困人口1813万人，占全国农村贫困人口的32.5%；贫困发生率为12.1%，比全国平均水平高6.4个百分点。另外，据研究，在民族地区内部，不仅少数民族的贫困面大于汉族，而且少数民族贫困农户的贫困深度和贫困强度也大于汉族。[1] 例如，贵州贫困人口中有80%为少数民族，极贫人口几乎全部是少数民族。宁夏南部山区90%以上的贫困人口是少数民族。云南全省23个边境县有20个是贫困县，贫困人口绝大多数是少数民族。西藏23万人均纯收入低于1300元的贫困人口中，有90%以上是藏族。[2] 因此，可以说，民族地区农村贫困人口集中于少数民族，少数民族人口和贫困人口在空间分布相互重合。由上文可知，民族地区贫困分布与生态脆弱区高度耦合，而少数民族人口和贫困人口在空间分布又相互重合。综上，相对于汉族，少数民族比较贫困，与少数民族多分布在生存环境欠佳的生态脆弱区有很大关系。也就是说，民族地区农村贫困的民族差异很大程度来自地域差异。

4. 民族地区农村贫困具有脆弱、不稳定性，脱贫难度大

民族地区农村脱贫难度大，一方面是因为民族地区贫困人口量大面广，脱贫任务艰巨。另一方面是因为民族地区农村贫困具有脆弱、不稳定性，返贫现象十分严重。据国务院扶贫办报道，"2008年的贫困人口中有66.2%在2009年脱贫，但2009年3597万贫困人口中则有62.3%是返贫人口"。[3] 由于民族地区贫困人口比较集中，可部分说明2009年民族地区农村返贫率很高。

返贫问题从根源上有多种致因，致因之间盘根交错。然而从当前民族地区

---

[1] 刘小珉：《民族视角下的农村居民贫困问题比较研究——以广西、贵州、湖南为例》，《民族研究》2013年第4期。
[2] 李俊杰、李海鹏：《民族地区农村扶贫开发政策回顾与展望》，《民族论坛》2013年第5期。
[3] 范小建：《2001年以来我国减贫趋势呈现明显马鞍形》，新华网，2010年10月18日，http://news.xinhuanet.com/politics/2010-10/17/c_12668774.htm。

返贫的总体状况来看，因灾返贫、因病返贫在所有致因中属于最核心因素。其一，由于民族地区大都地处生态环境脆弱带，自然灾害频发。很多研究显示，自然灾害是贫困人口返贫的主要因素。① 2011 年《〈中国农村扶贫开发的新进展〉白皮书》发表，原国务院扶贫办主任范小建在接受采访时指出，我国贫困人口的 2/3 具有返贫性质，并且处于脆弱不稳定的状态，而现有贫困人口几乎都生活在自然灾害频发、生态脆弱的地区，这些地区防灾抗灾能力较差，在恶劣气候的影响下自然会大面积发生返贫。② 其主要原因是，脆弱的生态环境使民族地区农、牧业生产同样脆弱，贫困人口大都靠天吃饭，抵御自然灾害的能力低，丰年温饱，灾年返贫，循环往复。例如，2010 年西南特大旱灾导致贵州因灾返贫人数为 53.54 万人，而自然灾害风险由于突发性和破坏性强、范围广、可预测性差、分散风险难度较大等特点，对贵州山地农业生产造成了严重冲击，"多年致富，一灾返贫"问题十分严重。③ 其二，民族地区农村居民因病致贫、因病返贫现象严重。据国家卫生服务调查，1998 年、2003 年及 2008 年，在农村调查户中，因病致贫率分别为 23.1%、33.4% 和 37.8%，这说明疾病越来越成为农村致贫和返贫的重要因素。④ 可能的原因是民族地区生存环境较恶劣，地方病高发，医疗卫生公共服务水平较低，因病致贫、返贫现象严重。

此外，市场风险、政策因素等均为导致民族地区农村贫困人口致贫、返贫的因素。

5. 民族贫困地区贫困呈整体性、长期性特征

按照国务院扶贫办的界定，贫困地区包括集中连片特困地区和片区外的国家扶贫开发工作重点县。在 14 个集中连片特困地区及国家扶贫开发工作重点县中，属于民族地区的县基本呈整体性、长期性贫困特征。

---

① 金鑫：《当代中国应对自然灾害导致返贫的对策研究》，吉林大学博士学位论文，2015。
② 顾仲阳：《中国贫困人口 10 年减 6734 万 2/3 脱贫后又返贫》，《人民日报》2011 年 11 月 17 日。
③ 汪磊、汪霞：《基于风险分析的西南喀斯特山地省区农村返贫问题研究——以贵州为例》，《贵州大学学报》（社会科学版）2013 年第 3 期。
④ 洪秋妹：《健康冲击户贫困影响的分析——兼论健康风险应对策略的效果》，经济管理出版社，2012。

民族发展蓝皮书

从国务院扶贫开发领导小组发布的《国家扶贫开发工作重点县名单》①及《全国连片特困地区分县名单》②看，全国共有国家扶贫开发工作重点县666个，③其中，民族八省区有306个，占全国扶贫开发工作重点县总数的45.95%。全国14个连片特困地区共有680个县，其中民族八省区有330个，占14个连片特困地区680个县的48.53%。例如，西南民族地区的贵州黔东南苗族侗族自治州，是全国贫困问题较严重的贫困州之一。由于自然、历史等因素，黔东南苗族侗族自治州绝大部分县一直陷入深度贫困，因此1986年国家第一次确定国家重点扶持贫困县（331个）以来，黔东南苗族侗族自治州绝大部分县就被认定为国家重点扶持贫困县。目前，除了凯里市外的其他15个县均被认定为国家扶贫开发重点县或属于滇黔贵石漠化连片特困地区。说明黔东南苗族侗族自治州基本处于整体贫困、长期贫困状态。同样，主要包括民族地区县的14个集中连片特困地区及国家扶贫开发工作重点县，基本呈整体性、长期性贫困特征。换句话说，民族地区农村贫困区域固化凸显。

综上所述，民族地区农村贫困表现出量大面广、贫困分布与生态脆弱区高度耦合、贫困人口向少数民族集中、脱贫难度大，并呈整体性、长期性贫困特征。

二 民族地区农村扶贫开发战略及其政策绩效评析

自20世纪80年代初中国农村扶贫开发战略实施以来，随着经济社会发展和减贫形势变化，中国农村的扶贫战略发生了三次大的转折。第一次转折出现在20世纪80年代中期。中国农村的扶贫战略从过去实施以体制改革促进经济增长，经济增长增加贫困人口收入为主并辅以适当救济的反贫困战略，转变为逐步建立起以公共治理为主体的开发式扶贫治理结构，实行以促进贫困人口集

---

① 《扶贫办发布"国家扶贫开发工作重点县名单"》，中央政府门户网站，http://www.gov.cn/gzdt/2012-03/19/content_2094524.htm。
② 《扶贫办关于公布全国连片特困地区分县名单的说明》，中央政府门户网站，http://www.gov.cn/gzdt/2012-06/14/content_2161045.htm。
③ 包括国家"新时期扶贫工作重点县"所列592个国定贫困县以及第四次西藏工作会议确定西藏为整体连片贫困区后的74个县。

中的贫困县经济社会发展，带动贫困人口脱贫的反贫困战略。① 第二次转折出现在 2000 年。随着中国农村贫困人口的不断脱贫，贫困人口分布呈现出"大分散、小集中"的新特点，贫困人口分布由以前的扶贫开发重点县区域集中向村级集中。为此，中国出台《中国农村扶贫开发纲要（2001~2010年）》，开始实施以整村推进为主体、以产业化扶贫和贫困劳动力转移培训为"两翼"的"一体两翼"扶贫开发战略。第三次转折则是 2011 年出台的《中国农村扶贫开发纲要（2011~2020年）》。随着贫困人口分布特征再次发生改变，即旧扶贫标准下贫困人口插花型分布特征在较大程度上被新扶贫标准（2300 元，2010 年价格水平）下贫困人口的片区集中（即集中连片特殊困难地区）分布特征所替代，贫困呈现多元图景，致贫原因更加复杂，过去扶贫措施"一招管用""一举多得"的做法已难奏效。② 针对贫困新变化，尤其是党的十八届五中全会从实现全面建成小康社会奋斗目标出发，明确到 2020 年要实现在中国现行标准下农村贫困人口全部脱贫，中央确定实施"精准扶贫"战略，即"对贫困村、贫困户进行精准化识别、针对性扶持、动态化管理"的治贫方式。③ 当然，民族地区与中国其他农村地区一样，通过不断完善扶贫战略解决当前面临的贫困问题。围绕上述扶贫开发战略，在中央统一部署下，民族地区实施了一系列扶贫开发的政策措施，本文以下部分着重分析"十一五"以来民族地区的扶贫工作实践。

（一）民族地区的扶贫开发实践

"十一五"以来，民族地区由专项扶贫、行业扶贫、社会扶贫组成的"三位一体"扶贫工作格局逐渐清晰。首先，在专项扶贫方面，民族地区实施以整村推进为主体、以产业扶贫和贫困劳动力培训为两翼的"一体两翼"扶贫战略，贫困地区农村基础设施得到改善，贫困人口综合素质得到提高，脱贫能

---

① 王朝明：《中国农村 30 年开发式扶贫：政策实践与理论反思》，《贵州财经学院学报》2008 年第 6 期。
② 杜志雄、詹琳：《实施精准扶贫新战略的难题和破解之道》，《中国发展观察》2015 年第 8 期。
③ 刘永富：《打赢全面建成小康社会的扶贫攻坚战——深入学习贯彻习近平同志关于扶贫开发的重要讲话精神》，《人民日报》2014 年 4 月 9 日。

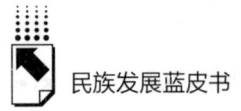

力进一步增强。其次,在行业扶贫和社会扶贫方面,民族地区得到各级政府、各行业、东部发达地区、各社会机构等的政策倾斜,实施了一系列扶贫工程,扶贫开发工作取得了显著成果。

1. 整村推进扶贫工程

进入21世纪以后,中共中央、国务院出台了《中国农村扶贫开发纲要(2001~2010年)》,该纲要确定"国家把贫困人口集中的中西部少数民族地区、革命老区、边疆地区和特困地区作为扶贫开发的重点",并将"以贫困乡、村为单位,加强基本农田、基础设施、环境改造和公共服务设施建设"作为扶贫的主要内容和途径。经过几年的实践,2008年5月,国务院明确指出"整村推进"是新阶段扶贫开发工作的重要举措。此后,国家以贫困村整村扶贫为切入点,在包括民族地区在内的全国贫困地区农村逐步开展了"整村推进扶贫"工作。2010年底,全国12.6万个贫困村实施了整村推进,占贫困村总数的84%,整村推进扶贫开发的成效显著。① 2011年底,国家颁布《中国农村扶贫开发纲要(2011~2020年)》,该纲要重申"整村推进"是专项扶贫的重要内容,"整村推进扶贫"及"整村推进回头看"工作在主要包括民族地区的全国贫困地区农村全面展开。

例如,2011~2015年,新疆共有2000多个贫困村实施了整村推进扶贫工程,通过整村推进扶贫工程,210万贫困人口得到有效扶持,174万贫困人口解决温饱问题。② "十二五"期间,青海368个贫困村实施整村推进产业发展项目,全面完成1972个"十二五"规划贫困村的整村推进任务。③ 2014~2017年,内蒙古计划对2834个贫困嘎查村开展"三到村三到户"帮扶工作,即"规划到村到户、项目到村到户、干部到村到户",帮助贫困村贫困户定规划、定措施、保脱贫。2014~2015年内蒙古为贫困嘎查村投入26亿元的财政

---

① 丁子钺、谷佳:《新时期扶贫开发整村推进的认识与思考》,《经济视角》2012年第6期。
② 《扶贫攻坚成效显天山南北展新颜——财政推动新疆扶贫开发》,中华人民共和国财政部网,2015年9月30日,http://www.mof.gov.cn/xinwenlianbo/xinjiangcaizhengxinxilianbo/201509/t20150930_1484509.html。
③ 《青海"十二五"减贫100万人,16年11万人将脱贫》,人民网,2016年1月23日,http://news.ifeng.com/a/20160123/47200104_0.shtml。

扶贫资金,根据不同的致贫原因,因地制宜分类扶持,效果不错。① 为加快实现贫困村民脱贫,近年来宁夏继续大力实施整村推进工作。2014 年是宁夏开展整村推进以来投资规模最大的一年,全区向 500 个重点贫困村投入资金 37 亿多元,村均投入 740 万元,是原计划的 7.4 倍,是"十一五"期间村均投资的 2.5 倍。2014 年底,100 个重点贫困村达到了脱贫的标准,11 个乡整乡推进、20 个整村推进示范村建设任务均如期完成。②

由于目前西藏是全国贫困问题最突出的省区,西藏采取特殊政策,实施整乡推进,其扶持力度较其他省区更大。③ 2011～2015 年,西藏共实施 269 个整乡推进扶贫任务,投入财政扶贫资金 13.79 亿元,安排整乡推进扶贫项目 2436 个。受益人口 46.5 万人,年人均增加收入 1050 元。整乡推进成效显著。2015 年,按照精准扶贫要求,西藏还在 74 个县(区)148 个贫困村开展整村推进(含旅游扶贫)试点工作,在日喀则市桑珠孜区和山南地区贡嘎县、扎囊县安排了扶贫攻坚试点项目,均取得了一定实效。④

2. 产业扶贫工程

产业扶贫是中国专项扶贫工作的重要组成部分,是提高贫困人口自我发展能力,实现脱贫致富的主要途径。

例如,贵州产业扶贫稳步推进。"十二五"以来,贵州累计投入产业扶贫项目财政专项资金 66.5 亿元,实施到村产业扶持项目 4 万多个,实现总产值 813 亿元,形成了"东油西薯、南药北茶、中部蔬菜、面上干果牛羊"的扶贫产业格局。⑤ 云南一直将产业扶贫作为加快扶贫开发的重要举措。2011～2014 年,云南省共投入 9.24 亿元财政扶贫补助资金,实施 1170 个产业扶贫项目,总投资 39.87 亿元,重点支持贫困县、贫困村发展蔬菜、水果、烟、茶、糖、

---

① 富丽娟:《"十二五"内蒙古减贫 178 万人扶贫开发工作成效显著》,人民网内蒙古频道,2016 年 2 月 24 日,http://nm.people.com.cn/n2/2016/0224/c196689 - 27803017.html。
② 《宁夏精准扶贫和整村推进工作综述》,《宁夏日报》2015 年 1 月 11 日。
③ 达瓦次仁、次仁、由元元、仓木啦、旦增、方晓玲:《略论西藏扶贫搬迁与生态移民间的关系》,《西藏研究》2014 年第 5 期。
④ 《中国扶贫开发年鉴》(2012～2015 年);毛娜:《西藏扶贫开发工作综述》,中国西藏新闻网,2015 年 12 月 14 日,http://xz.people.com.cn/n/2015/1020/c138901 - 26858340.html。
⑤ 刘增兵:《全国扶贫主战场的贵州答卷——贵州扶贫开发工作综述》,《贵州日报》2015 年 10 月 18 日。

桑、胶、马铃薯、畜牧等传统优势产业,大力扶持药材、保健食品、花卉、咖啡等新兴特色产业,共安排养殖项目69个,产业扶贫项目涉及全省123个县的3881个贫困村委会,带动54.2万户农户发展产业脱贫,其中贫困户32.8万户,实现户均增收2552元。① 青海着力实施产业化扶贫战略。"十二五"以来,青海已实施连片开发、产业带动的村,占项目村总数的比例,从2008年的35%提高到2012年的96.7%,初步形成了高原特色农业、特色生态畜牧业、特色文化旅游业和绿色农畜产品加工业体系,基本实现了户有致富项目、村有特色产业的目标,走出了一条具有青海特色的种养加一条龙、农(牧)工贸一体化的新型产业扶贫之路。② 广西将产业扶贫作为扶贫开发工作的重要举措。2010年底,广西政府开始计划实施"十百千"产业化扶贫示范工程,③到2015年初,广西在"十百千"产业化扶贫示范工程上累计投入财政专项扶贫资金3.86亿元,已完成种植17.8万亩,低产改造10万亩,家禽养殖17.7万羽,肉兔养殖32.1万只,竹鼠养殖4万只,淡水养殖4200箱。项目覆盖全区50个县、1345个村,其中贫困村869个;扶持农户12.9万户,其中贫困农户8.2万户。④ 近年来,西藏将做大做强特色优势产业、强化产业扶贫工作提升为西藏发展战略,并明确"每个县70%以上财政专项扶贫资金要集中用于产业发展,其中直接用于支持扶贫对象参与产业发展的资金要争取达到70%"的工作要求。据统计,2011~2014年,西藏共认定扶贫龙头企业30家,扶持专合组织180家,先后扶持了山南的种草养牛、拉萨的蔬菜生产与青稞基地建设、日喀则的糌粑加工、昌都的林果种植、林芝的生态养猪、阿里的绵羊育肥、那曲的牦牛肉加工等,初步建成了特色种植养殖、农畜产品加工、特色建材、民族手工业

---

① 胡晓蓉、庄俊华:《产业扶贫铺就致富路》,《云南日报》2015年5月11日。
② 王梅:《"十二五"以来青海扶贫开发工作成就》,人民网青海频道,2014年10月15日,http://qh.people.com.cn/n/2014/1015/c181467-22617016.html。
③ 即在广西全区范围内建设10片以上特色优质高效、连片在1000亩以上的种植示范基地或特色高效的养殖示范基地,每片示范基地辐射覆盖贫困农户1000户以上;扶持100家以上年销售额在1亿元以上、具有较强带动能力的扶贫龙头企业,到"十二五"期末,辐射带动的贫困村农户数增加1倍以上,力争农户增收1倍以上;通过示范基地和扶贫龙头企业带动1000个以上贫困村成为产业化扶贫示范村,到"十二五"末期,力争示范村贫困农户人均纯收入比2010年增加1倍以上。
④ 韦继川:《广西实施"十百千"产业化扶贫示范工程观察》,广西新闻网,2015年4月9日,http://news.gxnews.com.cn/staticpages/20150409/newgx5525f382-12558036.shtml。

等产业基地,农畜产品加工业总产值达到 21 亿元,增长 16%,农牧业产业化经营率达到 36.5%,①促进了西藏农牧区产业结构的优化,为农牧民脱贫打下了基础。

总之,经过多年的产业扶贫,民族地区农村产业结构得到优化,农牧业产业化程度提高,贫困农村人口脱贫能力进一步增强。

3. 贫困劳动力培训

贫困劳动力培训是政府主导的开发式扶贫的重要工程,"雨露计划"是其主要工程。各民族省区根据自己的省情,有针对性地开展了各种贫困劳动力培训工程,为民族地区贫困农牧民脱贫做出了一定贡献。

贵州基于贫困劳动力培训工程,实施了一系列培训行动。其中,为缓解因学致贫、因学返贫,帮助农村贫困家庭子女接受职业技能教育和高等教育,贵州扶贫办启动了"雨露计划·圆梦行动"和"雨露计划·助学工程",实行扶贫特惠资助,目前基本做到应补尽补。例如,2014 年,贵州投入财政扶贫资金 1.23 亿元,共完成培训(助学)20.8 万人。2014 年 12 月,贵州省政府办公厅印发《贵州省创新职教培训扶贫"1 户 1 人"三年行动计划(2015~2017 年)》。根据计划,2015~2017 年,贵州将整合各类资金 31.59 亿元,实施职教培训 180.1 万人,确保到 2017 年实现全省 120 万农村建档立卡贫困户"1 户 1 人 1 技能"全覆盖,实现"职教培训 1 人、就(创)业 1 人、脱贫 1 户"。②广西也一直很重视贫困劳动力培训工程,多渠道促使贫困劳动力得到培训,以增加他们的就业能力。2011~2013 年上半年,广西开展农民实用技术培训 53.922 万人次,扶持贫困农户家庭子女接受学历教育 6.8242 万人次。③另外,"十二五"期间,广西投入 2.7 亿元实施雨露计划,发放学历教育补助资金 2.13 亿元,补助贫困家庭学生 5.88 万人次。另外,落实"两广"(广东、广西)对口帮扶职业教育协作试点,共动员 803 名贫困学生报读广东协作学校,

---

① 毛娜:《西藏扶贫开发工作综述》,中国西藏新闻网,2015 年 12 月 14 日,http://xz.people. com.cn/n/2015/1020/c138901 - 26858340.html。
② 《中国扶贫开发年鉴》编委会编《中国扶贫开发年鉴 2015》,团结出版社,2015;省政府办公厅:《省政府办公厅印发〈贵州省创新职教培训扶贫"1 户 1 人"三年行动计划(2015 ~ 2017 年)〉》,中国贵州网,2015 年 6 月 26 日,http://www.gzgov.gov.cn/xwzx/djfb/201506/t20150626_ 179705.html。
③ 《广西农村扶贫开发"十二五"规划中期评估报告出炉》,《广西日报》2013 年 12 月 23 日。

安排1200多名学生到广东省顶岗实习。① 云南在贫困劳动力培训方面，比较注重劳动力的技能培训，并且坚持从源头促进贫困地区新生劳动力素质的提高和转移就业。2014年，云南省安排财政扶贫资金1.06亿元，培训贫困地区农村劳动力12万人，其中，引导性培训2万人，技能培训10万人；完成贫困地区劳动力转移就业12万人。当年开展"雨露计划"实施方式改革试点，在23个试点县共完成补助2.42万人，发放补助资金3630万元。② 西藏在贫困劳动力培训工程方面，也做了大量的工作。2014年，西藏共实施贫困劳动力培训项目65个，安排培训资金1159万元，其中，贫困劳动力转移培训290万元，农村实用技术培训509万元，培训贫困群众1.1万人次，实现就业0.7万人。③ 青海2006年开始实施"雨露计划"，并一直"以培训促进就业、以就业促进增收"为目标，开展多种形式的学历培训和技能培训。"十一五"期间，有2.3万人贫困劳动力参加了政府组织的培训，基本达到了"培训一人、就业一人、脱贫一人"的目标。④ "十二五"期间，青海加大实施贫困劳动力转移培训工程。2014年，青海安排1500万元，对1万名贫困劳动力开展涉及30多个专业的短期技能培训。⑤ 新疆扶贫培训中，比较注重扶贫培训与产业结构调整相结合，培训与转移就业相结合，取得了明显的扶贫效果。2014年，新疆共下拨雨露计划扶贫培训资金6826万元，编制项目411个，累计完成"雨露计划"各类培训17万人次，其中技能培训204万人，专项培训及其送教下乡13万人，贫困地区及其干部培训0.5万人次。⑥ 为了"拔穷根"，促进贫困地区

---

① 《中国扶贫开发年鉴》编委会编《中国扶贫开发年鉴2015》，团结出版社，2015；《广西农村扶贫开发"十二五"规划中期评估报告出炉》，《广西日报》2013年12月23日；自治区扶贫办：《"十二五"以来广西扶贫开发工作综述》，新华网，2016年3月18日，http://www.gx.xinhuanet.com/topic/2015gxfp/2016-03/18/c_1118378734.htm。
② 《中国扶贫开发年鉴》编委会编《中国扶贫开发年鉴》（2012、2014、2015），团结出版社，2012、2014、2015。
③ 《中国扶贫开发年鉴》编委会编《中国扶贫开发年鉴》（2012、2014、2015），团结出版社，2012、2014、2015。
④ 《青海省"十二五"扶贫开发规划》，青海省发改委网站，http://xxgk.qh.gov.cn/fgw。
⑤ 《中国扶贫开发年鉴》编委会编《中国扶贫开发年鉴》（2012、2014、2015），团结出版社，2012、2014、2015。
⑥ 《中国扶贫开发年鉴》编委会编《中国扶贫开发年鉴》（2012、2014、2015），团结出版社，2012、2014、2015。

农村新生劳动力素质，内蒙古、宁夏在"雨露计划"方面，也做了相当多的工作。例如，2014年，内蒙古为12个"雨露计划"试点盟市下拨3520万元，2.4万农村贫困生接受中、高等职业教育和一年以上技能培训。2015年，内蒙古继续对23467名中高职院校的贫困家庭子女实施"雨露计划"，并以"一卡通"形式资助贫困学生，每人补助3000元。①

总之，经过多年的以"雨露计划"为主的贫困劳动力转移培训工程，民族地区不仅培养了一批掌握当地特色产业生产、经营技能的农村贫困劳动力，还培训了一大批具有基本技能的劳务大军，为贫困地区农村劳动力更好地从事农业生产或转移就业打下良好基础。

4. 扶贫搬迁工程

扶贫搬迁工程主要包括易地扶贫搬迁工程、异地扶贫搬迁工程、生态移民工程、吊庄移民工程等。②"十一五"以来，国家相关部门相继出台了《国家发展计划委员会关于易地扶贫搬迁试点工程的实施意见》《国家发展改革委关于印发易地扶贫搬迁"十一五"规划的通知》《易地扶贫搬迁"十一五"规

---

① 《中国扶贫开发年鉴》编委会编《中国扶贫开发年鉴2015》，团结出版社，2015；《内蒙古教育扶贫"雨露计划"精准资助2.3万名贫困学子》，国务院扶贫办雨露计划网，http://www.yulujihua.com/body.jsp?newsId=ff8080814f222ae7014fa594f1ed000b&&topicId=8a8084e53dba7196013dba719ca60001。

② 易地扶贫搬迁工程、异地扶贫搬迁工程，均是指将生活在缺乏生存条件地区的贫困人口搬迁安置到其他地区，并通过改善安置区的生产生活条件、调整经济结构和拓展增收渠道，帮助搬迁人口逐步脱贫致富。"生态移民"是为了恢复生态，将居住在生态环境较为恶劣地区或生态保护区的农牧民搬迁出来，安置在自然条件较好的地方。一般而言，贫困和生态环境恶劣相伴相生，凡是生态环境恶劣的地方，基本是贫困地区。"生态移民"目的一方面是恢复迁出地生态环境，另一方面是使搬迁群众脱贫致富。因此，可以说"生态移民"只是"易地扶贫搬迁"的任务之一，即易地扶贫搬迁包括了生态移民。"吊庄移民"工程特指宁夏的"生态移民"工程。1983年宁夏根据中央"三西"（宁夏南部的西海固地区与甘肃的河西、定西并称为"三西"，是中国贫困程度最高的连片贫困地区之一。从20世纪80年代开始，"三西"地区的扶贫就得到了国家的高度重视，国家专门启动"三西"扶贫规划）扶贫战略精神，决定将"不适宜于人类生存"的宁夏"西海固"一部分居民搬迁到银川周边平原实行"吊庄移民"工程。"吊庄移民"基本上解决了部分居住在宁夏南部山区由于缺水带给居民的长期贫困问题，也缓解了南部山区的生态压力。因此，可以说"吊庄移民"与"生态移民"的目标实质上是一致的，均是减轻生态脆弱地区的人口压力，使贫困群体脱贫。王小红、程小琴、马统梅：《宁夏生态移民生活环境满意度调查》，《环境与生活》2014年第14期。

划》《易地扶贫搬迁"十二五"规划》，决定对"生存在环境恶劣、不具备基本生产和发展条件、'一方水土养不活一方人'的深山区、石山区、荒漠区、地方病多发区等地区的农村贫困人口"进行易地扶贫搬迁。按照"先行试点、逐步扩大"的原则，实施范围由最初的内蒙古、贵州、云南、宁夏4个民族省区，扩大到主要包括西部民族地区的17个省份。截至2015年，国家累计安排易地扶贫搬迁中央补助投资363亿元，搬迁贫困群众680万余人。① 从"十五"规划时期易地扶贫搬迁试点开始，各民族省区相继实施了易地扶贫搬迁工程。

内蒙古、贵州、云南、宁夏作为最初的易地扶贫试点省区，从"十五"时期开始，一直坚持实施易地扶贫搬迁工程。其中，内蒙古"十一五"期间累计移民30.4万人。从"十二五"开始，内蒙古更是加大易地扶贫搬迁力度，共投入专项资金44.5亿元，完成易地扶贫搬迁11.5万户、39.7万人。搬迁后，户人均住房面积达到15～20平方米，人均占有耕地4亩左右。② 2001～2010年，贵州累计投入易地扶贫搬迁专项资金24.2亿元，共完成8.78万户38.27万贫困人口的易地搬迁。③ 2011年，贵州完成易地扶贫搬迁3.1万人。为加快扶贫攻坚，贵州自2012年启动实施扶贫生态移民工程，计划用9年时间，对全省47万户204万人实施扶贫生态移民搬迁。2012～2015年的三年时间，贵州扶贫生态移民共建设457个安置点、住房10万余套，实施搬迁42万人。④ 云南"十五"期间共组织实施易地扶贫搬迁34.55万人。⑤ "十二五"

---

① 《国家发展改革委扎实推进易地扶贫搬迁成效显著》，国家发展和改革委员会网，2015年10月18日，http：//www.gov.cn/xinwen/2015－10/18/content_2948739.htm。

② 《内蒙古自治区生态脆弱地区移民扶贫规划》（内政办发〔2013〕29号），内蒙古自治区人民政府办公厅，2013年4月8日；富丽娟：《"十二五"内蒙古减贫178万人扶贫开发工作成效显著》，人民网内蒙古频道，2016年2月24日，http：//nm.people.com.cn/n2/2016/0224/c196689－27803017.html。

③ 王永平、陈勇：《贵州生态移民实践：成效、问题与对策思考》，《贵州民族研究》2012年第5期。

④ 《中国扶贫开发年鉴》编委会编《中国扶贫开发年鉴》（2012、2014、2015），团结出版社，2012、2014、2015；《贵州易地扶贫搬迁调查》，中国贵州网，2015年12月5日，http：//www.gzgov.gov.cn/xwzx/mtkgz/201512/t20151205_356947.html。

⑤ 《云南省易地扶贫搬迁"十一五"规划》，中国政府公开信息整合平台云南省分站，http：//govinfo.nlc.gov.cn/ynsfz/xxgk/yns/201311/t20131121_4271831.shtml?classid=456。

以来，云南实施易地扶贫搬迁 7.79 万户 35.72 万人，安排专项扶贫资金 22.42 亿元，带动其他投入资金 100 多亿元，发挥了"四两拨千斤"的扶贫杠杆效应，从根本上改善了搬迁贫困群体的生产生活环境，为贫困群体实现脱贫致富夯实了基础。① 宁夏自 1983 年起实施"吊庄移民"，即将南部山区的部分农民搬迁到北部川区，以达到减轻南部山区的人口压力、贫困农民脱贫的目的。1983~2000 年，宁夏已在引黄灌溉区和扬黄灌溉区建设吊庄移民基地 24 处，开发耕地 83 万亩，搬迁贫困农民 32.8 万多人，加上旱改水安置的 8.4 万人，共计 41 万余人。② "十二五"期间，国家发改委共安排中央预算内投资 23.7 亿元，支持宁夏易地扶贫搬迁 40.9 万人。③

新疆、广西、青海、西藏的扶贫搬迁工程也卓有成效。2011 年，新疆投入易地扶贫搬迁的财政扶贫资金达 15827 万元，搬迁 833 户 3415 人。2014 年，新疆投入易地扶贫搬迁财政扶贫资金达 6.19 亿元，完成搬迁 2948 户、1.1 万人。④ 广西自 2004 年成为国家易地扶贫搬迁（试点）工程省区以来，易地扶贫搬迁工作有条不紊地进行。2014 年，广西进一步推进移民搬迁，并拟定了 2014 年至 2020 年移民搬迁总体规划，将扶贫搬迁范围大幅扩大。对居住在石山区、深山区的贫困对象、受地质灾害危害的对象、迁出以利于保护生态的对象、10 户以下居住分散扶贫成本高的贫困对象进行生态移民搬迁，每年搬迁 10 万人左右，到 2020 年搬迁 100 万贫困人口。⑤ 青海三江源地区，是长江、黄河、澜沧江的发源地。为了维护青海生态安全，维护中国的水源安全，2005 年国家投入 75 亿元，启动了三江源生态保护和建设工程，三江源生态移民工程也就成为中

---

① 吉哲鹏：《云南"十二五"已实施易地扶贫搬迁 7.79 万户》，新华网，2015 年 6 月 22 日，http://news.xinhuanet.com/politics/2015-06/22/c_1115685974.htm。
② 孔炜莉：《宁夏吊庄移民问题研究综述》，《宁夏社会科学》2000 年第 6 期。
③ 地区经济司：《国家发展改革委支持宁夏实施易地扶贫搬迁工程》，中华人民共和国国家发展和改革委员会网，2015 年 3 月 11 日，http://dqs.ndrc.gov.cn/gzdt/201503/t201503_11_667078.html。
④ 《中国扶贫开发年鉴》编委会编《中国扶贫开发年鉴》（2012、2014、2015），团结出版社，2012、2014、2015。
⑤ 《中国扶贫开发年鉴》编委会编《中国扶贫开发年鉴》（2012、2014、2015），团结出版社，2012、2014、2015；自治区扶贫办：《"十二五"以来广西扶贫开发工作综述》，新华网，2016 年 3 月 18 日，http://www.gx.xinhuanet.com/topic/2015gxfp/2016-03/18/c_1118378734.htm。

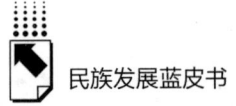

国最大的生态移民工程。2004~2013年，青海在三江源自然保护区项目中实施生态移民和退牧还草工程相结合的政策，共移民14477户70724人，建成移民社区112个。① 西藏也实施了各种易地搬迁工程。例如，1996年，西藏开始实施扶贫搬迁工程，定日县尼夏乡的45个贫困户310人成为第一批搬迁对象，迁入该县开发区。2006~2008年，西藏将昌都县如意乡达若村整体从地方偏僻、交通不便的原址搬迁到离昌都县城12公里的米通坝，先后搬迁55户。另外，西藏还实施了生态移民工程。2001年，西藏投资830万元实施第一批"天保工程"异地搬迁项目，昌都地区贡觉县克日、敏都、木协等6个乡的144户948名贫困农牧民作为"天保工程"异地搬迁的首批对象被分别安置在林芝地区的波密、林芝、米林3县4个点。西藏对拉萨、日喀则、昌都等大骨节病主要病区实施了异地搬迁措施。截至2007年，已完成3760多户近2万人的搬迁。②

5. 行业扶贫

自2001年以来，特别是"十二五"规划时期以来，有关行业部门积极履行行业职责，充分发挥行业部门优势，出台一系列面向民族贫困地区的特殊政策，加大行业扶贫的投入力度。

国家发展与改革委员会（以下简称国家发改委）在行业扶贫方面起到引领作用。"十二五"期间，国家发改委把加快少数民族和民族地区经济社会发展摆在工作的突出位置，逐步加强和改进规划、政策、资金、综合协调等手段，促进发展成果更多更好惠及各族人民群众，为民族地区减贫夯实了基础。"十二五"期间，发改委在牵头编制的《国家基本公共服务体系"十二五"规划》中强调对民族地区给予倾斜支持；并牵头编制《全国游牧民定居工程建设"十二五"规划》；会同有关部门首次编制了民族八省区发展的区域性政策文件和专项规划；研究出台《宁夏内陆开放型经济试验区规划》《天山北坡经济带发展规划》；研究设立广西东兴、云南瑞丽、勐腊（磨憨）、内蒙古满洲里、二连浩特等重点开发开放试验区，并印发建设实施方案；研究起草并报国

---

① 参见《青海省政协帮助三江源生态移民打开幸福之门》，中国政协新闻网，2013年1月21日，http://cppcc.people.com.cn/n/2013/0121/c34948-20263298.html。
② 徐君：《割舍与依恋——西藏及其他藏区扶贫移民村考察》，《西藏大学学报》（社会科学版）2011年第4期；达瓦次仁、次仁、由元元、仓木啦、旦增、方晓玲：《略论西藏扶贫搬迁与生态移民间的关系》，《西藏研究》2014年第5期。

务院印发《近期支持东北振兴若干重大政策举措的意见》，明确内蒙古东部五盟市与东北三省同等享受相关政策。另外，"十二五"期间，国家发改委共安排民族地区中央预算内投资超过672亿元，在教育、卫生、文化、旅游、养老等方面组织实施一系列社会领域专项建设规划，有效改善了民族地区群众上学、就医、享受文化生活等公共服务的条件，从而为民族地区有效减贫打下基础。①

为防止贫困的代际传递，加强民族地区的基础教育，教育部在行业扶贫方面起到重要作用。2011年，中央财政投入专项资金10亿元，实施"普通高中改造计划"，支持西部12个省区的集中连片特困地区，尤其是民族地区普通高中改善办学条件。中央财政下拨专项资金97亿元用于重点支持中西部地区发展农村学前教育，其中新疆学前"双语"幼儿园4.85亿元、民汉合校1.5亿元。

农业部历来高度重视民族地区农村经济发展，为民族地区农牧业发展、农牧民增收脱贫，做出了积极贡献，行业扶贫贡献较大。"十二五"期间，农业部会同发改委、财政部累计安排5个民族自治区各类项目资金1106.8亿元。其中，基本建设投资230.7亿元，重点用于退耕还林还草等生态环境保护类工程，基层农技推广体系等农业服务体系建设类工程，以及千亿斤粮食工程、畜禽良种工程等生产发展类工程；财政专项资金876.1亿元，重点用于良种补贴、农资综合补贴、草原生态保护补助奖励、农村劳动力转移培训补助和新型职业农民培训，等等。另外，自2011年起，国家在宁夏、内蒙古、新疆、西藏、青海、四川、云南等8个主要草原牧区，建立草原生态保护补助奖励机制，实施禁牧补助、草畜平衡奖励、生产性补贴和绩效考核奖励，既保护了当地草原生态，又给予牧民一定补助，保障了牧民的基本生活。②

国家卫生和计划生育委员会（以下简称国家卫计委）按照"普惠政策重

---

① 《中国扶贫开发年鉴》编委会编《中国扶贫开发年鉴》（2012、2014、2015），团结出版社，2012、2014、2015；《少数民族事业新实践（4）——来自国家发改委的报告》，国家民委公众号，2016年3月3日。

② 《中国扶贫开发年鉴》编委会编《中国扶贫开发年鉴》（2012、2014、2015），团结出版社，2012、2014、2015；《少数民族事业新实践（5）——来自农业部的报告》，国家民委公众号，2016年3月4日。

点支持、试点政策优先支持、没有明确的政策项目争取特殊支持"的原则，向民族地区实施倾斜政策，在行业扶贫方面做了很多工作。其一，"十二五"期间，安排中央专项投资291.1亿元支持民族地区27620个卫生计生机构基础设施建设，民族地区卫生计生服务机构的基础设施和条件得到改善。其二，为了提升民族地区医疗卫生服务能力，国家卫计委在北京、上海等5省（市）医学院校开设民族班，对维吾尔、蒙古、藏、傣四种民族医进行专门的医师资格考试，为西藏和青海单独划定医师资格考试录用分数线，大大提高了民族医的数量和医疗水平。其三，为加强民族地区疾病防控工作，防止因病致贫、返贫，国家卫计委支持对民族地区重点传染病、地方病防控工作，实施国家免疫规划。其四，在民族地区全面落实公共卫生服务。2015年，民族地区基本公共卫生服务人均经费补助标准提高到40元，并全面落实11类43项基本公共卫生服务。①

中国还有很多行业部门对民族地区实施行业扶贫，也均取得了一定的扶贫成效。

6. 社会扶贫

广泛动员全社会力量参与扶贫工作一直是中国扶贫工作的一个重要方针。20世纪80年代以来，中国的社会扶贫工作已经初步形成了以定点扶贫、东西部扶贫协作、军队和武警部队参与扶贫为引领，民营企业、社会组织和个人广泛参与的工作体系。

广西、宁夏、内蒙古、青海、贵州、云南是中国农村扶贫开发地图上重要的战场，也是社会扶贫工作的聚集地，社会扶贫成果丰硕。"十二五"以来，广西在社会扶贫方面呈现出多层面、多渠道参与帮扶的格局，取得了较好的成果。首先，从定点帮扶方面看，"十二五"时期，广西共有204个中直驻桂、区直单位参与定点扶贫工作。2014年末，广西所有国家扶贫开发重点县及自治区扶贫开发重点县，均有3个以上中直驻桂单位或区直单位定点帮扶。2011~2013年，各级帮扶单位共投入帮扶资金47亿多元。另外，驻桂部队也

---

① 《中国扶贫开发年鉴》编委会编《中国扶贫开发年鉴》（2012、2014、2015），团结出版社，2012、2014、2015；《少数民族事业新实践（10）——来自国家卫计委的报告》，国家民委公众号，2016年3月14日。

积极参与定点帮扶,共投入帮扶资金近 0.6 亿元,帮扶 136 个村屯。其次,从东西扶贫协作方面看,广东帮扶广西的财政专项资金从"十一五"时期的每年 2000 万元,增加到"十二五"时期的每年 3500 万元。截至 2014 年底,广东省向广西提供无偿资金及捐物折款 4757.12 万元;帮助广西举办各类培训班 13 期,培训人员 885 人次。最后,从其他社会扶贫情况看,也取得了较好的效果。"十二五"期间,世界银行和英国国际发展部投资 1437 万元,实施"贫困农村社区发展项目",让广西参与项目的 4 万多农户直接受益。① 青海的社会扶贫成绩斐然。其一,从定点帮扶方面看,2011 年至 2014 年 10 月,13 个中央国家机关、企事业单位投资 8582.9 万元(含物资折价),协调引进资金 45306 万元,定点帮扶青海 15 个国家扶贫开发工作重点县;123 家省直机关投入帮扶资金物资 17413 万元,定点帮扶 39 个县(市)115 个乡(镇)的 124 个贫困村;672 家市(州)直机关定点扶贫单位投入帮扶资金物资 10307.3 万元(含物资折价),引进各类项目资金 29240.8 万元,定点帮扶 39 个县(市)、271 个乡(镇)的 703 个贫困村;2194 家县(市)直机关定点扶贫单位投入帮扶资金物资 13865 万元,引进各类项目资金 55430 万元,定点帮扶 39 个县、346 个乡(镇)的 1861 个贫困村,实施项目 672 个。② 其二,从东西扶贫协作方面看,2011 年至 2014 年 10 月,辽宁—青海东西扶贫协作不断拓展。辽宁省共计帮扶青海资金 18044.6 万元,主要实施了整村推进、扶持专业合作社、互助资金试点、党政军企共建示范村、基础设施建设、美丽乡村建设、技能培训和教育扶贫、产业发展等帮扶项目。其三,从企业和社会各界参与扶贫情况看,2011 年至 2014 年 10 月,青海有 324 家企业与 407 个贫困村建立了共建关系,各参与共建企业发挥自身优势和特点,结合贫困村的实际情况,通过项目扶村、产业带村、教育兴村、招工帮村、党建促村等不同形式,给予联点、共建贫困村有效帮扶。324 家企业共投入帮扶资金(含物资折价)3950

---

① 《中国扶贫开发年鉴》编委会编《中国扶贫开发年鉴》(2012、2014、2015,团结出版社,2012、2014、2015;韦继川:《广西社会扶贫工作向纵深发展形成"大扶贫"格局》,中央政府门户网站,2012 年 2 月 7 日,http://www.gov.cn/gzdt/2012-02/07/content_2060102.htm;唐卓:《广西教育和社会扶贫工作取得新突破》,中国民族宗教网,2014 年 12 月 12 日,http://www.mzb.com.cn/html/report/141230169-1.htm。

② 王梅:《"十二五"以来青海扶贫开发工作成就》,人民网青海频道,2014 年 10 月 15 日,http://qh.people.com.cn/n/2014/1015/c181467-22617016.html。

万元，实施各类项目105个，开展技能培训1100人次，吸纳用工4000余人次，资助贫困大学生130人次。另外，共有45890名干部群众及社会各界人士，通过捐款捐物、帮助落实项目、开展技能培训和转移就业、支学支医等帮扶措施，结对帮扶34165户贫困户，使13万贫困人口从中受益。①

新疆、西藏均属于生态很特殊的地区，其特殊性决定了其发展目标及发展途径的特殊性，也决定了其社会扶贫的特殊性。新疆、西藏社会扶贫除了包括定点扶贫及其他社会各界参与的扶贫外，还包括"援疆扶贫"与"援藏扶贫"。下面重点分析"援疆扶贫"与"援藏扶贫"。由于新疆的特殊地位，中国政府和各族人民早已达成"援疆就是卫国，新疆发达了，西北边境就安定富足，受益的将是整个中国和中华民族"的共识。因此，援疆成为必须长期坚持的国家战略。援疆一方面提高了新疆经济社会发展水平，另一方面促进了新疆贫困地区和贫困群体的减贫。从2010年开始的中央新一轮对口援疆从多方面对原来的援疆布局做了调整，其中重要的调整是19个省市对口支援新疆12个地州和兵团12个师，重点支援基层和南疆。安排北京、广东、深圳市、天津、江苏、上海、山东等九个经济实力强的省市对口支援贫困程度较深的南疆三地州，而且明确在重大建设项目布局和投资计划安排上对南疆三地州给予重点倾斜。显然，中央新一轮对口援疆的重要任务之一就是"援疆扶贫"。据统计，2010~2014年，19个对口援疆省市和中央国家机关、企事业单位共拨付援助资金470亿元，实施援疆项目4139个。另外，"新一轮对口援疆工作与过去的援疆工作不同。它长达10年，是包括人才、技术、管理、资金等在内的全方位援疆，援建的任务之重、资金之多、范围之广、力度之大前所未有"。截至2014年底，新一轮对口援疆共实施干部人才项目2636个，引进各类干部人才近3万名，组织培训新疆各类干部人才77.62万人次，加强了新疆人才队伍建设。通过援疆，引进一批劳动密集型产业，不仅带动了受援地经济的发展，而且解决了受援地大量就业问题；另外，广东加大对新疆的支持力度，鼓励新疆劳动力到广东等沿海发达地区转移就业。例如，"十二五"期间，广东援建的劳务输出服务机构"两县一师"就促进10多万人疆内转移就

---

① 王梅：《"十二五"以来青海扶贫开发工作成就》，人民网青海频道，2014年10月15日，http://qh.people.com.cn/n/2014/1015/c181467-22617016.html。

业、1.6万多人疆外转移就业，其中3000多人转移到广东就业。①

自1951年西藏和平解放以来，中央政府在西藏实施了各种扶持措施。特别是1980年以来，中央先后六次召开西藏工作座谈会，形成了以中央支持为主、对口支援为重要力量的"全国援藏"的区域发展战略，并逐步确定了关于"全国援藏"的财政补贴、税收优惠、工程援建、金融投资优惠、教育援助等一系列措施。尤其是1994年召开的第三次西藏工作座谈会决定采取的"分片负责、对口支援、定期轮换"的援藏形式，把对口支援制度化。2001～2008年，国家对西藏的财政补贴高达1046亿元，全国对西藏的援助（包括对口援助资金、各类专项资金等）约1200亿元，二者之和差不多是西藏和平解放到20世纪末援藏资金的总和。②"十二五"期间，西藏充分发挥对口援藏优势，大力开展援藏扶贫，80%的援藏资金向农牧区倾斜，有的地区还专门安排援藏资金用于扶贫开发。目前，"援藏扶贫"已成为西藏社会扶贫的重要部分。③

综上所述，社会扶贫不仅在项目、资金、技术等方面对民族地区进行帮扶，进一步提升和完善了民族地区基础设施和文化教育水平，帮扶单位人员还经常深入贫困乡村进行调研，了解贫困乡村及贫困农牧民的实际情况，从而逐步实现对贫困村、贫困户精准化识别、针对性扶持、动态化管理，并达到扶真贫、真扶贫的精准扶贫目标。

（二）民族地区的扶贫开发实施效果的评估

1. 民族地区扶贫开发成效显著

针对民族地区贫困的状况及特征，在中央及各级政府的统一部署下，在社会各界的帮扶、支持下，民族地区以促进贫困地区经济社会发展、推动贫困群

---

① 于洋：《"疆外来"携手"本土造"（新疆跨越60年）——新一轮对口援疆工作纪实》，《人民日报》2015年9月12日；于洋：《对口援疆：看得见摸得着（新疆跨越60年）》，《人民日报》2015年9月12日。
② 王志伟、阮平南：《"全国援藏"发展模式的演进历程》，《区域经济》2012年第12期；潘久艳、周红芳：《"全国援藏"：改革路径与政策回应》，《中共四川省委省级机关党校学报》2010年第2期；邹德斌：《西藏新时期社会扶贫工作思考》，《新西藏》2014年第12期。
③ 吴海波：《发起"总攻"西藏打造"五位一体"扶贫新格局》，环球网，2016年1月7日，http://china.huanqiu.com/hot/2016-01/8338631.html。

众稳定脱贫为目标,实施了多项扶贫工程,扶贫工作取得了一定的成绩。

(1)民族地区贫困规模减小,贫困程度缓解的速度快于全国平均水平

由上文可知,民族地区贫困人口量大面广,贫困问题严峻。在国家对民族地区持续扶持下,特别是十八大以来,国家对民族地区的扶持力度大幅提高,民族地区扶贫成效明显。

第一,2000~2010年,按照当年的贫困标准,民族八省区农村贫困人口从3144万人减少到1034万人(见图1),减少了2110万人。贫困发生率从23%下降到8.7%(见图2),下降了14.3个百分点,贫困发生率与全国平均水平的差从12.8个百分点,下降到5.9个百分点。说明这一阶段民族地区贫困人口逐年减少,贫困发生率逐年降低,贫困发生率与全国的差距在逐年缩小,贫困程度缓解的速度快于全国平均水平。①

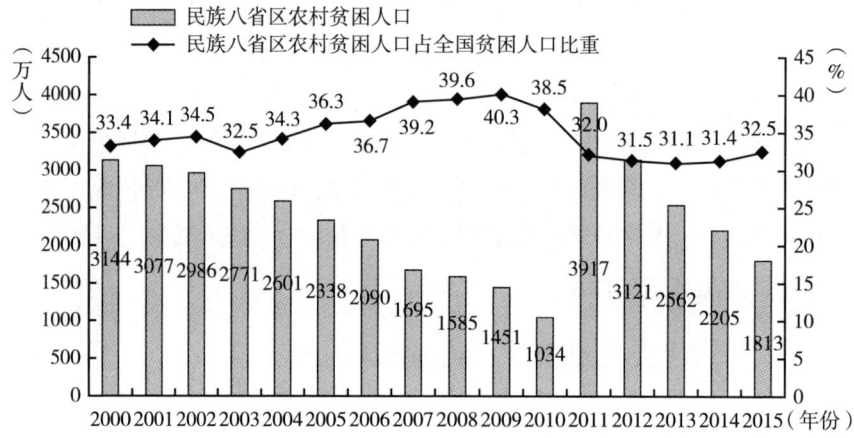

图1 民族地区农村贫困人口及与全国比较

资料来源:根据表1数据绘制。

第二,2011~2015年,在新的贫困标准下(2300元,2010年价格),民族八省区农村贫困人口从3917万人,逐年减少到1813万人,减少了2104万人;贫困发生率从26.5%下降到12.1%,贫困发生率与全国平均水平的差距

---

① 国家统计局住户调查办公室编《中国农村贫困监测报告2011》,中国统计出版社,2011,第61页。

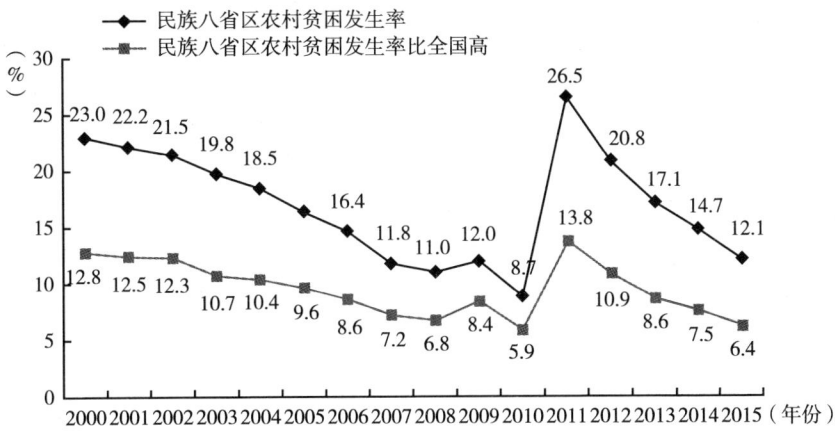

图 2　民族地区农村贫困发生率及与全国比较

资料来源：根据表 1 数据绘制。

从 13.8% 逐年下降到 6.4%。同样，贫困发生率与全国差距缩小的情况看，这一阶段贫困程度缓解的速度快于全国平均水平。

（2）生产生活条件和社会事业显著改善

随着上述多项扶贫政策的实施推进，民族地区生产生活条件明显改善，生产能力大大提升，扶贫成效显现。其主要表现如下。

第一，贫困地区基础设施得到改善。2014 年，民族八省区中，有 6 个省区其贫困地区通电的自然村比重超过 99%，有 1 个省区其通电的自然村比重接近 95%；8 个民族省区的通电话的自然村比重均超过 86%，其中 5 个省区超过 90%；有 6 个省区其通有线电视信号的自然村比重超过 65%；有 4 个省区其主干道路面经过硬化处理的自然村比重超过 60%；4 个省区的通客运班车的自然村比重超过 60%；3 个省区的饮用水经过集中净化处理的自然村比重超过 45%（见表 2）。而在 2005 年，在民族扶贫县中，通电的自然村比重为 93.5%；通公路的自然村比重为 75.5%；通电话的自然村比重为 62.2%；能接受电视节目的自然村比重为 82.2%。① 显然，民族八省区贫困地区基础设施得到了改善。

---

① 统计部门没有公布 2014 年前分省区的贫困地区基础设施等相关数据。我们将 2014 年的民族贫困地区相关数据与 2005 年的少数民族扶贫开发重点县（简称民族扶贫县）的相关数据进行比较，虽口径不同会有一定偏差，但民族扶贫县的状况可以大体代表民族贫困地区的状况。2005 年相关数据来自《中国农村贫困监测报告 2011》。

表2 2014年贫困地区基础设施状况

单位：%

	通电的自然村比重	通电话的自然村比重	通有线电视信号的自然村比重	主干道路面经过硬化处理的自然村比重	通客运班车的自然村比重	饮用水经过集中净化处理的自然村比重
内蒙古	99.7	87.5	90.0	49.8	63.1	27.8
广 西	99.7	91.7	42.4	52.6	31.8	26.0
贵 州	99.9	87.1	46.1	60.4	42.5	31.0
云 南	99.0	95.0	65.3	48.4	34.5	33.5
西 藏	87.8	86.7	75.8	51.6	28.9	11.5
青 海	94.5	93.9	74.5	90.1	72.8	45.1
宁 夏	99.4	94.0	100.0	69.0	71.9	68.1
新 疆	99.3	98.1	72.7	90.8	86.8	86.5
均 值	99.5	95.2	75.0	64.7	42.7	34.4

资料来源：《中国扶贫开发年鉴》编委会编《中国扶贫开发年鉴2015》，团结出版社，2015。

第二，贫困地区文化卫生教育情况得到好转。2014年，民族八省区中，有4个省区其有文化活动室的村比重超过86%；有7个省区其有卫生所（室）的村比重超过80%，其中4个省区有卫生所（室）的村比重超过90%；有6个省区其拥有合法行医证医生/卫生员的村比重超过80%，其中有3个省区的比重超过90%；有4个省区其有幼儿园或学前班的村比重超过50%；有5个省区其有小学且就学便利的村比重超过68%（见表3）。2005年，在民族扶贫县中，有卫生室的村比例仅为66.7%；有合格乡村医生/卫生员的村的比例仅为67.9%。说明民族贫困地区文化卫生教育条件尽管相对较差，但正在逐步改善。

表3 2014年贫困地区文化卫生教育情况

单位：%

	有文化活动室的村比重	有卫生所(室)的村比重	拥有合法行医证医生/卫生员的村比重	有幼儿园或学前班的村比重	有小学且就学便利的村比重
内蒙古	64.8	89.2	91.1	35.9	23.2
广 西	73.8	97.5	89.1	68.9	82.0
贵 州	74.9	95.2	85.9	54.3	68.2
云 南	86.8	96.2	94.7	59.6	78.9
西 藏	97.6	64.6	68.8	30.0	21.0

续表

	有文化活动室的村比重	有卫生所(室)的村比重	拥有合法行医证医生/卫生员的村比重	有幼儿园或学前班的村比重	有小学且就学便利的村比重
青海	71.8	86.8	83.1	38.3	43.6
宁夏	89.5	99.2	99.0	38.8	78.0
新疆	88.6	80.5	66.8	74.9	77.0
均值	81.5	94.1	90.9	54.7	61.4

资料来源：《中国扶贫开发年鉴》编委会编《中国扶贫开发年鉴2015》，团结出版社，2015。

第三，贫困地区农户生活设施得到改善。2014年，民族八省区中，几乎所有贫困地区的农户使用照明电；有5个省区其使用管道供水的农户比重超过67%；有5个省区其饮用水无困难的农户比重超过83%；有7个省区其有独用厕所的农户比重超过79%；有5个省区其炊用柴草的农户比重超过54%（见表4）。2005年，在民族扶贫县中，用电户比重为94.3%；饮用自来水和深井水的农户比重为52.8%；饮用困难的农户比重为16.7%；有独用厕所的农户比重为75.6%；取得生活燃料越来越困难的农户比重为53.8%。表明民族贫困地区农户生活条件较差，但自身生活条件在稳定改善。

表4 2014年贫困地区农户住房及家庭设施状况

	适用照明电的农户比重(%)	使用管道供水的农户比重	饮用水无困难的农户比重(%)	独用厕所的农户比重(%)	炊用柴草的农户比重(%)
内蒙古	99.9	35.2	91.6	91.4	77.5
广西	99.9	76.5	87.3	95.3	67.9
贵州	99.8	67.9	73.7	92.2	35.7
云南	99.6	71.2	72.6	79.8	54.5
西藏	93.8	50.0	64.8	69.4	68.2
青海	94.0	77.0	84.9	93.0	37.5
宁夏	97.2	58.3	88.7	97.8	31.0
新疆	99.7	89.3	91.8	97.1	56.7
均值	99.5	55.9	82.3	93.1	57.8

资料来源：《中国扶贫开发年鉴》编委会编《中国扶贫开发年鉴2015》，团结出版社，2015。

第四，目前，民族地区基本实现了城乡居民基本养老保险制度、基本医疗保险制度、大病保险制度的全覆盖，这些社会保险制度的覆盖面也越来越广，贫困群众有了更多获得感。

（3）农牧民收入增长加快，生活水平稳步提升

由上述可知，近年来民族地区在实施扶贫开发过程中，重点实施了专项扶贫、行业扶贫、社会扶贫等工程。在这些扶贫工程的扶持下，农牧民当然也包括贫困农牧民收入得到较快增长。例如，2006~2013年，民族八省区农村居民人均纯收入从2504.2元增长到6561.9元，年均增长9.95%，高于全国平均增幅0.49个百分点；占全国的比重从69.81%上升到73.76%。2014年，民族八省区中，广西、贵州、西藏、青海、新疆的农村居民人均可支配收入①同比增长分别为11.4%、13.1%、12.3%、12.7%与11.2%，均大于或等于全国平均水平（11.2%），只有内蒙古、云南、宁夏的农村居民人均可支配收入同比增长分别为11.0%、10.9%与10.7%，略小于全国平均水平。这表明，民族地区农村居民收入逐年递增，与全国的相对差距有所缩小。同时，随着收入的平稳增长，民族地区各族人民生活水平大大提高。2006年，民族八省区农村居民家庭恩格尔系数为45.18%，高于全国平均水平2.16个百分点。2013年，民族八省区农村居民家庭恩格尔系数下降到39.1%，比同年的全国平均水平高1.41个百分点。民族地区农村居民恩格尔系数与全国平均水平的差距在逐步缩小。②

2.民族地区扶贫开发面临的困难、挑战

20世纪80年代以来，在中央的统一部署下，民族地区有组织、有计划地开展了大规模的扶贫开发工作，取得了一定的成绩。但是，扶贫开发效果并不尽如人意。

其一，目前民族地区贫困人口依然量大面广，且贫困状况存在内部差异。2015年，民族地区仍有贫困人口1813万人，贫困发生率12.1%，比全国平均水平高6.4个百分点。分省区看，2014年，贫困人口仍在500万以上的省区有6个，其中3个属于民族八省区（广西、贵州、云南，见表5）；贫困发生率在

---

① 从2013年开始，国家统计局实施了城乡一体化住户调查改革，农村居民收入改用可支配收入测度。
② 郝时远、王延中、王希恩主编《中国民族发展报告（2015）》，社会科学文献出版社，2015。

10%及以上的省区有10个，其中7个属于民族八省区，其中西藏贫困发生率为23.7%，是内蒙古的3.25倍，是全国平均水平的3.29倍。

表5　2010~2014年全国及民族八省区农村贫困人口规模及贫困发生率

	2010年		2011年		2012年		2013年		2014年	
	贫困人口（万人）	贫困发生率（%）	贫困人口（万人）	贫困发生率（%）	贫困人口（万人）	贫困发生率（%）	贫困人口（万人）	贫困发生率（%）	贫困人口（万人）	贫困发生率（%）
全国	16567	17.2	12238	12.7	9899	10.2	8249	8.5	7017	7.2
民族八省区	5040	34.1	3917	26.5	3121	20.8	2562	17.1	2205	14.7
内蒙古	258	19.7	160	12.2	139	10.6	114	8.5	98	7.3
广西	1012	24.3	960	22.6	755	18.0	634	14.9	540	12.6
贵州	1521	45.1	1149	33.4	923	26.8	745	21.3	623	18.0
云南	1468	40.0	1014	27.3	804	21.7	661	17.8	574	15.5
西藏	117	49.2	106	43.9	85	35.2	72	28.8	61	23.7
青海	118	31.5	108	28.5	82	21.6	63	16.4	52	13.4
宁夏	77	18.3	77	18.3	60	14.2	51	12.5	45	10.8
新疆	469	44.6	353	32.9	273	25.4	222	19.8	212	18.6

资料来源：《中国扶贫开发年鉴》编委会编《中国扶贫开发年鉴2015》，团结出版社，2015。

其二，民族地区减贫速度[①]相对较低。图3报告了2000~2015年全国及民族八省区农村减贫规模及减贫速度。可以看出，全国农村贫困人口从2000年的9422万人减少到2009年的3597万人，共减少了5825万人，[②]年均减少10.15%；民族八省区农村贫困人口从2000年的3144万人减少到2009年的1451万人，共减少了1693万人，年均减少8.23%，低于全国平均减贫速度1.91个百分点。2011~2015年，全国农村贫困人口从12238万人减少到5575万人，年均减少17.85%；同期，民族八省区农村贫困人口从3917万人减少到1813万人，年均减少17.52%，低于全国平均减贫速度0.33个百分点。进一

---

① 减贫速度=当年减贫人口/上年贫困人口×100%，也称为减贫系数或减贫率。
② 一个国家或地区每年的贫困人口中，有一定数量的返贫人口，当年减贫人口应该等于上年贫困人口加上当年返贫人口再减去当年年底贫困人口。由于我国目前没有统计返贫人口，本文简单处理为：减贫人口等于上年贫困人口数减去当年贫困人口数。陈全功、程蹊：《少数民族山区长期贫困与发展型减贫政策研究》，科学出版社，2014，第21~22页。

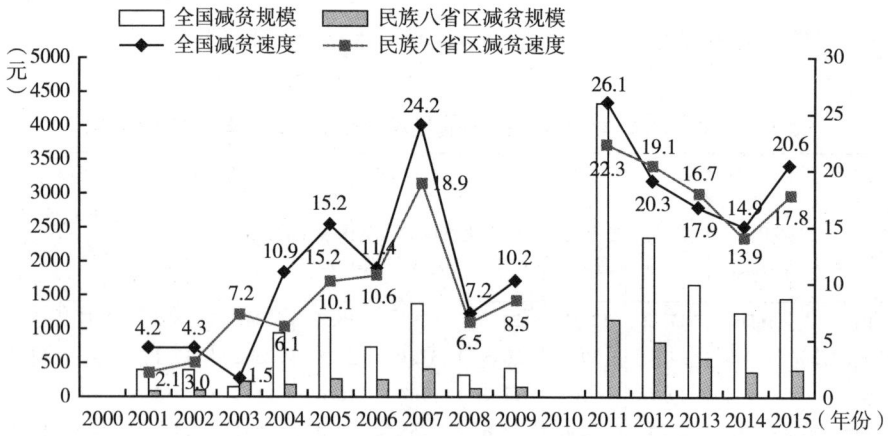

图3 民族地区与全国减贫规模、减贫速度的比较

注：此图中2010年及以后年份的贫困标准是2300元（2010年不变价）。由于2010年贫困标准大幅提高，相对于2009年（当年贫困标准），2010年贫困人口、贫困发生率大幅提高。为便于图形清晰，特将2010年作为一个节点，把2000~2015年的图形分成两段。

步分年度看，2011~2015年，八省区减贫率分别为22.3%、20.3%、17.9%、13.9%、17.8%，全国同期为26.1%、19.1%、16.7%、14.9%、20.6%。2011~2014年八省区与全国减贫速度都在逐年下降，到2015年减贫速度又明显加快。2011~2014年，在中国经济放缓的背景下，随着扶贫开发的深入，减贫效益递减问题开始突出，在与全国一样减贫速度逐年放缓的同时，民族地区减贫速度呈加速减缓趋势，其中部分原因或许是民族地区减贫受中国整体经济波动的影响更大。

其三，目前民族地区实施的扶贫政策绩效还不太高。根据笔者对2014年"民族地区大调查数据"的分析，民族地区农村居民的扶贫开发满意度评价还不太高，具体而言，在全部农村被访者中，对于扶贫开发工作的总体状况持"满意"态度的人所占比重只有60.8%，可以说是刚刚及格水平。[①] 因此，从农村居民满意度视角看，民族地区农村扶贫开发绩效还不太高，有些贫困人群不能或较少能从扶贫政策中受益，约40%的人群对扶贫政策的实施效果不满意。

---

① 刘小珉：《农户满意度视角的民族地区农村扶贫开发绩效评价研究——基于2014年民族地区大调查数据的分析》，《民族研究》2016年第3期。

其四，贫困人口向民族地区集中的趋势尚未扭转。2000~2009年，民族八省区农村贫困人口占全国比重从33.4%上升到40.3%，贫困人口向民族地区集中的趋势明显。2011~2015年，民族八省区农村贫困人口占全国比重从2011年的32%下降到2012年的31.5%，再下降到2013年的31.1%，但又上升到2014年的31.4%，再上升到2015年的32.5%，贫困人口向民族地区集中的趋势在头两年有所扭转，但后两年又有所抬头。

综上，目前民族地区农村不仅贫困面广，贫困程度深，减贫难度大，而且近年来民族地区实施的扶贫政策绩效还不太高。在中国经济放缓的背景下，减贫难度越来越大，在与全国一样减贫速度放缓的同时，民族地区减贫速度呈加速减缓趋势，从而导致贫困人口向民族地区集中的趋势仍未扭转，民族地区脱贫攻坚的难度越来越大。究其原因，可能有如下几个方面。

第一，民族贫困地区均处于生态脆弱区，恶劣的生态环境及频发的自然灾害使贫困农牧民的生存环境脆弱，生产生活极易受到冲击，难脱贫易返贫。另外，民族贫困地区多分布于自然资源相对不足、基础设施相对薄弱地区。特别是民族地区的边境地区、高寒山区、干旱地区、地方病高发区，不仅分布在远离城镇、远离市场的偏僻区域，更是集中在土地、草场贫瘠且基础设施比较薄弱的地区，短期内改变这些基础条件难度较大，这给扶贫措施及扶贫项目的选择增添了难度。[①]

第二，扶贫开发是政府主导，贫困农牧民参与不够，从而影响扶贫政策实施的绩效。一方面，民族地区扶贫开发计划的制订、实施主要依赖民族八省区各省（区）、州、县（旗）政府，各省（区）、州、县（旗）政府在制订扶贫开发计划时，主要是遵循国家在当时制定的扶贫规划（纲要），可能出现各地扶贫计划与当地农牧区实际情况不相适应、扶贫工作一般化的问题。也就是说，对民族贫困地区的贫困特征不清楚，扶贫计划的针对性不够强。另一方面，从包括民族地区在内的整个中国的扶贫开发历程看，过去各级政府基本上是推动脱贫，启动和引导脱贫工作做得还不够。给予性扶贫政策较多，引导性扶贫措施较少；短期性扶贫措施较多，长期性扶贫措施较少。扶贫政策缺乏调

---

① 刘小珉：《民族视角下的农村居民贫困问题比较研究——以广西、贵州、湖南为例》，《民族研究》2013年第4期。

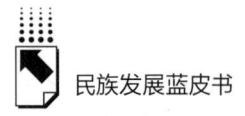

动贫困农牧民自发脱贫的主动性,助长了部分贫困农牧民的"等、靠、要"的依赖思想。① 显然,这都不利于提升扶贫开发的成效。

第三,扶贫项目分配没有向贫困户倾斜,使扶贫项目的减贫效果大大降低。据我们田野调查,在部分民族贫困地区实施产业扶贫开发时,如推进设施农业、特色林果业、特色养殖业,实施产业化扶贫工程时,那些有种、养技术、有较多劳动力的非贫困家庭或贫困程度相对不深的家庭获得产业扶贫项目支持的比例更大一些。也就是说,过去相当一部分扶贫项目集中在非贫困农户或贫困程度相对较轻的农户手中,而特别需要扶持的贫困家庭却得不到或较少得到扶贫项目和扶贫资金。这就会导致贫者愈贫的结果,从而影响扶贫效果。

第四,虽然近年来扶贫开发力度不断加大,但扶贫开发投入资金仍显不足。一方面,民族地区每年通过申请财政扶贫资金改善扶贫重点县、贫困村生产生活条件、解决农民生产发展中的困难,对增加农民收入起到了一定的作用。但由于扶贫资金有限,扶贫投入与实际需求差距较大,扶贫成效难以达到预期目标。比如,在整村推进中,有些重点扶持村每村只有15万元,要达到"四通五有三达到"②的扶贫目标,只可能是杯水车薪,扶贫目标难以实现。③另一方面,民族地区的边境地区、山区基本分布在高原、峡谷,农牧民居住分散,修路架线等基础设施建设的成本远高于平原地区,维护这些基础设施的成本也远高于平原地区,因此民族地区扶贫成本相对较高,目前的扶贫资金仍然不足。由于资金不足,一些最基本的迫切需要解决的扶贫项目迟迟不能完成,严重影响扶贫效益。

第五,有些扶持政策不到位。《国务院实施〈民族区域自治法〉若干规定》明确指出,"民族自治地方的国家扶持重点县和参政困难县确实无力负担的免除配套资金"。但是,按照现行体制,有些扶持政策、措施的实施仍然需要地方配套资金。比如,部分民族地区在基础设施建设、城乡低保、五保供养、医疗保险

---

① 阿斑·毛力提汗等:《新疆农村贫困问题研究》,新疆人民出版社,2006,第44~45页。
② 即通路、通电、通水、通广播电视、有学校、有卫生间、有安全用水、有解决温饱的稳产基本农田或牧场、人均纯收入、人均有粮、九年义务教育普及率达到国家扶贫纲要和"两基"攻坚计划要求。
③ 毛燕:《民族地区实现"十三五"时期全面脱贫的对策思考——以云南省宁蒗彝族自治县为例》,《西南民族大学学报》(人文社会科学版)2016年第4期。

等方面均安排一定比例的县级配套。民族地区贫困县本身财政收入很低，大多数属于"吃饭财政"，要拿出各种项目的配套资金几乎是不可能的，这就造成亟须提高基础设施、社会、民生事业的贫困地区因拿不出配套资金而失去这些项目支持的情况。即使有些地方表面上是免除配套资金，但因给予的扶贫项目资金不是按照本地实际需要下达的，这些地方只能是降低等级实施。

第六，目前，在人口大规模流动的背景下，与全国其他地方一样，民族地区农村劳动力大量外出，一些乡村空心化、社会原子化问题严重，村中缺乏年富力强的项目参与者，开发式扶贫的项目组织、实施难度很大，即便一些扶贫项目得到了实施，因劳动力在项目实施完成后又外出务工，导致这些项目缺少后续的管理和维护，造成了扶贫行为的短期性和扶贫资源的浪费，严重影响扶贫开发的成效。①

第七，劳动力转移培训质量不高。一方面，劳动力转移培训师资短缺。另一方面，劳动力转移培训针对性不强、与市场脱节，主要表现为劳动力培训通常是一般技能培训，针对目前企业用工需求的培训很少。因此，目前各村外出转移劳动力，粗活工、普通工过剩，熟练工、技术工、管理人员短缺。当然，这也与农牧民存在语言障碍、文化水平低相关。

三 结语与政策建议

本文对民族地区经济社会发展现状、农村贫困特征、农村扶贫开发的成效及面临的问题进行了全面分析。本文的主要结论有：民族地区是中国的面积大区、水系源头区、生态屏障区、文化特色区、资源富集区、战略重点区、经济、社会欠发达地区。民族地区农村贫困表现出量大面广、贫困分布与生态脆弱区高度耦合、贫困人口向少数民族集中、脱贫难度大，并呈整体性、长期性特征。因此，中国政府始终关注民族地区的经济社会发展，制定和实施了一系列扶贫政策和措施，推动民族地区的减贫事业。特别是"十一五"以来，民族地区由专项扶贫、行业扶贫、社会扶贫组成的"三位一体"扶贫工作格局逐渐清晰。首先，在专项扶贫方面，民族地区实施以整村推进为主体、以产业

---

① 左停：《精准扶贫战略的多层面解读》，《国家治理》2015年第36期。

扶贫和贫困劳动力培训为两翼的"一体两翼"扶贫战略，贫困地区农村基础设施得到改善，贫困人口综合素质得到提高，脱贫能力进一步增强。其次，在行业扶贫和社会扶贫方面，民族地区得到各级政府、各行业、东部发达地区、各社会机构等的政策倾斜，实施了一系列扶贫工程，扶贫开发工作取得了显著成果。但由于民族地区自然、生态环境、基础设施等限制条件，不是短时期能解决的问题；以前的扶贫开发项目针对性不强、在项目分配方式上存在问题，从而导致贫困农牧民参与不够、受益不够；有些扶持政策不到位、扶贫资金不足；缺乏年富力强的扶贫项目参与者、劳动力转移培训质量不高等，民族地区实施的扶贫政策绩效还不太高。而且，近年来，在中国经济放缓的背景下，减贫难度越来越大，在与全国一样减贫速度放缓的同时，民族地区减贫速度呈加速减缓趋势，从而导致民族地区脱贫攻坚的难度越来越大，目前仍是全国扶贫开发的重点和硬骨头。

十八大以来，中央逐步形成了精准扶贫战略这一科学的理论体系。习近平总书记指出："精准扶贫是解决扶贫开发工作中底数不清、目标不准、效果不佳等问题的重要途径。在实际工作中，应对贫困村、贫困户进行精准化识别、针对性扶持、动态化管理，扶真贫、真扶贫"。[①] 因此，针对民族地区发展现状、贫困特征及扶贫开发中存在的问题，在今后的扶贫工作中，应该坚持精准扶贫战略，做到"因人因地施策，因贫困原因施策，因贫困类型施策"。

首先，抓住各种机遇，加快民族地区经济发展。经济发展是减贫脱贫的根本途径，是民族地区实现脱贫的最重要动力来源。"十三五"时期，是中国实现全面建成小康社会目标的"冲刺"关键期。为了实现这一宏伟目标，中央出台了多项政策措施优化区域发展格局，促进民族地区的经济发展。如制定实施西部大开发"十三五"规划；支持民族地区、边疆地区、贫困地区发展，等等。可以说，"十三五"时期是民族地区经济社会发展大有作为的重大战略机遇期。因此，民族地区一定要抓住这些机遇，加快经济发展，带动贫困地区及贫困人口的脱贫。

---

① 转引自刘永富《打赢全面建成小康社会的扶贫攻坚战——深入学习贯彻习近平同志关于扶贫开发的重要讲话精神》，《人民日报》2014年4月9日。

其次，认真落实"五个一批"的脱贫措施。2015年10月16日，习近平总书记在"减贫与发展高层论坛"上首次提出"五个一批"的脱贫措施。随后，"五个一批"的脱贫措施被写入《中共中央国务院关于打赢脱贫攻坚战的决定》，经中共中央政治局会议审议通过。民族贫困地区应按照贫困群体的贫困类型、贫困原因，有针对性地落实"五个一批"的脱贫措施。其一，出台专项产业脱贫政策，引导和支持有劳动能力的贫困户，因地制宜发展优势产业（包括优势种养业和传统手工业等），依靠自己的努力实现就地脱贫。其二，对居住在生态环境脆弱、自然灾害频发地区的贫困人口，加快实施扶贫搬迁工程，并确保其搬得出、稳得住、能脱贫。其三，加大民族贫困地区生态保护修复力度，增加民族贫困地区重点生态功能区转移支付，扩大政策在民族地区的实施范围。例如，在国家实施的退耕还林、退牧还草等重大生态工程项目和资金安排上进一步向民族贫困地区倾斜，提高贫困人口参与率和受益水平，实现"生态补偿脱贫一批"的目标。其四，大力实施教育扶贫工程，让贫困家庭子女都能接受公平有质量的教育，阻断贫困代际传递。其五，完善农村最低生活保障制度，对贫困人口中完全或部分丧失劳动能力的人，实行政策性保障兜底。

再次，在今后的扶贫开发过程中，应将改善民族贫困地区生态环境和加强基础设施建设放在首位。只有改善了民族贫困地区生态环境以及基础设施，才可能改善民族贫困地区贫困人口的生产、生活环境，从而提高贫困人口的收入水平而实现有效脱贫。另外，自然灾害频发是导致民族地区贫困人口脆弱性的重要原因。因此，一方面，民族地区应切实抓好"易地扶贫搬迁"工程，要引导自然灾害频发地区的贫困人口到城镇定居，从事其他产业。另一方面，由于目前单家独户的农业生产势单力薄，很难规避自然灾害的风险，因此，在今后的扶贫开发过程中，应引导还留在农村从事农业生产的贫困人口加入专业合作社，以增强抵抗自然灾害的能力，尽量减少自然灾害的冲击。

最后，在以后的扶贫开发中，应该坚持精准扶贫战略，加强对贫困群体"扶真贫、真扶贫"。回顾中国的扶贫政策，从瞄准贫困县到瞄准贫困村，减贫效果有效提高。只不过，即使是以贫困村为主的整村推进项目，也因为政策实施过程中没有向最应该得到扶贫的贫困群体倾斜，而使贫困群体在扶贫项目的实施中受益不多，从而导致扶贫效果不佳。因此，应该实施精准扶贫战略，出台更多针对贫困户、贫困人口的扶贫项目。

十八大提出中国要在 2020 年全面建成小康社会，民族地区作为全面建成小康社会的短板地区，脱贫的压力和任务非常艰巨。目前，中央及各级地方政府高度重视民族地区脱贫，调动一切能调动的力量，给予前所未有的力度支持民族地区脱贫攻坚。可以预期，到 2020 年，民族地区的减贫事业能顺利达到目标。

B.8
民族立法发展报告

刘 玲*

摘 要： 民族立法发展不仅包括重点领域立法的充实，也包括立法机构的健全和立法制度的完善。2014年党的十八届四中全会提出全面推进依法治国的目标，我国民族立法工作日益呈现精细化发展的态势。民族立法突出重点领域，在民生、发展、法治政府建设、民族团结专项立法方面取得新进展。重视立法质量，人大在立法工作中的主导作用日益显现，公众有序参与立法的机制逐渐完善，及时进行法规清理，维护国家法制统一。重视立法程序与立法技术的完善，使立法进一步规范化与精细化。民族立法应继续推进民族区域自治法配套法规建设，更加注重立法工作规范性，促进民族立法制度创新发展。民族地区需积极应对地方立法权扩容与立法机构组成人员专职化的趋势，及时为改革发展提供法制保障。

关键词： 民族立法 立法机构 立法程序 立法制度

国家民族事务委员会《民族法制体系建设"十二五"规划（2011~2015年）》（以下简称民族法制"十二五"规划）从民族立法、民族法律法规执行监督、依法行政和民族工作法治化、民族法制宣传、民族法制理论研究等方面就进一步推进民族法制建设，完善民族工作体制机制，全面落

---

* 刘玲，中国社会科学院民族学与人类学研究所助理研究员。

实依法治国基本方略，推动依法行政和加强法治政府建设提出了具体的要求。① 2015年是民族法制"十二五"规划的收官之年，呈现2014～2015年度民族法制建设的最新进展，总结成就，评析问题，有助于推进民族工作法治化。

一 2014～2015年民族立法概况

我国民族法制建设经过民主革命时期的立法实践探索与新中国成立60多年来的立法经验积累，已经初步形成了"以宪法的相关规定为根本，以民族区域自治法为主干，包括其他关于民族方面的法律规定，国务院及其各部门制定的关于民族方面的行政法规和部门规章，各省、自治区、直辖市及较大的市制定的关于民族方面的地方性法规和规章，民族自治地方自治条例和单行条例在内的中国特色民族法律法规体系"②。截至2015年底，现行法律法规中，共有115件法律、47件行政法规涉及民族问题规定，其中包括专门调整民族关系的国务院行政法规，即《国务院实施〈中华人民共和国民族区域自治法〉若干规定》（以下简称国务院若干规定）；民族自治地方共制定和修改自治条例262件，现行有效的为139件；制定单行条例912件，现行有效的为698件；14个省市制定了实施国务院若干规定的地方性法规或政府规章。③

随着2014年党的十八届四中全会"全面推进依法治国"④目标的提出，我国民族法制建设呈现出精细化发展的态势，既包括对社会主义民族法律法规体系的完善和补白，也包括为国家各项改革事业提供法制保障的跟进与观照。从立法主体来讲，中央层面包括国家民委、公安部，地方层面包括各级民族自

---

① 《〈民族法制体系建设"十二五"规划（2011～2015年）〉解读》，http://www.seac.gov.cn/art/2011/8/11/art_143_133673.html。
② 《民族法制体系建设"十二五"规划（2011～2015年）》，http://www.seac.gov.cn/art/2011/8/11/art_149_133670.html。
③ 《全国人民代表大会常务委员会执法检查组关于检查〈中华人民共和国民族区域自治法〉实施情况的报告》，http://www.npc.gov.cn/npc/xinwen/2015-12/22/content_1955659.htm。
④ 《中共中央关于全面推进依法治国若干重大问题的决定》，《求是》2014年第21期。如无特别说明，下文关于十八届四中全会决定的引述都出自于此，不再一一注出。

治地方、辖有民族自治地方的省、区、市或少数民族流动人口较多的有立法权的省、市等。

（一）中央层面涉及民族工作的法制举措

党的十八大以来，立法在国家改革与发展的战略布局中发挥着越来越重要的作用。中央召开一系列重要会议部署全面深化改革、全面推进依法治国，每一项重大改革措施的出台，都经过了全国人大常委会的审议、表决，都提前对所涉及的现行法律做出修改完善，确保在法治轨道上推进改革，发挥立法对改革的推动和引领作用。

2014年中央民族工作会议就新时期民族工作的时代特征和发展方向进行定位，特别部署了宪法和民族区域自治法的贯彻落实工作。党的十八届四中全会做出全面推进依法治国的重大决定，进一步对贯彻落实民族区域自治法提出明确要求。为贯彻落实会议精神，中共中央、国务院于2014年底印发《关于加强和改进新形势下民族工作的意见》，将提高依法管理民族事务能力，加强民族工作法律法规建设，实现民族事务治理法治化作为加强和改进新形势下民族工作的重要抓手。2015年8月11日，国务院印发《关于加快发展民族教育的决定》，对加快发展民族教育进行全面部署，该决定既"暗含了大量的法制话语和逻辑"，又"在相当程度上预示了新时期民族教育法制发展与完善的制度愿景"[①]，民族教育必将在制度化和规范化轨道迈上新的台阶。

2015年6月16日，国家民委、公安部联合发布《中国公民民族成份登记管理办法》，就公民民族成分确认、变更等做了明确规定，该办法于2016年1月1日起施行，是我国第一个专门规范公民民族成分登记管理的部门规章，是我国民族事务法治化取得的最新成果。

为落实十八届四中全会精神和《国务院关于加强法治政府建设的意见》，推进民族事务管理法治化，实现"从用政策手段管理民族事务向运用法律手段管理民族事务的过渡"[②]，国家民族事务委员会于2015年启动《关于推进民族事务法治建设的意见》的起草工作，并于2015年9月赴内蒙古自治区呼和

---

① 郑毅：《新时期加快民族教育发展的法制路径》，《中国民族报》2015年8月28日。
② 熊文钊：《切实推进民族事务管理法治化》，《中国民族报》2015年5月31日。

浩特市开展立法调研论证工作。2014～2015年国家民委政策法规司就《城市民族工作条例》和《民族乡行政工作条例》修订工作分别召开研讨会、专题立法调研，并与国务院相关部门就《条例》的专门问题进行沟通协商，充分汇总各方面的意见建议。全国人大民族委员会调研组也就城市民族工作问题进行了大量的调研工作。与此同时，各地有关两条例的修订论证会和座谈会陆续召开，为《条例》的修订提供第一手调研资料。关于城市民族工作、清真食品方面的行政法规也在研究制定中，对《城市民族工作条例（修订）》送审稿进行修改，对清真食品立法问题进行重点研究。《国务院2015年立法工作计划》将修订城市民族工作条例作为力争年内完成的项目，将清真食品管理条例和民族乡行政工作条例（修订）作为重点研究项目，进一步推动涉及民族事务的行政法规制定工作。①

2015年，全国人大民族委员会组织实施对民族区域自治法实施情况的执法检查。检查组由常委会4位副委员长和全国人大民族委员会主任委员为领队，34位常委会委员、专门委员会委员和全国人大代表为成员，国家民委、国家发改委、财政部、教育部、环境保护部等10部门派员参加工作。本次执法检查重点是：民族地区的基础设施建设情况、生态保护和补偿机制的建立及落实情况、少数民族干部选拔配备和发展民族文化教育及培养各类人才的情况、民族区域自治法配套法规制定情况等。执法检查组先后听取了国务院相关部门贯彻实施民族区域自治法的情况汇报，并分为5个小组，赴内蒙古、广西、西藏、新疆、宁夏、吉林、贵州、云南、甘肃、青海十省区开展实地检查，召开座谈会58次，广泛听取各方面意见和建议。2015年12月22日，执法检查组向全国人大常委会报告了民族区域自治法的实施情况，其中在民族立法方面存在的突出问题为配套法规不完善，有些国务院部门尚未制定实施民族区域自治法的配套性文件，现行有效的配套性文件位阶不高、操作性不强，在涉及财政转移支付、基础设施项目安排、投资政策、教育卫生文化等基本公共服务、税收优惠等实质层面缺乏具有刚性约束力的部门规章，建议清理完善有关文件，并上升到规章层次，推进民族工作进入法治化轨道。报告强调国务院

---

① 《国务院办公厅关于印发国务院2015年立法工作计划的通知》，http://www.gov.cn/zhengce/content/2015－09/02/content_ 10127.htm。

和有关地方政府作为上级国家机关所承担的贯彻落实民族区域自治法的职责，要求其在依法治国和依法行政过程中充分发挥民族区域自治法的作用。①

（二）民族自治地方自治法规立法情况

1. 自治区的自治条例和单行条例立法工作

截至2015年底，五个自治区并不存在自治条例和单行条例立法工作。

2. 自治州②自治条例和单行条例立法情况

2014~2015年未出台新的自治州自治条例，存在对自治条例修改的情况，单行条例的立法活动较为频繁。其中，阿坝藏族羌族自治州对其自治条例进行了修改，这是阿坝州建立以来第三次修改自治条例，本次修改将建州纪念日休假天数从一天改为三天，这是充分考虑到2008年汶川地震以来，阿坝州雨季地质灾害防治和维稳工作任务艰巨，国家法定节假日难以兑现的情况，而利用地质灾害较少的冬季休假来调节干部职工身心健康、调动工作积极性的法制举措，是自治机关结合当地的自然地理条件，自主决定干部群众休假时间的立法实践。

从自治州单行条例的制定、修改和废止情况来看，2014~2015年，共进行了40项单行条例立法③，其中制定了26件，修改了10件，废止了4件，呈

---

① 以上参见《关于检查〈中华人民共和国民族区域自治法〉实施情况的报告》，http：//www.npc.gov.cn/npc/xinwen/2015-12/22/content_1955659.htm。

② 本文所涉自治州包括：延边朝鲜族自治州、恩施土家族苗族自治州、湘西土家族苗族自治州、阿坝藏族羌族自治州、甘孜藏族自治州、凉山彝族自治州、黔东南苗族侗族自治州、黔南布依族苗族自治州、黔西南布依族苗族自治州、楚雄彝族自治州、红河哈尼族彝族自治州、文山壮族苗族自治州、西双版纳傣族自治州、大理白族自治州、德宏傣族景颇族自治州、怒江傈僳族自治州、迪庆藏族自治州、临夏回族自治州、甘南藏族自治州、海南藏族自治州、海北藏族自治州、海西蒙古族藏族自治州、黄南藏族自治州、果洛藏族自治州、玉树藏族自治州、伊犁哈萨克自治州、博尔塔拉蒙古自治州、昌吉回族自治州、巴音郭楞蒙古自治州、克孜勒苏柯尔克孜自治州。为便于表述，下文均使用简称。

③ 需要说明的是，本报告法律文本来源于国务院法制办法律法规全文检索系统，http：//search.chinalaw.gov.cn/search2.html。根据《立法法》，地方性法规、自治条例、单行条例和规章应当在公布后的30日内报全国人大常委会和国务院备案。因此，在上述数据库公布的法律文本具有权威性。但笔者在文献搜索中发现，有些地方民族立法并未及时公布，因此，本报告在该数据库的基础上，辅之以各民族自治地方人大网站、百度等公共搜索引擎，并适当参考各民族自治地方人大工常委会工作报告内容。

现出立、改、废并举的态势；涉及9个省区22个自治州，73.3%的自治州进行了相应的立法活动。

从立法数量来看，如图1所示，2014～2015年，各自治州单行条例立法最多的为延边州和恩施州，各为5件；文山州4件；黔东南州3件；阿坝州、黔南州、大理州等5个自治州各2件；湘西州、凉山州、黔西南州等13个自治州各1件；有8个自治州未出台单行条例。2014～2015年，年均立法0.9件，各自治州立法数量参差不齐。

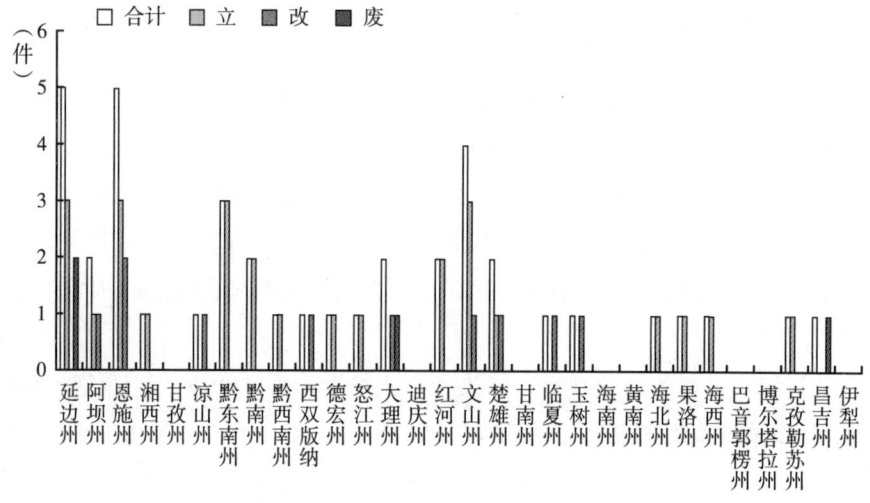

图1 2014～2015年自治州单行条例立法数量汇总

从立法内容来看，如图2所示，自治州单行条例的立法领域涉及环境保护、依法行政、产业发展、城乡建设与管理、教科文卫等社会事业、民族关系6个方面。

——环境保护①

包括《阿坝藏族羌族自治州风景名胜区条例》、《阿坝藏族羌族自治州野生动物植物保护条例》、《怒江傈僳族自治州特色畜禽资源保护与利用条

---

① 根据我国环境保护法，环境的范围包括大气、水、海洋、土地、矿藏、森林、草原、湿地、野生生物、自然遗迹、人文遗迹、自然保护区、风景名胜区、城市和乡村等。参见《中华人民共和国环境保护法》（2014年修订本）第2条。

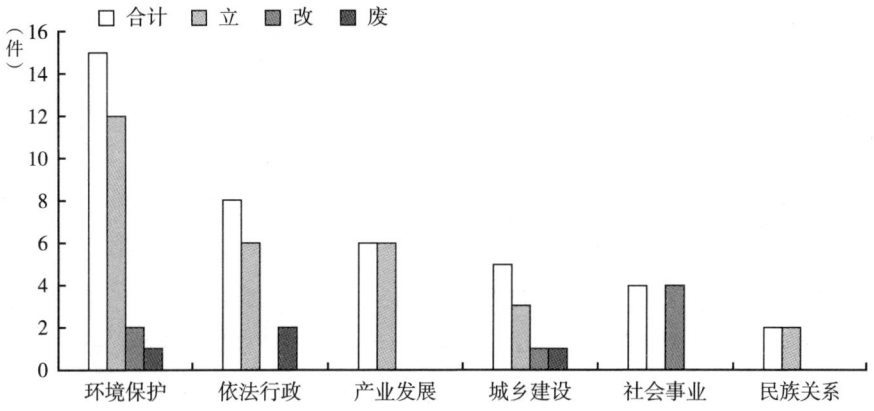

图2 2014~2015年自治州单行条例立法领域分布

例》、《楚雄彝族自治州青山嘴水库管理条例》、《延边朝鲜族自治州朝鲜族非物质文化遗产保护条例》、《凉山彝族自治州邛海保护条例》、《黔东南苗族侗族自治州生态环境保护条例》、《黔西南布依族苗族自治州剑江河流域保护条例》、《西双版纳傣族自治州澜沧江保护条例》、《德宏傣族景颇族自治州饮用水水源保护条例》、《文山壮族苗族自治州矿产资源管理条例》、《克孜勒苏柯尔克孜自治州喀拉库勒湖风景区保护管理条例》、《大理白族自治州洱海保护管理条例》（修订）、《文山壮族苗族自治州普者黑景区保护管理条例》（修订）、《昌吉回族自治州硅化木保护管理条例》（废止）等。

民族地区是资源富集区，资源与环境保护是立法重点领域，2014~2015年，该领域共制定、修改、废止单行条例15件，占自治州单行条例立法总数的35.7%。

——依法行政

包括《恩施土家族苗族自治州法律援助条例》、《恩施土家族苗族自治州行政执法条例》、《恩施土家族苗族自治州重点项目领域预防职务犯罪工作条例》、《甘孜藏族自治州突发事件应对条例》、《延边朝鲜族自治州外国人管理条例》、《黔西南布依族苗族自治州殡葬管理条例》、《延边朝鲜族自治州对外劳务合作管理条例》（废止）、《大理白族自治州禁止赌博条例》（废止）等。

依法行政是民族自治地方自治机关管理当地经济、政治、文化、社会事业自主管理地方事务的基本准则，在全面依法治国和法治政府建设的大环境下，依法行政与依法治理成为立法热点，该领域制定、修改单行条例8件，占19.0%。

——产业发展

包括《红河哈尼族彝族自治州石屏豆制品产业发展条例》《红河哈尼族彝族自治州建水紫陶产业发展条例》《黔东南苗族侗族自治州苗医药侗医药发展条例》《黔东南苗族侗族自治州促进非公有制经济发展条例》《黔南布依族苗族自治州促进茶产业发展条例》《文山壮族苗族自治州农村产权抵押贷款条例》等。

民族地区在发展过程中，依托自身的特色优势资源开发和特色产业发展，将资源优势转化为产业优势与经济优势，将民族民间工艺与产业发展相结合，走出了一条特色产业发展之路。产业发展立法是单行条例立法的新兴领域，所立6件单行条例全部为新制定，占14.3%。

——城乡建设与管理

包括《延边朝鲜族自治州城镇绿化管理条例》、《湘西土家族苗族自治州吉首市城市综合管理条例》、《文山壮族苗族自治州村庄规划建设管理条例》、《恩施土家族苗族自治州农村公路条例》（修订）、《延边朝鲜族自治州农民负担管理条例》（废止）等。

民族地区城乡规划、基础设施建设市政管理等是城乡建设与管理的重要内容，2014~2015年共有5件单行条例涉及城乡建设，新立3件，修改1件，废止1件。

——教科文卫等社会事业立法

包括《玉树藏族自治州义务教育条例》（修订）、《楚雄彝族自治州民族教育条例》（修订）、《恩施土家族苗族自治州人口与计划生育条例》（修订）、《临夏回族自治州教育条例》（修订）等。

教育、科技、文化等社会事业是民族地区立法的传统领域，4件立法均为修正案，集中于民族教育和人口与计划生育，这是立法与国家改革发展形势紧密结合的一个缩影。

——民族关系

包括《果洛藏族自治州民族团结进步条例》《海北藏族自治州民族团结进步条例》等。

这是自治州层面出台的涉及民族团结的专项立法，是依法调整民族关系，用法律保障民族团结的法制探索。关于民族团结的地方立法保障，下文会有详细叙述。

3. 自治县自治条例和单行条例立法概况

2014~2015年，自治县自治条例和单行条例立法工作大量存在。根据法律法规全文检索系统①，2014~2015年，各自治县共有27项立法②，其中4个自治县修改了自治条例，分别为湖北五峰土家族自治县、广西罗城仫佬族自治县、广西巴马瑶族自治县、青海门源回族自治县等。新制定了19件单行条例，修改3件，废止1件。

五峰土家族自治县自治条例在修改过程中，明确了经济建设的发展方向与目标导向，将经济建设单列一章；为突出自然资源保护和生态文明建设，将生态文明建设单列一章；为突出人才在经济社会建设中的重要作用，落实自治县引进人才方面更大的自主权，将人才队伍建设单列一章。③ 这反映了该县确定立法项目的"三优先"原则，即"坚持事关地方经济社会全局的优先，保障和改善民生的优先，切实可行且条件已经成熟的优先"④，突出了民族立法的针对性。罗城仫佬族自治县自治条例在修改过程中，在民族关系、资源开发、各项经济与社会政策支持方面，突出罗城的民族、地域和资源特点，并规定了在"自治县招录公务员，按照有关规定报请上级主管部门批准后，可以划出一定比例的名额定向招录本县少数民族报考人员；对报考自治县公务员的少数民族考生给予照顾加分。自治县事业单位、上级机关隶属的在自治县的事业单位公开招聘工作人员时，同等条件下优先聘用本县少数民族报考人员。自治县行政区域内的企业依照国家规定招收人员，优先招收本县少数民族公民"。⑤

---

① 国务院法制办主办，http://search.chinalaw.gov.cn/search2.html。
② 实际数量远不止这些。该系统对自治州自治条例和单行条例的统计总数为29件，但通过查证，实际的数量为40件。而自治县自治立法的查证难度较高，而且很多自治县人大没有官方网站，或网站内容未公布立法情况，因此本报告关于自治县自治立法的分析仅以法律法规全文检索系统的文本为例，以期反映自治县自治法规立法的概况，特此说明。
③ 季为民：《五峰土家族自治县修订自治条例》，《楚天主人》2014年第12期。
④ 彭云：《依法行使民族立法权服务民族地方经济社会发展》，五峰土家族自治县人大网站，http://www.wfrd.gov.cn/news_show.asp?n_id=10894。
⑤ 参见《巴马瑶族自治县自治条例》（2014年修正本）第四十四条。

这些规定为自治县民族干部培养和任用提供法制保障。自治条例修改的共同特点是在关注经济建设、资源保护和社会事业的同时，更加关注民生，关注人才队伍建设，关注本地少数民族的就业与发展问题。

自治县单行条例内容涉及城乡建设与管理、资源与环境保护和历史文化保护等方面，城乡建设方面包括城市管理、城乡规划建设、城市供水用水、乡村公路养护、农田水利基础设施管理保护、城市管理综合行政执法、县城市容和环境卫生管理等方面的内容；环境保护方面涉及草原管理、矿产资源管理、旅游资源保护、森林资源高原湿地保护等方面；历史文化保护涉及民族民间传统文化保护和民族教育等内容。

2014年6月30日，长阳土家族自治县人大常委会宣布废止《长阳土家族自治县预算外资金管理条例》（以下简称《条例》）。随着财政管理体制的改革，预算外资金已纳入预算管理范畴。财政部于2010年6月下发通知（财预〔2010〕88号），要求自2011年1月1日起，将按预算外资金管理的收入（不含教育收费）全部纳入预算管理。至此，预算外资金被全面取消，《条例》所调整的内容和规范的行为对象已不复存在，无继续实施的必要。这是立法及时清理和废止不适用的自治法规以适应改革发展需要的举措，值得肯定。

（三）民族立法机构的设置与完善

1. 各级立法主体立法机构设置情况

根据宪法和立法法的有关规定，拥有涉及民族方面立法权的包括全国人大及其常委会、地方各级人大及其常委会、省级人民政府、设区的市人民政府等。从立法机关的组织架构来看，各级立法主体根据宪法和全国人大组织法以及地方组织法规定的原则和要求，建立起相应的立法机构，既包括各级人大及其常务委员会和在其领导下的专门委员会、工作委员会以及其他工作机构和办事机构；也包括承担本级政府立法的统筹规划和组织起草任务的各级人民政府法制办公室，政府各组成部门根据各自职责承担具体的规章起草任务，并提出相应的立法建议。全国人大共有九个专门委员会，分别为民族委员会、法律委员会、财政经济委员会、教育科学文化卫生委员会、外事委员会、华侨委员会、内务司法委员会、环境保护委员会、农业与农村委员会，其中法律委员会"统一审议向全国人民代表大会或者全国人民代表大会常务委员会提出的法律草案",其他各专门委员会"就有关的法律草案向法律委员会提出意见"。① 这些专门委员会虽然不是权力机关,但也不同于人大机关的办事机构,而是"在权力机关领导下担负某种专门任务的机构"②,它们依法享有提案权、议案初审权、调查建议权和部分监督权。其中,与民族立法直接相关的是民族委员会,其享有"对加强民族团结问题进行调查研究,提出建议;审议自治区自治条例和单行条例;对民族区域自治相关法律法规、决议、决定贯彻实施情况开展执法检查"③的职权。2013年产生的第十二届全国人大民族委员会由主任委员1人、副主任委员9人和委员18人共28人组成,其中少数民族22人,占78.6%。其组成人员涉及18个民族成分,具有广泛的代表性。全国人大常委会是全国人大的常设机构,由委员长、副委员长、秘书长组成委员长会议,处理全国人民代表大会常务委员会的重要日常工作;下设代表资格审查委员会以及五个工作机构和办事机构,分别为办公厅、法制工作委员会(以下简称法工委)、预算工作委员会、香港特别行政区基本法委员会、澳门特别行政区基本法委员会。在统一审议法律草案的过程中,法律委员会和法工委是同时工作的,法工委是全国人大常委会的工作机构,它的办事机构同时也是法律委员会的办事机构,法工委主任一般由法律委员会副主任委员兼任。各专门委员会和法工委在全国人大及其常委会的领导下,各司其职,协调一致,共同做好立法工作。

地方立法机构的设置,既与全国人大机构相对应,又根据实际需要进行调整。自治区人大及其常委会组织机构设置大致相同,一般在自治区人大及其常委会之下,由常委会主任和副主任组成主任会议,负责"处理常务委员会的重要日常工作",并"向本级人民代表大会常务委员会提出属于常务委员会职权范围内的议案"。④ 人大及其常委会与主任会议下设法制委员会、财政经济委员会、教育科学文化卫生委员会、民族宗教侨务外事

---

① 参见《全国人民代表大会组织法》第三十七条。
② 《全国人民代表大会专门委员会设置情况和职责》,http://news.xinhuanet.com/ziliao/2002 - 02/20/content_ 283184. htm。
③ 《全国人大民族委员会职责》,http://www.npc.gov.cn/npc/bmzz/minzu/node_ 1507.htm。
④ 参见《中华人民共和国地方各级人民代表大会和地方各级人民政府组织法2015年修正本》第四十六条、第四十八条。

委员会等专门委员会；以及办公厅、内务司法工作委员会、代表人事选举工作委员会、农牧环境资源工作委员会、代表资格审查会议等工作机构和办事机构。①

自治州一级一般专门委员会和工作委员会机构和职能合一，共同进行提案、审议和专题调研等工作，如恩施州设立了民族法制（工作）委员会、内务司法（工作）委员会、财政经济（工作）委员会、农村（工作）委员会、教育科学文化卫生（工作）委员会、环境资源保护（工作）委员会。黔南州编制了《人大常委会机关运作制度汇编》，并根据地方组织法和《黔南布依族苗族自治州人民代表大会各专门委员会工作任务、范围与职责的规定》的有关规定，为八个专门委员会制定了工作条例，明确了职责范围和工作制度，使州人大常委会运作更加规范化。

自治县人大没有设立专门委员会，往往根据需要设立办公室和法制工作委员会、选举联络工作委员会、财经工作委员会、教科文卫工作委员会、民族宗教侨务外事工作委员会、人口资源环境工作委员会和农业工作委员会。民族自治地方立法机构设置情况，充分彰显了其根据需要设立立法机构的自主性。

2. 新形势下民族立法机构的健全与完善

（1）人大常委会主任的专职配备

党的十六大以后，2003年各省人大换届时确立了一个原则："省级人大常委会主任，除中央政治局委员兼任党委书记的省、直辖市外，其他省、直辖市宜提名党委书记作为同一级人大常委会主任人选。同时规定，各民族自治区是否提名党委书记为自治区人大常委会主任人选，根据有关法律规定和实际情况确定。"② 2003年以来，除了由中央政治局常委担任省委书记的省区，省委书记兼任同级人大常委会主任成为一般惯例。地方党委书记兼任人大常委会主任可以加强党的领导，是对人大和立法工作的重视。但党委书记兼任人大常委会主任，一方面精力难以兼顾，另一方面也使人大对党委书记的监督流于形式。在最新一届地方换届选举中，为了保证人大独立发挥监督职能，截至2014年

---

① 参见《西藏人大组织机构架构图》，http://www.xizangrd.gov.cn/Articles/1529 - 1.htm。
② 邓科、林楚方：《新一轮地方换届的几大特点（政情瞭望）》，《人民文摘》2003年第3期。

5月，已有19个省委书记不再兼任省人大常委会党组书记，其中7个省份党委书记不兼任人大常委会主任。①

从当前民族八省区党委书记与人大常委会主任或党组书记的兼任情况来看，宁夏、云南和内蒙古仍由党委书记兼任人大常委会主任和人大常委会党组书记；广西、贵州、青海等三个省区由省委书记兼任人大常委会主任，由常委会党组书记副主任兼任；新疆、西藏党委书记未兼任人大常委会主任，也未兼任党组书记，而由省级人大常委会主任同时担任党组书记。

其中，新疆、西藏、贵州、青海人大常委会党组书记由当地主体民族或世居少数民族担任。民族八省区党委和人大领导的兼任情况与各地的历史传统有关，就西藏和新疆来说，西藏自治区人大常委会成立于1979年8月，是全国成立的第一个省级人大常委会，其主任一直由主体民族（藏族）担任，从未由自治区党委书记兼任；新疆维吾尔自治区与之类似，省级人大常委会自1979年9月成立以来，主任均由主体民族（维吾尔族）担任。因此，西藏和新疆成为除四个直辖市、广东省之外的党委书记不兼任人大常委会主任，同时也不兼任人大常委会党组书记的两个省区，这样的设置为民族自治区留下更多的自主管理民族内部和地方事务的空间。其余民族省区也随着人大制度的演进和变革而调整自身机构设置，逐渐形成了当前的格局。

表1 民族八省区党委书记兼任人大常委会主任和人大常委会党组书记情况

省（自治区）	省（自治区）委书记	省级人大常委会主任	省级人大常委会党组书记
内蒙古	王君	王君	王君
广西	彭清华	彭清华	危朝安
新疆	张春贤	乃依木·亚森	乃依木·亚森
西藏	陈全国	白玛赤林	白玛赤林
宁夏	李建华	李建华	李建华
云南	李纪恒	李纪恒	李纪恒
贵州	陈敏尔	陈敏尔	龙超云（女）
青海	骆惠宁	骆惠宁	穆东升

注：数据截至2016年3月1日。
资料来源：各省区政府和人大官网。

---

① 《19省份一把手不再兼任人大常委会党组书记》，http://politics.people.com.cn/n/2014/0513/c1001-25008544.html。

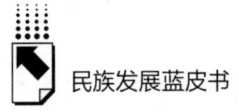

除了省级人大以外，自治州和自治县的党委书记和人大常委会主任兼任的情况并未形成统一的模式，而是根据实施区域自治区的民族占当地总人口中的比例，各地民族关系状况和干部条件等具体实际确定。如延边州的人大常委会主任历来由自治主体民族朝鲜族担任，这一做法通过法定程序纳入自治条例，成为有法制保障的政治惯例。

（2）民族地区地方立法权的扩展

党的十八届三中全会提出，逐步增加有地方立法权的较大的市数量，十八届四中全会进一步要求，依法赋予设区的市地方立法权。为实现立法与改革衔接，2015年第十二届全国人大第三次会议及时修改立法法，赋予设区的市地方立法权，并明确各设区的市开始制定地方性法规的具体步骤和时间由省级人大常委会确定。

各省、自治区纷纷出台决定，确定所辖设区的市、自治州开始制定地方性法规的时间。当前出台的决定存在两种模式，一种是整体推进，即自同一时间起，赋予所辖全部设区的市地方性法规制定权限。其中湖北省的做法具有典型性。湖北省人大常委会于2015年4月即启动推进设区的市、自治州行使地方立法权相关工作，省人大常委会办公厅于2015年5月12日下发《关于设区的市、自治州申请开始制定地方性法规有关事项的通知》，经过制定方案、拟定标准①、组织申报、调研评估、研究确定等环节，在12个市州立法条件基本成熟的情况下，2015年7月30日，省人大常委会会议全票通过了《关于确定设区的市和自治州人民代表大会及其常务委员会开始制定地方性法规的时间的决定》，确定所有12个设区的市和自治州人大及其常委会自2016年1月1日起，可以开始制定地方性法规。内蒙古采取的也是同时赋予所有设区的市地方立法权的模式。2015年11月25日，内蒙古自治区十二届人大常委会第十九次会议通过《关于确定呼伦贝尔市等七个设区的市开始制定地方性法规时间的决定》，自2015年12月1日起，呼伦贝尔市、通辽市、赤峰市、乌兰察布市、鄂尔多斯市、巴彦淖尔市和乌海市等自治区九个设区的市全部拥有了地方立法权。

另一种是采取分期审批、分批试点的模式。贵州省于2015年9月25日做

---

① 通知对立法需求、立法机构、立法工作人员和立法智力资源等提出了四个方面的要求。

出决定，遵义市、六盘水市、安顺市、毕节市、铜仁市、黔南州自2015年10月1日起，可以开始制定地方性法规；黔东南州和黔西南州开始制定地方性法规的时间为2016年1月1日。云南省采取分批试点的方式确定设区的市和自治州行使地方立法权时间，2015年11月将昭通、曲靖、玉溪、保山、文山、丽江、临沧7个州市列为云南省第一批行使地方立法权的州市。对尚未确定开始制定地方性法规时间的其余8个州市，将于2016年6月底前研究确定，再报省人大常委会会议审议决定。宁夏回族自治区人大常委会决定自2015年11月26日起，石嘴山市人大及其常委会可以制定地方性法规。随后，自治区人大常委会将对其余3个设区的市的立法能力、立法需求等情况进行调研评估，待条件成熟后，再行确定其开始地方立法的时间。西藏自治区2015年11月26日通过日喀则市、昌都市和林芝市分别从2016年3月1日、5月1日和7月1日起制定地方性法规的决定。① 广西壮族自治区明确6个设区的市自2015年8月1日起行使地方立法权，而对于其余7个设区的市开始行使地方立法权的筹备工作加强督促指导。②

（3）县乡人大内设机构的健全

根据2015年修改的地方组织法，县级人大可以设立相应的专门委员会，县级人大常委会组成人员名额有所增加，乡镇人大在闭会期间的职权和活动方式更加明确。我国人大代表总数是267万人，县乡两级代表占总数的95%，③县乡人大是基层国家权力机关，代表由选民直接选举产生，均来自基层和工作第一线，具有广泛的代表性，是社会主义民主政治的"根基"。④ 立法机关内设机构的充实、职能的健全和立法队伍的加强，对于加强县乡人大工作，推进社会主义民主法治建设具有重要意义。

---

① 《西藏自治区人民代表大会常务委员会关于确定日喀则、昌都、林芝市人民代表大会及其常务委员会开始制定地方性法规的时间的决定》，《西藏日报》2015年11月27日。
② 《广西壮族自治区人民代表大会常务委员会关于柳州、桂林、梧州、北海、钦州、玉林市开始行使地方立法权的决定》，《广西日报》2015年7月31日。
③ 数据来源于2015年8月29日，十二届全国人大常委会第十六次会议新闻发布会文字实录，http://www.xinhuanet.com/politics/zhibo/20150829B/wzsl.htm。
④ 莫季宏：《加强县乡人大工作打好政权建设根基》，《中国人大》2015年第14期。

民族发展蓝皮书

二 2014~2015年民族立法的特征分析

(一)立法突出重点,密切关注民生领域

1. 规范政府行为,推动法治政府建设

党的十八大将基本建成法治政府作为全面建成小康社会的目标之一,十八届三中全会进而提出法治中国的建设任务,十八届四中全会进一步就全面推进依法治国进行总体部署,坚持依法治国、依法执政、依法行政共同推进,坚持法治国家、法治政府、法治社会一体建设日益成为中国发展主旋律。在法治政府建设中,各地方大部门制改革、行政执法体制机制改革、行政审批制度改革向纵深发展,并通过权责清单制度、重大行政决策规范、政府信息公开等举措,进一步规范政府行为。民族地区也积极投身这一改革浪潮,为贯彻落实十八届四中全会通过的《中共中央关于全面推进依法治国若干重大问题的决定》,民族地区各级党委、政府制定了全面推进依法治省(区、州、市、县)及加强政府立法的实施意见,并以相关地方法规或规章为配套,以立法推动法治政府建设。

2015年6月,新疆维吾尔自治区人民政府党组会议通过了《加强党组领导政府立法工作的若干规定》,明确"对法律法规和国家政策的变通规定,涉及民族团结、宗教事务管理、社会稳定和长治久安的重要措施,发展改革举措关系群众切身利益或者可能引发社会广泛关注的,提出国家层面、自治区层面重要立法建议和修改意见,编制政府立法规划、年度立法计划,对政府立法涉及的重大争议进行协调或者作出决定,提出暂停、调整实施有关法律、行政法规、地方性法规的建议"①,必须经党组研究决定的政府立法事项范围,这是落实"加强党对立法工作的领导,完善党对立法工作中重大问题决策的程序"的一项重要举措。

2015年1月8日,宁夏回族自治区政府集中审议并在全国率先出台《法治政府指标体系》《行政程序规定》《重大行政决策规则》等三部规章。其中,

---

① 《加强党组领导政府立法工作的若干规定》,《新疆政府法制》2015年第6期。

《法治政府指标体系》设置了8项1级指标、32项2级指标、115项3级指标,对行政执法行为进行指标量化,为法治政府建设提供明确的目标和衡量标准;《行政程序规定》规范了行政机关的行政职权和执法程序,保障权力在阳光下运行;《重大行政决策规则》将科学决策、民主决策和依法决策作为重大行政决策必须要遵循的基本原则,规定重大行政决策必须经过"公众参与、专家论证、风险评估、合法性审查和集体讨论"等五个环节,并建立了重大行政决策终身责任追究制度及责任倒查机制。①

自2014年7月1日起实施的《恩施土家族苗族自治州行政执法条例》是我国市州级首个关于行政执法工作的综合性立法,这部单行条例的出台将"行政执法与刑事司法衔接制度""联合执法、联席会议制度、行政执法协助""一周办结制"等现行有效政策和实践做法纳入法制化轨道,将"相对集中行政处罚权和相对集中行政许可权制度"上升为法律规范,为推进相对集中行政许可权改革奠定法规基础。②

2. 加强民生立法,保障各民族平等的发展权益

改革开放以来,我国地方立法进入了快车道。随着体制机制改革的强力冲击和社会生活的逐步转型,由就业、教育、城乡建设、产业发展、历史文化保护等方面公共服务体系发展滞缓而引发的经济社会发展失衡状况日益凸显,促发展改民生成为社会热点问题。以立法承载民生期盼、呼应民生诉求、回馈民生关切,是民族地区党委和政府面临的重大课题,也是民族立法面临的重要任务。

2014~2015年,民族省区和各民族自治地方立法主要围绕产业发展和改善民生而展开。2014年云南省有27件地方性法规列入立法计划,其中民生类为10件,占37.04%,经济结构调整与特色产业发展的为11件,占40.74%,两者总占比为77.78%。③ 2015年,广西壮族自治区人大常委会党组对《自治区十二届人大及其常委会五年立法规划》进行调整,新增"城市交通、食品安全、民办教育"等方面与民生相关的立法项目。2014~2015

---

① 《加强和改进政府立法工作切实提高政府立法质量》,《法制日报》2015年1月29日。
② 《恩施自治州行政执法条例解读》,http://www.enshi.cn/20140508/ca299342.htm。
③ 《云南省27件地方性法规列入今年立法计划民生类占10件》,http://yn.yunnan.cn/html/2014-03/26/content_3145233.htm。

年,西藏制定无线电管理条例、志愿服务条例、建设工程安全生产管理条例、防雷减灾条例、布达拉宫文化遗产保护管理条例、献血法实施办法、国防教育法实施办法、非物质文化遗产法实施办法、预防未成年人犯罪法实施办法等9部地方性法规,立法领域涉及经济社会发展、改善和保障民生、维护社会和谐稳定等方面。① 2014~2015年,内蒙古共制定、修改地方性法规14件,其中在民生领域的立法主要有:在全国率先制定了《城镇基本医疗保险条例》,扩大城镇基本医疗保险覆盖范围,将职工缴费年限统一为25年,实行自治区内异地就医直接结算,从制度上构建了完备的城镇基本医疗保障体系;修改《自治区全民健身条例》,重点增加了加快发展足球等集体项目、推广校园足球和社会足球运动等内容;制定了《自治区食品生产加工小作坊和食品摊贩管理条例》,针对食品生产、销售领域的突出问题,以"零容忍"的态度加大对违法行为的处罚力度,确保各族群众吃得安全、吃得放心、吃得健康;《自治区民族教育条例》《自治区饮用水水源保护条例》《自治区人口与计划生育条例》等条例的制定与修改,充分考虑到了各族群众关注的热点问题。②

民生问题实质上是权利问题,与相应主体的权益保障密切相关。民族省区和民族自治地方立法主要涉及聚居少数民族的权益保障,随着我国进入各民族跨区域流动的活跃期,散杂居少数民族的服务、管理及权益保障日益广泛地被纳入地方立法规制的范畴。2014年,天津市和南京市制定了保障少数民族权益的地方性法规,湖南省修改了散居少数民族工作条例。自2014年1月1日起施行的《天津市少数民族权益保障规定》是该市首部关于少数民族权益保障的专项地方性法规,明确"建立健全民族工作议事协调机制",将适应少数民族需要的各项事业纳入国际经济和社会发展规划,在经济、信贷、税收、财政、教育方面保障少数民族经济社会发展;针对行政区域内回族人口众多的情况对回族群众在食品供应、丧葬等风俗习惯方面的特殊需求予以保障;规定申请设立民族乡、民族村的少数民族人口比例要求和程序,并给予相应的政策支持。自2014年9月1日起实施的《南京市少数民族权益保障条例》也是该市

---

① 参见2015~2016年《西藏自治区人大常委会工作报告》。
② 参见2015~2016年《内蒙古人大常委会工作报告》。

首次针对少数民族权益保障的综合性立法,规定了民族镇、村的设立,清真食品保障、开斋节放假等问题,同时对少数民族群众矛盾纠纷调处和个别人员过度维权的法律约束等问题进行了立法规制。

3. 专项调整民族关系,促进民族团结进步

通过立法保障民族团结,用法律调整各民族利益关系,为民族团结进步创建工作的制度化、法治化和常态化奠定法治基础,是当前民族团结地方立法的基本方向。2014~2015年,民族团结领域的专项立法有《青海省海北藏族自治州民族团结进步条例》《青海省果洛藏族自治州民族团结进步条例》《贵州省促进民族团结进步条例》《新疆维吾尔自治区察布查尔锡伯自治县促进民族团结条例》《新疆维吾尔自治区民族团结进步工作条例》等。

这些地方性法规或自治法规明确了民族团结进步创建活动的工作机制,规定了促进民族团结的组织领导机制、协调配合机制、监督检查机制和条件保障机制等;为使民族团结工作取得实效,对各地加强民族团结的载体与方式的具体举措进行了制度化总结;关于民族团结工作的权利、义务、表彰奖励与法律责任等的设定,对于完善民族法律规范逻辑结构具有重要的意义。

(二)重视立法质量,推进科学立法与民主立法

当前,民族法律法规体系已初步形成,但立法工作中部门主导立法现象普遍、公众参与实效差、立法冲突与立法漏洞同时存在等问题仍是制约民族立法质量的重要因素。切实发挥人大在立法工作中的主导作用,拓展社会有序参与立法的途径,及时进行法规清理是实现科学立法与民主立法、提高立法质量的基本举措。

1. 人大在立法工作中的主导作用日益显现

人大主导立法体现在法规的立项、起草、审议、修改和表决等立法工作全过程。人大及其常委会通过编制立法规划、立法计划并督促其具体落实,加强对立法工作的统筹安排。

民族省区人大及其常委会重视立法质量,人大专门委员会和常委会工作机构提前介入法规草案起草工作,深入开展立法调研,广泛听取相关部门和人民群众,特别是利害关系人的意见建议,吸收人大代表参加法规草案调研和审议,对涉及公民切身利益的重要法规草案通过新闻媒体向社会公开征求意见或

组织立法论证会,努力使每一项地方立法最大限度地体现人民意志。同时,重视法制委员会统一审议法规草案的作用,对法规草案和各方面意见逐条审议,最终形成审议稿。2015年通过的《宁夏回族自治区枸杞产业促进条例》是宁夏首部由自治区人大常委会主导制定的地方性法规,其立法建议来自人民代表的联合提名,经过充分的立法调研,被自治区人大常委列入五年立法规划,继而列入2015年立法计划,并确定由人大主导,农工委具体负责立法工作。在条例草案起草、修改和审议的过程中,广泛征求基层群众、专家学者、政府部门意见,于2015年11月26日通过。①

2. 公众有序参与立法的机制逐渐完善

当前,民族地区初步建立起立法机关主导,社会各方面有序参与的立法机制,在立法项目征集、法规论证、评估、咨询、法规调研、法规起草等环节广泛听取各方面意见。

——公开征求意见、建议逐步常态化。主要通过召开座谈会、听证会、论证会、论辩会、书面征求意见等形式吸纳社会各界广泛参与地方立法。2014年以来,各民族省区、自治州人大常委会或政府法制部门在五年立法规划及年度立法计划的编制过程中,公开征集立法项目建议逐渐成为常态机制。在法规起草、修改、审议过程中,将法规草案通过新闻媒体向社会公布,公开征求意见是坚持开门立法的重要举措。以云南省为例,自2002年7月至2014年12月,云南省通过向社会公开征集立法项目和法规草案稿,共收到300多个立法项目建议和77件法规草案稿,这些意见大多列入立法规划和立法计划,有的已经形成现行有效的地方性法规,回应了社会关切。② 当前,公开征求意见已经成为立法常态工作,凡提请审议的法规草案,均须在当地主流媒体上全文公布,征求公众意见,同时积极探索建立公众意见采纳情况反馈机制。

——法规论证、评估、咨询制度的建立。对立法中涉及的专业性、技术性问题以及利益关系较为复杂的情况下,组织召开专家论证会或委托科研单

---

① 《关于〈宁夏回族自治区枸杞产业促进条例(草案)〉的说明》,http://www.nxrd.gov.cn/zlzx/cwhgb/201602/t20160217_3546816.html。
② 《35年来云南省人大及其常委会共制定批准地方法规480件》,http://www.srd.yn.gov.cn/ynrdcwh/10135913911350722 56/20141217/264124.html。

位、高等院校进行专题研究是实现科学立法的重要保证。2014年，宁夏人大常委会法制工作委员会召开首次立法论辩会，分别邀请政府相关部门从事相关工作的4名代表和自治区人大法制委员会专家咨询委员会的4名专家学者，就《宁夏回族自治区实施〈中华人民共和国城乡规划法〉办法（草案）》进行论辩，以期实现专家学者和政府部门意见的充分交流，使立法决策更加科学、民主。

在法规出台前后，由立法机关的法制工作机构举行评估会议，广泛听取各方面意见，是当前民族立法的新举措。2014年，内蒙古自治区人大常委会邀请食品小作坊和食品摊贩、消费者协会代表、基层食品药品监管部门代表和自治区人大代表、食品药品监督管理专家、法律专家等社会各界的13名代表参加评估会，就自治区食品生产加工小作坊和食品摊贩管理条例开展法规出台前评估，与会代表围绕法规草案主要制度的可行性、出台时机、实施效果以及实施中可能出现的问题进行了论证评估，这是内蒙古自治区人大立法史上首次进行的法规出台前评估。① 2014年，内蒙古自治区人大常委会制定了立法后评估工作规定。2015年，内蒙古自治区人大常委会委托内蒙古地方立法研究中心对《内蒙古自治区农村牧区饮用水供水条例》开展立法后评估，这也是自治区人大常委会首次委托第三方开展立法后评估。②

为发挥专家顾问在地方立法工作中的智力支持作用，在法规草案起草过程中，建立健全立法专家顾问制度成为当前民族立法领域的新常态。2015年1月，广西出台《广西壮族自治区人大常委会立法专家顾问工作规定》，对立法专家顾问库建设和立法专家顾问选聘、咨询事项和咨询程序、咨询保障等予以明确，规定立法专家顾问咨询意见归入工作档案，并据此聘请了60名立法专家顾问。此外，各民族省区人民政府法律顾问人才库管理办法也相继出台，并建立了相应的政府法律顾问人才库。

——立法调研制度的建立。在民族立法实践中，在法规起草前和审议前就有关问题开展立法调研已经成为民族省区人大立法工作的必经程序。立法机关

---

① 《自治区人大开展法规出台前评估》，《内蒙古日报》2014年11月10日。
② 《内蒙古人大常委会首次委托第三方对法规案开展立法后评估》，http://inews.nmgnews.com.cn/system/2015/05/14/011683983.shtml。

要通过召开座谈会和实地考察等方式,同基层有关方面进行协商讨论,使法规具有更广泛的民意基础。

——法规起草机制的创新。民族省区积极探索委托第三方起草法规草案的机制,尝试建立立法工作者、实践工作者和专家学者联合起草法规案的制度。2015年,《内蒙古自治区元上都遗址保护条例》草案由内蒙古社会科学院起草,这是该自治区首次委托第三方起草法规案。云南省在2012年就尝试委托第三方起草法规草案,将进一步探索这一做法的规范化、制度化和常态化机制。

——基层立法联系点的建立。党的十八届四中全会提出"建立基层立法联系点制度",这是推进科学立法、民主立法的一项重要制度设计,将进一步拓展公民有序参与立法的途径,使立法更接地气,更具操作性。其实,各地建立立法联系点工作早在2002年就已经开始①,十八届四中全会以后,各地纷纷出台立法联系点工作办法,促进立法联系点工作进一步制度化。

根据2015年1月7日通过的《湖北省人大常委会基层立法联系点工作规定》,基层立法联系点的设定"应当具有代表性和多样性",要"兼顾城市与农村、平原与山区、少数民族聚居区与城市和散居地区、政府部门与司法机关、企业与社会组织等,不同地域、行业、领域的立法需求",以期立法回应多样化的社会需求,实现立法精细化。② 2015年7月7日通过的《内蒙古自治区人大常委会基层立法联系点工作办法》规定,自治区人大常委会通过"公开征集和有关部门推荐"等方式,在"苏木乡镇、街道、大专院校、行业组织以及企事业组织"建立基层立法联系点。立法联系点可以提出地方立法建议,收集并反馈关于地方立法的制定、实施等方面的意见和建议,参与自治区

---

① 2002年,临洮县人大常委会就被甘肃省人大常委会确定为全省首批地方立法联系点。《将公众参与引入立法全程——甘肃省人大常委会立法联系点工作纪实》,《人民之声报》2015年7月10日。呼和浩特市2010年在回民区开始了立法联系点试点工作。参见《呼和浩特市人大常委会2010年立法基层联系点试点工作座谈会召开》,《呼和浩特日报》2010年5月8日。

② 《湖北省人大常委会基层立法联系点工作规定》(2015年1月7日湖北省第十二届人民代表大会常务委员会主任办公会第14次会议通过),http://www.zxxcl.com/news_detail/id/98.html。

人大各专门委员会、常委会工作机构组织的立法调研、课题研究和立法评估等工作。① 黄南州人大常委会采取召开座谈会、实地查看等方式开展设立基层立法联系点调研工作，在此基础上确定州人大常委会设立基层立法联系点的数量和范围。② 立法联系点将成为基层群众和社会组织直接参与立法活动的重要载体。

3. 及时进行法规清理，维护国家法制统一

立法包括制定、修改和废止三个必不可少的环节，党的十八届四中全会决定提出，"实现立法和改革决策相衔接，做到重大改革于法有据、立法主动适应改革和经济社会发展需要"，对于实践中行之有效的改革决策"要及时上升为法律"，"对不适应改革要求的法律法规，要及时修改和废止"。③ 随着民族法律法规体系的初步形成，民族立法要实现与时俱进，法规清理将起到越来越重要的作用。

云南省自2011年起，每年修订法规数量均超过新制定的法规的数量。从2014年7月起，云南省对现行有效的220件省地方性法规及具有法规性质的决议、决定进行全面清理，清理工作主要围绕"是否有上位法抵触，特别是行政许可、行政处罚、行政强制的设定是否合法、适当；是否适应省域全面深化改革、加快对外开放是需要；是否存在影响其实施效果的条款；是否符合省人大常委会立法技术规范"等四个问题展开。2015年5月底，云南省根据清理情况提出处理意见，建议废止法规和决议、决定11件，建议修改法规66件，清理比例占现行有效法规的35%。④

2014年，宁夏计划用三年时间全面清理地方性法规和政府规章，对不适应改革要求的、有违公平的及时修改或废止。⑤ 2015年，宁夏回族自治区人大

---

① 《内蒙古人大常委会拟建立基层立法联系点》，http：//www. npc. gov. cn/npc/xinwen/dfrd/nmg/2015 - 07/14/content_ 1941524. htm。
② 《黄南州人大常委会开展设立基层立法联系点调研工作方案》，http：//www. huangnanrd. gov. cn/index. php? c = content&a = show&id = 103。
③ 《中共中央关于全面推进依法治国若干重大问题的决定》，《求是》2014年第21期。
④ 《云南省完成现行地方性法规清理》，http：//www. srd. yn. gov. cn/ynrdcwh/1012184016251518976/20150526/268821. html。
⑤ 《宁夏回族自治区全面推进依法治区的实施意见》，http：//www. nx. xinhuanet. com/newscenter/2014 - 11/24/c_ 1113374435. htm。

常委会围绕减少行政审批事项等改革任务，集中修改地方性法规，3月31日，通过了关于修正《宁夏回族自治区农村集体资产管理条例》等6件地方性法规的决定①；5月21日，通过关于修改《宁夏回族自治区农村集体经济承包合同管理条例》等8件地方性法规的决定②。这是为了适应行政审批制度改革和政府职能转变的需要，而在一个法律文件中对散布在多部法规中的有关规定，一次性地做出"打包修改"的决定，既体现了立法主动适应改革形势，增强立法效率，也体现了改革坚持立法先行，改革举措涉及法规清理的，及时启动立法程序。为实现立法与改革的及时衔接，民族地区亟须建立地方性法规和规章的定期清理机制。

（三）完善立法程序与立法技术，实现立法的规范化与精细化

立法程序是有立法权的国家机关，在制定、认可、修改、补充和废止法的活动中必须遵循的步骤和方法。立法技术是立法活动中所遵循的用以促进立法科学化的方法和操作技巧的总称，从其内容来看，一般包括"立法活动运筹技术和法的结构营造技术"。③立法程序与立法技术密切相关，立法程序同样涉及立法活动过程的规范化，但立法技术更多着眼于法律文本、结构、语言等方面的技术问题，不直接涉及立法程序和法律的实体内容。

2015年9月30日，宁夏回族自治区人大常委会通过《关于修改〈宁夏回族自治区人民代表大会及其常务委员会立法程序规定〉的决定》，这是宁夏回族自治区立法程序规定颁布实施以来的首次修改。本次修改完善了立法论证与听证制度，增加了法规草案及说明应当向社会公布、公开征求意见的内容，拓宽了公民参与立法的途径；在编制立法规划与年度立法计划、法规起草、人大代表主体作用等方面落实人大在立法中的主导作用；完善法规草案的审议和表决机制，增加了对意见分歧较大的重要条款的"单独表决"和"打包修改"条款的"合并表决"及"分别表决"等规定，有助于立法程序的精细化；法规提案主体中删除了自治区人民法院和人民检察院，立法主体增加了设区的

---

① 《自治区第十一届人大常委会第十六次会议修正6件废止3件地方性法规》，《宁夏人大》2015年4月。
② 《宁夏人大常委会修改8件地方法规》，《法制日报》2015年5月22日。
③ 参见周旺生《立法学》，法律出版社，2009，第220、375~376页。

市，进一步促进了与上位法的衔接与协调，维护了法制统一。①

民族地区致力于人大内部工作制度的完善。2014年7月31日，内蒙古自治区人大常委会制定了《自治区人大常委会询问和质询的规定》以及《自治区人大常委会工作评议办法》，并首次就全区人口与计划生育工作开展专题询问。《云南省人民代表大会及其常务委员会各委员会审议地方性法规案工作程序规定》于2014年9月通过，进一步明确了地方性法规审议期限，规范了地方性法规审议文本。西藏自治区人大常委会于2015年制定"立法工作重要事项向区党委请示报告制度、立法协商机制意见、法规草案征求意见规定、立法评估办法、立法咨询专家库管理办法"②等5项规定，将坚持党对人大立法工作的领导和健全立法起草、论证、协调、审议机制的有效做法，进一步以制度的形式固定下来，推动科学立法和民主立法。此外，黄南州人大常委会于2015年发布了《黄南藏族自治州人大常委会关于开展质询工作的实施办法（试行）》《黄南藏族自治州人大常委会立法协商办法（试行）》，这是自治州在完善立法制度方面的积极探索。

为完善政府立法工作机制，确保立法质量，民族地区政府法制部门进一步完善了工作规范和程序规定。2014年1月，新疆维吾尔自治区政府法制办印发《政府规章立法调研论证工作规范》和《政府规章立法后评估工作规范》，两项规范分别对立法调研论证和立法后评估的实施部门、事项与内容、程序、论证报告的撰写要求等予以规范。为提高立法的专业性与规范性，两个文件都规定可以委托有专业背景的第三方完成相关立法工作。这两项工作分别发生于立法前与立法后，对于全面规范立法过程、提高立法质量具有重要的指导意义。③ 2015年2月，内蒙古自治区政府制定出台《内蒙古自治区重大行政决策程序规定》，将"专家论证、公众参与、风险评估、合法性审查和集体讨论决定"④ 作为重大决策的必

---

① 《关于〈宁夏回族自治区人民代表大会及其常务委员会立法程序规定修正案（草案）〉的说明》，http://www.nxrd.gov.cn/cafgyj/fgca02/201506/t20150615_3425556.html。

② 《西藏自治区人民代表大会常务委员会工作报告》，http://www.chinatibetnews.com/zw/201602/t20160213_1074253.html。

③ 《关于印发〈政府规章立法调研论证工作规范〉和〈政府规章立法后评估工作规范〉的通知》，http://law.xinjiang.gov.cn/fzbgs/zflf/2016/261848.htm。

④ 《2015年自治区政府法制工作综述》，http://jinshayulecheng.nmg.gov.cn/fabu/xwdt/bm/201601/t20160128_528387.html。

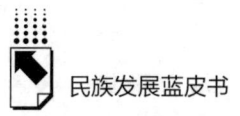

经程序，进一步明确了重大行政决策的范围，规定重大行政决策事项涉及群众切身利益的，要采取公示、调查、座谈、听证等方式公开征求意见，这项规定的出台为各级政府制定经济社会规划，促进社会创新发展等科学决策提供了法治保障。

三 民族立法的趋势展望

（一）继续推进民族区域自治法配套法规建设

民族法制"十二五"规划对涉及民族方面的立法工作提出要求，包括推动制定"与民族区域自治法相配套的、与少数民族群众利益密切相关的、有利于促进少数民族和民族地区经济社会发展的法律法规"，推动"国务院有关部门制定扶持民族地区发展的规章或规范性文件"，"支持和帮助民族自治地方制定或修订自治条例、单行条例以及依照当地民族的特点，对相关法律法规作出变通规定"，以及"有关法律法规涉及少数民族和民族地区的条款的研究制定工作"。① 当前，"国务院还有相当一些部门未制定实施民族区域自治法的配套性文件。各省区市中，只有云南、湖北等14个省市制定了实施国务院若干规定的地方性法规或政府规章；155个民族自治地方中还有5个自治区、5个自治州和6个自治县未制定自治条例"②，五个自治区的自治条例和单行条例立法集体缺失，配套法规不健全是民族区域自治法贯彻执行难的最主要原因。2016年，全国人大常委会将围绕国务院制定实施民族区域自治法配套法规情况进行专题调研，各省市区配套法规建设也将成为今后民族立法的重要着力点。

在立法领域方面，民生问题、产业发展、资源及文化保护仍将是民族立法的重点领域。专项立法方面，宁夏已将《民族团结进步条例》列入2016年立法调研论证规划，新疆《博尔塔拉蒙古自治州促进民族团结进步条例（草案）》已进入公开征求意见阶段，随着立法的引领与带动作用的逐步发挥，会有更多的自治地方出台民族团结专项立法。随着少数民族由聚居走向散居，城

---

① 《民族法制体系建设"十二五"规划（2011~2015年）》，http：//www. seac. gov. cn/art/2011/8/11/art_ 149_ 133670. html。
② 《关于检查〈中华人民共和国民族区域自治法〉实施情况的报告》，http：//www. npc. gov. cn/npc/xinwen/2015－12/22/content_ 1955659. htm。

市民族工作法治化、制度化和精细化水平的提高需要立法的保障，城市民族和散居民族权益保障将成为未来民族工作立法的新重点。除此之外，随着全面深化改革的持续深入，立法主动适应改革和经济社会发展需求，科学立法、及时进行法规清理将是未来民族立法的必然趋势。

（二）更加注重立法工作的规范性，促进民族立法制度创新发展

2015年修改的立法法将提高立法质量作为基本要求，突出强调人大在立法工作中的主导作用，要求拓宽公民有序参与立法的途径，进一步健全审议和表决机制，建立立法协商制度，完善立法论证、听证、法律草案公开征求意见等制度，增加法律通过前评估、法律清理、配套规定、立法后评估等一系列促进科学立法的措施。这些举措将通过民族地区立法进一步细化与落实，立法条例、地方性法规、自治条例和单行条例等程序性规定要根据立法法进行相应修改，人大内部工作制度也将实现规范化、制度化与程序化。

在地方立法层面，针对共同面临的环境污染等问题，探索跨行政区域联合治理、协作立法是民族立法制度创新的新举措。针对酉水河流域跨行政区域（流经湖北、湖南和重庆三省10个县市）的事实，恩施州、湘西州人大常委会牵头联合制定《酉水河保护条例》，两个自治州联络本地7个县市和湖南沅陵、重庆秀山、酉阳人大常委会实行同步协作立法，落实行政区域管理服从流域管理的管理体制，具体做法是：恩施州、湘西州或者酉阳、秀山自治县同步制定《酉水河流域保护条例》立法规划和立法计划、同步起草条例文本。在立法规划、立法计划制定阶段，条例起草阶段开展立法协作。审议、批准、公布阶段则按各自治法规或者地方性法规的制定程序分别进行。[①] 三省（市）两州多县市跨区域协作立法保护共有的水域，这一做法具有前瞻性，既是推动生态文明建设的重要实践，也是地方立法工作的创新。

（三）民族地区需积极应对地方立法权扩容与立法机构组成人员专职化的趋势

2015年修改的立法法赋予设区的市地方立法权，这不仅使30个民族自治

---

① 《恩施湘西两州人大常委会牵头十县（市）为酉水河保护立法》，http://www.esrd.gov.cn/2015/1012/162546.shtml。

州享有地方立法权,也为城市少数民族权益保障以及城市民族行政建构(如民族镇、城市民族区)和社会结构(如城市互嵌型社区等)的建设和完善提供了充足的法治空间。全国人大常委会法工委统计显示,截至2016年1月31日,全国27个省级人大常委会中,已有24个省(自治区)做出批准设区的市行使立法权的决定。新赋予地方立法权的271个设区的市、自治州、不设区的地级市中,已有209个可以开始制定地方性法规,占比77.1%,黑龙江、青海、新疆还在调研评估中。[①] 当前民族省区出台的关于批准设区的市行使立法权的决定中,内蒙古采取一次性批准的模式,而宁夏、云南、贵州、西藏、广西均采取分批批准的方式。这一方面说明民族地区根据所在辖区设区的市相应的机构设立、人员配备和制度建设等方面的立法准备实际,审慎地做出批准决定;另一方面,民族地区由于自然条件、地域面积、经济社会发展水平和民族宗教文化等方面存在较大差异,在立法权行使方面需要更多的准备工作。

可以预计,地方立法权扩容之后,民族地区立法机关将面临严峻的挑战。对于被批准立法的设区的市来说,既需要立法机构的建立健全,也需要立法队伍的充实完善,同时立法技术、立法能力和立法经验等方面的提升也是保证立法质量的必要条件。对于民族省区人大常委会来说,除了应对自身复杂的社会实际和烦琐的立法任务之外,在法规批准、备案审查和人员培训等方面将面临前所未有的压力。立法机构的完善和立法队伍的建设仍是工作重点。

立法机构组成人员的专职化尤其是省委书记不再兼任人大常委会主任(或党组书记)是保障人大工作独立性的必然要求,也是当前地方人大的发展趋势。民族地区立法机构不仅是地方国家机关,同时还是享有自治权的自治机关,人大常委会主任由当地主体民族担任,有利于充分自主地管理民族内部事务和地方事务。从这个意义上看,其立法机构组成人员专职化的意义不仅在于加强人大独立监督,还将在自治权的落实方面承载着更多的期待。随着民族干部队伍建设的加强,将会有越来越多的自治主体民族及当地其他少数民族参与到立法机构的决策过程中,实现民族事务与社会事务治理的法治化。

---

① 《地方立法周年各地如何兑现》,《人民日报》2016年3月2日。

B.9
城市民族工作报告
——让少数民族群众更好地融入城市

郑信哲*

摘　要： 随着我国城市化进程加快，少数民族人口大量进入城市，城市少数民族成分及其人口数量日益增多，城市民族问题日趋复杂，做好城市民族工作愈发重要。中央民族工作会议的召开，为今后解决城市民族问题，做好城市民族工作指明了方向。各地在贯彻落实中央民族工作会议精神中，推进了城市民族工作的进一步发展。

关键词： 中央民族工作会议　城镇化

我国是统一的多民族社会主义国家，多民族是我国的一大特色，也是我国发展的一大有利因素。但同时，民族问题将长期存在，民族问题的解决不容忽视。如今，随着我国城市化进程不断加快，少数民族人口大量进入城市，城市少数民族成分及其人口数量日益增多，城市民族问题日趋复杂，做好城市民族工作愈发重要。

2014年9月，第四次中央民族工作会议召开，这是党中央在启动全面建成小康社会的"十三五"规划开局之前，对我国新形势下民族工作事务做出的新部署。特别是，本次会议针对当前我国快速城市化进程中的少数民族人口流动，提出"各民族跨区域流动的活跃期"的基本判断，表明当前民族工作的对象逐渐由民族地区扩大到中东部地区，民族工作的场域逐渐由农村、牧区

---

* 郑信哲，中国社会科学院民族学与人类学研究所研究员。

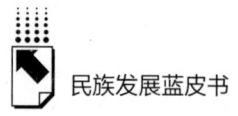

延展到城市,强调城市民族工作的重要性,为做好城市民族工作,解决城市民族问题指明了方向。

在2014年12月24~25日召开的国家民委全体会议暨全国民委主任会议上,全国政协副主席、国家民委主任王正伟在讲话中强调,2015年是"贯彻落实中央民族工作会议精神的关键之年、开局之年"①。2015年,在贯彻落实中央民族工作会议精神过程中,城市民族工作也得到重要的发展。

一 城市少数民族人口情况

随着我国城市化进程加快,城镇化率迅速提高。据统计,从1978年到2013年,城镇常住人口从1.7亿人增加到7.3亿人,城镇化率从17.9%提升到53.7%,年均提高1.02个百分点。② 其中,2005~2013年,我国城镇化率以平均每年1.34个百分点的速度发展,城镇人口平均每年增长2112万人。③ 据国家统计局发布,2014年末,全国内地总人口为136782万人,比上年末增加710万人;其中城镇常住人口为74916万人,占总人口比重为54.77%;全国人户分离的人口为2.98亿人,其中流动人口为2.53亿人④。

在我国城镇化进程中,少数民族人口"孔雀东南飞"的流动趋势越来越明显,少数民族人口向中东部城市流动的规模也逐年加大,城市少数民族人口日益增多。广东是全国少数民族流动人口增长最快、人数最多的省份,现有少数民族人口约335万人,其中外来流动人口约256万人,户籍人口约79万人,户籍人口还不足少数民族流动人口的1/3。⑤ 深圳市在1980年特区建立时,少数民族人口只有100多人,1995年增至3.1万多人,2010年达到75.56万人,

---

① 《国家民委委员全体会议暨全国民委主任会议强调深入贯彻中央民族工作会议精神切实做好新形势下民族工作》,《中国民族》2015年第1期。
② 《国家新型城镇化规划(2014~2020年)》,http://www.gov.cn/gongbao/content/2014/content_2644805.htm。
③ 严庆:《城市是民族工作的重要场域城市民族工作是民族工作的重点》,《中国民族》2015年第3期。
④ 国家统计局:《中华人民共和国2014年国民经济和社会发展统计公报》,2015年2月26日。
⑤ 广东省民族宗教事务委员会编《广东省城市民族工作示范社区创建成果展示》,2015年12月,第1页。

30 年间增长 7500 倍,到 2015 年,深圳少数民族人口数量已达 109 万人,超过上海、北京、广州,跃居全国少数民族人口聚居的最大城市。① 广州市少数民族人口总数 70 余万人,55 个少数民族成分俱全。其中户籍人口约 7.6 万人,非户籍人口占少数民族总人口 90% 以上。② 2010 年,北京少数民族人口 80.1 万人,占全市常住人口的 4.1%。与 2000 年相比,北京少数民族人口增加了 21.6 万人,增长 36.8%,年均增长率为 3.2%,全市登记的少数民族流动人口约 22.8 万人。③ 2010 年,上海少数民族人口总数为 27.56 万人,比 2000 年的 10.36 万人增加了 17.2 万人,增长 165.9%,大大高于全市人口增长速度。④ 2015 年,上海少数民族人口总数达 42 万,其中来沪少数民族 27 万人,大大超过户籍少数民族人口数。⑤ 在天津市,随着改革开放不断深入,越来越多的少数民族群众到天津务工、经商、求学等。截至 2015 年 6 月,天津市少数民族流动人口约为 19.7 万人,与 2012 年同期相比,增长了约 46%。⑥

在城市,少数民族人口大量增多,城市居民多民族化现象日益明显。然而,少数民族人口由于在语言、风俗习惯、宗教信仰等方面的特殊性,他们在城市生产生活中遇到许多问题,阻碍了他们在城市的适应与融入,城市民族工作面临许多新情况、新问题。

二 中央民族工作会议关注城市民族工作

2014 年 9 月 28~29 日,中央民族工作会议暨国务院第六次全国民族团结

---

① 李燕晨:《少数民族人口 30 年增长 7500 倍》,《深圳特区报》2010 年 5 月 30 日;彭琰:《深圳成全国少数民族人口聚居最大城市人口超过百万》,http://news.dayoo.com/shenzhen/201601/04/73551_112080062.htm。
② 广州市民宗局:《广州市民族工作基本情况》,http://gz.ifeng.com/guangzhouzhuanti/minzongju/ziliao/detail-2014.11/17/3161953-0.shtml。
③ 《北京市少数民族人口状况》,北京统计信息网,http://www.bjstats.gov.cn/lhzl/rkpc/201201/t20120109_218572.htm。
④ 上海市统计局:《上海少数民族人口数量与结构分析》,http://sh.sina.com.cn/news/s/2011-11-21/1614201041.html。
⑤ 上海市人民政府:《立足社区平台融入社会治理努力构建城市民族工作新格局》,全国城市民族工作会议秘书组:《全国城市民族工作会议发言材料》,2016 年 1 月。
⑥ 天津市民族事务委员会:《立足市情多措并举天津市以创建促进各民族交往交流交融》,http://www.seac.gov.cn/art/2015/8/18/art_7197_234659.html。

进步表彰大会召开,习近平、李克强、俞正声等分别发表了讲话,而这些讲话构成了中央民族工作会议的主要精神。对城市民族工作来说,这次中央民族工作会议尤为重要,因为在此次会议上第一次对城市民族工作进行集中阐述,强调城市民族工作越来越重要。随后,中共中央、国务院专门印发《关于加强和改进新形势下民族工作的意见》,其中也强调要做好城市和散居地区民族工作,加强少数民族人口信息资源整合,构建服务管理信息化平台,完善工作机制,推进城市和散居地区民族工作制度化、规范化、精细化。

中央民族工作会议把城市民族工作摆在重要位置,深刻分析了城市民族工作面临的形势和存在的问题,强调要重点做好少数民族流动人口服务管理,让城市更好地接纳少数民族群众,让少数民族群众更好地融入城市,对做好城市民族工作的认识达到新的高度,这必将推动城市民族工作迈上一个新台阶。

1. "我国进入了各民族跨区域大流动的活跃期"的基本研判

党的十八大以后,党中央提出"坚持走中国特色新型城镇化道路"的发展战略,立足于中西部地区较大的城镇化空间,将其作为推动区域协调发展的重要的增长极,我国城镇化迎来新的快速发展期。据中共中央国务院印发的《国家新型城镇化规划(2014~2020年)》显示,到2020年我国常住人口城镇化率将达60%左右,而到2050年城镇化率将达到70%左右,初步完成我国的城镇化进程。

我国城镇化进程加快,也带动了少数民族人口流动,例如在我国东部地区的一些城市,少数民族流动人口每年以20%的速度递增,很多城市的少数民族流动人口数量远远超过户籍少数民族人口。第四次中央民族工作会议正是着眼于这一深刻变化,对少数民族人口流动状况及趋势做出基本研判,指出"改革开放以来,我国进入了各民族跨区域大流动的活跃期","少数民族同胞进入城市,是历史发展的趋势,带动了民族地区发展,也有利于民族团结",强调要重点做好少数民族流动人口的服务管理。① 这一基本判断既肯定了少数民族流动人口在带动民族地区发展、促进民族团结的作用,也为今后城市民族工作的工作方式和管理机制等方面提出了新的要求。这些都表明,与传统的民

---

① 《中央民族工作会议暨国务院第六次全国民族团结进步表彰大会在北京举行》,人民网,http://politics.people.com.cn/n/2014/0930/c1024-25763359.html。

族工作相比，新时期民族工作对象和范围的区域分布、民族人口格局已发生重大变化，正在从民族地区扩展到中东部发达地区，从农村、牧区延伸到城市，从城市常住少数民族人口延展到少数民族流动人口。

2. 做好城市民族工作才能赢得民族工作的未来

城市是人类文明发展的必然产物，城市富集政治、经济、文化、交通、信息等资源，吸引着农村、牧区的人们向城市聚集。少数民族人口进入城市，既有利于开阔他们的眼界，增加他们的经济收入，提高他们的生活水平，带动本民族地区发展，同时还丰富了城市文化类型，促进了各民族相互交流了解。然而，少数民族进入城市，正如习近平总书记着力强调的那样，"存在'三个不适应'：进城的少数民族群众对城市的生活和管理方式、城市居民对他们的某些生活和行为方式以及我们的工作方式和管理机制等都不能很好适应"[①]。

从进城少数民族人口的流动形式看，大多数进城的少数民族由亲戚、朋友、同乡等介绍，属于自发的无序流动状态。城市少数民族流动人口主要从事民族餐饮业、土特产品经营、建筑、加工等行业，就业范围比较单一。少数民族流动人口受教育水平比较低，法律意识较为淡薄，对城市社会的适应是一个长期的过程。在城市，少数民族流动人口除了一般流动人口遇到的各种困难与烦恼以外，还有作为少数民族成员的特殊困难和心理适应问题，因为"少数民族流动人口作为在语言、宗教信仰、风俗习惯等方面与城市市民以及普通流动人口有一定差异的民族文化携带者群体，他们从民族地区的农村、牧区进入到陌生的城市，其自身具有的乡村牧区文化与少数民族传统文化不可避免地与都市的现代文化发生碰撞，再加上城市体制方面的因素，一部分少数民族人口将会遇到一定程度的心理不适应的问题。"[②]

少数民族流动人口由于语言、生活习惯、宗教信仰以及民族认同等，喜欢与本民族成员聚居，在城市中形成"大分散、小聚居"的分布格局。例如，来自西北地区的回族个体户，他们大多从事清真餐饮业，常以一个家庭加上亲

---

① 王正伟：《做好新时期民族工作的纲领性文献——深入学习贯彻习近平总书记在中央民族工作会议上的重要讲话》，《民族论坛》（时政版）2014年第10期。

② 马胜春：《中国城市少数民族流动人口的生活适应性研究》，中国财政经济出版社，2012，第98页。

朋好友的形式从事经营，同乡、同民族相对聚居。① 少数民族流动人口的这种主动"边缘化"使他们更加难以真正融入城市。同时，城市居民将少数民族流动人口标签化，将少数民族流动人口总是与"素质低、野蛮"画上等号，戴着"有色眼镜"看待少数民族流动人口，视他们为另类人群，更不会主动与他们交往。可见，少数民族流动人口与城市居民之间横着一堵无形的"墙"，打破这种交往"藩篱"需要双方共同努力。

从城市管理者角度看，其民族工作方式和管理机制也没有跟进。面对大量涌入的少数民族流动人口，城市民族工作还没有做好相应的心理准备及制度安排。主要表现于：少数民族流动人口管理服务跟不上，不能主动接纳少数民族流动人口；民族工作干部或缺乏专业的民族理论素养，或对党的民族宗教政策了解不够全面细致，处理涉及民族因素矛盾纠纷的能力欠缺，存在"但求自保"的现象；西藏"3·14"事件、新疆"7·5"事件后，城市对相关民族的过度反应，在窗口行业出现变相歧视少数民族成员的现象，这种现象经过发酵、蔓延，折射到少数民族流动人口身上，造成恶性循环等。

在城市，一方面，由于少数民族人口增多，居民的多民族化现象不可避免；另一方面，由于城市的通信、信息传播、辐射等功能远大于乡村，故城市发生的民族问题具有非常强的敏感性和波及性。可见，随着少数民族人口大量集聚城市，城市越来越成为民族工作的重要场域，城市民族工作发挥着更为重要的作用，也面临着前所未有的挑战，"做好城市民族工作才能赢得民族工作的未来"②。

3. 对少数民族流动人口既不能采取"关门主义"的态度，也不能采取放任自流的态度，关键是要抓住流出地和流入地的两头对接

随着少数民族人口流动，许多城市少数民族流动人口大大超过当地户籍少数民族人口，做好少数民族流动人口的服务管理工作，已成为国家民族工作事务的重要组成部分。第四次中央民族工作会议指出我国进入各民族跨区域大流动活跃期，强调重点要做好少数民族流动人口服务管理，明确提出对少数民

---

① 吕红平、张呈琮等：《中国少数民族地区人口状况研究》，中国社会科学出版社，2010，第323页。
② 《习近平：做好城市民族工作越来越重要》，中国民族宗教网，http://www.mzb.com.cn/html/report/1603294484-1.htm。

流动人口"不能采取'关门主义'的态度,也不能采取放任自流的态度,关键是要抓住流出地和流入地的两头对接"①。

随着少数民族人口大量涌入城市,城市民族工作中的一些问题被凸显,例如许多城市与民族相关的基础建设滞后,无法满足少数民族群众在民族教育、宗教信仰、风俗习惯等方面的特殊需求;因少数民族身份,城市管理中出现"不敢管、不愿管"现象;个别少数民族流动人口文化素质较低,不遵守城市管理的相关法律法规等。这些现象,一方面增加了城市民族工作的难度,另一方面也使一些城市产生畏难情绪,对少数民族流动人口或采取"关门主义"态度,认为他们"来得越少越好,走得越快越好",或采取"放任自流"的态度,不注重对少数民族流动人口的调查研究,不清楚少数民族流动人口的现状,一旦发生涉及民族因素的问题,就措手不及,从而无法做到防患于未然。

做好少数民族流动人口服务与管理的关键,是抓好流出地和流入地的两头对接。各城市民族工作部门要进行跨地区协作,围绕少数民族流动人口做到信息互通、服务互补、共同管理。对于流出地政府来说,优势在于知晓本地区、本民族的语言、风俗习惯、宗教信仰、职业需求等,可以在人口向城市流动之前,做好调研统计工作,及时将这些信息纳入信息管理系统,并主动与流入地城市的民族工作管理部门进行沟通接洽。此外,进行流动前培训,提高少数民族人口的文化素质,增强他们的就业能力,使他们更好地适应城市。对于流入地政府来说,城市相关部门加强马克思主义民族观和党的民族政策教育,提高对城市民族问题的认识,及时与流出地政府沟通,加强少数民族流动人口的服务与管理,为少数民族流动人口更好地适应城市创造相应条件,开创城市民族工作新局面。

4. 把着力点放在社区,推动建立相互嵌入的社会结构和社区环境

"推动建立各民族相互嵌入式的社会结构和社区环境",是习近平总书记在第二次中央新疆工作座谈会上首次提出的。中央民族工作会议再次强调这一点,指出要将社区作为城市民族工作的着力点,推动建立相互嵌入式的社会结构和社区环境。

---

① 《中央民族工作会议暨国务院第六次全国民族团结进步表彰大会在北京举行》,人民网,2014年9月30日,http://politics.people.com.cn/n/2014/0930/c1024-25763359.html。

随着少数民族人口进入城市，民族分布和居住格局发生重大变化，不同民族的成员交错居住在同一社区，许多城市社区也变为多民族社区，例如广东省各城市里少数民族人口 50 人以上的社区有 1100 多个。① 社区是城市的组成单元，也是少数民族工作学习生活的基本场所，社区与少数民族群众联系最为直接、关系最为密切，社区对少数民族人口的服务管理作用日益明显，社区民族工作日显重要。

城市民族工作把着力点放在社区，认真研究城市多民族社区，了解把握社区多民族状况及其动向，有针对性地为社区少数民族群众提供服务与管理，这对于做好城市民族工作，保障少数民族群众的合法权益，加强民族团结，推动建立相互嵌入式社会结构和社区环境，创建和谐的多民族社区具有重要的现实意义和实践意义。

构建相互嵌入式社会结构和社区环境，创造各民族群众共居、共学、共事、共乐的社会条件，使不同语言、风俗习惯、宗教信仰的各民族群众在同一社区相互交往交流交融，在交往中增进了解，在交流中加深感情，在交融中增强认同感，使各族群众在社区"交得了知心朋友、做得了和睦邻居、结得成美满姻缘"，促进和谐社区建设，进而构筑各民族共有精神家园。

三 贯彻落实中央民族工作会议精神

2014 年召开的中央民族工作会议，是"在我国全面深化改革进入关键时期、全面建成小康社会进入决胜阶段、民族工作面临新机遇新挑战的背景下召开的一次非常重要的会议"②。习近平总书记在中央民族工作会议上的讲话，是"做好新形势下民族工作的纲领性文献"③。此次中央民族工作，第一次集中阐述了城市民族工作，为做好城市民族工作明确了目标，提出了要求。各地

---

① 广东省民族宗教事务委员会编《广东省城市民族工作示范社区创建成果展示》，内部资料，2015，第 1 页。
② 国家民委文化宣传司编《中央民族工作会议重要文章评论集》，民族出版社，2015，第 37 页。
③ 国家民委文化宣传司编《中央民族工作会议重要文章评论集》，民族出版社，2015，第 37 页。

认真学习领会会议精神,并加以贯彻落实。

1. 学习领会中央民族工作会议精神

中央民族工作会议以来,全国省、自治区、直辖市各级党委、政府相继召开民族工作会议,深入学习领会中央民族工作会议精神,"准确把握新形势下民族问题、民族工作的特点和规律",提高对城市民族工作重要性的认识,着力加强和做好城市民族工作。

2014年11月19日,天津市召开民族工作会议,市委书记孙春兰强调要深入学习贯彻习近平总书记在中央民族工作会议上的重要讲话,增强做好民族工作的责任感和使命感,准确把握新形势下民族工作的特点和规律,进一步加强和改进我市民族工作,开创民族团结进步事业新局面。各级党委、政府要把民族工作摆上重要议事日程,坚持讲政治原则、讲政策策略、讲法治规范,进一步健全机制、落实责任,抓好队伍、提高能力,动员各方、形成合力,切实把中央和市委关于推进民族团结进步事业的各项部署落到实处,为民族团结进步提供坚强有力保障。①

2014年12月24日,广东省召开民族工作会议暨第六次民族团结进步表彰大会,省委书记胡春华强调要认真学习领会习近平总书记的重要讲话精神,坚决贯彻中央民族工作的大政方针,坚定不移地走中国特色解决民族问题的正确道路。要加强和改进城市民族工作,着力提升服务管理水平。广东欢迎少数民族群众来粤创业发展,要把外来各民族同胞当成广东人同样对待,并给予热情关怀,真诚提供帮助和服务,切实保障少数民族群众合法权益,引导少数民族外来人口更好地融入广东,更好地在广东发展,促进各民族的交往交流交融。②

2014年12月26日,湖北省召开民族工作会议暨全省援藏援疆工作会议,省委书记李鸿忠指出,中央民族工作会议特别是习近平总书记发表的重要讲话精神,为我们进一步做好民族工作提供了根本遵循和方向指南。全省各地各部门要以中央民族会议精神武装头脑、统一思想、提高认识,坚持党的民族政

---

① 《加强和改进新形势下民族工作开创民族团结进步事业新局面天津市召开民族工作会议孙春兰出席》,中国共产党新闻网,http://cpc.people.com.cn/n/2014/1120/c64094-26060599.html。

② 《广东省召开民族工作会议暨第六次民族团结进步表彰大会》,国家民委网,http://www.seac.gov.cn/art/2014/12/29/art_36_221719.html。

策，要进一步做好城市民族工作，加强对城市少数民族人员的服务和管理，为他们创造"身在湖北，如在家乡"的生活工作环境，让城市更好地接纳少数民族群众、让少数民族群众更好地融入城市。①

2015年1月20日，河南省召开民族工作会议暨第六次民族团结进步表彰大会，省委书记郭庚茂强调要深入学习领会习近平总书记重要讲话精神，把握好党在新时期的民族工作方针和原则。要准确把握民族政策，促进民族团结。要正确认识河南省民族关系现状，辩证看待河南省民族关系和民族工作面临的形势，促进各民族交往交流交融，完善管理机制，强化对少数民族流动人口的服务和管理，创造各族群众共居、共学、共事、共乐的社会条件，对少数民族进城要持欢迎的心态，抓住流入地和流出地两头对接这个关键，及时跟进服务管理。②

2015年2月9日，四川省召开民族工作会议暨第七次民族团结进步表彰大会，省委书记王东明指出，要高度重视和扎实做好城市民族工作，以开放包容的态度，加快完善少数民族流动人口服务管理、协调合作、社会服务、法律援助等机制，让少数民族群众更好地融入城市。把工作着力点放在社区，逐步形成比较健全的社区民族工作网络，引导各族群众相互尊重、相互包容、相互帮助。③

2015年3月19日，湖南省召开民族工作会议暨第六次民族团结进步表彰大会，省委书记徐守盛指出，要深刻领会、全面贯彻、切实用中央民族工作会议精神特别是习近平总书记重要讲话精神统一思想、武装头脑、指导实践。会议要求，要像爱护自己的眼睛一样爱护民族团结，像珍视自己的生命一样珍视民族团结，全方位、多角度搞好民族团结教育宣传，加强少数民族流动人口的服务和管理，积极保护和发展少数民族文化事业。要坚持依法治理，加强民族工作法规规章建设，广泛开展法治宣传教育，引导各族群众自觉遵法学法守法

---

① 《湖北省委民族工作会议暨全省援藏援疆工作会议在武昌召开》，中国民族宗教网，http：//www.mzb.com.cn/html/report/1412211154-1.htm。
② 《省委民族工作会议暨省政府第六次民族团结进步表彰大会在郑州举行郭庚茂讲话谢伏瞻主持》，大河网—河南日报，http：//news.dahe.cn/2015/01-21/104150912.html。
③ 王东明：《努力开创全省民族团结进步事业新局面》，四川日报网，http：//politics.scdaily.cn/ldhd/201502/9998268.html。

用法;坚持用法治思维和法治方式处理涉及民族因素的问题,加快民族事务管理法治化进程。①

2015年3月20日,上海市召开民族工作会议,市委书记韩正强调要做好新形势下上海民族团结工作,最重要的是深入学习、深刻领会习近平总书记关于民族工作的重要讲话精神,科学认识涉及民族工作的重大把握、重要判断。上海是少数民族流动人口比较集中的特大城市,对少数民族来沪,我们要持欢迎的心态,了解他们居住、生活、工作的需求,完善服务协调机制,保护他们的合法权利和利益,帮助他们更好地融入城市发展,营造各族群众交往交流交友交心的社会生活环境。②

2015年3月30日,安徽省召开民族工作会议暨第六次民族团结进步表彰大会,省委书记张宝顺强调,要认真学习贯彻中央民族工作会议特别是习近平总书记重要讲话精神,坚持团结为上,深入开展民族团结进步创建活动,把城市民族工作摆在更加突出的位置,鼓励各族群众共居共学共事共乐,促进各民族交往交流交融。③

2015年5月11日,福建省召开民族工作会议暨第八次民族团结进步表彰大会,省委书记尤权指出,要深入学习领会习近平总书记关于民族工作的重要讲话精神,继承习近平总书记在闽工作期间做民族工作的好传统,扎实做好新形势下民族工作。他强调要进一步加强和改进城市民族工作,进一步完善和流出地对接的协同共管机制,发挥好各相关机构和组织的作用,有针对性地做好流动人口服务管理工作,保障外来少数民族流动人口享受均等基本公共服务,尊重少数民族风俗习惯和正常宗教信仰,依法依规处置涉及民族因素的矛盾纠纷和群体性事件,建立外来少数民族与本地群众相互嵌入式的社会结构和社区环境,形成共居、共学、共事、共乐的良好格局。④

---

① 《湖南省委民族工作会议举行徐守盛杜家毫讲话》,红网,http://hn.rednet.cn/c/2015/03/20/3628981.htm。
② 《上海召开民族工作会议》,上海市民族和宗教网,http://www.shmzw.gov.cn/gb/mzw/zt/tpxw/userobject1ai15602.html。
③ 《安徽省民族工作会议暨省政府第六次民族团结进步表彰大会在合肥召开》,安徽新闻,http://ah.anhuinews.com/system/2015/03/30/006736796.shtml。
④ 《福建省民族工作会议召开尤权苏树林出席》,人民网,http://leaders.people.com.cn/n/2015/0512/c58278-26986359.html。

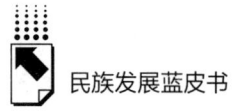

2015年6月5日,江苏省召开民族工作会议暨第七次民族团结进步表彰会议,省委书记罗志军认为,习近平总书记在中央民族工作会议上的重要讲话,是马克思主义民族理论中国化的最新成果,开辟了党的民族理论政策创新发展的新境界,是指导新形势下民族工作的纲领性文件,为我们做好民族工作指明了前进方向。他强调,随着我国城镇化步伐加快,各民族跨区域流动进入了活跃期,要主动顺应形势的发展变化,更加重视做好城市民族工作,特别是要使少数民族流动人口在城市里"落得了脚,扎得下根,安得了心"。要建立健全服务管理机制,建立相互嵌入式的社会结构和社区环境,促进少数民族流动人口均等享有基本公共服务。①

2015年6月8日,重庆市召开民族工作会议暨第四次民族团结进步表彰大会,市委书记孙政才指出,当前和今后一个时期,做好重庆市民族工作,深入学习贯彻习近平总书记重要讲话精神,坚定不移走中国特色解决民族问题的正确道路。要依法做好城市和散居地区民族工作,扎实搞好对外地来渝和本地进城少数民族同胞的服务与管理;处理好一致性与差异性的关系,依法妥善处理涉及民族团结因素的问题;大力加强民族法规规章建设,推动民族工作制度化、规范化、科学化。②

2015年6月18日,河北省召开民族工作会议暨第七次民族团结进步表彰大会,会议强调各级党委、政府和各级领导干部一定要认真学习会议精神,切实把思想统一到中央的要求和部署上来,指出要切实加强城市民族工作,以开放包容的心态对待少数民族群众,把着力点放在社区,使各民族群众交得了知心朋友、做得了和睦邻居、结得成美满姻缘。要做好对口援疆援藏工作,围绕各族群众安居乐业的殷切期盼,与当地党委、政府一道,把好事实事办到群众的心坎上。③

2015年8月11日,山东省召开民族工作会议暨第七次全省民族团结进步

---

① 《江苏省民族工作会议暨第七次江苏省民族团结进步表彰会召开》,中国江苏网,http://jsnews.jschina.com.cn/system/2015/06/06/025007697_01.shtml。
② 《深入贯彻中央民族工作会议精神努力开创我市民族团结进步事业新局面》,华龙网—重庆日报,http://cq.cqnews.net/sz/2015-06/09/content_34440677.htm。
③ 《河北省民族工作会议暨第七次民族团结进步表彰大会召开》,中国共产党新闻网,http://cpc.people.com.cn/n/2015/0619/c117005-27182876.html。

表彰大会,会议深入贯彻落实中央民族工作会议精神和习近平总书记重要讲话精神,研究部署今后一个时期民族工作任务。省委书记姜异康强调,要重视做好外来少数民族群众服务工作,帮助他们更好地融入城市生活,让各民族在齐鲁大地手足相亲、守望相助。要顺应社会发展,创造各族群众共居、共学、共事、共乐的社会条件,努力促进各民族交往交流交融。①

2. 贯彻落实中央民族工作会议精神②

中央民族工作会议上,习近平总书记就城市民族工作专门讲了一大部分,指明了新形势下城市民族工作的大政方针。许多省市在认真学习领会中央民族工作会议精神基础上,出台了关于加强和改进新形势下民族工作的实施意见,并付诸行动。各地加强城市民族工作,围绕做好少数民族流动人口服务与管理这一重点,积极探索,在建立少数民族流动人口服务站、抓好流入地与流出地两头对接、做好法治宣传与法律服务、加强社区网络化服务管理等方面做了许多工作,创造积累了许多经验。

上海市认真贯彻中央民族工作会议精神,针对少数民族流动人口不断进入城市的状况,将城市民族工作重心下移,强化街道、乡镇一级政府在城市民族工作中的主体责任,进一步凸显社区平台,并依托社区"三个实有"管理平台(实有人口、实有房屋、实有单位),将少数民族群众有机纳入社区综合管理体系中,努力推动少数民族群众管理网络化。如今,上海市大部分社区已把少数民族群众基础数据纳入社区信息管理平台,实现与相关部门专业数据库互联互通,与应急管理系统互联互动,做到对社区内少数民族群众底数清、情况明。

深圳市坚持促进交往交流交融作为加强民族团结的根本途径,大力倡导"来了就是深圳人"的观念,搭建多层次促进民族交流平台,深圳锦绣中华、民俗文化村每年举办民族风采联欢。同时,注重扩大公共服务供给,特别是在土地资源异常紧缺的情况下,投资建设了3300平方米的回民公墓,在原有建

---

① 《山东省委民族工作会议暨省政府第七次全省民族团结进步表彰大会召开》,齐鲁网, http://news.iqilu.com/shandong/yuanchuang/2015/0811/2515637.shtml。

② 本部分关于各地城市民族工作实践及经验资料均出自《全国城市民族工作会议发言材料》、《全国城市民族工作会议交流材料汇编》(上下册),全国城市民族工作会议秘书组,2016年1月。

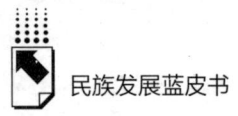

成使用的3500平方米清真寺的基础上，财政补贴3900万元，重新规划7000平方米土地建设新的清真寺，同时启动清真屠宰场建设，以更好地满足少数民族群众的特定需求。

成都市认真推进少数民族流动人口服务管理，组成了由市领导牵头的少数民族流动人口服务管理联席会议制度，专项建立了少数民族交通事故处置协作机制、"12315"少数民族消费维权服务站，横向构建了跨区域联动平台，实现与少数民族人口流出地工作对接，建立"一市三州"（成都市、甘孜州、阿坝州、凉山州）、"一局三办"（成都市民宗局和甘孜州、阿坝州、凉山州驻蓉办）等联席协作机制。同时，将少数民族流动人口服务管理工作统筹纳入全市社区网络化管理体系，依托各区（市）县"办、站、网、点"四级网格及流动人口协管员、流动人口数据采集点，建立全市少数民族流动人口综合信息系统。

南宁市加强城市民族工作，针对少数民族流动人口流动性强、文化程度低、法律意识薄弱、社交圈子窄等问题，坚持以人为本、服务为先理念，按照"公平对待、合理引导、完善管理、搞好服务"的原则，探索了一条民族地区服务管理少数民族流动人口的新途径，成功构建"13456"立体服务平台。"1"是成立全国首家地市级少数民族流动人口服务中心，统筹推进1个市级技能培训基地、2个清真食品供应点、4条少数民族创业街、29个创业孵化站和20个示范社区服务站、53个服务点的服务工作。"3"是构建市、区、社区三级服务网络体系，成立市、区级少数民族流动人口建设试点领导小组，实现民族、公安、城管、民政、司法、流动办、劳动、共青团等部门联动服务。全市39个街道（乡镇）建立了流动人口服务中心，332个社区（村）建立了流动人口服务站，组建1100人的协管员队伍，为流动人口实行一站式服务。"4"是建立完善工作准则、队伍建设、结对帮扶、法律援助四项基本服务制度。"5"是成立民族干部骨干、少数民族联谊会会员、社区"民族之家"成员、志愿者以及民族工作信息员、协调员、专家顾问等五支共800多人的服务队伍。"6"是整合推进外来经商就业、住房租赁、子女入学、法律援助、困难补助、清真食品六大服务。南宁市以此构建立体全方位服务平台，推动公共服务均等化，让外来少数民族进得来、留得住、有发展。

天津市做好为城市少数民族服务工作，每年安排500万元少数民族专项资金用于全市少数民族经济社会事业发展工作，2015年投资600万元整修了回民公墓。沿用对少数民族考生的优惠政策，中考加5分，高考降5分提档，市属院校降5分录取等，在全市高等院校和职业院校均设立了清真食堂（灶），在清真餐需求学生较多的中学也开设了清真食堂，车站、机场也设立清真食品餐饮服务单位，天津滨海国际机场还专门配备了相关少数民族语言工作人员。把城市民族事务的服务管理纳入全市统一的服务平台8890电话服务热线，为少数民族群众提供不间断的社会服务，制定了《关于进一步加强少数民族流动人口服务管理的意见》，建立少数民族流动人口管理机制。

河北省抓好社区民族工作，在全省11个设区市均建立了城市民族工作领导小组，完善市、区、街道、社区四级民族工作网络，在拥有100名以上的少数民族人口社区配备专职民族工作助理员，财政每年安排必要的工作经费，在城市车站、少数民族聚集地设立少数民族流动人口服务站，建设"少数民族之家"。唐山市作为全国城市少数民族流动人口服务管理体系建设试点单位，实施少数民族流动人口子女入学、技能培训、就业咨询、法律援助等10项民生工程，让少数民族流动人口进得来、留得住、发展好，成为和谐社会的积极建设者。

江苏省细化少数民族流动人口的服务管理，健全服务体系，在南京、苏州等少数民族流动人口较多的城市开展少数民族流动人口服务管理体系建设试点工作，并部署推广工作。主动与少数民族人口流出地建立工作机制，自2006年以来，先后与四川黑水县、青海化隆县、新疆伊犁州、西藏拉萨市民宗委、甘肃省民委系统建立了在江苏务工经商人员服务管理协调工作机制，通过"民族团结示范社团"创建工作，成立"清真牛肉拉面分会""西北穆斯林联络组""新疆穆斯林联络组"等，吸收伊斯兰教教职人员、流出地政府驻苏办事处人员以及威望高、有影响的拉面店业主，协助涉及少数民族流动人口矛盾纠纷的处理，共同做好少数民族流动人口服务管理工作。经过多年的努力，少数民族流动人口在务工、生活、教育、经营等方面都获得周到、优惠的服务，越来越多的少数民族流动人口在江苏安家落户，成为"新江苏人"。

福建省进一步加强新形势下城市民族工作，积极探索城市少数民族流动人口权益保障机制。2015年出台《关于加强和改进新形势下民族工作的实施意见》，要求完善城市少数民族流动人口服务管理协调合作、社会服务、法律援

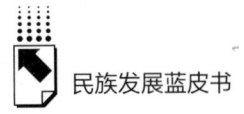

助等机制。据此,福州、厦门、泉州等少数民族人口较多的城市建立基础服务管理工作站,或依托行政服务中心设立专门服务点、开设专门服务窗口,以全面提高服务管理水平。从2014年8月开始,福建省民族与宗教事务厅牵头起草修订《关于进一步加强在闽新疆少数民族群众服务管理工作的实施意见》,2015年8月经省政府同意,印发《福建省人民政府办公厅转发省民族宗教厅等五部门关于进一步加强在闽新疆少数民族群众服务管理工作实施意见的通知》,对做好新时期涉疆少数民族服务管理工作提出了具体要求。

江西省加强组织领导,健全城市民族工作机制。2015年江西出台《关于加强和改进新形势下民族工作的实施意见》,将原来的少数民族地区建设工作领导小组调整为省民族工作领导小组,增加部分成员单位,把城市民族工作纳入领导小组工作职责范围。2015年2月,省委召开对口支援新疆工作领导小组第五次会议,明确将涉疆服务管理纳入援疆工作内容,决定建立在赣新疆少数民族群众服务管理工作联席会议制度,由省委分管领导担任召集人,省委统战部、省民宗局牵头,13个部门负责人参加,各地还逐步建立了城市民族工作联席会议制度、少数民族流动人口服务管理机制、民族联谊联络机制、矛盾纠纷调处机制等。自2008年起,每年都组织开展民族政策执行情况专项检查,维护少数民族合法权益。2014年省人大组织开展全省民族工作专项调研,2015年初省民宗局等6部门联合下发《关于开展对歧视少数民族情况进行检查的通知》,督促各地采取有效措施把相关政策宣传到城市窗口单位,杜绝办事、就业、安检等方面的歧视以及乘车拒载、宾馆拒住、商店拒卖等不良现象。

山东省不断健全城市民族工作的长效机制,建立完善了县(市、区)、街道办事处、社区等三级服务管理网络,明确了城市民族工作"主体在区(县)、延伸到街道(镇)、落实在社区"的工作思路,初步构筑了党委领导、政府负责、部门协作、齐抓共管的城市民族工作格局。2015年,山东省出台《中共山东省委、山东省人民政府关于加强和改进新形势下民族工作的实施意见》,其中专门对做好城市民族工作进行全面部署。针对日益增多的少数民族流动人口,成立了由省民委、省综治办牵头,省教育厅、省公安厅、省司法厅、省人力资源社会保障厅、省工商局、省食品药品监管局等12个部门参与的少数民族流动人口服务管理协调机制,明确了各单位职责。同时,建立了少数民族流动人口服务管理输出地与输入地对接机制，同青海和甘肃两省分别签订了《少数民族流动人口服务管理跨区域协调合作机制协议书》，跨区域合作机制以"常态协作、区域联动、资源共享、信息互通、密切协作、齐抓共管、互利共赢"为原则，共同推动服务管理工作。

湖北省及时召开省委民族工作会议，制定出台《关于加强和改进新形势下全省民族工作的意见》（鄂发〔2015〕25号），把城市民族工作作为湖北省当前和今后民族工作的"三大重点"之一进行部署。2015年5~6月，省委常委会两次专题听取了城市民族工作汇报，研究加强少数民族流动人口服务管理工作、反对歧视或变相歧视、构建和谐城市民族关系等方面问题。加强城市民族工作，把做好在鄂少数民族流动人口服务管理工作作为维护民族团结、国家安全、社会和谐的基础性工作，省、市、县各级都成立了由党委相关负责人任组长的民族工作、涉疆工作、少数民族流动人口服务管理工作领导小组，加强对城市民族工作的组织领导。建立健全部门联动机制，与公安、安全、教育、民政、城管、工商、司法等部门建立了信息共享、秩序共管、教育共抓、联合执法的联动合作机制，以提高城市民族工作的有效性和效率性。

广东省把城市民族工作重心下移，做实做强社区民族工作。广东有少数民族人口50人以上社区1127个，这些社区是城市民族工作的重点。广东省民族、民政部门联合出台加强社区民族工作的指导文件，省政府专项拨款支持19个重点社区打造城市民族工作示范社区，2015年4月举办全省社区民族工作培训班，对各市民族工作干部和38个重点街道社区骨干进行民族政策和民族工作知识培训，在社区服务管理中增加民族服务内容，在社区服务中心设立少数民族办事窗口，开通少数民族信箱与服务热线，将社区综合服务中心打造成少数民族服务平台，帮助少数民族流动人口创业安居，融入城市。广东在全国率先全面实施流动人口"一证通"制度，拓展居住证功能应用，尽可能将包括少数民族在内的流动人口纳入服务管理范畴，给予他们同城待遇。

陕西省将加强城市少数民族流动人口服务管理工作作为新时期城市民族工作的有力抓手，建立健全协作管理机制，2014年陕西、四川、甘肃、宁夏、青海、西藏、新疆生产建设兵团签订《强化优质服务、科学管理暨妥善处置涉及民族因素矛盾纠纷跨区域联动协作协议》，7省区之间关于流动人口服务管理与涉及民族因素矛盾纠纷跨区域联动协作机制正式建立。2015年5月，陕西省民委与新疆维吾尔自治区民委签订了协议，西安等涉疆服务管理工作任务较重的7个市与新疆少数民族流动人口主要输出地喀什、和田两市分别签订了《关于建立来陕新疆少数民族群众服务管理工作联动协作协议》，陕西与新疆两省区之间输入地与输出地协作管理机制正式建立。建立完善维护稳定工作综合治理协调机制、组织领导机制、防范排查机制、应急处理机制、迁入地与迁出地协作、信息报送机制等，以应对涉及民族因素矛盾纠纷。

内蒙古自治区结合实际，把城市少数民族工作作为重中之重，在12个盟市和2个计划单列市出台了一系列优惠政策，例如放宽少数民族困难群众低保门槛，适当提高低保标准；在各级政府开发的公益性岗位中，保留5%~15%的岗位给少数民族困难群众；低保少数民族家庭，可免费参加城镇居民基本医疗保险和新农合医疗保险；对符合条件的低保少数民族家庭，优先纳入城市廉租房或经济适用房保障范围等。部分盟市对少数民族学生还实行了15年免费义务教育。

广州市积极推动"党委统一领导、党政齐抓共管、民族宗教部门综合协调、各部门密切配合、全社会广泛参与"的民族工作格局，市、区政府设立民族工作机构，各街（镇）设立分管民族工作的统战委员或专（兼）职民族宗教干部，将城市民族工作纳入全市社会建设评价体系和创建全国文明城市测评体系，设立"城市民族工作指数"和"民族团结进步"项目，加强了工作考核，促进民族工作发展。2015年6月初，广州市委、市政府召开全市民族工作会议，就做好民族工作进行全面部署，推动民族工作创新发展。广州市还将"加强城市民族工作"写入市委第十届六次全会报告和2015年《政府工作报告》，把"广州新回民公墓建设"列入市政府重点民生工程。同时，借海上丝绸之路申遗契机，由市财政投入4500万元，计划于2016年底建成"广州光塔民族文化风情街"，打造城市民族工作新亮点。

西安市将社区作为城市民族工作的重点和基点，利用社区"离民近、情况熟"的特点，探索推行民族工作为平台的"3+3"工作模式，一是建立完善了区、街、社区三级民族工作网络；二是组成民族工作联络员、街道社区公益性岗位协理员、少数民族居民楼栋长等三支民族团结进步骨干力量进入民族社区；三是搭建社区民族培训学习、民族团结服务、民族文化交流等三个平台，深入社区，做好城市民族工作。

四 城市民族工作面临的问题与困难

中央民族工作会议以后,全国各地都积极行动起来,认真学习领会和贯彻落实中央民族工作会议精神,把握"城市民族工作在民族工作和城市工作全局中的分量都越来越重,民族工作的重心正在逐渐向城市倾斜,城市管理和服务将面临越来越多的民族因素"① 这一民族工作新常态,加强城市民族工作,在实际工作中不断创新工作方法,取得了很大成绩。然而,与城市民族工作日趋凸显的重要性相比,城市民族工作相对滞后,城市民族工作仍然面临不少问题与困难,主要表现为以下几方面。

一是认识不到位、思想有偏差,城市民族工作得不到重视。人口跨城乡、跨区域、跨行业大流动,各民族交往交流日趋频繁,是经济社会发展的大势所趋。大量人口不断进入城市,这里包含许多少数民族人口,但一些人认为少数民族人口进了城,就要适应城市,不能搞特殊;有的认为少数民族进城再多也只是小部分,没有必要小题大做;还有一些城市把少数民族进城当麻烦,或明或暗地设置"门槛",使少数民族难以进入城市或进了城也待不住。从现实看,这种倾向很有市场,可见这种思想认识上的"疙瘩"解不开,城市民族工作就不会得到重视,更谈不上做好城市民族工作。

二是城市民族工作部门处于"边缘化"地位,无法发挥城市民族工作的主体作用。随着城市居民多民族现象日显,城市民族工作重要性也日益凸显。城市民族宗教部门作为城市民族工作主体,应发挥更加重要的作用。但从目前看,城市民族宗教部门处于"边缘化",被认为可有可无,得不到重视。许多地方在机构改革中民族宗教部门被严重弱化,存在机构不全、队伍不强、经费不足等现象,制约了城市民族工作的顺利开展。

三是社区民族工作力量薄弱,无法应对城市民族工作重心下移的趋势。社区作为城市生活单元,随着少数民族人口大量进入城市,城市民族工作重心逐渐下移至社区,社区民族工作日显重要。而与一般社区相比,多民族社区发生矛盾的概率更大,管理难度加重,对服务与管理的要求更高,给社区民族工作

---

① 王正伟:《全国城市民族工作会议总结讲话》,2016年1月6日。

带来了新的挑战。然而，社区民族工作普遍存在缺人员、缺经费、缺场地等现象，许多社区民族工作处于无人管、无力管的境地，有待提高对社区民族工作的重视度和增强基层民族工作力量。

四是城市民族工作缺乏顶层设计，相关法规建设滞后。随着城市化进程加快，少数民族人口大量居住城市，城市民族工作在民族工作的分量越来越重。但是，城市民族法治建设比较滞后，针对城市民族工作出现的新情况、新问题，城市没有及时制定出台相关法律法规，而计划经济时代制定的法制法规缺乏可操作性。特别是，对城市少数民族的特殊需求和特殊问题缺乏顶层设计，地方无法遵循而消极等待倾向较浓，影响城市民族工作的权威性和实效性。

五是少数民族流动人口服务管理薄弱，权益保障问题难以落实。城市少数民族流动人口迅速增多，给城市民族工作带来许多新情况、新问题。许多城市为加强对少数民族流动人口的服务管理工作，出台少数民族流动人口服务管理工作的相关文件，建立少数民族服务管理工作站，设立专门服务窗口，努力做好少数民族流动人口服务管理工作，并取得一定成效。然而，在城市普遍存在少数民族人口不适应城市，城市不适应少数民族人口的"两个不适应"问题，少数民族难以融入城市，城市没有做好接纳少数民族的充分准备，对少数民族流动人口服务管理缺乏相应的调整，城市政府对少数民族流动人口的工作许多时候仍停留于事后调节和管理上，无法全面保障少数民族流动人口的权益，少数民族流动人口在生活、就业、子女就学等方面的特殊需求难以得到满足。

五 关于城市民族问题的几点思考

随着我国城市化进程加快，少数民族人口流动越来越频繁，城市越来越成为各族群众追求美好生活的地域选择。各民族生存空间由乡村转移到城市，各民族传统的生计模式发生变迁，民族之间接触日益增多，难免发生一些纠葛和摩擦，城市民族工作面临许多新情况、新问题，呈现一些新特点。

一是城市民族问题更加复杂多样。首先，少数民族离开自己熟悉的环境，大量进入陌生的城市，会遇到他们在城市如何适应与发展的问题。大部分少数民族流动人口受语言沟通能力、文化教育水平相对低下及民族自身特点等因素的影响，多从事较低层次的工作，选择相对廉价的城乡接合部居住，而社会转型期存在的贫富差距及生活差距问题，使他们产生不平衡心理，加上民族因素，容易引发社会问题。其次，由于少数民族流动人口本身具有的许多不确定因素和城市对少数民族流动人口服务管理工作跟不上，少数民族流动人口在就业、子女教育、宗教信仰等方面的需求往往得不到满足，少数民族流动人口的合法权益无法得到全面保障。再次，少数民族人口大量进入城市，带来了其特有的民族文化、宗教文化等，随之产生的是少数民族传统文化与城市主流文化的碰撞、城市居民与少数民族人口的互不适应、少数民族文化传承等问题。最后，受经济全球化及网络舆情影响，城市民族问题容易受境外敌对势力的操控渗透。

二是城市民族问题将会长期存在。民族是一个相对稳定的人们共同体，只要民族存在，民族问题就难以避免。随着城市化进程加快，大量少数民族人口进入城市，逐渐适应、融入城市文化，各民族之间共同因素增多，但民族特点、民族差异不会很快消失。少数民族流动人口虽然进入城市，但与本民族、本地区的天然联系不会淡化，民族认同意识甚至得到加强。基于民族文化、民族认同的不同民族差别不可能在短时间内消失，城市民族问题将会长期存在。

三是处理好城市民族问题关系重大。随着少数民族人口大量进入城市，城市居民多民族现象日显，城市少数民族人口相对较少，但城市民族问题点多、线长、面广、传播性强、波及面大，影响深远。"城市出的民族问题最多，许多问题往往先从城市爆发……通过城市功能的'核裂变效应'然后扩散出去，不仅会影响一座城市，而且会影响一个地区乃至一个国家的稳定和发展，有时还会发展成国家关系问题"[1]。

关于新时期我国民族工作的新形势，全国政协副主席、国家民族事务委员会主任王正伟曾经指出，"我国正处于改革的攻坚期、深水区，民族工作的环境发生了重要变化。形象地说，民族工作'进城'了，工作重点从边疆和农村牧区延伸到城市和东部地区；民族工作'下海'了，体制环境从计划经济变为市场经济；民族工作'入世'了，国际因素与国内因素密切交织在一起；民族工作'上网了'，网络世界对民族关系的影响日益增大；民族工作'升级'了，各族群众的民主意识、法制意识、维权意识不断提高"[2]。可见，我

---

[1] 沈林：《回望城市民族工作六十年》，《民族工作研究》2011年第1期。
[2] 王正伟：《关于民族工作贯彻群众路线的思考》，《人民日报》2014年2月26日第8版。

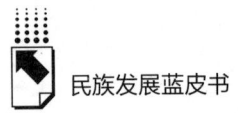

国城市民族工作也应及时做出相应的调整,创新城市民族工作。

一是加速城市民族工作法治化进程。要不断完善城市民族工作的法律法规,使城市民族工作有法可依。及时修订1993年出台实施的《城市民族工作条例》,删除一些过时的、实操性差的条款,增加符合时代性、具有时效性的内容;尽快出台有关保障城市少数民族权益的相关法规,以及《清真食品管理条例》。少数民族流动人口的服务管理工作已经成为城市民族工作的重心,应该尽早出台加强有关城市少数民族流动人口服务管理的专门性文件,明确规定城市民族工作相关职能部门的职责,城市少数民族流动人口的权利与义务,处理涉及民族性因素事件的处罚范围及程序,等等。

二是加快城市民族工作信息化建设。在当前大数据背景下,流入地与流出地要建立并不断完善流动人口统计与信息管理系统,实时掌握包括少数民族流动人口的来源地、年龄结构、受教育程度、从事行业等信息,做到信息及时更新与共享。城市政府加快民族工作信息化建设,建立流动人口官方微信平台或官方微博,把信息服务与管理、民族团结教育等送到少数民族流动人口那里,引导少数民族流动人口尽快适应与融入城市。

三是构建城市民族工作合力化格局。做好城市民族工作是关乎社会稳定、民族团结的大事,要构建城市民族工作合力化格局,动员全社会力量合力做好民族工作。具体地说,从中央层面上,应该加快完善相关法律法规建设,实现民族事务法治化,平等保障各民族合法权益;城市民族工作部门要加强服务管理意识,创新工作方式和手段,不断提高工作水平;着力社区民族工作,除了引进专门的社区民族工作者,还要对他们进行专门的民族理论、民族宗教政策培训,加强社区民族工作力量;对城市居民加强马克思主义民族观和党的民族政策教育,加大民族团结创建活动的宣传力度,营造积极主动接纳少数民族流动人口的社会氛围;加大对少数民族企业家的扶持力度和倾斜政策,发挥少数民族精英在城市民族工作中的重要作用。

B.10
国际视野下的民族主义

刘 泓*

摘 要： 本报告从意识形态、社会政治运动和学术研究三个方面，分析了当今国际民族主义的主张、实践和理论等，认为民族主义无论是作为一种社会意识形态，还是作为一种社会政治运动，它所追求的外在体现形式，都是建立在领土政治基础上的"民族—国家"。民族主义时代尚未结束，民族主义仍然是当今世界最强大的力量之一。

关键词： 民族主义 民族—国家 民族政治

冷战结束后，民族问题发展成为重要的政治问题。民族政治是多民族国家政治生活的重要组成部分，"它和阶级政治、政党政治及社会政治一道，在风云变幻的国际政治舞台上起着举足轻重的作用"①。20世纪90年代初期，埃利克·霍布斯鲍姆等人曾断言因民族国家体系的调控能力在"调节跨民族进程特别是经济流通问题"方面存在的有限性，将会导致民族主义时代的结束。其后，民族主义在世界范围内林林总总的表现，让世人不得不对上述断言一再产生怀疑。回溯在2015年的国际舞台上民族主义展示给世人的方方面面，我们可以清楚地认识到，民族主义尚未走向彻底衰落。

一 社会意识形态领域中的民族主义

众所周知，从社会意识形态领域的角度而言，民族主义现象诞生于近代欧

---

* 刘泓，中国社会科学院民族学与人类学研究所研究员。
① 刘泓：《国际民族主义远未彻底衰落》，《人民论坛》2016年1月20日。

洲。其诉求的外在表达形式，是建立以领土政治为基础的"民族—国家"，当时的理论家将之简化为"一个人民，一个民族，一个国家"（one people, one nation, one state）理论。

实际上，这个公式是建立在相对强势人民的政治运动和相互妥协的基础之上的，没有或很少考虑到相对弱势人民的存在。早期的民族主义理论家把"人民"（people）界定为一种历史形成的具有语言文化同质性和利益一致性的人们共同体，这种共同体与领土和政治权利联系起来而成为"民族"（nation）。作为"民族"应当建立自己的独立"国家"（state）以保护自己的利益和避免民族间的冲突，认为现代世界的基本政治单位应当是"民族—国家"（nation-state）。然而，为了给这种政治运动提供理论支持，证明其合理性和合法性，人们提出了上述貌似适用一切人民的"一个人民，一个民族，一个国家"公式。在这个公式中，所谓"一个人民"，就是指具有语言文化等同质性的人们共同体；所谓"一个民族"，就是在政治、经济、社会、领土等方面统一起来的"人民"；而这样的人民和民族，需要有一个主权独立的"国家"作为自己的保护外壳。

事实上，"民族—国家"不过是一种理想化的国家建构模式。综观当今国际舞台上的主权国家，95%以上都是多民族国家，符合"一族一国"的案例十分有限。值得注意的是，古典民族主义理论所阐释的愿景，其传播范围的广大、影响力量的经久不衰，不仅超出诸多学者、政治家和普通大众的想象力，恐怕连其缔造者也始料不及。在"一族一国"理想激励和引导下，一些因历史等复杂原因而形成的"无国家民族"，不断与"多民族国家"的国际秩序相抗衡，不甘接受现实和世界国家格局，这是造成当今一些国家和地区民族冲突不止的原因之一。"古典民族主义理论"成为分离主义者所推崇的思想理论武器。

在当今国际舞台上，"具有极端民族沙文主义性质的泛突厥主义、泛伊斯兰主义和泛蒙古主义等思潮都与'古典民族主义理论'不无关系"[①]。生成于19世纪80年代深受沙俄迫害的鞑靼族知识精英中间的泛突厥主义（Pan-Turkism），以极端民族沙文主义为特质，极力主张突厥语族族体合而

---

① 刘泓：《国际民族主义远未彻底衰落》，《人民论坛》2016年1月20日。

为一，共同建构由奥斯曼帝国苏丹统治的大突厥帝国。泛突厥主义思潮问世后，从鞑靼人生活相对集中的克里米亚、伏尔加河沿岸、阿塞拜疆地区，逐步扩展至中亚的乌兹别克斯坦、土库曼斯坦、吉尔吉斯斯坦和哈萨克斯坦等突厥语族族体聚居地。19世纪末叶，泛突厥主义思潮传播至奥斯曼土耳其帝国并受到推崇。作为近代以来伊斯兰社会的一种社会思潮，泛伊斯兰主义（亦称"大伊斯兰主义"，Pan‐Islamism）强调全球穆斯林在信仰、历史、文化、利益和诉求等方面的共同性，号召所有穆斯林团结起来，组成由德高望重的哈里发领导的伊斯兰共同体，开展"圣战"对抗入侵的欧洲殖民者。据考证，俄罗斯学者弗·谢·索罗维约夫是首位将"泛蒙古主义"（панмонголизм）作为术语提出并加以使用的。当然，今天我们所言的"泛蒙古主义"与索罗维约夫所谓几乎等同于"黄祸论"的"泛蒙古主义"大相径庭，该主义号召"全世界蒙古人联合起来"，以捍卫"民族血统的纯洁性"为旗帜，主张将当今蒙古国周边的主权国家中国和俄罗斯的一些区域变为蒙古国的组成部分。突厥主义、泛伊斯兰主义和泛蒙古主义思潮的共同性在于，强调以"共同历史文化"和"共同利益愿望"为认同基础，以实现"民族独立"为旗帜，以打破既有、主权国家边界和国际社会秩序为目标，以及以使用恐怖主义等非法手段为实现目标的主要路径。2015年夏季，因土耳其媒体对我国新疆维吾尔自治区穆斯林"封斋"的失实报道，土耳其20多个省、市爆发了大规模反华示威游行，抗议"迫害突厥兄弟"。自苏联解体后的20多年来，随着中亚地区经济问题的不断出现，民族矛盾日渐突出，恐怖主义乘机渗透，恐怖组织应运产生，恐怖活动频频出现。主权国家深感来自恐怖主义的威胁。俄罗斯媒体明确表态：中亚恐怖主义活动威胁严重，俄罗斯军区必须全力应对。同时针对"最坏的情况"做出了预警方案，即如果原教旨主义者在阿富汗重新掌权，并配合塔吉克斯坦、吉尔吉斯斯坦、乌兹别克斯坦等国极端团伙夺取国家政权，俄罗斯中央军区将以全部兵力应对。泛蒙古主义思想的现实危害一直未能销声匿迹。"站立的蓝色蒙古""白色纳粹十字""泛蒙古运动"等极端组织的暴行始终没有淡出人们的视线。2015年春季，在蒙古国旅游的我国公民受到了极端组织人员的无端人身攻击和侮辱。

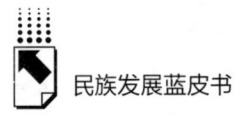民族发展蓝皮书

二 社会政治运动中的民族主义

"民族主义无论作为一种社会意识形态，还是作为一种社会政治运动，它所追求的外在体现形式，都是建立在领土政治基础上的'民族—国家'。"①

二战后，随着冷战的揭幕，国族之间的冲突趋于缓和，同时，多民族国家内部的民族矛盾和冲突则不断凸显，民族仇杀和国家解体的发生亦非罕见。民族分离主义组织和势力的存在与发展，成为许多国家难以忽视的社会政治问题。

2015年这种演进态势依然未被打破。

1月3日，尼日利亚伊斯兰极端武装组织"博科圣地"发动了包括屠杀妇孺等暴行在内的叛乱，烧毁了近20个城镇和村庄，至少造成2000多人丧生。尼日利亚经济贫困、社会动荡的局势进一步恶化。

缅甸主体民族与少数民族的对抗由来已久，因其冲突程度的激烈和冲突时间的久长而成为今当今世界主权国家的一个特例。自2014年下半年开始，缅甸多地连续爆发武装冲突。掸族、克伦族、克钦族等少数民族（占人口1/3）开展了顽强的武装斗争，反抗由主体民族缅族人控制的缅甸政府实施的强制同化政策，缅甸因此内战不断。2月9日，缅甸"果敢同盟军"约1000人再次向政府军的一个营发起攻击。双方随后开始长达4个月的武装对抗。战火使许多百姓流离失所，同时一度直接威胁到中国境内居民的生命安全，多人被炮弹击伤。

不管美国如何标榜其"文明"与"民主"的发达程度，它都难以回避这样一个事实，即在制度化的种族歧视被消除多年以后，美国现实社会生活中的种族歧视一直长期存在。4月12日，马里兰州的黑人青年弗雷迪·格雷在被警方羁押期间因脊椎损伤而丧生。4月27日，马里兰州当地发生严重暴力事件。随后，暴力事件引发了示威骚乱，10余栋建筑物和100余辆汽车被烧，近20名警察受伤，200余人被警方逮捕。②4月30日，马里兰州官员表示，警

---

① 刘泓：《国际民族主义远未彻底衰落》，《人民论坛》2016年1月20日。
② 环球网，http：//world. huanqiu. com/article/2015 - 05/6330474. html。

方已经把一份有关格雷"非正常"死亡的调查报告提交给当地检方。① 5月23日，俄亥俄州出现市民抗议活动，抗议政府无罪释放一名白人警察，此人曾于2012年参与警方将两名未持武器的黑人击毙的行动。同月，联合国人权理事会召开会议，美国对少数族裔以偏见执法、滥用武力，以及维护民权法尊严的力度不足等问题，受到与会者的关注。

5月，脱胎于"伊斯兰联盟"的极端主义组织索马里"青年党"，在索马里、埃塞俄比亚、肯尼亚三国交界地区发动伏击，占领了当地的清真寺，20余名警察遇伏身亡，警察全部武器被极端主义分子缴获，5辆汽车被焚烧。叛乱者声称，基地组织是索马里"圣战者"的母亲，通过暴力革命方式开展"圣战"的目的是实现伊斯兰教复兴，建立"东非伊斯兰酋长国"。

2015年在西班牙加泰罗尼亚举行的"地方议会选举"，也再一次表明经济发达程度与作为一种社会政治运动的民族主义出现的可能性之间并不存在必然的联系。9月28日，加泰罗尼亚地区议会选举尘埃落定。支持加泰罗尼亚独立的两个党派"一起说好党"（"共同争取独立联盟"，JuntsPelSi）和左翼"人民团结候选人党"（CUP）总共赢得了议会135个议席当中的72个，较半数超出4席，总得票率则为47.8%；反对独立的党派虽然只得到63个席位，得票率却达到52.2%，这是因为这部分党派中有党派得票率过低而未获得议席。选举结果公布之后，支持独立的两个党派均表示，他们可以在规定时间内单方宣布加泰罗尼亚从西班牙脱离出去，并决定在11月9日举行公投。11月9日，加泰罗尼亚地方议会通过决议，制定了为期一年半的路线图，目标是加泰罗尼亚将于2017年脱离西班牙实现独立。议会声称加泰罗尼亚脱离西班牙的"民主进程"自此开启，西班牙公共机构所做出的决定将不再左右加泰罗尼亚。同时要求加泰罗尼亚政府开始制定宪法，以及创立独立于西班牙相关部门之外的税务和社会安全机构。加泰罗尼亚公投事件发生后，国内学界、政界和社会的一些人开始紧张起来，认为其示范效应不仅会影响到世界其他地区的分离势力，而且会为国内存在的分离势力做出示范。一时间，不安、忧虑等心态在我国国内开始扩散。特别当看到网络上有人以

---

① 新华网，http://www.xinhuanet.com/world/tfsj12/index.htm。

"人权高于主权"为由,将西班牙国家定义为"独裁国家"的说辞时,国内一些人感到尤为不安,担心该说辞会被分离主义分子利用攻击我国。同时,面对"号称民主国度的西班牙为何不让加泰罗尼亚独立",支持独立的"一起投赞成"联盟表示,他们能在18个月之内单方面宣布加泰罗尼亚脱离西班牙。在支持独立的选民看来,他们拥有与主体民族卡斯蒂利亚人迥异的历史和文化,依靠其作为国家"经济引擎"的经济实力,他们有理由和能力提出独立的诉求。西班牙政府立即表示,加泰罗尼亚公投有悖于国家宪法的相关规定,并坚决拒绝与独立派商讨国家主权事宜。联合国秘书长潘基文也随即发表声明,联合国不认为西班牙加泰罗尼亚自治区有权行使"民族自决权",并宣布独立。有人估计,下一步独立派会通过组织示威、游行、造成紧张局势等强行推行独立诉求。需要指出的是,从加泰罗尼亚公投的产生原因、发展走向等方面看,该案例的示范效应比较有限,甚至可以说不具有什么示范效应。西班牙宪法法院之前就已明确表态:加泰罗尼亚公投没有法律效力。加泰罗尼亚公投与苏格兰公投"形似神异"。苏格兰公投是有法律基础的,英国政府和苏格兰政府就一些条件还达成了一致。加泰罗尼亚如果开展公投则是违宪的。两者相似之处,是都源于地方政治发生了变化。苏格兰原是工党的势力范围,工党是反对苏格兰独立的,随着苏格兰民族党的崛起,苏格兰独立这件事有失控的风险。加泰罗尼亚之前追求独立的政党和不追求独立的政党在该地区势均力敌,独立势力上台后推动独立可以动用的资源增加,公投事件随之发生。基于法律认同基础上开展的苏格兰公投,其"示范效应"至今为止不过加泰罗尼亚一例。建立在非法基础上的"加泰罗尼亚公投"是否具有"示范效应"?如果有,究竟会有多大示范效应?是否像一些人所想象的需要持紧张甚至戒备心态?从加泰罗尼亚独立的历史和现实看,答案应是比较肯定的,即加泰罗尼亚公投难以具有示范效应。当今时代民族分离成功的希望渺茫。"一族一国"时代已经过去,分裂主权国家、破坏国家安全的行为已为各国法律和国际法所不容,加泰罗尼亚走向独立希望渺茫。加泰罗尼亚自治区主席阿图尔·马斯曾明确宣布独立公投日为11月9日。然而,10月中旬,因独立公投缺乏合法性,他又宣布取消此次独立公投。此番"民间公投"实是一个"模拟"的公投,其背景也是效仿苏格兰公投。但加泰罗尼亚独立有个最大的障碍,就是这种公投在西班牙是违宪的行为。西班牙宪法第 135 条明确规定，一旦自治区有严重违宪行为，中央政府有权中止其自治权，直接接管该地区。加泰罗尼亚公投事件发生后，西班牙政府和部分民间团体也纷纷发起、开展了多种多样的反独立活动，为我们应对分裂势力提供了诸多启示。一是将依法治国作为反分裂手段有理有据。西班牙政府始终坚持利用法律武器和行政手段并用与分离主义势力斗争。加泰罗尼亚独立派在地区议会选举中获胜两天之后，法院于 9 月 29 日向马斯发出了传唤通知，指责他于 2014 年底组织"公民违抗"行动。西班牙中央政府打算在法律手段上阻碍马斯。司法部门认为这次公投构成了"公民违抗"行为。10 月，国家首相拉霍伊表示，将动用"一切政治及法律手段"以防范加泰罗尼亚独立，并将加泰罗尼亚独立之举谴责为"一种挑衅行为"。此前一年，西班牙政府曾否决了一次约 80% 的人赞成加泰罗尼亚独立的公投行动。据西班牙《世界报》披露，西班牙政府已经制订了详细计划，如果独立势力继续推进其独立路线图，西班牙政府将切断对其资金供应，并着手接管自治区警察部门。西班牙主要政党在该问题上空前一致，坚决站在中央政府一边，地区民族主义势力难以在中央政府内部得到任何策应。西班牙经济部长金多斯断言，加泰罗尼亚的独立运动"没有出路"。二是政府态度坚决，立场坚定，正视反分裂力量，不回避问题。不管媒体对有关公投的数字如何报道，西班牙政府始终坚信：国家统一是众望所归，加泰罗尼亚独立派掌权不等于地方能够独立；在反分裂的问题上，政府必须态度坚决、立场坚定。2014 年加泰罗尼亚公投事件发生后，西班牙国王菲利普六世在 12 月 11 日呼吁全社会要团结、共存、尊重宪法，强调西班牙不能允许分裂，因为全世界都在走向大融合。11 月 10 日，西班牙首相拉霍伊公开发表声明，表示将采取一切合法手段捍卫国家统一。事实证明，西班牙政府的判断是正确的。首先，加泰罗尼亚地区的外债被主要风险机构评定为垃圾级，也就是说，现在该自治区仍需依靠西班牙中央政府资金运转，一旦独立，根本无法在国际金融市场举债。大多数民众都会看到这点。比如，加泰罗尼亚的主要财团和企业家组织纷纷发表声明，不支持独立。其次，2015 年的 11 月 9 日，加泰罗尼亚地区议会表决通过的一项有关地区独立的程序审议议案，虽然 135 名议员中有 72 人投了支持票，支持独立的党派在地区议会选举中赢得多数席位，但是，得票率却不足半数。再次，更有广大球迷担心，若加泰罗尼亚独立，

巴塞罗那将可能被禁止参加西甲联赛，也不会支持独立。三是西班牙政府通过争取国际援助，增强了反分裂力量。通过获得国际援助，西班牙政府有效阻遏了分裂势力的发展。欧盟不允许、不希望发生这个事情。根据欧盟章程，任何成员国的一个地区如果单方面宣布独立，将不会得到承认，而且会被立即驱逐出欧盟，也将无权继续使用欧元。对于欧盟来说，欧洲债务危机缠身，欧盟三驾马车在西班牙投入较多，如果加泰罗尼亚独立，西班牙和欧盟层面的发展计划就会被打乱，包括会阻碍西班牙在解决难民问题上的投入。欧盟多位领导人已经公开表示反对加泰罗尼亚独立。欧盟委员会主席巴罗佐曾明确指出，脱离欧盟国家的任何地区必须重新申请加入欧盟和欧元区，并同时得到欧元区所有国家的批准，表明独立后的加泰罗尼亚很可能会被欧盟和欧元区所抛弃。

同时，"涉及到两个或两个以上国家的地区性民族冲突久存难消"①。地区民族②作为客观存在已是不争的事实，由此引发的地区性民族问题长期存在。冷战结束后，地区民族在世界民族主义浪潮中所产生的影响让世人不能不对这一人们共同体给予关注。大量的历史与现实告诉人们，在国际政治舞台上，地区性民族问题已经成为局部战争的敏感区，在相当长的时间里，地区民族作为族际实体不会消失，由此引发的地区矛盾和冲突也难以根除；同时，在和平与发展的主流下，因霸权主义、强权政治和民族分裂主义等实践所招致的局部战争，会将地区性民族问题推向一个新阶段，从而对民族国家的疆界安全、领土主权与地区安全造成威胁。10月，巴以双方关系再度出现恶化的态势。据路透社报道，特拉维夫、雷霍沃特等4个城市已加强了学校安全管理，规定主要由阿拉伯人担任的修理工和清洁工将不能获准入校。巴以地区安全形势极度紧张。随着犹太教徒前往阿克萨清真寺所在地的举动为以色列所允许，在约旦河西岸和东耶路撒冷巴勒斯坦人袭击以色列人事件频繁发生，以色列军队和定居者同参与示威的巴勒斯坦人之间发生激烈冲突，

---

① 刘泓：《国际民族主义远未彻底衰落》，《人民论坛》2016年1月20日。
② 如何界定"地区民族"，学界对此尚未达成共识。事实上，使用该概念的著述还不多见。本文所谓的"地区民族"是指跨越国家疆界而居住的民族，通常是由"历史民族"经历了若干质的变化后，发展、分化而形成。这类族裔群体既包括跨界民族（people across national boundaries），居住在岛屿争端发生地区的民族，也包括居住在残存殖民地的民族。

数十名巴勒斯坦人和以色列人在冲突中死亡。以色列政府决定在耶路撒冷封锁阿拉伯人居住区，随时增派军队至靠近巴以隔离墙地区，同时对实施袭击者的永久居住权加以剥夺。此外，钓鱼岛、南千岛群岛、南海群岛等岛屿争端几近剑拔弩张。

在对民族问题的认识方面，民族主义社会意识所体现出的褊狭性已为世人所熟知，异化的民族主义形式由此应运而生，日本右翼势力所推崇的极端民族主义、军国主义便是其中的典型。今天的日本，身着迷彩服，高呼口号的右翼已不常见。取而代之的新右翼在否认侵略战争、掩盖战争罪行、美化战争意图的同时，通常会高举日本国旗或日本军旗，散布"侵略无定义""战犯英灵论"。借反对反战、反对和平运动，挑起与周边国家的领土冲突，表现对国家的忠诚。8月15日，日本首相安倍带领多名内阁成员、议员联盟与大批民众共同参拜靖国神社。8月18日，安倍夫人对外宣称，她在三月内两次参拜靖国神社。韩国《国民日报》评论认为，安倍夫人此番举动旨在代其丈夫安抚日本国内的右翼势力。9月3日，日本新右翼对我国举行纪念抗战胜利70周年阅兵表示"特别敏感"和敌视。9月19日，日本国会参议院全体会议通过系列安保法案，意在突破现有和平宪法以便"名正言顺"对外用兵。在新右翼"强推"政府通过的2015年度预算案中，防卫预算创历史新高（约合421亿美元），在国际社会引发了轩然大波。

作为民族主义的极端表现形式，恐怖主义在欧洲和中东的肆虐，使世人一次次看到这一人类共同敌人的反动性。2015年1月7日，3名宗教极端分子光天化日之下，在法国首都巴黎袭击了法国讽刺漫画杂志《查理周刊》编辑部，造成12人死亡，其中包括两名警察，多人受伤。《查理周刊》具有明显的反宗教色彩，习惯使用调侃的词语，采取激进的态度嘲讽天主教、伊斯兰教、犹太教、极端右翼分子等，奥朗德、萨科齐和金正恩等也在被其讥讽之列。《查理周刊》编辑部受到恐怖袭击后，宗教极端组织"伊斯兰国"（ISIS）旋即正式声明对此事负责。11月13日，巴黎再度发生了系列恐怖袭击事件，死伤数百人。11月16日，法国总统奥朗德召开国会特别会议，宣布在全国设立3个哀悼日。法国一向以浪漫、享受生活著称，发生在巴黎的充满暴力和血腥的事件给整个社会造成的心理重创可想而知。自2015年6月以来，"伊斯兰国"的极端分子在伊拉克和叙利亚地区攻城略地，势力不断扩大，占领了该地区1/3的土地，并试图向约旦、黎巴嫩和沙特阿拉伯进军，犯下了火烧人质的暴行。对于恐怖主义屡袭法国的原因,学界的认识虽然不尽相同,比如报复法国在打击伊斯兰宗教极端势力的国际行动中表现突出等;但是,世人普遍认识到,恐怖主义已成为全世界需要面对的挑战,打击恐怖主义刻不容缓。《查理周刊》血案发生后,法国各地爆发大规模示威游行,民众大声呼吁打击恐怖主义,强烈谴责恐怖主义行径。支持《查理周刊》的人认为,新闻媒体"有权挑衅、有权过分",理由是言论自由。2015年1月11日,法国总统奥朗德和40个国家的领导人,手挽手在巴黎参加反恐游行。有人提出,《查理周刊》事件对于拥有大量穆斯林的欧洲国家是一个预警。10月,俄罗斯应叙利亚阿萨德政府的邀请,对叙利亚境内的极端主义目标进行了轰炸。在巴黎受到恐怖袭击前夕,法国宣布派遣航空母舰进入波斯湾,帮助叙利亚打击"伊斯兰国"势力。12月4日,法国总统奥朗德,向在地中海上参与打击"伊斯兰国"的参战军人表示慰问。在中东,原本因历史、宗教等难以联合的国家,包括叙利亚、伊朗、伊拉克、沙特阿拉伯和埃及等,均对"伊斯兰国"的暴行给予了严厉谴责。自2015年底开始,在伊拉克政府军、库尔德人武装、伊拉克军队和美国空军的联合打击下,"伊斯兰国"的嚣张气焰已出现下降趋势。值得注意的是,如果将恐怖主义出现的原因简单归结为民族矛盾、贫富矛盾或政治冲突并不合适。主权国家、欧盟等地区组织需要通过何种方式反恐,也是需要人们进一步思考的问题。正如一位西方学人所言,同"伊斯兰国"之间的斗争是"一场持久战,虽然不会持久到永远"。① 与此同时,民族主义在与地区主义的互动中,出现了难以解决的利益冲突。面对发生在欧洲土地上的移民大潮,欧盟与其属下民族国家面对着两难的选择。从理论上讲,民族是一种"对他而自觉为我"的社会分群形式,也是一种"想象的政治共同体",并且是被想象成范围有限、享有主权的共同体。② 作为民族的信条,民族主义强调民族与国家的关系,其本质是民族国家的内部事务或国家的基本属性,内涵主要包括从本族利益出发的社会和政治运动、属于本族的情感或意识、本族的语言和符号体系以及国家的建立和发展过程等。③ 国家是民族的代表,国家

---

① Craeme Wood:《"伊斯兰国"到底要什么》,乔华莘译,《中东研究》2015年第4期。
② 〔英〕本尼迪克特·安德森:《想象的共同体:民族主义的起源与散布》,吴叡人译,上海人民出版社,2001,第5~6页。
③ Anthony D. Smith, *Nationalism:Theory, Ideology, History*, Polity Press, 2001, pp. 6-7.

利益是民族意志的体现。民族主义的内涵是国家属性，民族主义的表现形式往往以国家的面目出现。在地区建构的进程中，民族利益的动力主要体现在它的建构作用上。民族利益是一个难以给出明确界定的概念。它涉及的内容十分丰富，其构成要素不具有可操作性。就其界定和实施途径而言，在理论和实践上都存在许多值得探讨的东西。但其内涵则是公认的——涉及国家存亡的因素通常都应属于它所包含的范畴。在族际关系中，民族之间的互动关系不仅塑造着族际关系的结构，而且塑造着民族利益。参与地区化进程，是因为民族在族际互动关系中建构了共同利益。共同利益是民族利益的叠加，是其对族际环境和族际问题享有相近观点的产物。共同利益包括政治安全、经济利益、意识形态和宗教文化等方面。共同观念是产生共同利益的基础。共同的敌人可以让民族走向联盟或联合，共同的威胁可以让不同的民族加强合作。民族利益的地区建构作用因此得以形成。在当今族际关系下，民族利益的地区建构作用主要包括如下内容。其一，地区化的地域性。在地理条件相近的诸民族中，族际间的观念具有更大的相似性。在传统传播方式的时代，这一规律至关重要。同一地区的不同国家具有相似的传统文化，这是共有知识产生的主要条件，因此也成为合作与共同利益的基础。地域性因此成为地区化的首要特征。其二，在当今族际关系下，任何民族都是地区体系中的一员，若要实现民族利益就必须融入并投身地区化进程。其三，共有观念使民族之间能够产生相互信任，即使它们之间存在冲突性利益，也会选择以平等合作的方式解决问题和冲突，共同的安全政策和经济政策就有实现的可能。地区化的形成过程也是民族利益的重新界定过程，这是地区对民族反作用的表现。地区建构既然是民族利益的体现，地区主义则理应成为民族决策的重要环节。民族利益的形式和内涵就超越了民族的居住地范围，并纳入了"跨族"因素。族内政治与族际政治的互动关系由此愈发密切。仅仅关注本族利益并不能真正促进民族利益，也不符合地区发展的必然要求。于是，地区问题、地区利益就演变为民族决策制定过程中的重要构成要素。在地区化、全球化语境下，地区主义或地方主义逐渐成为世界潮流，民族越来越重视通过"地区"来促进民族利益，地区间的竞争态势也逐渐发展成为族际竞争之外的重要形式。地区建构进程往往伴随着民族权利观念的变化及其重新界定。据欧盟统计局2016年3月4日发布的数据，2015年到欧盟成员国初次登记的难民达1255600人，其数量为2014年的两倍还多。其中阿富汗人几近2014年的4倍,伊拉克人是2014年的7倍。在欧盟成员国中,德国接受登记难民人数最多,占欧盟各国初次登记难民总量的35%。[1] 欧盟各国在难民危机的应对上各自为政,各有考量,目前,仅就"加大力度打击国际偷渡团伙""在难民通往欧洲的门户国设立统一的登记和收容中心"等问题上基本达成了共识。2015年9月,匈牙利规定穿越其边境为违法犯罪,克罗地亚等国随之成为新的过境通道,相关国家边境陷于紧张状态。根据德国内政部预测,2015年德国全年共接纳80万难民。作为继美国之后全球第二大移民国,德国对于移民在语言、教育和就业等方面融入本国社会问题,多年来给予了较多重视。来自中东和北非的难民潮水般涌入欧洲,给欧洲国家治理和地区秩序带来了极大的挑战。比如难民的迅猛增加给德国带来了极大压力,虽然德国政府在2016年财政预算中追加60亿欧元用于安置难民,但是地方政府仍旧不堪重负,部分难民安置点因超负荷运转导致居住环境恶化。随着德国不加控制地大量接收难民,其滞后的次生影响已经逐渐显现出来。2015年9月12日支持与反对难民的左右势力在汉堡发生冲突。"我们为什么要接收难民?""所有的难民都到欧洲来了?""全世界的难民都要过来了!""我们不能把全世界的难民都接到德国来吧!""这群外来人从德国政府拿到的钱,比德国本地领哈茨救济金拿到的还多!"[2] 反对德国政府接收难民的呼声不绝于耳。同时,因担心青年穆斯林移民到欧洲以后被极端教派利用,或曾出境参加"圣战"的欧洲极端分子回国,德国正加快修改避难法,计划区别对待有无避难权的难民,甚至可能制定更加严厉的遣返措施。

三 民族主义:一个西方学界的研究领域

今天,民族主义的研究已成为西方学界的一个重要研究领域。有关"自由民族主义"(liberal nationalism)思想观点的探讨尤为引人注目。令学者们普遍感到困惑的是,很难证明兼有自由主义者和民族主义者双重身份的不可能性。同时,民族主义无处不在的感触似乎开始在一些学者内心深处生成。毋庸

---

[1] 环球网,http://china.huanqiu.com/News/mofcom/2016-03/8654214.html。
[2] 《德国人怒发11问:全世界难民都来了吗?》,《欧洲时报》2015年8月21日。

置疑,这部分人常常会把民族主义与希特勒、墨索里尼、佛朗哥和东条英机等人联系起来。人们不禁要问:那些曾深受世人谴责的理念与实践为何能在现实中重现呢?学者们给出的答案不尽相同,很少有人注意到后共产主义时代的东欧与两次世界大战期间德国的政治景观,他们关注的是少数人和公民认同的特点。继金利卡之后,许多自由主义理论家开始接受个体自治需要平等机制的观念,而先前他们所关注的往往只是在健康与文化语境下可能发生的价值选择。今天,随着研讨的深入,自由主义理论家对少数人权利的思考上升到少数民族权利与自决权的探讨。至于自由主义者、共产主义者、共和主义者和其他各方人士对公民身份的讨论,则几乎涉及了在多元化的现代社会中,长期为人们所忽视的各种社会问题,并由此激发了众人研究作为一种社会"黏结物"的民族认同的兴趣。令人有些不解的是,西方人忽视了许多他们原本在书本上就可读到的事实。比如,他们在思考功利主义和民主参与时,常常忽视了有关民族主义的话题。在谈论联邦主义时,仅仅将之视为有关党派的条约,而非民族(国家)建构的路径选择。在分析分离主义时,并未充分阐释现代国家不能按照民族主义古典理论设计的模式进行构建的客观原因,导致民族—国家发生激烈冲突的深层原因——民族—国家的局限性问题、民族—国家间的利益失衡问题、民族主义极端势力对民族—国家暴力的操纵问题,以及基于发达的民族—国家利益而形成的国际社会不公和国际社会约束无力的问题。在阐释民族—国家建构理论时,他们并未从研究世界有关国家处理内部民族问题的政策和各种模式入手,探讨适应多民族国家建设需要的、可以弥补民族主义古典理论缺陷的族际政治理论,以及研究当前民族—国家间的区域一体化能在何种程度上解决这些问题,国际社会和国际组织能发挥什么作用和怎样发挥作用的应对措施。

民族主义社会意识在近 200 多年间传遍整个世界,成为反帝、反殖的思想武器,导致建立了近 200 个所谓的"民族—国家"。民族主义古典理论家设想通过民族—国家的建立避免民族间的激烈暴力的发生,但正是在民族—国家时代,人类冲突达到了空前规模。盘点作为一种社会意识和社会运动的民族主义,在 2015 年的国际舞台上展现给世人的林林总总,我们仍然难以否认:民族主义乃当今世界最强大的力量之一。

B.11
拉萨市加强和创新社会管理工作的实践及成效
——以网格化、双联户管理为中心

秦永章*

摘　要： 拉萨市是西藏的经济、政治、文化中心，在社会管理中，既面临着与内地相似的经济转轨、社会转型、观念转变、利益调整中出现的一系列共性问题，又面临着反分裂斗争任务艰巨、民族宗教工作任务繁重、发展保障能力不强等个性问题。多种因素交织叠加，给社会管理、维护稳定带来了极大压力和挑战。从2012年起，拉萨市为了加强和创新社会管理工作，开始实施网格化和"双联户"创新社会服务管理，取得了明显成效。本文以实地调研资料为基础，以城关区为例，对拉萨市网格化和"双联户"工作的主要内容和成效做了简要的论述和分析，并就网格化和"双联户"工作中存在的一些问题提出了对策性建议。

关键词： 拉萨市　城关区　网格化　双联户

加强和创新社会管理工作是党中央进一步适应经济社会发展形势的重要决定，它事关经济社会协调发展，事关社会和谐稳定，事关人民群众切身利益，事关党的执政能力的提高和执政地位的巩固。拉萨市是西藏自治区的首府，是西藏的经济、政治、文化中心，在社会管理中，既面临着与内地相似的经济转

---

* 秦永章，中国社会科学院民族学与人类学研究所研究员。

轨、社会转型、观念转变、利益调整中出现的一系列共性问题，又面临着反分裂斗争任务艰巨、民族宗教工作任务繁重、发展保障能力不强等个性问题。多种因素交织叠加，给社会管理、维护稳定带来了极大压力和挑战。

2012年初，拉萨市城关区被确定为西藏自治区和拉萨市的社会管理创新综合试点区后，该区根据区、市两级党委政府关于加强和创新社会管理工作的安排部署，立足城关区社会管理的实际和特殊性，运用"网格化"和"联户制"社会管理平台，积极探索，坚持边试点、边总结、边推进、边完善的工作思路，构建了以提高群众安全感、幸福感、参与度为主线，以精细化管理、人性化服务、多元化参与、信息化支撑为特征，寓管理于服务、以服务促管理的社会管理模式，初步形成了具有拉萨特点、城关特色的社会管理工作新路子。本文以笔者于2014年8月在拉萨实地调研获得的资料为基础，以城关区为例，对拉萨市网格化和"双联户"工作的主要内容和成效进行简要的论述和分析，并就网格化和"双联户"工作中存在的问题提出对策性建议。不妥之处，敬请批评指正。

一 网格化与"双联户"工作的主要内容

（一）网格化管理的主要内容和做法

城关区作为拉萨市乃至西藏自治区功能核心区，是自治区和拉萨市确定的社会管理创新综合试点区，承担着先行先试、积累经验、做出表率、闯出路子的艰巨使命和重大责任。2012年4月，在借鉴和吸收北京市东城区网格化模式经验的基础上，城关区提出构建网格化社会服务管理模式，并开展试点工作，取得了初步成效。在城关区试点经验基础上，2012年9月拉萨市全面推行网格化服务管理模式。

所谓网格化社会服务管理，是指充分运用网格理念和现代信息技术，以责任制为依托，将管理辖区按照标准划分成单元网格，通过加强对单元网格的部件和事件巡查，建立监督和处置既相互联系又责任分离的管理体制。按照网格化社会管理的模式和要求，工作网格承载以下十项职责任务。

第一，掌握工作网格基本情况。掌握工作网格内各类社会服务管理对象的基本情况，对网格内人、地、物、事、情、组织、房屋情况做到底数清、情况

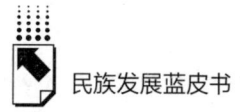

明，对其变动情况，要及时掌握、及时变更基本信息，供各相关方面共享。

第二，服务居民群众。深入群众，倾听群众意见，了解群众疾苦，为群众排忧解难；及时受理报警求助，在规定的时限内办理群众申办事项；积极参与排查调处民间矛盾纠纷；向居民代表定期报告工作，自觉接受监督。

第三，了解社情民意。及时收集、上报涉及社会政治稳定和治安稳定的各类信息，定期排查、分析社情动态和突出治安问题，将收集、掌握的各类情况信息，进行积累、分析、比对，切实做到基础工作信息化。

第四，管理实有人口。全面准确登记辖区实有人口，了解、掌握基本情况，熟悉可能违法犯罪的高危人群，重点掌握列管的重点人口和监管对象的现实表现，开展对重点人口、监管对象和有轻微违法人员的监督管理和帮教工作，落实工作措施，重点掌握出租房屋和暂住人口的动态情况。

第五，组织群防群控、平安工程建设。充分依靠基层组织，大力开展安全防范宣传教育，增强群众的自我防范意识和能力，指导治保会、专职及义务巡逻队等群防群治力量开展治安巡逻和邻里守望活动，严密辖区群防群治网络，广泛利用辖区资源，动员群众使用技防、物防设施，提高治安防范水平。组织开展平安家庭、平安楼门院、平安社区建设工作，协助辖区单位和相关部门开展平安单位、平安商（市）场、平安医院、平安校园、平安旅游景区等基层平安创建工作。

第六，维护治安秩序。严格辖区公共场所、娱乐场所、特种行业、商贸市场、出租房屋和危险物品的治安管理，开展经常性的治安检查，督促、指导辖区治安保卫重点单位建立健全安全防范制度，落实安全防范措施，预防、减少各类案件和治安灾害事故的发生；协助办理辖区各类案件，为侦破刑事案件提供线索。

第七，排查化解矛盾纠纷。掌握工作网格内现有的矛盾纠纷，分析问题产生的原因，掌握发展的趋势。落实信访代理制，定期开展矛盾纠纷排查工作，及时发现新的矛盾纠纷和苗头性事件，及时化解各类矛盾。对一时解决不了的问题，及时上报社区工作平台。

第八，开展城市环境监督治理。及时发现工作网格内无照游商、黑车揽客、散发小广告、私搭乱建、流浪乞讨等影响环境秩序的各类问题，及时上报区市政市容管委会，配合街道（乡）综合执法组开展治理工作。

第九，落实社区矫正和安置帮教工作。在工作网格中固化矫正帮教体系，落实工作网格矫正、帮教工作任务，掌握社区矫正人员和刑释解教人员的思想动态、日常走向，了解、反映其基本需求。

第十，搞好社会组织服务管理。对各类社会组织做到底数清、情况明，服务到位、管理规范。依法坚决取缔非法组织，积极培育社区服务组织。

城关区有效推进网格化社会服务管理的主要做法如下。

第一，合理划分网格单元。按照完整性、便利性、均衡性、差异性的网格划分原则，以一个社区尽量不超过3个网格的划分标准，城关区12个乡（街道）、51个村（社区）共划分为174个工作网格。根据人、地、事、物、情、组织等基本情况，将网格划分为住宅、商住、企事业单位、宗教场所、综合五种类型；根据社会管理秩序、治安环境状况，将网格划分为日常管理、重点关注、综合治理三种等级。将村（社区）的各类社会服务管理工作分解至网格，逐人、逐地、逐事明确工作任务，责任到人，做到精确定位、精选定人、精准定责，从而实现网格全覆盖、工作零缝隙。

第二，科学构建组织体系。按照管理重心前移、服务重心下移的总体要求，利用网格进一步优化和再造社会服务管理工作流程，搭建"三级平台（即区，乡、街道，村、社区三级行政体系）、四级服务管理（即区，乡、街道，村、社区，网格四级工作体系）"的组织体系。在区建立"城关区网格化社会服务管理指挥中心"；在12个乡（街道）建立"乡（街道）网格化社会服务管理指挥分中心"；在51个村（社区）建立"村（社区）网格化社会服务管理工作站"，并与现有的村（社区）服务站合署办公。通过"三级平台、四级服务管理"体系，实现了全区社会服务管理创新的规范化、制度化，明确了网格单元的社会管理对象、工作职责、办事流程和时效，为精细化管理、零距离服务打下了坚实基础。目前，已建成各级网格工作平台50个。

第三，优化网格力量配置。对全区村（社区）工作者、各类协管员、治保、村（居）民小组长、警务室公安、乡（街道）干部等原有力量进行整合，并按照"1+5+X"的网格工作人员配备标准进网格（"1"：网格格长；"5"：网格流动人口服务员、网格宗教事务服务员、网格居民事务联络员、网格治保员、网格警员；"X"：其他网格工作人员或社会力量）。在"1+5+X"的队伍模式中，进一步明确网格工作的责任主体和责任人，制定网格工作人员职责,提升社会服务管理工作的科学化、规范化、社会化水平,同时将党建、流动人口管理、社会保障、宗教服务、矛盾纠纷调解、妇联、城市管理等各类工作充实、整合到网格中,形成一格多员、一员多能、一岗多责的工作机制。

第四,创新基层党组织建设。按照"党组织建在网格上"的原则,把村(社区)党员调整划分到网格中,逐格建立党组织,建立起"区委—乡党(街道党工)委—村(社区)党支部—网格党组织"四级党组织网络体系,确保每个网格都有党组织、确保每名党员都在网格中,充分发挥党员的先锋模范作用和网格党组织的领导核心作用,正确引领全区社会管理创新方向。截至2014年7月,城关区社区共成立网格党小组86个,建立联户党小组43个,联户党员514名。

第五,规范工作方式方法。规范村(社区)工作站的工作方式方法,制定《工作例会制度》《专题会议制度》《联席会议制度》《社情民意碰头会制度》《应急处置机制》等各类网格工作制度机制。建立健全各类基础台账,对辖区内各类人、地、事、物、情、组织的基本情况逐格分类以便及时全面掌握。明确"发现上报、指挥派遣、处置反馈、任务核查、事件评价、结案归档"的"六步闭环"工作流程,事件由网格员或居民群众发现上报,由区指挥中心或乡(街道)指挥分中心派遣工作人员进行处理,由事件上报人进行处理后的核查,每一个事件都必须按照"六步闭环"工作流程结合网格化社会服务管理信息平台进行处置,处置完毕后存档,实现网格化平台运行的高效性和规范化。

第六,搭建信息系统。充分发挥现代信息技术在网格化社会管理工作中的作用,通过基础数据库的不断完善,城关区目前形成了支撑网格化信息系统的5个数据群(人、地、物、组织、房屋),1个基础地理支撑平台,6大应用系统的一套标准规范体系。梳理了社会保障、社会服务、出租房屋管理、宗教事务管理、矛盾纠纷处理、重点人员管控、城市管理七大类13项业务事件处理流程。

第七,设立便民警务站。以110便民警务站为依托,强化街面防控警务网络,城关区设立了153个便民警务站,创立及时处置的街面防控警务网格化服务管理模式。各便民警务站严格执行"爱民、为民、便民、利民、安民"的工作宗旨,全面履行"治安巡控、接警处警、交通管理、受理求助、动态掌控、法制宣传、备勤处突"七项职责,形成"警务综合化、防控全时化、警力街面化、覆盖网格化、服务便捷化"的3分钟警务圈,最大限度地实现警务布局的优化,实现治安稳定由被动防控向主动防控、分时段防控向全天候防控、局部重点防控向全方位防控的转变,有效增强人民群众的安全和治安威慑力。

(二)"双联户"工作的主要内容及做法

1. "双联户"的缘起

拉萨市及随后在西藏自治区广泛实施的"双联户"社会管理模式发端于城关区八廓街老城区改造过程中。八廓街是围绕大昭寺而形成的一条"转经道"。随着时代的发展,越来越多的人迁居到这周围。于是以八廓街为中心的老城区出现了人员密集、摊位聚集、交通不便、地下管道陈旧、建筑老化破损等问题。为了解决上述问题,2012年底,拉萨市政府投资近15亿元实施老城区改造保护工程。八廓街老城区保护工程,涉及两个古建大院144户居民和沿街2956个摊位搬迁。面对搬迁涉及面广、人员构成复杂、极易引发各种社会矛盾的实际情况,城关区抽调了700名工作人员,以5个摊位或住户为1个管理单元,每个单元有1名干部负责沟通、疏导工作。随后又采取"五户联保",即把相邻五户商家、住户组成一个联保集体,共同开展工作,顺利完成了老城区2956个摊位的搬迁工作,实现了搬迁工作"零上访""零聚集""零歇业"。该模式的成功实践给城关区开展"双联户"工作提供了重要启示。2012年底,西藏自治区维护稳定工作会议肯定了拉萨市城关区"联户平安"的管理方式。2013年初,城关区在联户工作基础上,又提出了"联户小康"模式,合二为一形成"双联户"社会管理模式。① 随后,"联户平安、联户小康"工作在全城关区内开展起来,即按照"住户相邻、邻里守望、共创平安、共建小康"的原则,以五(十)户村(居)民为基础单位组成一个联保联建单元,从党员、致富带头人、民兵骨干、热心公益事业的村(居)民群众中推选出"双联户"联户长(亦称"联户代表"),负责联保联建单元内成员的

---

① 次仁德吉:《推动新管理模式,创新社会管理机制》,车明怀主编《拉萨法制报告(2013):探索边疆民族地区稳定和谐发展的法制之路》,社会科学文献出版社,2013,第131页。

分工和日常联络等工作,形成"资源共享、利益均占、优势互补、风险共担、共促发展、共保稳定"的责任共同体。

2. "双联户"工作的主要任务

(1) "联户平安"有八项主要任务

①法制联宣。经常性地对联保户进行法律法规、党的民族宗教政策、民族团结等知识的宣传教育,引导群众依法维护合法权益,提高"双联户"单元内维护社会稳定、反对民族分裂和自我防范意识。②治安联防。督促"双联户"单元内落实好防火、防盗、防抢、防事故等治安防范措施,协助网格警员开展治安巡逻,组织管辖户联防联保等工作,做好邻里守望,积极参加大院值守、巷道义务巡防、处突演练、抢险救灾等活动。③信息联通。积极发展培养信息员,及时掌握和上报"双联户"单元内影响社会稳定的因素、事故隐患、违法犯罪线索及群众反映的敌情、社情、舆情、民情等信息,发现异常行为,立即向网格格长和社区警务室报告。④人员联管。做好"双联户"单元内外来流动(暂住)人口、出租房屋的排查上报工作,对"双联户"单元内重点人员做到动态掌握,发现可疑人员和可疑情况及时向网格格长和社区警务室报告。⑤矛盾联排。利用走家串户、了解社情民意的机会,积极排查矛盾纠纷、热难点问题、上访的苗头性问题,遇到集体上访等重大问题,及时向网格格长和社区警务室报告。⑥纠纷联调。对"双联户"单元内的家庭纠纷、生活矛盾、邻里矛盾及排查出的纠纷及时做好化解、劝解工作,相互调节、规劝、制止,防止矛盾扩大或激化。⑦问题联治。对"双联户"单元内的关系居民群众生产生活的各类问题,存在影响和谐稳定的问题进行治理疏导,发生重大的、突发性的、紧急的问题及时向网格格长和社区警务室报告。⑧和谐联建。以家庭和睦、邻里团结、遵纪守法、积极参与群防群治,主动配合工作为内容,以"平安家庭"创建为载体,共建共创和谐。

(2) "联户小康"的主要任务如下

①政策联督。对党的惠民利民等各类政策执行落实情况进行督促,对执行中存在的弄虚作假、执行不得力、落实不到位等问题及时向上级相关部门报告。②经济联合。在"双联户"单元内大力扶持兴办合作经济组织,共同创业,共同经营,共同受益,以利益为纽带,增进联保家庭和人员之间的团结协作意识。③信用联保。对生产能力较差的家庭,由"双联户"单元内各户在

自愿的基础上共同担保，支持进行小额信贷等措施，鼓励自主创业，促进增收致富。④收入联增。政府引导、群众参与，多措并举、多管齐下，进一步拓宽城乡居民群众增收渠道，实现共同富裕、共建小康。⑤教育联促。督促"双联户"单元家庭内子女入学，义务教育等法定政策及各项优待政策的执行情况，协助困难家庭、流动人员家庭子女就近就便入学。⑥就业联扶。把实施"四业工程"引入联户工作模式当中，及时向"双联户"单元内提供就业信息、职业技能培训、安置公益性岗位等信息，协助解决待业青年和待业家庭的就业。⑦困难联帮。协助村（居）委会采取生活上关心、经济上扶持的办法帮助解决"双联户"单元内困难家庭和困难群体，如：享受低保、生产物资捐赠、邻里援助等，发挥爱心帮扶作用。⑧环境联创。共同开展对联保单元内脏、乱、差等卫生问题的联合治理，共同监督，创造良好的生产生活环境。

3. "双联户"工作的主要做法

（1）党委牵头，有效提供组织保障

城关区成立了由城关区委书记任组长，36个维稳责任片区、各区直单位和各乡、街道负责人任成员的"双联户"工作领导小组。下发了《中共拉萨市城关区委员会关于在村（社区）开展"联户平安联户小康"工作的实施意见》，各乡（街道）也成立了相应组织机构，落实了专人负责，加强了经费保障。

（2）典型引路，推进工作开展

借鉴老城区改造保护工程中"五户联保"模式的成功经验，城关区选定鲁固社区、木如社区、加措社区、洛欧村作为试点单位，先行开展"双联户"工作，在取得了初步成效后，城关区组织召开了"双联户"工作推进大会，并组织全区各村（居）前往"双联户"试点单位进行学习，使城关区"双联户"工作实现全面推进。

（3）密织网络，实现联户单位全覆盖

一是搭建平台，实现"双联户"工作信息化。"区—乡、街道—维稳责任大片区—村、社区—网格—维稳责任小片区—联户单位"。

二是层层部署，广泛动员。各乡（街道）结合自身实际，并多次召开"双联户"工作安排部署会，同时以悬挂宣传横幅、发放宣传手册、清查入户宣传、发放给居民群众的一封信等形式，开展"双联户"工作宣传，提高居民群众对"双联户"工作的知晓程度。

三是合理划分、分类实施。城关区按照居住类型划分了纯居（农、牧）民类、机关企事业单位及退休基地类、物业小区类、沿街商铺类、出租大院类五种类型，在机关企事业单位及退休基地推行机关联络员模式、在物业小区推行"四位一体"服务管理模式、在沿街商铺推行"谁受益谁负责"的管理模式、在出租大院推行"星级化管理"和旅店业上传管理模式。联户单位的划分按照纯居（农、牧）民类以5~15户为标准、其他类型以10~20户为标准进行，同时严把联户代表选人关，采取村委会（社区居委会）选定和居民推荐相结合的形式，严格选举政治立场坚定、德高望重、身体健康、热心公益事业的人员，担任联户代表。"双联户"联户代表的数量必须是1个联户单位1名联户代表，原则上按照5~20户居住户产生1人的标准确定，各单位可以根据具体情况，适当调整户数，增加或者减少联户单位内的户数，但最低不得少于5户最高不得多于25户。截至2013年底，组建了8225个联保单位、8225名联户代表、1085个居民小组。

（4）完善机制、兑现奖励，推动"双联户"工作制度化、规范化、长效化

一是制度规范。在村（社区）原有的制度公约基础上进一步完善充实，制定了《"双联户"公约》《"双联户"联户代表推选制度》《"双联户"联户代表工作制度》《"双联户"议事制度》《城关区"双联户"工作十百千表彰制度（试行）》《"双联户"联户代表培训制度》《"双联户"联户代表绩效激励考核制度（试行）》《"双联户"奖惩制度（试行）》等各项制度公约，并进行了上墙，同时与"双联户"联户代表签订了目标责任书，明确了"双联户"工作目标任务，规范了联户代表等"双联户"工作人员的工作方式。

二是台账规范。各村（社区）在网格化社会服务管理工作台账的基础上建立了"双联户"工作台账，制作了"一卡"（联户代表连心卡）、"一证"（联户代表工作证）、"两表"（常住人口家庭信息表和流动人口信息表）、"三图"（网格划分图、维稳责任片区图和"双联户"公示图），明确了联户代表工作职责、规范了社区工作。

三是奖励机制规范。落实联户代表补助，评选"优秀双联户"提高联户代表工作积极性。城关区按照2013年城关区委常委（扩大）会议精神，以通信和误工补贴每人每月200元的标准，维稳奖励每人每月300元的标准，对联户代表进行奖励，该奖励措施自2013年3月1日起执行。

4."双联户"工作的主要步骤

为了认真落实和推进"双联户"工作,城关区委对辖区内推行"双联户"工作做出了具体安排。

（1）探索实践阶段（2012年12月15日至2013年1月15日）

老城区实行摊位搬迁,在驻藏大臣衙门、根敦群培纪念馆等古建大院搬迁中尝试联保的模式,并取得明显成效,进一步总结做法和经验,并在维护稳定和促进发展实践中予以运用和试点。

（2）宣传发动阶段（2013年1月15~31日）

通过召开动员会、现场会、实地宣讲等方式,大力宣传"双联户"工作,为"双联户"的划分和正式启动奠定基础。

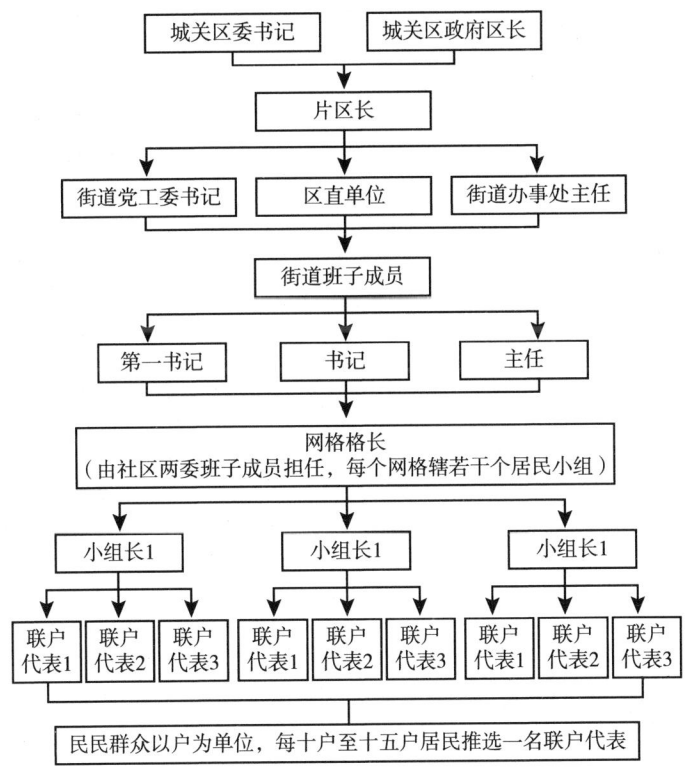

图1　城关区网格化、双联户结构

(3)"双联户"划分阶段（2月1~24日）

各乡、街道，村（社区）结合36个维稳责任片区和网格化服务与管理工作实际，扎实做好"双联户"划分及户长的推选等工作。

(4)启动实施阶段（2月25日至4月30日）

充分结合本地实际，细化完善"双联户"服务管理工作，对照目标任务和工作要求，全面深化"双联户"工作，进一步巩固、深化、加强和创新社会管理成果，整体提升社会管理水平。

(5)巩固提高阶段（5月1~15日）

全面总结"双联户"工作成果，提炼好做法，查漏补缺，完善制度，迎接拉萨市的考评验收。①

二 城关区网格化与"双联户"工作的成效

城关区开展网格化和"双联户"工作以来，坚持边试点、边总结、边推进、边完善的工作思路，创造性地开展网格化社会管理创新工作，取得了初步实效。

（一）密织"联动网"，提升工作效率

城关区以网格为基层政府服务管理单元，以联户单位为基层群众参与社会管理单元，双方相互联系相互配合，加强了政府与基层自治组织的紧密联系，在社会服务管理领域形成专群结合、条块结合、社群结合的工作格局。促进了工作由重管理轻服务向服务与管理并重转变，从粗放式管理向精细化管理转变，从政府一元管理向公众多元参与转变。同时通过联户代表、网格员的联动，及时全面掌握辖区社会动态，了解了辖区群众所需，反映了辖区社情民意。目前全区174个网格共上传社会服务、出租房屋和流动人口服务、矛盾纠纷处理等民情日志22170条，其中城市管理1315条，宗教事务管理227条，社会保障76条，社会服务2072条，出租房流动人口服务4710条，矛盾纠纷处理335条，重点人员管控164条，其他10030条，各类事件处置率达到90%以上。

---

① 中共拉萨市城关区委员会：《关于在村（社区）开展"联户平安联户小康"工作的实施意见》（城委〔2013〕15号文件），2013年2月3日。

（二）密织"信息网"，提升服务管理水平

自 2012 年 5 月城关区信息化系统上线，到 2013 年 10 月，城关区不断改进完善，在将"双联户"工作融入系统的同时，梳理建立了包括人、地、物、组织、房屋共 5 大类 33 小类的基础数据库，共整合入库数据 175879 条，并在 174 个网格配备了 190 台移动数据终端，有效发挥了信息化在社会管理中的作用，实现了"点人知房、点房知人"的人员动态化服务管理。同时针对管理服务对象的不同，信息系统里"人"的基础数据分为重点管理人员、重点服务对象两类，并匹配相应工作力量，落实针对性的服务管理措施，形成了定向服务、分别管控的工作流程。目前，城关区各村（社区）对"3·14"事件、"法会"回流、刑释解教等重点人群、重点管理人员实现了无脱管、无漏管；对残疾、低保等重点服务人群实现了"零距离"服务。

（三）密织"安全网"，提升群众安全感

1. 流动人口管理更加到位

网格化信息系统有效整合了村（社区）和社区警务室的人员力量，使流动人口核查、登记、办证更加快速便捷；实时掌握了辖区流动人口信息，确保了"三小时落地核查""十二小时申报登记""十分钟旅店核查"工作机制顺畅、高效。信息系统内对流动人口信息实时更新，做到"人来登记、人走注销"，"点人知房、点房知人"，实现了流动人口的动态化管理。例如，纳金乡加荣居委会联户代表在走访中发现居住在加荣社区五组出租房屋内的一名租户，个人详细信息模糊，询问时语言闪烁，形迹可疑。该居委会便将发现情况进行登记，上报到网格和社区警务室进行核查。接到上报后加荣社区民警根据联户代表提供的信息与城关公安局指挥中心通报的网上在逃人员特征进行比对，发现该租户系一名网上在逃人员。随后社区联户代表协助社区警务室对该在逃人员进行抓捕，成功将其抓获。

2. 矛盾纠纷调解更加有效

网格化工作和"双联户"工作充分发挥了网格工作人员、联户代表的基层基础作用，构建了以村（社区）工作者、网格工作人员、联户代表及村（居）民组成的矛盾纠纷排查化解组织。以常规化走访，实现了矛盾纠纷早发

现、早上报、早调解，避免因信息掌握不及时而造成民转刑案件和上访事件的发生，努力将矛盾纠纷发现、化解在基层。例如，城关区八廓街道丹杰林社区环卫工人因工资待遇提高，部分环卫工人不再符合低保标准，被取消低保资格。但是部分环卫工人家里有大学生子女需供养，如取消低保资格难以维持生活，群众反映强烈，出现上访苗头。丹杰林社区联户代表走访时发现这一情况，及时向网格格长和社区反映情况，并协助社区工作人员对环卫工人进行劝解，社区也立即召集环卫工人了解情况，说明相关政策，并协调民政局保留子女低保资格，有效安抚了环卫工人情绪，暂时化解了上访苗头。

3. 社区治安更加牢固

警力有限、民力无边，城关区各社区组建以网格工作人员、居民小组长、社区治保人员、联户代表为主的义务巡逻队，形成了社区警务室—网格—联户单位三级联动预警网络，有效整合了社区巡防资源，创新了治安防控机制，切实维护了辖区社会治安秩序。同时高度重视基层信息员队伍建设，以"双联户"工作为抓手，充分发动群众，采取遇到陌生人多看一眼、多问一句的方式参与社区日常维稳、治安管理工作。为实现城关区维稳工作"三无""三不出"的工作目标打下坚实基础。例如，公德林街道幸福社区网格人员、联户代表在辖区内巡逻走访时，发现曲米路怡悦美容店疑似卖淫窝点，便将这一情况反映至网格民警，要求社区警务站进行核查。警务人员核查后确定该美容店4名女性均为涉嫌卖淫人员，现4名涉嫌卖淫人员已移交城关公安分局公德林派出所进一步调查处理。公德林街道幸福社区"双联户"联户代表，在联户单位内进行走访时，发现有一间房子，房门虚掩，内有两个可疑人员，正在全神贯注地吸某种烟雾，形迹可疑，便立即通知社区警务室，经过民警的盘查及现场的证据显示，两个嫌疑人均为涉毒人员，民警当场进行了抓捕。

4. 消除安全隐患更加及时

社区网格工作人员、联户代表在辖区内都是关心小区事务的有心人，都能发挥安全隐患排查排头兵的作用，每日通过走访，将发现的各类安全隐患就地消除或上报至网格和社区联系相关单位进行消除，为辖区群众的生命财产安全提供最基本的保障。例如，藏热社区廉租房内，一住户不在家期间，家中因电线线路老化失火，社区联户代表发现这一情况后，主动拨打了119火灾报警电话，同时将这一情况上报至社区网格，并组织群众进行救火。在大家的努力下，房屋内大火在消防官兵到来之前就得到扑灭。城关区两岛街道联户代表在走访中发现太阳岛和仙足岛社区存在下水道井盖破损、破坏、塌陷的问题，为了方便居民出行，防止井盖"吃人"事件发生，联户代表及时将这一情况上报到网格和社区，由社区上报区市政市容管委会使安全隐患得以消除。

（四）密织"服务网"，提升群众幸福感

1. 社区服务更加便捷、有效

按照网格化工作理念，结合"双联户"工作制度，通过网格工作人员和联户代表形成了一支社区服务力量，有效改变了社区服务模式，变被动服务为主动服务，变坐等群众要求服务为上门主动提供服务，通过走访及时了解居民群众民生保障、社区环境卫生治理等方面的需求，并将这些需求及时登记、处理，截至目前城关区已开展社区服务537次。例如，八一社区联户代表在走访时发现出租屋内租住的流动人员王某，因得肾病，已丧失劳动能力，亟须返回内地治疗。联户代表得知后，将这一情况及时上报至网格，网格工作人员上报社区领导并通知房东。房东得知后，主动免去该流动人员拖欠的房租，同时社区也实地发动社区群众为其进行捐款，并帮助其返乡。洛欧村联户代表在走访中发现，拉萨监狱由于未修建垃圾堆放点，长期存在将生活垃圾丢弃至扎务塘村民居住区内的现象，便迅速将这一情况向社区网格长汇报。网格长在对事件进行了解后，带领村民进行现场取证，并将取证结果及事件因果形成文字材料上报至村委会，由村委会和拉萨监狱沟通协调，现拉萨监狱已将垃圾点清理完毕，社区环境卫生得到整治。

2. 增收渠道进一步拓宽

城关区各乡（街道）从"双联户"十六项工作目标中深入挖掘，多动脑筋，仔细研究城关区各项惠民利民政策，结合社区实际，从多个方面开展极具特色的社会管理工作。部分社区结合自身劳动力丰富、社区居民拥有一定生产技能的实际，通过网格工作人员和联户代表的牵头和协调，组织群众在自愿的基础上联创联营、信用联保，通过共同创业、小额信贷等措施，支持群众自主创业、共同致富。例如，夺底乡洛欧村的联户代表在走访中积极宣传各项惠民

政策，并结合本村实际情况，组织联户单位内居民开展"信用联保、经济联合"工作，由56位村民共同出资，选定法人、制定章程，组建"次培民族手工专业合作社"，实现联户增收，同时以4户联保单元组成一个信贷联保小组，相互进行贷款担保，增加村民经济收入。纳金乡纳金村以经济联合专业合作组织为基础，通过先富带动后富，将联户增收内涵融入奶牛养殖基地中，要求符合条件的养殖户和辖区内1~2户低保户、低保边缘户"捆绑经营"，以联户的方式互相帮扶，共同增收致富，目前该奶牛养殖基地共有入社家庭42户，其中低保户17户。

据统计数据显示，自2013年全面开展加强和创新社会管理工作以来，城关区受理治安案件1320起，同比下降19.2%，刑事案件924起，同比下降48.8%，全城关区共调处矛盾纠纷774起，宣传惠民政策415次，宣传就业优惠政策974次，开展社区服务537次，巡逻巡防1256次，排查安全隐患2921起，帮扶弱势群体5801人次，整治环境卫生2776起，收集民生信息13942条，实现重点人员联管联教1797人次，实现小额信贷例涉及资金2807万元，实现集体组织联创联营35起，受益群众7000余人。①

总之，加强和创新社会管理，是一项实践性很强的工作，必须坚持实事求是、一切从实际出发的思想路线。包括城关区在内的整个西藏自治区既面临着人民日益增长的物质文化需要同落后的社会生产之间的主要矛盾，又面临着各族人民同以十四世达赖集团为代表的分裂势力之间的特殊矛盾，这决定了在西藏加强和创新社会管理必须紧紧围绕发展和稳定两件大事，坚持依法治藏方略，树立长期建藏思想。从实践内容上看，城关区乃至西藏的"网格化"和"联户制"社会管理平台坚持从社会形势、管理现状的实际出发，服务发展第一要务，落实稳定第一责任，增强了社会管理服务的实效性。通过实行网格化、双联户工作，城关区在社会服务管理领域形成专群结合、条块结合、社群结合的工作格局，促进工作由重服务轻管理向服务与管理并重转变，从粗放式管理向精细化管理转变，管理主体实现了由单纯重视政府作用向社会共同治理转变，管理方式实现由以管理为主向寓管理于服务转变、经验管理向依法管理

---

① 城关区加强和创新社会管理领导小组办公室：《城关区加强和创新社会服务管理工作总结》，2014年7月7日。

转变、管控型向治理型转变,管理重心实现由应急管理向常态管理转变、事后处置向源头治理的转变,实现了社会服务"零距离"、社会管理"全覆盖"、社会诉求"全响应",从而进一步夯实了维护稳定的根基,健全了常态化的社会管理服务机制。

三 网格化、"双联户"工作中的问题和建议

拉萨市城关区通过实行网格化、"双联户"创新社会服务管理,在有效破解当地社会管理一些难题、取得明显成效的同时,也存在一些困惑和问题,值得我们的关注和思考。

(一)"全覆盖"的基础上还需要"广参与"

城关区的网格化、"双联户"服务管理模式实现了全覆盖,但是,联户代表的工作主动性不强,社区群众参与的积极性不高。究其原因,一是联户单元和联户代表推选程序不规范。基层组织更多关心的是辖区内所有家庭是否都住进了联户单元,注重的是市里和城关区关于全覆盖的要求是否完成,因此,以自建小区和安居院为主,一些包含30余户的庞大联户单元和制定联户代表顺势产生,这些联户单元的联户代表和联户群众对"双联户"服务管理模式和工作内容知之甚少,缺乏认同感,没有积极性,很少主动工作,申报制等要求也难以落实,"双联户"服务管理工作在一定区域内只是形式,没有内容。二是"双联户"服务管理宣传不到位。基础组织更多关心的是辖区内所有家庭对"双联户"服务管理模式的知晓率,忽视了"知道"与"参与"的关系。虽然通过漫画宣传页、宣传影像资料、横幅、"发放给居民群众的一封信"等形式开展了"双联户"工作宣传,但对于区市关于"双联户"激励的相关文件精神宣传不到位,群众对区市党委、政府的惠民政策了解不多,知晓率与参与积极性不成正比。三是党政机关和企事业单位的"双联户"服务管理工作还有一些漏洞。自治区、拉萨市、城关区三级党政机关办公场所和周转房分布在城关区,虽然按照区市党委、政府要求,网格化、"双联户"实现了全覆盖,但在实际工作中,各级党政机关、企事业单位的联户代表与城关区基层组织之间不沟通、不联系的情况非常普遍,基层组织只掌握党政机关、企事业单

位是否产生联户单元、推选联户代表的情况,对日常工作不管不问,各级党政机关、企事业单位的联户代表也鲜有主动与基础组织衔接的情况,各自为战、单打独斗的现象突出。

(二)"重维稳"的基础上还需要"定准位"

城关区向每名联户代表发放500元补助,要求联户代表承担一定的维稳和安防工作职责。这种做法,一是在激励定位上有偏差。向联户代表发放补助,与拉萨市关于《"联户平安、联户增收"工作进位激励考核管理办法》及实施细则不一致,存在撒胡椒面的情况,联户代表只要"无过"就可以领取补助,很难体现激励机制。同时,医院补助标准与承担的维稳任务不成正比,也使很多联户代表心存不满。二是联户代表职责定位上有偏差。强调了联户代表是"维稳负责人",忽略了联户代表还是"致富带头人""村组事务明白人""热心人",是壮大群防群治力量的直接组织者,把联户代表发展成为一种带有雇用性质和行政色彩的维稳力量。联户代表为了补助,注重的是"管理",放弃的是"服务",担任联户代表成为个人增收的一种途径,久而久之,联户代表成为一种职业,使人民群众对"双联户"服务管理模式失去认同,削弱了群防群治力量。三是在"网格化"和"双联户"服务管理模式操作定位上有偏差。城关区基层组织工作者以及网格工作人员、联户代表普遍提出,在工作中,由于没有相应的行政执法权力,对很多事情无法处置。这种现象与"网格化"和"双联户"服务管理模式关于基层组织和工作人员发现、上报情况,相关部门处置的流程相悖,也反映出基层组织工作人员对"网格化""双联户"服务管理模式的定位不准、工作性质不明。

(三)加大网格化管理中的"横向"协作和互动

社会管理网格有"纵""横"之分,纵向的网格链从大到小包括诸如:县区网格—乡镇、街道网格—村、社区网格—村(居)民小组网格—辖区单位网络—户网格;横向的网格链包括诸如:某寺庙网格—周边便民警务站网格—属地的基层组织网格—单位内保网格。调研中发现,在网格化管理方面的横向协作不够,存在"孤军奋战"的问题。在实际工作中,如在寺院社区,寺庙管委会在内部做了大量工作,"纵向"的网络链也发挥了很大的作用,但

"横向"的网络链薄弱,街道、社区与辖区各单位的联动、寺庙管委会与周边警务站之间的互动等还不够理想。一个网格在运作中不是孤立的,它不可避免地会与其他纵向或横向的网格发生关系。要使某网格发挥作用,就必须正视客观现实,研究各网格间的关系与相互影响,对正面和负面的因素都要提前做出客观评估。以发挥好总网格的总任务为中心,找出其中的最佳搭配方案,使每一个网格既有效运作,又相互影响、相互支持、相互促进,形成工作合力。

(四)强化社区群众的自治能力

"网格化"和"联户制"社会管理平台注重政府职能部门之间的相互协调,政府权力直接下沉到社区,社区事务由政府工作人员解决处理,运行经费保障主要依靠政府投资,在实现"行政主导"的同时,也在客观上限制了社会成员参与社会事务管理的权利,压缩了社区自我管理的空间,导致社会空间、社区组织、社区事务行政化。因此,只有进一步扩大社区群众参与,才能在提升社会管理的水平和效果上创新。这需要转变政府角色,明确政府职能定位,做好监督和指导工作,指导和引导社区社会组织承接政府职能,充分发挥其在反映利益诉求、规范社会行为、化解社会矛盾、扩大公众参与、提供公共服务、增强社会活力、促进社会发展等方面的积极作用。

(五)降低运行成本,加强队伍建设

拉萨市"网格化"和"联户制"社会管理平台是一种将基层社区组织与政府公共服务系统相结合的管理模式,需要增设"网格"和"联户单位"两级管理层,而每级管理层都需要配备一定数量的政府公务人员和社区工作人员,需要注入维护网络正常运转的资金和网格信息系统建设费用,机构数量增加,人力运行成本增加,行政成本面临膨胀风险。同时,精细化的社会管理模式对社区工作者提出了新的更高要求。目前,拉萨市社区工作者队伍数量庞大、素质和能力参差不齐。社区工作者的综合素质和能力决定了"网格化"和"联户制"社会管理平台的运行质量。因此,我们首先要引入市场经济主体参与社区公共服务,以购买服务的方式把一部分政府服务群众的工作转交给社会组织,形成支持社会组织参与社区公共服务的政策性支持体系,降低社会

管理运行成本。其次要加强社区工作者队伍建设，进一步明确下沉干部的工作职责，正确处理干部下沉与居民自治的关系。要建立专门的培训机构，进一步加大社区干部、网格员、联户代表的培训力度，重点加强思想政治教育和职业道德教育。要继续深入开展"先进双联户"创建评选活动，加大"把优秀网格员和联户代表培养成为党员、把党员培养为网格员或联户代表"的工作力度，进一步壮大党在城市社会管理中的力量。

B.12
增加福利递送、缩小管理单元：西藏的村庄治理创新

——洛扎县案例分析

扎 洛*

摘　要： 本文根据2014年在西藏自治区洛扎县的田野调研，就近年来西藏创新村级治理推出的"强基惠民"工程驻村工作组制度及"先进双联户"创建两项措施进行了考察，认为其政策立意虽多在加强基层管控，但在实际操作中，前者体现出一种面向基层的以需求为导向的福利递送意涵，而后者的实质是缩小社会管理单元，实现精细化管理。本文认为坚持和完善上述措施还需要考虑福利递送中的公平性问题、维护村"两委"的权威问题以及增加"双联户"的激励问题等。

关键词： 村庄治理　驻村工作组　"双联户"

2008年拉萨"3·14"事件及后续在其他藏区发生的自焚等政治性事件，引起国际社会广泛的关注，也对藏区经济社会发展造成负面影响。如何加强对藏区基层社会的管控，提升基层社会治理水平，实现社会治理体系的现代化，进而实现藏区社会的长治久安，成为藏区各级政府的重大关切。各涉藏省区就此进行了多方面探索，或柔，或刚，或集中整治，或全面覆盖。值得关注的是，与此前一个时期官方较少直接介入村庄事务相比，近几年特别强调工作重

---

* 扎洛，中国社会科学院近代史研究所研究员。

心向基层下移，资源投放向基层倾斜。村庄治理因为得到各方关注而重新焕发生机。尽管各项措施在不同地区的社会效果不尽相同，人们的评价也殊异有别，但是，深入研究这些新思路、新举措的内涵意蕴、实施过程及客观效果，对于我们深刻认识当前藏区乡村社会、完善基层治理体系具有积极的意义。

2014年7月，笔者随中国社会科学院课题组在西藏山南地区洛扎县开展了为期3周的调研活动。洛扎县是西藏南部一个偏远的边境县（与不丹王国接壤），经济社会发展总体上滞后，但是社会稳定状况良好，近年未出现过"涉独"政治性事件。实际上，从社会管控角度看，洛扎县与西藏绝大多数县份情形相似，具有相当的典型性。按照课题组分工，笔者就村庄治理体系创新在该县四乡七村①进行了专门调查。传统上，村庄治理的主角是"村两委"，即村党支部与村民委员会，包括下属的村民小组长，但是，笔者在洛扎县发现，目前每个村庄的治理者角色多达七八个，即除了村党支部、村民委员会、村民小组长之外，还有驻村工作组、第一书记、驻村民警、大学生"村官"、"双联户"户长等，强化基层治理似乎首先表现在扩大管理者队伍的规模上。这些新增角色担负着新的使命，也带来新的资源，乡村社会运行因为这些新角色的嵌入而呈现出新的格局。

基于管理学中责权明晰的原则，笔者首先试图梳理多元主体在村庄治理中各自的职责，或者说他们在工作中是如何分工合作、处理彼此关系的呢？循着这样的基本思路，笔者采访了这些"村官"，以及作为他们上级的"乡官""县官"，也采访了普通村民。调研发现，西藏村庄治理的新增角色中，具有实质性影响的当属"强基惠民"工程中的驻村工作组和由5~10户村民组成、实施"联户促增收、联户保平安"的"双联户"制度，二者分别代表了官方增加面向基层的福利递送和缩小基层社会管理单元的理念和实践，是西藏贯彻落实发展和稳定两大工作主题的最新举措，堪称制度创新。而第一书记、大学生"村官"等基本属于锻炼培养后备干部的范畴，特别是欠缺藏语能力的高校毕业生、复转军人等，缺乏在村庄里独立开展群众工作的能力，属于附属性的角色。本文中，笔者即重点考察"驻村工作组"和"双联户"制度，从官

---

① 四乡七村为：色乡曲吉麦村、色村；拉康镇拉康居委会；边巴乡雪玛村、柏日村；扎日乡拉隆村、曲措村。

增加福利递送、缩小管理单元：西藏的村庄治理创新

方文本和田野观察两个维度考察其工作内容及与之相配套的制度安排，在评估其效能的基础上就完善相关机制进行问题讨论。

一 强化村庄治理的新背景

从田野调查看，西藏自治区强化村庄治理，"维稳"并非其唯一目标。尽管官方文件并未就此给出清晰阐释，更多地将其归结为落实中央会议精神。实际上，这些新举措的出台背景是：西藏基层社会发展进入一个新的阶段，基层治理面临着特殊的内外环境。

（一）村庄公务"转型升级"

自"新农村建设"开始，中央要求各级政府必须加大对基层社会发展和民生改善的投资比例。正是在这种背景下，西藏自治区决定每年将70%的财政收入投入基层发展，财政对乡村发展的支持力度前所未有。根据目前政府投资的依赖性路径，多数投资都是通过"项目"的方式付诸实施。相关研究显示，新农村建设"八大工程"包含着94个不同的专项进入村庄。[1] 项目制有助于提高资金使用效率，[2] 但它同时也表现为一套特殊的运作技术。首先是书写技术，即需要有人编制符合程序规范、符合政府发展议程的项目报告书，编制符合国家财政支出要求的预算；其次表现为社会操作技术，即协调各种社会力量，保证项目按期正常实施，负责质量监督和支出规范，等等。这些动辄几十万上百万元的项目，不仅需要与政府各部门打交道，还要与市场中的各种角色相联系。作为农牧民、生活在村庄中的"两委"，这无疑是对其知识水平、人生阅历、社会经验等方面的巨大挑战，他们完全没有运作大额资金项目的经验，也缺乏财务管理、质量监督等关键性环节的相关知识。

此外，随着城乡公共服务一体化进程的加速，西藏农村与内地农村一样，要求最低社会保障制度全覆盖，大量社会保障项目进入乡村。同时，国家的各

---

[1] 折晓叶、陈婴婴：《项目制的分级运作机制和治理逻辑——对项目进村案例的社会学研究》，《中国社会科学》2004年第4期。
[2] 渠敬东：《项目制：一种新的国家治理体制》，《中国社会科学》2012年第5期。

种惠民资金也需要及时、准确地发放落实。根据发放给农牧民的《西藏自治区农牧民享受财政补助优惠政策明白卡》，2013年各种惠民措施达到80项（并不是说每个农户享受所有项目，一些项目是针对特殊人群的），涉及农牧民生产生活的方方面面。其中的一些项目需要在互动中完成，政策落地需要执行者具备一定的知识背景，否则就可能出现执行偏差。比如，有村支书反映，在低保户动态管理中，村民就要求轮流领取低保金，说"同样的生存环境，有的人家勤勉致富，有的人家懒惰沦落，低保补助就是奖励懒惰"。面对这样的质疑，村干部也不能很好地解释社会保障制度背后的理念。有了国家的投资，并不一定能带来预期的良好效果，关键是如何落实到位。资源分配中的程序不规范、过程不透明，甚至暗箱操作，是造成基层社会矛盾的重要原因。此外，贯彻落实这些惠民政策，需要付出大量艰辛的劳动，而村干部每年4000～9000多元的报酬[1]，不足以支撑他们的家庭经济，他们必须有其他的收入才能维持较为体面的家庭生活，这就意味着很难要求村干部全身心投入村庄公务。或者说，仅仅依靠村干部来完成上述工作面临很大困难。

总之，在新的历史条件下，村庄公务已经不再是单纯的组织农牧业生产和维持村庄秩序，还要支撑复杂的社会保障体系的运转，沟通、维护村庄与外部社会包括政府部门的联系。村庄公务面临转型升级，村"两委"需要学习适应新的工作内容，这个适应过程需要得到专门的指导。

（二）基层维稳挑战加剧

随着中国综合国力的提升，境外"藏独"势力和国际反华势力加大了对内渗透力度。它们通过各种方法施加影响、煽动、制造政治性事端，在国际上进行舆论炒作，试图抹黑、遏制中国。应对这些挑战，需要更加勤勉细致的工作作风，需要更加敏锐的政治判断能力。而村干部迫于生计经常外出务工，"守夜人"脱岗离职在所难免。在现有条件下，投放更多力量，加大基层管控力度，被认为是维护基层稳定行之有效的措施。

---

[1] 根据西藏自治区财政厅编《西藏自治区农牧民享受财政补助优惠政策明白卡》（2013年），村党支部书记、村委会主任基本报酬为7099元，业绩考核奖励标准为2027元，两项合计9126元；其他村干部基本报酬为3537元，业绩考核奖励标准为1031元，两项合计4568元。洛扎县作为边境县，村党支部书记、村委会主任总收入比其他地区高318元，比其他村干部高262元。

另外，西藏与内地其他省区一样，面临着社会转型中必然遭遇的种种矛盾，社会阶层分化、社会流动阻滞、利益分配不均引发社会不满，管理漏洞和官员腐败激化了社会矛盾。在这种形势下维护社会稳定，促进经济社会平稳较快发展，就需要具有高度政治敏感性、政治责任感的管理者，需要更加专业化的管理队伍。而在村民自治背景下的原有村级管理人员都是农牧民，文化水平普遍较低，政治素质和管理能力也不足以应对上述挑战，不能满足国家对新农村建设的需要。

表1 洛扎县村（居）"两委"班子文化程度情况

文化程度	人数（人）	比例（%）	文化程度	人数（人）	比例（%）
小学	108	73	高中	3	2
初中	37	25	总计	148	100

* 根据洛扎县民政局《洛扎县村"居"两委班子基本情况统计表》（2014年4月20日）编制，村两委总数中未包括下派的村支部第一书记。

（三）防范公务员队伍脱离基层社会

当前各级政府中的公务员绝大多数是从应届毕业生中录用（西藏有少量的村干部被选拔为聘用干部）的，他们的录用、提拔、升迁虽已形成一套成熟的制度，但从总体上看，缺乏广大农牧民的意见参与，或者说，普通农牧民的评价对公务员的职位升迁并不构成强有力的影响。这就有可能出现政府官员忽视基层民众评价、对百姓"冷漠""麻木"的现象，存在政府与基层社会相互脱节的危险。了解基层民众的疾苦，反映广大农牧民的意愿，得到广大民众的拥护是中国共产党执政合法性的根源。为了解决这个矛盾，从新中国成立之初，中央就不断通过干部"下乡"的方式，强制性地要求各级干部直接深入乡村社会，始终保持与基层民众的密切联系。

进入新世纪，西藏农牧区正在经历深刻的发展变化，参与并引导这一历史性进程，不仅对国家的发展至关重要，也是培养干部队伍的重要方式。西藏自治区向基层投放力量，即包含有这方面的意图。比如，每个驻村工作组必须由科级以上的领导干部带队，就是要加强决策层对基层的了解。工作组成员选择优秀的青年干部、有培养前途的后备人才。"培养锻炼干部"也是向村党

支部选派第一书记的两个工作目标之一。正是这种方式,一定程度上弥补了现行干部考核机制的缺陷,确保在各级政府管理层中始终有一批深谙基层社会的干部,这对于提高、保持各级政府的执政能力,激发执政活力具有重要的意义。

二 村庄治理新举措

根据国家宏观政策的要求和西藏自治区农牧区发展的特殊需要,西藏自治区以"强基础惠民生"和"社会网格化管理"为统领,创建"驻村工作组""优秀双联户",设立第一书记、驻村民警等职务。其中"强基惠民"工程驻村工作组、"优秀双联户"的创建是独具西藏特色的创新性措施。

(一)增加福利递送:"强基惠民"工程驻村工作组

2011年,西藏自治区党委实施了"加强基层建设年"活动,其中包括驻村工作组项目,得到了良好的社会反响。随后,西藏自治区党委政府总结该活动的经验,形成了系统的"强基础惠民生"(简称"强基惠民")工程思路,即从2011年10月起,区、地、县、乡四级联动,每年选派2万多名干部组成工作组,进驻全区5464个行政村(居委会),每个工作组一般由3~4人组成,一年一换,至2014年已经是第三批工作组,先后派出近7万干部驻村。

根据官方的统一要求,驻村工作组的重点任务包括5个方面。

第一,加强基层组织建设。切实改善村(居)"两委"的工作作风,提高政治素质,健全规章制度,培养选拔优秀后备干部,使村级组织真正成为坚强堡垒和群众领路人。

第二,维护社会稳定。加强反分裂思想教育,及时掌握维稳信息,排查和化解各类社会纠纷、矛盾,确保社会稳定。

第三,拓宽致富门路。利用工作组人员及派出单位在信息、人才方面的优势,帮助确立符合村庄特点的发展思路,组织开展基础设施建设,设计和实施一批"短平快"项目,切实增加农牧民收入。

第四,开展感党恩教育。深入宣传党的惠民政策,讲清惠在何处、惠从何来；通过新旧社会对比等方法揭露旧西藏封建农奴制的残暴黑暗，新西藏的光明美好；深入开展反分裂教育及普法教育。

第五，办好实事好事。统筹解决民生方面的突出问题，优先解决群众亟须解决的困难，推进基本公共服务均等化，加快农牧区社会保障体系建设。

山南地区在贯彻落实这五项重点任务的过程中，又增加了两条"自选动作"，即：强化创业意识，建设"十星模范村"。

显然，根据官方的设计，驻村工作组的工作以"强基础惠民生"为统领，仍然承担着综合任务。"强基惠民"工程下派的驻村工作组与以往工作组的显著区别还在于其有配套的、面向村庄的项目投资安排。

2014年7月课题组在洛扎县调研时，当地驻村的已经是第3批选派干部。田野访谈发现，虽然绝大多工作组能够按照纪律要求，坚守岗位，但是，具体工作很难面面俱到。事实上，在经过3年的驻村实践后，"工作组"已经形成了一些特别的行为模式。

案例1　驻村干部评说驻村工作

我们这个工作组是由两个单位组建的。我们的工作内容简单说就是"强基础""惠民生"两个方面。"强基础"主要是做党组织建设，比如健全制度、完善台账、发展党员、在村民中开展感党恩教育等，这些工作由原先的村党支部做起来比较困难。"惠民生"工作，一是要提出比较系统的村庄产业发展规划；二是针对村庄、村民亟须解决的实事难事，去申请各类项目，我们称之为"短平快"项目。工作方法上有硬性要求，就是必须首先完成对村内所有家庭的走访，了解他们的思想状况、面临的困难等，在此基础上与村"两委"商量，提出项目申报意向，争取项目，然后付诸实施。总体来说，"强基础"工作，比较务虚，思想工作很难说短期就能取得明显效果，考核时能够拿到台面上的"干货"比较少。会开多了，老百姓还有意见。因此，这项工作力度偏弱。而"惠民生"工作是为村民办实事解难事，村民很欢迎。"短平快"项目看得见、摸得着，考核时也好说。因此，这块工作一般都抓得紧。如果不能争取到项目，村民意见会很大。

资料来源：2014年7月14日米玛（男，化名）访谈记录。

调查普遍反映，虽然强化组织建设、消除维稳隐患才是"强基惠民"工程的优先考虑，但是，洛扎县这样地处偏远的地方，基层社情民意总体稳定，"强基础"工作缺乏明确的维稳问题针对性。因此，申报、实施"短平快"项目，改善村民福利就成为工作组的核心工作。①

案例2　驻村工作组组长评说驻村工作

我是洛扎县政协副主席，是2013年11月26日到拉康镇第一居委会的，是第三批工作组的负责人。山南地区要求第三批负责人必须是正科级以上，1/5要县级干部带队，所以全县有5个县级干部带队下乡驻村，县组织部统一安排。我前几个月的工作主要是跑项目（包括确定项目、申请立项）。本居委会第一批工作组做了发展庭院经济项目，争取到资金40万元，其中20万元购买了奶牛、藏鸡、猪、菜种等免费发放给农民；第二批工作组主要是修筑农用道路，因为果园在山上，过去水果成熟后，运输都是人背马驮，损耗大，修路后可以用车子运输。他们还修水渠、设置环保垃圾箱等，也争取了40万元。我们是第三批，老百姓都看着你能带来多少项目，我不能落后啊！一般来说，县财政5~6月要正式下发当年的项目清单，这就意味着跑项目的工作必须在5月之前做完。我刚到时，身体不好，胆汁浑浊，需要去住院。但是，跑项目时间很紧。我是上午接受治疗，下午就去跑项目。虽然，领导强调项目并非第一目的，了解基层情况、建立完善的基层管理制度、搞好社会稳定、稳定与发展两不误才是目的。但是，项目看得见，能为老百姓解决实际困难，考核容易衡量，而政治思想工作成绩是隐性的。因此，工作组常见的倾向是重视项目。经过努力，我们争取到了三个项目：（1）修建畜圈暖棚，全村有1200头牛，冬天山上天气寒冷，于是申请建两个暖圈，预算为9万元；（2）改善果园建设，修筑水渠1300米，构筑围墙，购买果苗等，预算为20万元；（3）在亭（mthin）村上面陡坡上修灌溉引水渠购买钢管，总长470米，预算为12万元，我们亲自到拉萨选购，前几天刚安装，老百姓都说生平第一次看到这么好的钢管。

---

① 郑洲、刘晓鹰在《西藏农牧区强基惠民活动与村级组织建设研究——以扎囊县德吉新村为例》（《西藏大学学报》2013年第1期）中也指出"强基惠民"活动逐渐演变成为一场"带项目"的活动，与政策初衷有偏离。

增加福利递送、缩小管理单元：西藏的村庄治理创新

资料来源：2014 年 7 月 17 日索南央金（女，41 岁）访谈记录。

为了做好"惠民生"工作，西藏自治区专门就经费做出制度安排。概括而言包括三个部分：第一，办实事经费，小村（500 人以下）每年 10 万元，大村每年 15 万元，由工作组掌握支配，除了必要的工作开支外，余款转化成项目经费或扶贫慰问金。第二，工作组提出的项目申请，部分列入自治区"强基惠民"工程总预算，由各级政府强基办拨付。自治区财政厅资料显示，自 2011 年起自治区每年安排 14 亿元左右的专项资金用于"强基惠民"工程，其中一部分用于驻村工作组成员生活补贴及表彰奖励经费，另一部分作为办实事经费、"短平快"项目补助。① 第三，还有一些项目列入地、县各职能局（处、科）年度规划或 5 年规划，从各"口子"拨付经费，或者协调援藏省市从援藏资金中安排。

"强基惠民"工程中"短平快"项目的运作在面向基层的福利递送中具有鲜明的特色，一是项目的提出都是在广泛走访农户、与村"两委"充分协商的基础上形成的，真正体现了自下而上的民主特色，对此村民普遍给予高度评价。二是所有项目都与村民的生产生活密切相关，避免了项目制在实践中表现出瞄准"示范村"和"薄弱村"等典型村以突出宣传绩效的偏好②，而是表现出了普惠的特点。洛扎县政府领导指出，过去列入县级财政规划的项目都比较大，不容易照顾到小群体的困难。"短平快"项目弥补了过去项目规划的不足，照顾了村民实实在在的需求。现在县级规划项目中针对村庄发展的比例越来越高。

案例3 村党总支书记看工作组

我是曲措村党总支书记，我们村有 4 个村民小组，4 个党支部，村里设有党总支，整个洛扎县都是这样的设置。工作组对村里的工作有很大的推动作用，关键是他们能够带来惠民项目。我们村第一批工作组修建了垃圾池和三个

---

① 西藏自治区财政厅：《关于社会治理创新工作情况汇报》，2014 年 8 月 22 日。
② 见折晓叶、陈婴婴《项目制的分级运作机制和治理逻辑——对项目进村案例的社会学研究》，《中国社会科学》2004 年第 4 期。

暖棚畜圈（村里的牲畜是集中放养的），项目经费达到80万元。第二批建了水塘、田间道路、防洪坝等，花费100万元。第三批正在建水坝、钢架桥、安装自来水管道等。所有项目都是根据各小组提出的意见讨论决定的。项目施工除了技术人员外聘，其他小工都是由本村村民担任的，使村民不出远门就能挣到钱。今年在外面打工，每天的工资是130~150元，在本村干活的工资是每天100元。大家还是愿意在村里干活，能够照顾老人、小孩。工作组在党建方面也有办法，比如每年3月28日"百万农奴解放日"，要召开村民大会，宣讲国家政策，做新旧社会比较，提醒大家要有反对分裂主义的意识。讲现在的政策这么好，如果还出事，好的政策就没有了。这些道理讲清了，大家的思想也就明确了。我的想法是工作组政策应该延续，因为对我们确实有帮助。

资料来源：2014年7月20日扎日乡曲措村党总支书记维色（男，42岁）访谈记录。

案例4 村委会主任看工作组

我们拉隆村的工作组是县农牧局选派的，副局长带队。工作组和我们一起工作，我对他们也很了解。他们的工作总的来说是两个方面，一是党建方面，开会宣传党的群众路线，教育群众要遵纪守法、懂得感恩等。二是发展经济，这个方面工作比较多：(1) 引进了新的青稞品种，教会大家用农药、杀虫剂等；(2) 教会大家给牲畜打针，改良家畜品种等。他们管县里的农牧工作，有方便条件。"短平快"项目对我们帮助很大，第一批工作组给我们修了蓄水池，第二批工作组给村里安装了自来水管道，目前的第三批正在施工进行田间道路的硬化和灌溉水渠的硬化，这些项目改善了村民的生产、生活条件。我希望工作组制度能够延续，因为他们能够带来项目，很多工作靠我们自己是做不了的。未来我们还想在牧场上修畜圈，有的村已经修了，修建水渠还需要大量投资。在党建方面，过去我们不知道怎么做党建工作，除了开会传达文件外，一般就是党员聚会表扬好人好事。怎么样宣传政策，怎么样教育群众，这些我们不是很懂。工作组都是国家干部，有文化，懂政策，在党建方面有带动能力。

资料来源：2014年7月20日上午扎日乡拉隆村村委会主任次仁（男，49岁）访谈记录。

从田野调查看，无论是项目内容设计，还是实施过程，驻村工作组的"短平快"项目较好地避免了"形象工程"偏好，以及援藏项目中屡见不鲜的实用性偏差问题，①充分尊重村民的意愿、要求和参与，体现了"从群众中来到群众中去"的理念，可以概括为"面向基层、以村民需求为导向的福利递送机制"，这是"强基惠民"工程的一大亮点。此外，工作组积极主动的意识形态输送，有助于强化村民对党和政府的认同；广泛而深入的调查研究，增强了政府对基层社情民意的准确掌握；耐心细致的指导示范，帮助村干部尽快适应新型村务工作。在工作组的帮助之下，全区所有行政村基本完成产业规划，对于村庄未来的经济发展具有指导意义。

（二）缩小管理单元——"先进双联户"创建活动

社会转型期各类矛盾多发及大规模人口流动为城市社区管控增加了难度，北京市东城区最先实行网格化管理探索，2005年"城市网格化管理"作为先进经验向全国推广。西藏拉萨"3·14"事件后，为加强基层管控，也开始在拉萨等城市引进网格化管理措施。然而，将这一经验推广到广大农牧区，存在巨大的困难。西藏农牧区人员居住分散，牧区的户与户之间、农区的村与村之间相距甚远，一个行政村下辖数个村民小组（自然村），行政村的管理半径有时远达几十公里甚至上百公里，当面临安全隐患时，几名村干部事实上很难对全村实施有效管控。距离遥远，交通不便，难免出现情况不明、反应迟滞的问题。针对这一特点，西藏自治区将网格化管理中缩小管理单元的思路，与中国历史上比闾制度、保甲制度中邻里相互监管的做法相结合，推出了以"联户保平安、联户促增收"为宗旨的"先进双联户"创建活动。基层每5~10户根据"住户相邻、邻里守望"即居住就近原则编成一个联户单位，每个联户单位民主推选一名联户长，协助配合村干部对联户单位内部各户进行管理，每年给予2000元补贴（区、地、县三级按照5∶3∶2的比例分级承担）。② 联户长

---

① 靳薇在《西藏：援助于发展》（西藏人民出版社，2010）中充分展示了援藏建设中一些项目实用性不足、效益低下的状况，指出一些项目陷入"建设—闲置—亏损—再建设—愈亏损"的怪圈。
② 根据《西藏自治区"双联户"户长补助办法》（综治办、财政厅，2014年4月15日），通常所说的2000元工资构成为：误工补贴1040元，通信费360元，交通费240元，杂费360元。

由联户内民主选举产生,要求是"致富带头人"、"文化人"、"事务明白人"、"热心人"、老党员或退休老干部。"联户"内部各户之间相互监督、相互服务。截至 2014 年 7 月,全区共建成联户单位 91369 个,覆盖 85 万余户 328 万城乡居民。在洛扎县,全部 6000 多户(20460 人)城乡居民,共组建了 753 个联户单位。

"双联户"制度是一种预防性的维稳措施,所以管理上归口"综合治理办公室",但是,在多数农牧区社会稳定问题并不突出,因此在具体实施过程中把推动发展的内容添加进来。通过构建利益共同体的方式在安全问题上彼此制约,在发展问题上相互促进。其实质是进一步缩小社会管理单位,真正实现有效管理,将正规渠道的管控延伸到每一个家庭。

"双联户"制度是以竞争性的"先进双联户"创建活动的方式具体实施的。根据官方文件,所谓"先进双联户"的竞争主要包括 10 个方面的内容:矛盾纠纷联排联调、安全隐患联防联治、重点人员联管联教、困难家庭联帮联扶、环境卫生联管联治、精神文化联娱联扬、科技知识联学联教、小额信贷联保联担、致富项目联建联营、发展成果联创联享。其核心在于利益共享、责任共担。为此,地方政府出台了配套的激励措施。

表 2 "先进双联户"奖励办法

级别	获奖比例	每户现金奖励	当年参加考试加分	其他奖励
村级	20%	100 元	无	无
乡镇级	村级先进的 20%	500 元	无	无
县级	—	1000 元	直系子女高中毕业参加当年招录考试加 5 分	家庭成员入党入团优先考虑,纳入重点培养发展对象
地区	—	2000 元	直系子女高中毕业参加当年招录考试加 10 分	家庭成员入党、入团、参军入伍优先,直系子女参军、安置时,同等条件下优先征录,优先安置
自治区级	—	4000 元	直系子女高中毕业参加当年招录考试加 15 分,高考考生加 10 分	家庭成员入党、入团、参军入伍优先,直系子女参军、安置时,同等条件下优先征录,优先安置

注:从评选之日起到第二年 12 月 31 日内均可享受优惠待遇,逾期不再享受相关待遇。

在具体操作层面实施联户长责任制，乡镇与联户长签订责任书，对联户长的工作内容做了明确规定。

案例5　拉康镇"双联户"服务管理工作联户户长责任书（2014年1月）

为进一步抓好"双联户"工作，明确联户户长职责，筑牢维稳防线，切实做到"四无"和"四个严防"，签订如下目标责任书：

（1）联户户长要及时了解掌握小组内家庭的状况，通过日常走访、邻里往来，及时排查化解小组家庭户反映强烈的热点、难点问题和苗头性、倾向性问题，及时排查了解联户内家庭的生产矛盾、家庭纠纷，及时进行调节、劝阻、制止，并向上级部门报告，防止矛盾纠纷扩大和激化。

（2）联户户长要加强与其他联户户长的沟通，取长补短，结合实际将好的做法运用到自己的联户单位内。

（3）联户户长每周要向片区片长汇报小组内家庭成员状况、动态（包括矛盾纠纷、存在困难等问题）。

（4）联户户长要经常组织小组内家庭成员进行学习教育，确保国家党的政策及时传达到每家每户。

（5）联户户长要对小组内家庭的刑事解教人员、矫正人员、闲散青少年等11类59种涉稳重点人员底数清、情况明，做好帮扶帮教工作，要生活上关心、经济上扶持。

（6）联户户长要抓好小组内平安建设工作（包括家庭平安建设、联户小组户户之间的平安建设）。

（7）联户户长要经常性检查、督促对小组内家庭户和区域内环境卫生的保持。

（8）联户户长要对小组内孤寡老人、老弱病残等弱势群体建立帮扶对子，相互关心，共同经营，并给予精神和物质上的帮助。

（9）联户户长要联创联营，通过举办各种活动，组建合作经济组织，共同创业，共同经营，以利益为纽带，增进联户家庭和人员之间的团结协作意识。

（10）联户户长要狠抓家庭户籍区域内流动人口的排查，做到底数清、去向明。

尽管责任书文本显示,联户长的工作也是综合性的,但是,在实际操作中,实行维稳责任一票否决制,即如果联户内出现稳定问题,则取消联户内所有的奖励。而其他的条款多是引导性、鼓励性的。

案例6 联户长谈联户工作

我是S村联户长。S村有70户,分为8个联户,其中7个联户是本村村民,一个联户是外来商户,根据属地管理原则,外来商户也要编在本村的联户中加以管理。最初是50户为一个联户,2013年4月变成了10户左右为一个联户。联户根据就近原则组织,本联户10户人家,5户条件好些,5户条件差些。S村没有绝对贫困户,没有吃不饱饭的家户。联户长是每户一票选举出来的。按照我的理解,联户长的职责主要有以下几个方面。第一,帮助困难家庭。我们联户有的人家缺劳力,耕地、灌溉、收割时我就组织其他户帮忙。第二,带领联户成员参加义务劳动。现在村里提倡要搞好环境卫生等,这些活动我要带领大家做好。第三,参加村里的各种会议,及时把上面的政策、精神传达给其他家庭。如果我不在村里,就由妻子替我去开会。第四,敏感日巡逻。这几年西藏有的地方不太稳定,到敏感日联户长要负责在村里巡逻,确保不出问题。

资料来源:2014年7月15日达瓦(化名,男,33岁)访谈记录。

"双联户"工作始终坚持稳定优先的原则,发展问题("联户促增收")虽属导向、鼓励性质,但是,"联户长"多为村庄精英,邻里的信任和"联户长"的职责激发了他们参与村庄公务的积极性,许多"联户长"都有帮扶、济困等慈善行为。调研发现,在洛扎县有一批私营企业主开始投身慈善活动,显示出村庄氛围向好的一面。

案例7 乡干部评论联户长工作

"双联户"是基层维稳工作的重要举措,但是对联户长的工作也不能期望过高。现在的情况是联户内对安全责任比如化解纠纷等比较重视,这方面存在一票否决制,一家出了事,其他家庭也受影响,上面给的奖励拿不到,有的联户内还因此而产生邻里矛盾。但是,处罚也就是把政府给的奖励这个增量部分去掉，你不可能做其他的连带处罚，法律上不允许。村庄清洁卫生乡里有要求，一般都能定期组织联户人员打扫卫生。帮助困难户种田、收割，也能做到，过去村里就有这样的传统。至于其他的项目比如"联户担保贷款"等，媒体宣传过这样的事迹，但是普遍推广有难度，谁愿意给别人担保，还不了贷款怎么办？给你担保了，我自己想贷款怎么办？

资料来源：2014年7月19日小黄（化名，男）访谈记录。

"双联户"制度就是通过适当的激励机制，充分发挥村民对村庄事务信息灵通的特点，通过"责任联担"的机制，相互约束，激发所有人对维护社会稳定的积极性。"双联户"与村"两委"相比，因为大多比邻而居，信息更为准确，管理更为精细。正是因为这些特点，"双联户"制度在基层维稳工作中被赋予重要使命。据官方统计，自开展"先进双联户"创建活动以来，全自治区已排查化解矛盾纠纷9万余起，消除安全事故隐患1.3万余起。2013年，全区各类刑事案件发案率下降33.54%，治安案件发案率下降11.46%，危害安全案件发案率下降61%。西藏乡村未发生一起自焚事件。[①]

三　问题讨论

"强基惠民"工程与"先进双联户"创建工作是西藏自治区为强化基层管理推出的创新性举措，在推动乡村发展、维护基层稳定方面确有许多新意，取得了良好的效果。但是，新形势下的基层社会治理尚处在探索阶段，社会治理现代化需要在实践中逐步总结、完善。在调研过程中课题组也听到一些不同意见，基层干部、群众从各自角度就如何完善相关政策提出了政策建议，笔者拟就此做初步的讨论。

（一）福利递送中的公平性问题

"强基惠民"工程强调向基层的福利递送，具体体现在各种项目进村。这些项目除了10万~15万元的办实事经费外，其他则依靠工作组的申报和争

---

① 西藏自治区党委政研室：《创新社会治理模式夯实发展稳定根基》，2014年8月12日。

取,通常称为"跑项目"。而在实际运作中,工作组人员的选派机构对于工作组获得的项目经费额度有直接的影响。来自实权部门、掌握较多资源分配权的部门的工作组比较容易获得资源,而来自文化机构,特别是国有企业(西藏的国有企业经济效益大多不佳)的工作组则较少获得资源。以洛扎县为例,自治区教育厅负责洛扎县三个村(申格乡的古局村、木村、色乡的桑玉村),三个工作组依靠本部门掌握的资源,都获得了较多的项目资金,投资最多的申格乡木村三年累计投资已经超过1000万元,用于建学校、幼儿园,帮助扶持产业发展等。与其形成鲜明对比的是,自治区国有企业高争建材集团负责的扎日乡扎日村,三年来基本没有获得任何项目投资,引发村民强烈不满。根据自治区某机构提供的材料,他们承担了林芝、那曲6个村的驻村工作组任务,第一批到第四批工作组累计在6个村实施基础设施建设和产业发展项目170多个,总投资6700多万元,平均每村1117万元。① 这种由工作组选派机构资源分配权差异造成的项目经费差别,实际上造成了村民的福利不公平问题。尽管完全的公平是不可能的,特别是在西藏农牧区这样投资不足的地区,大规模投资不可能齐头并进,只能选择有先有后的策略。但是,问题在于以下两个方面。第一,福利差距的幅度。项目能否进村不能完全取决于干部个人的社会资源状况及努力程度,而应该统筹兼顾,比如以人均额度计算,或以村庄发展程度分类,确定较高比例的存量额度,以确保一定程度的公平性。否则,很难避免有的村庄获益太少而引发不满,这就与政策初衷背道而驰了。第二,造成不平等的原因。工作项目经费额度与选派机构的资源分配权的强关联性,影响着工作组开展工作的社会条件,比如获得资源较多的村庄工作组开展其他工作就可能容易些,获得资源少的村庄村民对开展思想教育等工作就可能产生抵触情绪,这又会影响后期对干部的评价。总之,目前的"跑项目"机制一方面能够照顾"因村制宜"的问题,针对性较强;另一方面,可能体现甚至助长了部门特权,造成政府工作的某种失序。

(二)维护村"两委"的权威问题

从理论上说,村"两委"是村庄事务管理的合法责任者,西藏自治区的

---

① 西藏自治区某委:《向中国社会科学院调研组的汇报材料》,2014年8月22日。

相关文件也明确规定驻村工作组、第一书记都是协助村两委开展工作的。但是，由于驻村工作组成员都是国家干部，组长是科级以上领导干部，甚至是处级、厅级干部，加之，他们对于国家政策的了解远胜于村干部，又掌握一定的资源。因此，在实际工作中，一些工作组变成了村庄工作的最高决策者，而村"两委"沦为配合者。有村支书指出，"过去村民有事就来找村干部，现在则更愿意直接找工作组，可能他们更懂政策。他们手里有钱也有权，可以直接安排村民参加施工队，或者发放困难补助款，我们没有这些条件。工作组来了也好，我们轻松些"。这种状况多少对村民自治制度形成了一定的冲击。因此，工作组在未来的工作中还需要探索如何在坚持村民自治制度不动摇的前提下，开展对村"两委"工作的指导，目的在于培养、提高村"两委"的素质，建立健全工作机制，使他们尽快适应新形势下的村庄管理工作，而不是由工作组替代村"两委"。

（三）增加"双联户"的激励问题

"双联户"在组织架构上属于村民小组之下的一级管理单元，其工作发挥效能的特殊性在于，既需要"联户长"负起管理职责，还需要联户内村民相互监督、相互帮助，实际上需要所有家户的参与。从责、权、利相应的角度看，全体人员都应获得激励报酬。目前的制度设计中只有少部分家庭获得激励："联户长"每年有2000元的"工资"；"先进双联户"获得现金及包括直系子女考试加分等奖励。但是，这些激励措施是否足以调动村民的积极性，获得制度设计者所期望的效果，仍值得观察。第一，"联户长"作为"明白人"，多数都是村庄精英，一般都具有较好的生产经营能力，他们在整个施工季节（主要是夏季）外出务工及从事其他经营性活动的现象极为常见。因为外出务工所获报酬远高于"联户长"工资，出现了联户长会议经常由妻子代劳的现象。不在村庄中的联户长如何监督其他村民？此外，夏季村民外出务工比例很高，对不在村庄里的村民如何实施监督？第二，"先进双联户"的奖励比例偏低意味着多数村民不能获得激励。根据"先进双联户"评选办法，村级"先进双联户"比例为20%，逐级向上都是在获奖"双联户"中择优。这就意味着80%的村民不能获得最少100元的激励。自治区级"先进双联户"每户奖励4000元，对村民来说有一定的实际意义，但是获奖比例极低。比如，2013

年自治区级"先进双联户"全区有100个,占"双联户"总数的1%;2014年有120个,占总数的1.3%;2015年有200个,占总数的2%。2014~2015年,洛扎县均只有1个联户获得自治区级先进奖励。相关资料显示,2014年西藏自治区高中毕业生总共14435人,而当年高中毕业生招录考试中有资格加分的(包括加15分、10分、5分三个档次)总共300人,即第一批264人,第二批36人[1],占毕业生总数的2%。总之,在"先进双联户"创建活动中,80%的"双联户"成员无法获得激励。而对于村民来说,相互监督是有情感成本的。责权利不匹配,可能造成村民无论对"促增收"还是"保平安"都热情不足,或者选择性地在某些利益相关年份比如有孩子高中毕业时尽职尽责。如何激励全体村民的参与热情,如何激发内在动力是此项政策可持续的关键。

---

[1] 相关数据见"国家公务员考试网"2014年5月26日、2014年9月15日。

B.13
宁夏永宁县城镇化建设民意调查分析报告

丁赛 方勇 张姗 张少春*

摘　要： 本文基于2015年在宁夏回族自治区永宁县完成的19个中心村453户家庭的城镇化民意问卷调查，分析讨论了城镇化进程中农村居民居住地的选择意愿、对中心村社会服务和综合管理的评价以及永宁县城镇化建设的经验和建议。主要结论包括：第一，82%的受访者认为入住中心村后居住生活条件显著改善，同时也有61%的受访者选择中心村作为未来居住地。第二，中心村医疗服务条件明显改善，中心村幼儿园成为有幼儿的受访者家庭的首选；中心村60岁以上的老人在老年食堂就餐的人数达到了一半，而且两餐都在老年食堂就餐的独居老人比例达到了66%。此外，过半数的受访者满意于中心村的管理工作。永宁县城镇化进程推进较为顺利的主要经验为：规划设计完善、环境建设先行、拆迁安置到位、生产生活设施完备。

关键词： 城镇化　城镇化率　城乡差距　公共服务

　　当前，推进城镇化是解决农业、农村、农民问题的重要途径，是推动区域协调发展的有力支撑，是扩大内需和促进产业升级的重要抓手，对全面建成小康社会、加快推进社会主义现代化具有重大现实意义和深远历史意义[1]。本报

---

*　四位作者均来自中国社会科学院民族学与人类学研究所。
[1]　《中央城镇化工作会议在北京举行提出六大任务》，人民网财经频道，2013年12月14日，http://finance.people.com.cn/n/2013/1214/c1004-23841511.html。

告以宁夏回族自治区永宁县城乡居民为调查对象,以城镇化工作为调查核心,以问卷调查为手段,通过对调查问卷的分析,阐述了永宁县城镇化现状,总结了永宁县城镇化经验,并提出了城镇化建议中应注意的问题。

一 宁夏永宁县城镇化进程概述

2014年,我国城镇化率达到了54.77%[1],根据《国家新型城镇化规划》,2020年全国的城镇化率要达到60%左右。宁夏回族自治区2014年城镇化率为53.6%[2],略低于同年全国平均水平。

为贯彻落实《国家新型城镇化规划》中提出的通过加快中西部地区发展和城镇化进程,引导约1亿人在西部地区实现就近城镇化的要求,永宁县委县政府制定了"望远周边的村庄向望远城区集中,县城周边的村庄向县城集中,其他村落向附近的小城镇和中心村集中"的总体思路,采取了突出重点、先

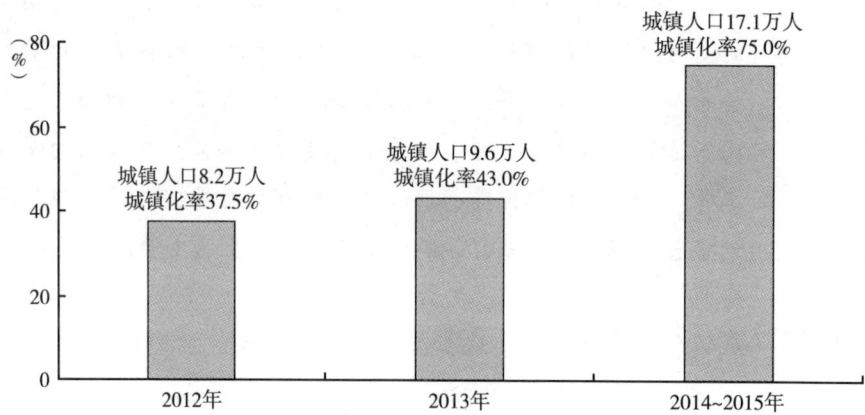

图1 永宁县城镇人口与城镇化率

注:图中数据来自永宁县。

---

[1] 《2014年国民经济和社会发展统计公报》,国家统计局,http://www.stats.gov.cn/tjsj/zxfb/201502/t20150226_685799.html。

[2] 《宁夏回族自治区2014年国民经济和社会发展统计公报》,宁夏回族自治区统计局、国家统计局宁夏调查总队,http://www.nxtj.gov.cn/nxtjjxbww/tjgb/2014ntjgb/201504/t20150413_53633.html。

易后难、梯次推进、分批建设的基本原则，计划将全县偏远的村落全部整合，将群众集中到小城镇、中心村生活，努力形成以县城为中心、望远为副中心、特色小城镇和中心村为补充的四级新型梯级式城镇空间格局。2012年以来，永宁县通过大集中、大组团方式建设了19个中心村。2013年是永宁县城镇化速度最快的一年，中心村建设面积达到了153.5万平方米，是2012年的8.4倍；截至2015年，中心村建设总面积为287.7万平方米，占地2348亩，安置农户18782户、农村人口65008人，城镇化率达到75%。

二　宁夏永宁县城镇化建设民意调查的范围

永宁县的城镇化由政府规划并主导，永宁也成为宁夏回族自治区城镇化率提高最快、农村人均公共资源占有率最高的县。为进一步深入了解永宁县中心村住户对城镇化的主观看法和对未来发展的意见，中国社会科学院民族学与人类学研究所和永宁县宣传部共同于2015年8月完成了对永宁19个中心村453户家庭的问卷调查。

永宁县下辖5镇、1乡、1个街道办事处、2个区属农场（望远镇、胜利乡、杨和镇、望洪镇、李俊镇、闽宁镇、杨和街道办事处、玉泉营农场、黄羊滩农场）。本次问卷调查覆盖了永宁县的李俊镇、胜利乡、望洪镇、望远镇和杨和街道办事处共19个中心村，获得家庭调查问卷453份，抽样比例总体为1%，李俊镇、胜利乡和望洪镇的抽样比例高于均值，望远镇和杨和街道办事处的抽样比例低于均值。因闽宁镇为移民迁入区，几乎没有永宁县本地居民，所以没有纳入本次调查的范围。

表1　城镇化民意调查样本分布

乡镇	中心村(个)	所占比例(%)	调查家庭(户)	抽样家庭所占比例(%)
李俊镇	2	10.53	98	5.99
胜利乡	1	5.26	83	3.67
望洪镇	3	15.79	93	1.12
望远镇	7	36.84	82	0.35
杨和街道办事处	6	31.58	97	0.92
合计	19	100	453	0.98

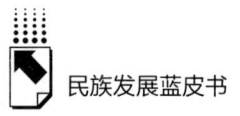

三 永宁县城镇化进程中农村居民居住地的选择

我国城镇化的重要目标之一是富裕农民、造福人民，全面提升生活质量；同时，国家着力推动基本公共服务均等化，为农业转移人口市民化创造了条件。调查数据显示，永宁县的中心村以5~6层楼房为主，近一两年才开始有高层住宅，户型为60平方米、90平方米和110平方米三类。中心村距离最近的公交车站平均为398米；开往永宁县和银川的公交车间隔为10~40分钟；中心村的绿化面积平均占比为27%。被调查的中心村中20%的劳动力单纯从事农业生产；25%的劳动力只从事非农劳动；其余的55%的劳动力为既从事农业生产也从事非农劳动的兼业状态。

（一）90%的受访家庭很愿意或愿意入住中心村

永宁县城镇化标志之一是农村居民"上楼"居住。本次调查中永宁县有333户受访家庭填报了搬迁前的居住面积，均值为242平方米；搬迁后的平均居住面积为101平方米；有84%的受访家庭居住面积在入住中心村后减少。同农村居民原先的居住环境和条件相比，上楼后的居住面积虽然有所减少，也没有了前庭或后院；但中心村单元住房生活设施齐备、居住环境整体改善、中心村公共服务设施的配套和规范管理工作等都已经和永宁县城不相上下，是原先村落居住所不能比拟的，因此很多农村居民愿意选择上楼居住。本次调查通过对永宁县453户受访家庭的询问得知搬迁入住中心村的意愿分布：在453户受访家庭中有约90%的受访农村居民很愿意或愿意入住中心村；持无所谓态度的受访家庭是26户，所占比例为5.74%；不愿意入住中心村的受访家庭是20户，所占比例是4.42%。

对于选择不愿意入住中心村的20户受访家庭进行分析后发现，其中有3户受访家庭是2012年以前入住中心村的，占比是15%；有11户受访家庭是2012年入住中心村的，占比55%；有6户受访家庭是2014年入住中心村的。从时间上看，2012年或以前入住的中心村条件相对不完善。

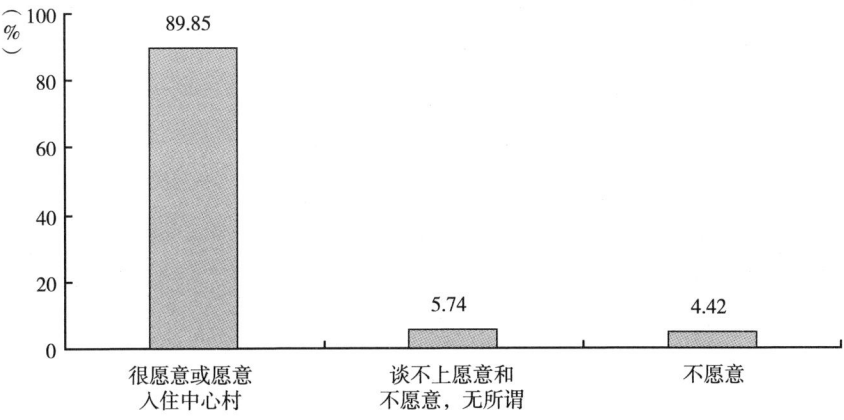

图 2 永宁县农村居民受访者家庭入住中心村的态度

（二）受访家庭对中心村居住和生活条件同搬迁前相比的评价

1. 82%的受访者认为入住中心村后居住生活条件显著改善，居民生活质量明显提升

在 430 户受访家庭中，353 户（占比 82%）认为同搬迁前相比，中心村的

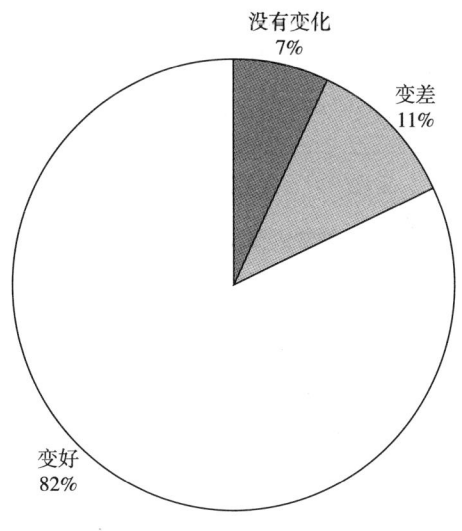

图 3 中心村居住生活条件与搬迁前相比的评价

居住生活条件明显变好；有32户（占比7%）认为没有变化；有45户（占比11%）认为中心村的居住和生活条件变差。

2. 中心村居住条件好评的比例随时间不断上升，2015年入住中心村的受访家庭中认为中心村居住条件好的比例达到了90.84%

永宁县中心村的建设在2012年前就已经开始，毋庸置疑，这是一个不断完善的过程。因而中心村的建成和受访家庭的入住时间可能会影响受访家庭对中心村居住生活条件的评价。为此，2012年以前入住中心村的85户受访家庭，2012～2013年入住中心村的27户受访家庭，2014年入住中心村的139户受访家庭以及2015年入住中心村的131户受访家庭各自对中心村的居住生活条件同搬迁前进行了比较，其评价结果如图4所示。

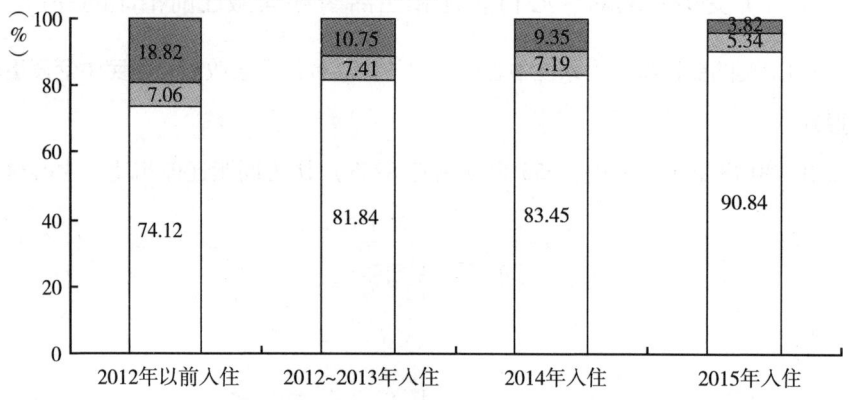

图4 不同入住时间的受访家庭对中心村居住生活条件的评价

图4显示，认为中心村居住和生活条件好于搬迁前的受访家庭比例占绝大多数且随着时间的推移逐步增长，2012年前入住的受访家庭的好评比例为74.12%，2015年入住的受访家庭好评比例增至90.84%。认为同搬迁前相比中心村居住和生活条件没有变化的比例在2015年入住中心村的受访家庭中下降至5.34%，其他三类受访家庭的该比例都在7%左右。认为中心村居住和生活条件差于搬迁前的受访家庭比例从2012年入住的受访家庭的18.82%，下降至2015年的3.82%。

3. 入住中心村后，普通农村家庭认为居住生活条件明显改善的比例是84.3%；其次是种养殖大户和个体工商户；而干部户该比例较低

本次调查将家庭划分为六类，即：个体工商户、干部户、低保户、普通农村家庭、种养殖大户和其他家庭。不同家庭类型存在经济收入和生活水平的差异，因而对中心村居住生活条件的评价也有所不同。永宁县中心村的居住户型为60平方米、90平方米和110平方米三类。永宁县县委县政府在中心村住房安置工作上体现了公开、公平、公正原则，以签订协议先后顺序确定安置房屋的抽签顺序。涉及动迁户选择住房的套数必须以协议上签订套数为准，参照协议中签订的住房面积分配住房。有宅基地但户口已迁走的，不享受动迁安置优惠政策，只予以货币补偿。按照家庭人口安置房屋面积每人不超过20平方米，在公告后无乱搭乱建的每人奖励10平方米，按时拆除的每人奖励5平方米。属于独生子女户的家庭（以计生部门的证明为准）每户奖励35平方米的房屋优惠安置面积。属极度贫困户、残疾户以及鳏寡孤独的独人户（户口独立且不与子女共同居住的），由政府提供小城镇、中心村配建的不超过60平方米的廉租住房，按照廉租住房的政策进行管理。

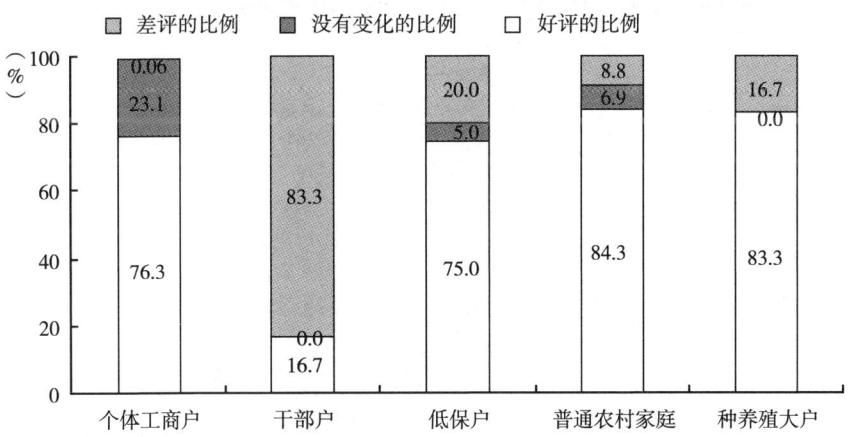

图5 不同类型家庭对中心村居住生活条件同搬迁前相比的评价

图5表明，有84.3%的受访普通农村家庭对中心村持有好评态度；位居第二的是种养殖大户，位居第三的是个体工商户，位居第四的是低保户，6户受访的干部户中只有1户选择了好评，该比例只有16.7%，远远低于其他受

访家庭。相应的，6户干部户中有5户认为中心村的居住和生活条件差于搬迁前；6户种养殖大户中有1户选择了差评；20户低保户中有4户认为中心村的居住和生活条件不如搬迁前。

受访的6户干部家庭均为村干部家庭，有2户村干部家庭的居住面积是110平方米，其余4户的居住面积是90平方米；而且实际居住面积和可以享有的面积完全一致。同搬迁前相比，6户干部家庭在中心村所居住的面积都大大小于搬迁前的居住面积。这也是村干部家庭认为中心村居住条件差于搬迁前的主要原因。

低保户家庭共有20户，其中有1户认为入住中心村后居住和生活条件没有变化；4户认为入住中心村后居住和生活条件变差。究其原因，有5户低保家庭表示居住在中心村最担心的是"收入低、无保障"，"无职业无收入、无法生活"，"担心各项费用缴纳不起"。

（三）受访者对未来居住地的选择和城乡差异的看法

1. 61%的受访者选择中心村作为未来居住地，选择县城的受访者比例为26%，另有9%的受访者表示要和孩子在一起，无所谓地区

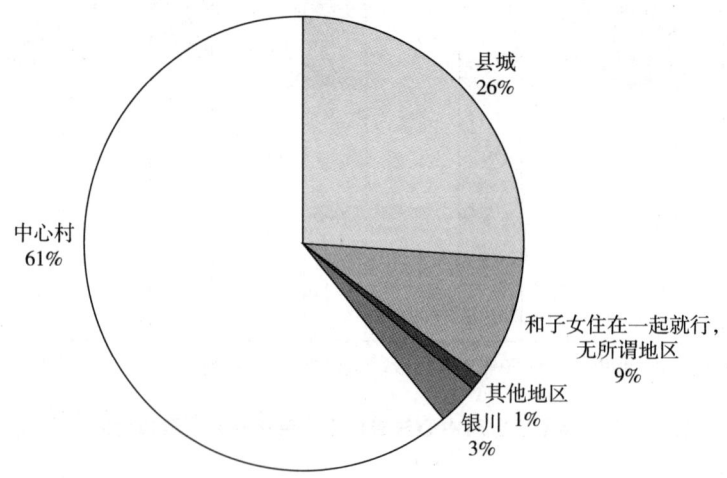

图6 受访家庭对未来居住地的选择

本次调查中受访者对未来居住地的选择表明，中心村成为大部分受访居民的首选，该比例达到了61%，选择县城的受访家庭比例是26%，选择银川的受访家庭比例是3%，还有9%的受访者只要和子女住在一起就行，无所谓地区。

图7给出了受访家庭对中心村和县城比较后的评价，认为县城比中心村繁华的比例是59%；选择没区别完全一样的有29%的受访家庭；认为中心村比县城好的比例为8%；对此问题不关心的有4%的受访家庭。

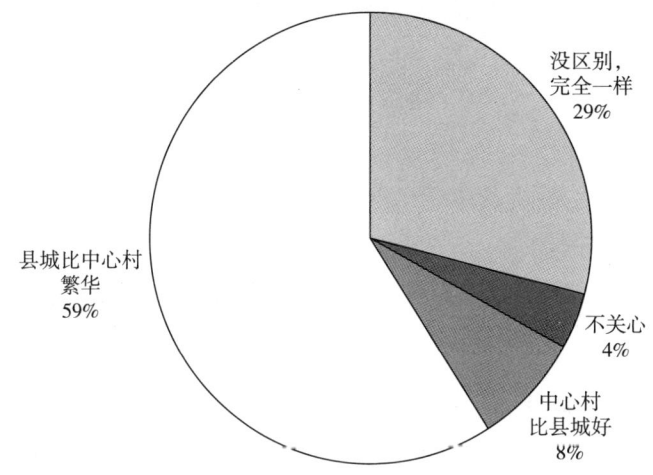

图7 受访者对中心村和县城的比较评价

2. 在身份确定中，过半数的受访者仍然认为自己是农村人，认为自己是城里人的比例只有3%

对于自己是城里人还是农村人，有55%的受访家庭认为自己还是农村人；选择和城里人没有区别的比例是21%；农村人还是城里人无所谓的是21%；另有3%的受访家庭认为自己就是城里人。

总体上，大部分受访家庭选择中心村作为未来的居住地；在身份的认定上还是以农村人为主，但有近1/4的受访家庭已经认为自己是城里人或和城里人没有差异；有37%的受访家庭认为中心村与县城差异不大，这也反映了永宁县城镇化推进过程中城乡差异不断缩小的事实。

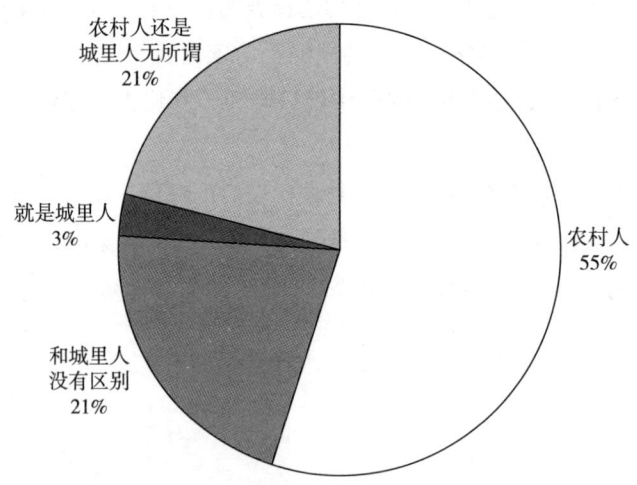

图 8 受访者对自己身份的认定

四 受访家庭对中心村社会服务和综合管理的评价

永宁县中心村建设目标是水、电、路、气、房、光纤六到农户；在社会服务配套上，力争逐步做到村委会、社区居委会、学校、幼儿园、卫生室、小广场、文化健身活动室、物业、商业网点、银行、邮政、通信、垃圾及污水处理十三到位。

本次问卷调查的结果显示，中心村建设中水、电、路、气、房已达成建设目标，光纤进入中心村，但网络覆盖率仅为35%。现实调查中发现，很多40岁以上的农村居民不会上网，因而也对网络覆盖也不关心。19个被调查的中心村中，13项社会服务配套设施全部落实的为9个中心村，占比47.4%，有10个中心村正在建设和完善之中。

（一）中心村医疗服务条件明显改善，尤其是家中有老人的受访者对此的好评比例更高

受访家庭中有 429 户给出了对中心村医疗服务的评价，其中有 249 户，58%的受访家庭认为中心村医疗服务好于搬迁前；有 143 户，33%的受访家庭

认为没有变化，其主要原因是 19 个被访的中心村中有 10 个正在完善社会服务的中心村还没有提供相应的医疗服务；此外，有 37 户，9% 的受访家庭认为中心村的医疗服务不及搬迁前。

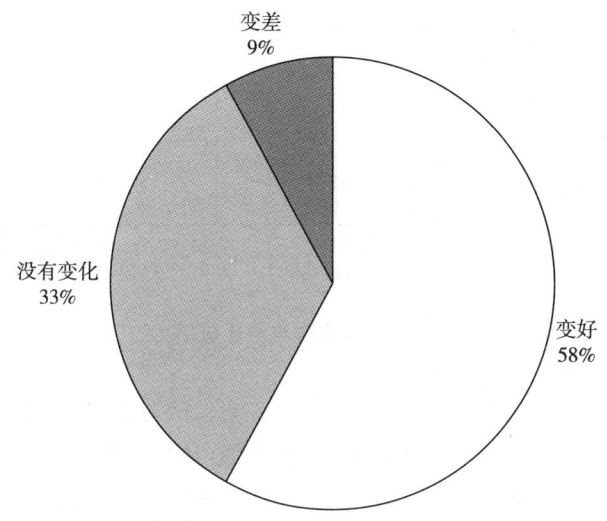

图 9 中心村医疗服务与搬迁前相比的评价

与中心村总体评价相比，受访家庭对中心村的医疗服务评价的好评比例相对较低，但差评比例也明显低于中心村的差评比例 2 个百分点。

一般而言，老人和孩子对医疗服务的需求高于成年人。为此，将受访家庭分为家中有 60 岁以上老人的家庭、有 14 岁以下儿童的家庭以及既有 60 岁以上老人又有 14 岁以下儿童的家庭。图 10 中显示，家中有 60 岁以上老人的受访家庭对中心村医疗服务持好评的比例高于总体的评价；而家中既有 60 岁以上老人又有 14 岁以下孩子的家庭对中心村医疗服务的好评比例最高，达到了 66.67%；有 14 岁以下孩子家庭的好评比例低于均值 5 个百分点。在差评比例的比较中，有 60 岁以上老人也有 14 岁以下儿童的家庭没有差评，有 60 岁以上老人家庭的差评比例低于平均值，为 4.3%；有 14 岁以下儿童的家庭的差评比例低于均值但高于前两类家庭。

截止到问卷调查时间，19 个中心村中有 7 个中心村的医疗服务室还没建成或建成未启用，但认为中心村医疗服务明显改善的好评比例在受访家庭中占了大

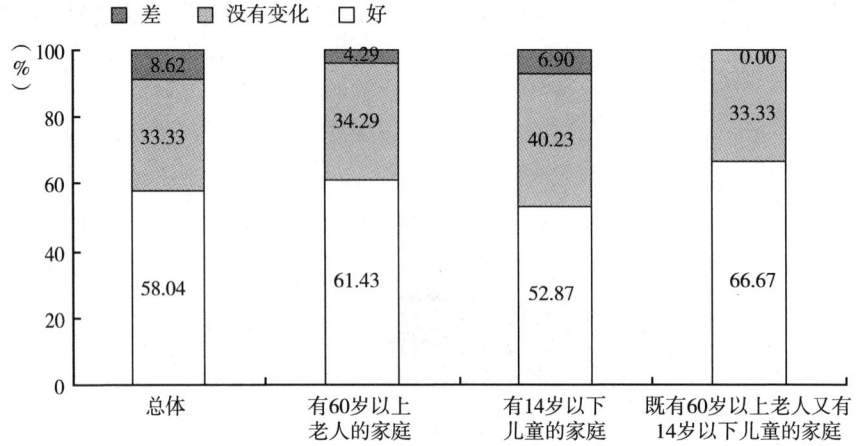

图10 中心村医疗服务与搬迁前相比的评价

多数,持没有变化看法的受访人群也有1/3左右;认为中心村医疗服务相比于搬迁前更差的受访家庭比例仅为9%。其中,有60岁以上老人的家庭对中心村医疗服务的认可度高于总体均值;有14岁以下儿童的家庭选择没有变化的比例最高,这与目前家庭非常重视孩子的身体与成长不无关系;而对于家中有老人或孩子的受访家庭而言,他们认为中心村医疗服务差于搬迁前的比例明显低于均值。

(二)中心村幼儿园成为有幼儿的受访者家庭的首选,但县城相对于中心村更好的教育资源使县城小学成为家中有适龄儿童的最佳选择

由于自然、地理、历史等原因,学前教育条件薄弱、义务教育巩固难、基础教育质量不高和职业教育发展滞后等问题在民族地区依然存在。2015年8月国务院印发了《关于加快发展民族教育的决定》,提出到2020年,民族地区教育整体发展水平及主要指标接近或达到全国平均水平,逐步实现基本公共教育服务均等化,服务民族地区全面建成小康社会的能力显著增强。

永宁县城镇化进程中高度重视教育设施建设,各个中心村均配备了幼儿园和小学。

永宁县367户受访家庭中有249户(占比68%)认为教育设施有显著改善;有106户受访家庭(占比29%)认为有改善但不是很明显;仅有12户受访家庭(占比3%)认为教育设施没有改善。

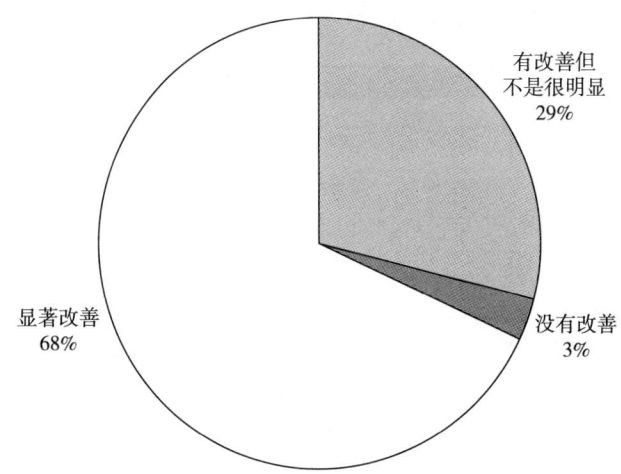

图 11　中心村教育设施同搬迁前相比的评价

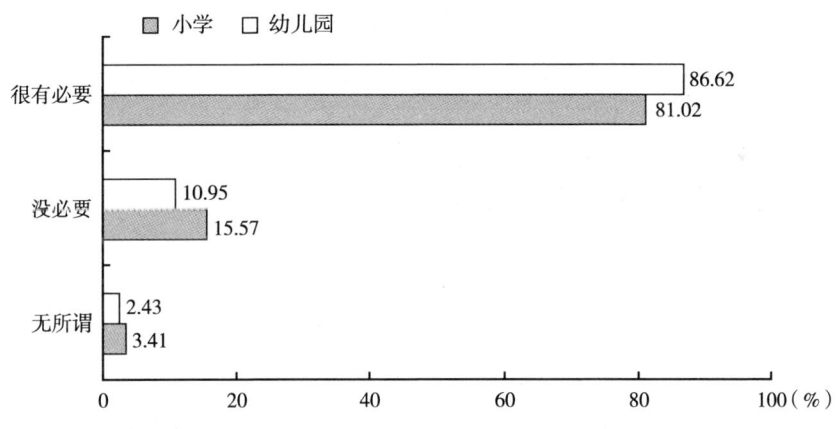

图 12　受访家庭认为中心村配备教育设施的必要性

本次调查结果显示，认为中心村配备小学和幼儿园很有必要的比例达到 81.02% 和 86.62%；认为没必要的比例为 15.57% 和 10.95%；持无所谓态度的受访者比例为 3.41% 和 2.43%。由此可见，绝大多数受访者很赞同中心村配备幼儿园和小学。

图 13 显示出绝大多数受访家庭认为中心村的幼儿园和小学能满足需要；认为不能满足需要的比例分别为幼儿园 13.07% 和小学 15.04%；还有部分受

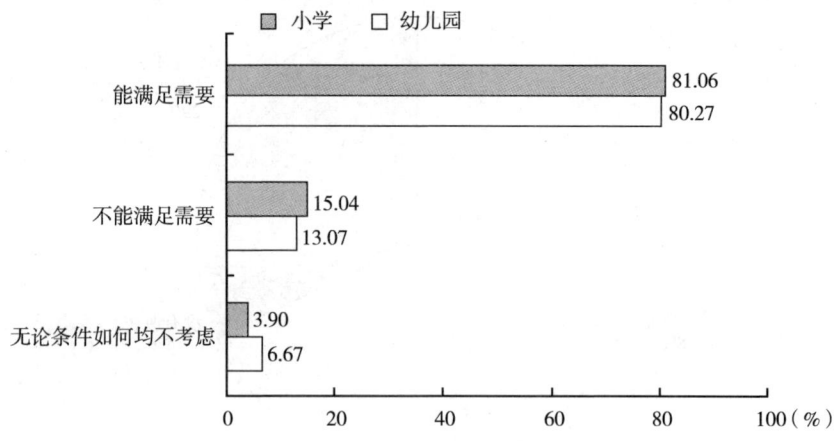

图 13-1 受访家庭对中心村教育设施满足需要的评价

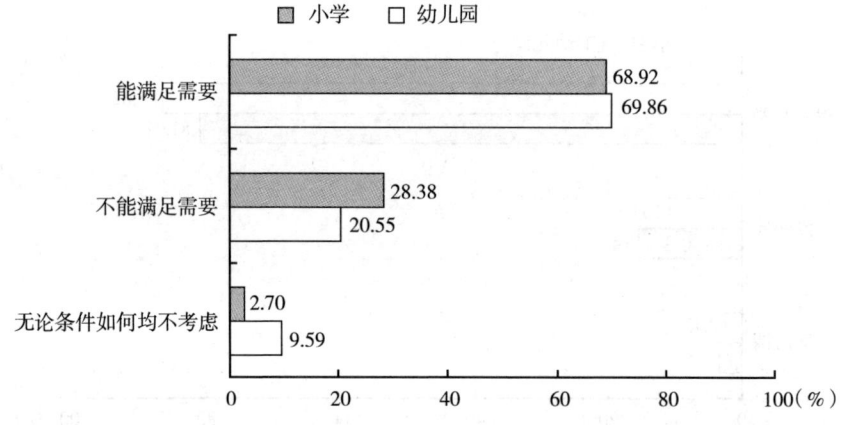

图 13-2 家中有 14 岁以下儿童受访家庭对中心村教育设施满足需要的评价

访家庭表示无论条件如何均不考虑中心村的幼儿园和小学。家中有 14 岁以下儿童的受访家庭对中心村教育设施满足需要的评价结果表明,认为幼儿园不能满足需要的比例为 20.55%,小学为 28.38%;分别高于均值 7.48 个百分点和 13.34 个百分点。两相比较,家中有 14 岁以下儿童的受访家庭认为小学不能满足需要的比例不仅高于幼儿园而且远高于均值。这也与人们通常认为孩子的教育是从小学开始,不能输在起跑线上的观念不无关系。

（三）中心村60岁以上的老人在老年食堂就餐的人数达到了一半，而且两餐都在老年食堂就餐的独居老人比例达到了66%

我国计划生育政策的实施意味着需要照顾的子女数量会减少，生育率的显著下降以及城乡居民平均寿命的延长，老龄化进程加速并加大了照料服务的需求。根据2010年人口普查数据，65岁及以上人口为118831709人，占总人口比重为8.87%。有学者预测，2020年中国的老年抚养比将超过工业化国家，到21世纪中叶中国将成为老年抚养比最高的国家①。在永宁县19个被调查的中心村中，16～60岁的劳动人口平均比例是58%，另有42%的人口是老人和儿童。在16～60岁的劳动人口中，30岁以下的劳动力平均占比是35.83%，31～45岁的劳动力占比是36.65%，46岁及以上的劳动力占比是27.52%。永宁县的城镇化过程也表现为大量的农村人口外出从事非农就业，而长期外出从业的人群以年轻人为主，调查数据显示，19个中心村30岁以下的劳动力平均有55.2%的比例长期外出从业；每个中心村平均有50户是只有老人单住家庭；60岁以上老人在每个中心村大约有371人；70岁以上老人在每个中心村大约有168人。为解决老人缺少照料的现实难题，永宁县委县政府在每个中心村设立了专供老人就餐的食堂。

图14显示，19个受访中心村中非独居的60岁以上老人在中心村食堂就

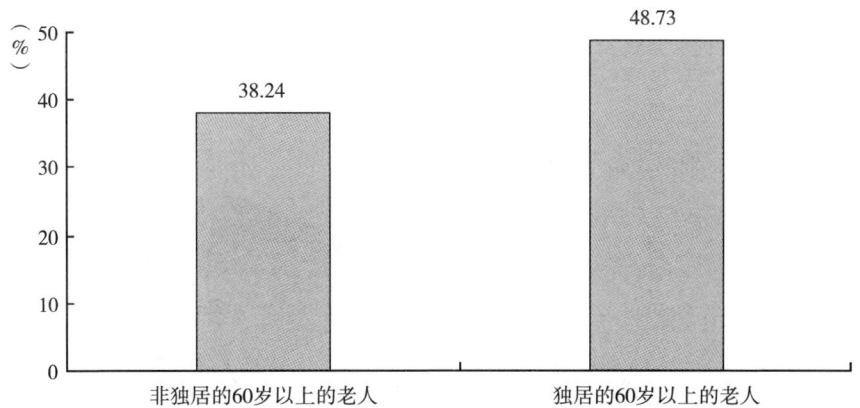

图14　60岁以上老人在中心村老年食堂就餐的比例

---

① 〔加〕董晓媛、〔英〕沙林主编《性别平等与中国经济转型：非正规就业与家庭照料》，经济科学出版社，2010。

餐率达到了38.24%；而独居的60岁以上老人的就餐率接近一半。

图15说明，非独居60岁以上老人在中心村就餐大多选择两餐或一餐；独居的60岁以上老人在中心村就餐以两餐和三餐为主。

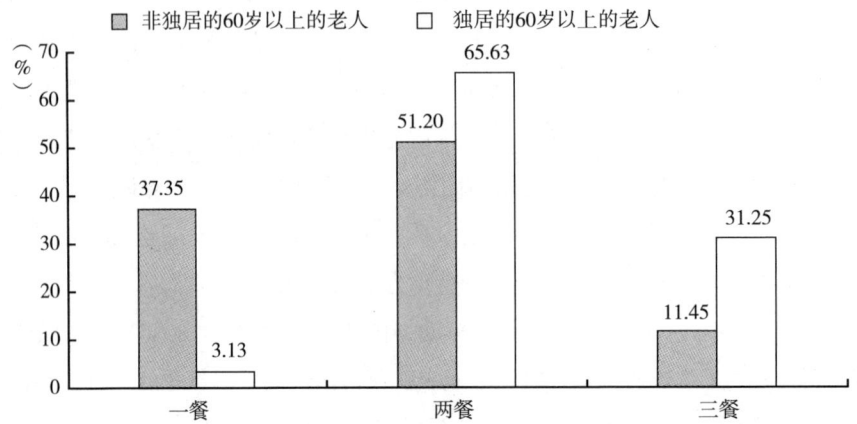

图15 60岁以上老人在中心村老年食堂就餐次数分布

图16表明，就餐老人认为中心村老年食堂花样多且便宜的比例超过了半数，达到了67%；认为和家里差不多但比家里便宜的比例是19%；认为中心

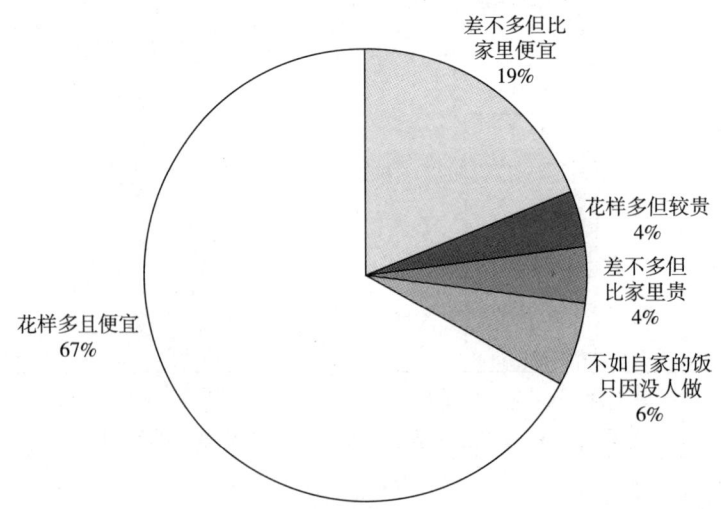

图16 就餐老人对中心村老年食堂的评价

村老年食堂较贵的比例仅为8%。

综上所述，中心村老年食堂很大程度上解决了永宁县60岁以上老人的吃饭问题，不仅减轻了家庭对老年人的照料负担同时也提升了老年人的生活质量。同很多城市社区相比，永宁县的养老工作走到了前面。

（四）对中心村管理工作的评价

1. 物业费占家庭消费支出的平均比例是5.49%，83%的受访者认为可承担物业费的缴纳，另有2%的受访者则不管负担得起还是负担不起都不缴纳

根据430户受访家庭自报所缴纳的年物业费平均为610.84元，月平均家庭收入为3358.31元，月平均消费支出为1732.78元，年平均家庭收入为40299.7元，年平均消费支出是20793.36元。在平均收入是平均支出1.9倍的情况下，物业费占家庭消费支出的平均比例是5.49%。和搬迁前相比，入住中心村后的物业费是额外支出，中心村居民对物业费的承受主观评价是本次调查的内容之一。

图17给出了19个中心村367位受访者对物业费负担的主观评价，其中31%的受访者认为物业费的缴纳没有负担或负担不重；有52%的受访者认为负担较重但可缴纳；两者之和是83%，说明绝大多数受访者可承担物业费的缴纳。认为负担较重缴纳不起的受访者比例达到了15%；另有2%的受访者则

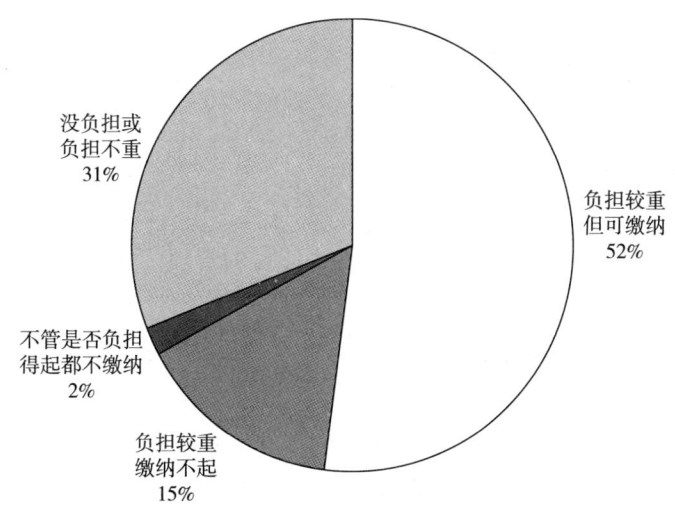

图17 受访家庭对缴纳物业费的态度

不管负担得起还是负担不起都不缴纳。调查数据还显示，能及时缴纳物业费没有欠费住户的中心村有 7 个，占比 36.84%；有部分住户欠费的中心村有 10 个，占比 52.63%；欠费住户较多的中心村有 1 个是 2012 年以前建成的，有 1 个是 2012 年建成的，其占比是 10.53%。

对"不管负担得起还是负担不起都不缴纳"的 8 户受访家庭进行细分后发现，有 2 户受访家庭所在家庭为个体工商户；有 6 户受访家庭为普通农村家庭。这 8 户受访家庭的年平均收入为 21920 元，说明这 8 户受访家庭仅从经济负担能力而言缴纳物业费不存在困难。总体上，中心村物业费的缴纳对低保户确实存在一定的负担，而其他家庭更多的是和搬迁前比较，认为增加了生活成本而形成的心理感觉。

2. 过半数的受访者对中心村的管理工作表示满意，2013 年后入住中心村的受访者对中心村管理工作的好评比例达到了 64% 以上，表示不满意的比例为 0

在 19 个被调查的中心村中，垃圾及污水处理除纳家户小区选择了处理不及时外，其他 18 个中心村都认为能及时处理垃圾及污水。纳家户小区是最早建成的中心村之一，因而其基础设施和相关配套管理与后建中心村相比存在一定差距；该中心村住户的物业费欠费情况也较为突出。

19 个中心村中建有存放农用工具场所的有 5 个，占比 31.25%（以填报了相关内容的 16 个中心村计）；从时间上看都是 2013 年之后建成。而拥有微型种植园的中心村仅有 2 个，且都是 2014 年之后建成。由此可见，中心村各项配套设施的完善也是逐渐发展的过程。

中心村村委会工作人员从 5 人至 8 人不等，在填报了相关内容的 16 个中心村中，搬迁前和搬迁后村委会工作人员数量不变的有 10 个中心村；另有 6 个中心村的村委会工作人员数量略多于搬迁前。认为需要增加村委会工作人员的中心村有 12 个，另有 5 个中心村表示不需增加村委会工作人员。

图 18 显示，412 户受访家庭对所在中心村的管理工作表示满意的比例为 55.58%，认为一般的比例是 37.14%；不满意的比例是 5.83%；说不清的比例为 1.46%。2012 年之前建成的中心村居民的满意度是 39.56%，2012 年建成的中心村居民的满意度上升至 56.52%；2013 年建成和 2014~2015 年建成中心村的满意度都为 64%。相应的不满意比例也随着时间的推移而不断减少，2013 年建成和 2014~2015 年建成中心村的居民没有对管理工作表示不满。由此再次证实，中心村的管理工作也是不断进步和完善的过程。

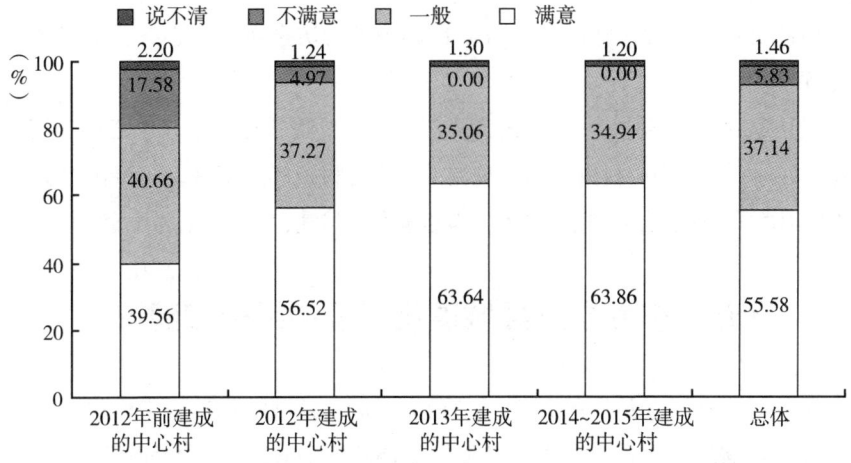

图18　受访家庭对中心村管理工作的评价

中心村的住户有的来自搬迁前同一个行政村,即不并村而形成的中心村;有的来自搬迁前不同的行政村,即并村而形成的中心村。来自原先不同行政村的居民目前居住在同一个中心村内,却依然按照原先的行政村进行相应的人员管理。图19给出了并村而成的中心村受访者和不并村而成的中心村受访者对所在中心村管理工作的评价。结果显示,不并村而成的中心村受访者对管理工作的满意度高出并村而成中心村受访者该比例约10个百分点,其不满意的比

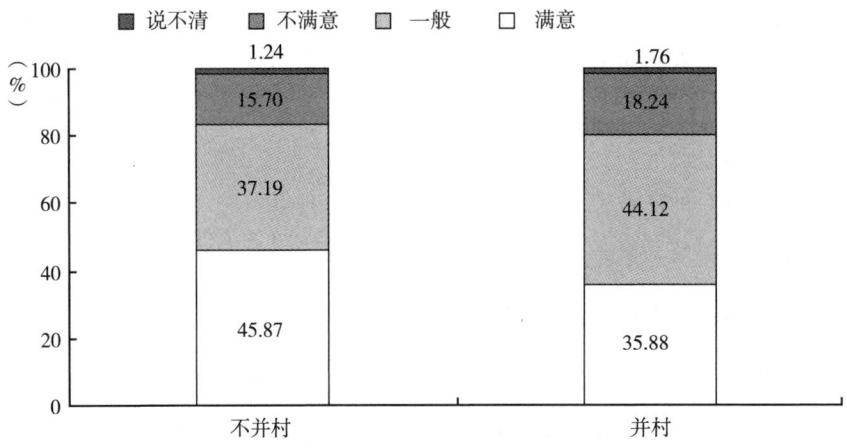

图19　受访家庭对中心村管理工作的评价

325

例低于后者约2.5个百分点。

由此可见，管理工作的人为分割也影响了受访家庭对中心村管理工作的满意度评价。

受访家庭对中心村管理工作的意见和建议主要集中在卫生（中心村和楼道以及垃圾处理）差、中心村内车辆管理混乱、中心村夜间照明缺乏、绿化面积不足、缺少休闲娱乐场所、有偷盗事件发生、建议安装天然气、完善中心村配套设施等等。

五 宁夏永宁县城镇化建设的经验和建议

通过对调查问卷数据的分析可以看出，永宁县城镇化建设工作得到了永宁县广大群众的认可和肯定。永宁县能够取得这样的效果，一方面得益于永宁县得天独厚的优势，另一方面是永宁县党委政府措施得力。当然，也存在一些值得改进的地方。

（一）永宁县城镇化建设的优势

永宁县城镇化的跨越式推进主要基于两个优势条件，其一，永宁县毗邻银川市，现已纳入银川市发展规划。因得益于自治区首府银川市快速发展的辐射效应和城市用地的旺盛需求，永宁县的土地价格近年来持续上涨，招商引资状况良好。其二，永宁县宅基地占地总面积达到2.4万亩，农村户均宅基地面积0.9亩，远远超过自治区农村户均0.4亩的平均水平。这就使农民上楼所置换的土地资源可以获得可观的商业利润以支持城镇化的中心村建设和提升公共服务的水平。

永宁县委县政府对拆旧区进行复垦，扣除安置区占地，拿出74.7%的土地用于城镇项目的商业流转。通过招、拍、挂的竞争方式，获得的收益与中心村项目总投资、建新区土地取得成本和前期开发费用基本持平。

（二）永宁县城镇化建设的经验

永宁县在推进城镇化建设中，采取了一系列有效措施。

第一，规划设计完善。永宁县党委政府为推进城镇化建设工作，走访了多个先进的市县区，做了大量的调查研究，基本掌握目前城镇化建设中的先进经验和惨痛教训，又选择优秀的专业公司进行规划设计，并与广大群众进行了充分互动，提出了比较完善的规划设计。

第二，环境建设先行。城镇化建设的关键是有经费支撑，只有银行愿意贷款、企业愿意投资，政府才能推动这项工作。永宁县党委政府为了解决这个难题，拿出仅有的资金进行环境建设，修建水系、绿化环境，对规划的工业用地和商业用地进行土地一级整理，得到了银行的认可和企业的信赖，解决了资金来源问题，推动了永宁县城镇化建设。

第三，拆迁安置到位。城镇化建设比较棘手的工作是拆迁安置问题，做不好会导致地方不稳定。永宁县委政府一是宣传教育到位，得到广大群众的理解和支持；二是拆迁补偿到位，解决广大群众困难；三是安置到位，让广大群众按时搬迁到新房中，让广大群众安心。

第四，生产生活设施完备。永宁县广大群众对入住的社区都比较满意，不仅有水、电、暖、煤气等，幼儿园、卫生所、学校、公共活动场所、健身设施等，还有电商、粮食银行、养老食堂等，广大群众非常满意。

（三）永宁县城镇化建设的相关建议

永宁县城镇化建设的经验值得推广借鉴，同时应加强如下工作。

第一，加入资金支持力度。在城镇化建设中，基础设施建设要先行，但西部地区的县区市普遍缺乏资金，如果没有资金的支撑，城镇化建设就迈不出第一步，城镇化建设将落空。

第二，加大产业建设力度。城镇化建设的最终落脚点是农民收入来源的多样化，仅靠土地收入将无法支撑农民在城镇中的生活，因此，要加大产业建设的力度，增加农民的非农收入来源，提高农民生活质量。

第三，加大技能培训力度。在城镇化建设工作中要加大农民生产生活技能培训的力度，农民老的生产生活方式无法适应城镇化需求，用电、用水、用煤气这些最基本的生活技能不掌握，不仅影响农民的生活质量，更会危及农民的生命安全。而科学种植、科学喂养等，提高劳动生产力，提高农民生产水平的技能更要重视。

B.14
鄂温克、鄂伦春、赫哲族"非遗"保护状况与对策

何 群*

摘 要: 鄂温克族、鄂伦春族、赫哲族，是世代繁衍、生息在我国大小兴安岭、呼伦贝尔草原及三江平原的人口较少民族。至1949年新中国成立之前，其传统生计为自然攫取经济，即传统狩猎、采集、渔猎、对野生驯鹿的利用，是我国乃至于世界比较典型的人口较少民族。本文从人口较少民族民族文化特点、文化变迁视角出发，依据当地政府、组织各种有关文件、统计、研究报告，特别是根据实地调查研究，梳理、归纳了鄂温克族、鄂伦春族、赫哲族非物质文化遗产保护工作的现状，存在的主要问题及主要原因，在此基础上，提出了调整、改善的建议和对策。

关键词: 人口较少民族 鄂温克族鄂伦春族赫哲族 "非遗"保护 民族发展

相对于占全国人口绝对比例的汉族，同时区别壮族、回族、满族①等人口较为众多的少数民族，我国55个少数民族中，存在一些人口微少、传统文化

---

* 何群，人类学博士，内蒙古师范大学社会学民俗学院教授，人类学研究中心主任，中国社会科学院博士后理事会内蒙古分会理事长。
① 据2010年第六次人口普查，大陆31个省、自治区、直辖市和现役军人的人口中，汉族为1225932641人，占91.51%；少数民族为113792211人，占8.49%。其中，壮族16926381人，回族10586087人，满族10387958人。

形态一般为传统渔猎、采集、原始农耕等的民族。比较典型的如狩猎民族鄂伦春族，8659人；渔猎民族赫哲族，5300多人；而鄂温克族中的一支——敖鲁古雅使鹿鄂温克仅有200余人（2010年第六次人口普查）。人口较少民族因传统文化特点，自然、社会环境急剧变化，以及内外因素相互作用等复杂原因，历史演进至今，累积、表现出特有的生存发展问题与困境。当前，配合联合国以及各国广泛开展的非物质文化遗产（以下简称"非遗"）保护行动，随着我国"非遗"保护工作全面推进，国家及其职能部门将人口较少民族优秀传统文化的有效抢救、保护工作提上日程，成效卓著，意义重大，但也存在一些前进中的问题。为进一步推进人口较少民族"非遗"保护工作深入、有效开展，有必要对其现状、主要问题和主要原因进行调查研究，从实际出发，加强相关政策、法律调整、建设。

一　鄂温克、鄂伦春、赫哲族非物质文化遗产保护状况

借鉴联合国以及各国非物质文化遗产保护工作总体取向，我国该项工作总方针为"保护为主，抢救第一，合理利用，传承发展"，"非遗"保护工作牵涉政府、地方社会、文化当事者等多个主体。各级政府的作用至关重要，同时又与地方社会状况——基础设施建设、文化发展水平、社会精神面貌甚至地理条件，以及当事民族整体状况关系密切。作为一直被政府和外界关注的人口较少民族——鄂温克、鄂伦春、赫哲族，其非物质文化遗产保护工作的开展，应该说基础条件较为雄厚。1949年新中国成立，各民族平等、团结、共同发展政策的实施，为民族传统文化保护提供了政治、制度保证。又因当地政府的重视，政策、措施的有效落实，一些社会组织和部门，如研究机构、文化、教育部门和热心人士的关注和积极参与，以及民族研究会等民族民间团体、民族精英对本族文化保护、传承工作的热情和关于保护目的、方式的积极探索，民族百姓日益觉醒的民族意识和参与意识等，共同构成了可供"非遗"保护工作有效开展的良好条件及社会土壤。

鄂温克族是我国北方古老民族，有着悠久历史和传统文化。2010年我国鄂温克族人口30875人（第六次人口普查），主要分布在内蒙古自治区呼伦贝尔市鄂温克自治旗、陈巴尔虎旗、根河市等地，还有部分分布在新疆维

吾尔自治区，多与蒙古、汉、达斡尔、鄂伦春等民族杂居。鄂温克自治旗（以及鄂伦春自治旗），行政隶属于内蒙古呼伦贝尔市。2006年非物质文化遗产普查工作实施以来，该市迅速成立了分管副市长为组长的非物质文化遗产普查工作领导小组，组织了两次全市培训班，有400多名骨干受到培训；利用内蒙古自治区"草原文化遗产日"和国家"文化遗产日"，组织非物质文化遗产宣传活动，推动非物质文化遗产理念传播，提升群众保护非物质文化遗产的热情。在普查过程中，该市根据已有非物质文化遗产资源，重点对鄂温克、鄂伦春等民族非物质文化遗产资源进行摸底，对熟练掌握民族语言的传承人和濒危的各民族非物质文化遗产项目做了优先调查，并做了文字和音像资料采录和实物征集工作，对人口较少民族的非物质文化遗产进行了重点抢救，挖掘、整理和保护了一大批非物质文化遗产，如：鄂温克叙事民歌、鄂伦春赞达仁等民间音乐，敖鲁古雅鄂温克和鄂伦春桦树皮、鄂伦春兽皮等传统手工艺，鄂温克族抢枢等传统体育竞技，敖鲁古雅鄂温克驯鹿习俗、敖鲁古雅鄂温克婚礼、敖鲁古雅鄂温克萨满与器具等民俗。现在，内蒙古已经形成了独具特色的节庆品牌，如鄂温克瑟宾节、鄂伦春篝火节等，在全区乃至全国产生了一定的影响。近些年，该市共整理出150项非物质文化遗产，包括国家级13项、自治区级48项，自治区级代表性传承人51人；市级54项及代表性传承人47人。其中，鄂温克族、鄂伦春族进入国家级名录的项目有鄂温克抢枢、鄂温克叙事民歌、敖鲁古雅鄂温克驯鹿习俗、桦树皮手工制作技艺（敖鲁古雅鄂温克、鄂伦春）、鄂伦春赞达仁、鄂伦春兽皮制作技艺等7项，占到呼伦贝尔市国家级名录的50%以上。敖鲁古雅鄂温克族，其萨满舞2010年6月进入国家级第三批非物质文化遗产名录，另有19项进入自治区级名录，国家级非物质文化遗产项目代表性传承人1名，自治区级11名。现在，鄂温克族自治旗被内蒙古自治区文化厅命名为"民间歌舞之乡"，根河市被命名为"敖鲁古雅桦树皮文化之乡""敖鲁古雅驯鹿文化之乡"，鄂伦春自治旗被命名为"狩猎文化之乡"。2009年，根河市建立了敖鲁古雅鄂温克民族乡鄂温克族文化生态保护区。几年来，全市各级财政投入非物质文化遗产保护经费1000万元，在各级博物馆设立了非物质文化遗产展厅、实物展示，一些旗市区成立了非物质文化遗产传习所，成效显著。

成立于1958年的鄂温克自治旗,是内蒙古自治区三个少数民族自治旗之一①,也是鄂温克族主要聚居区。该旗位于自治区东部、大兴安岭西麓、呼伦贝尔大草原东南部,由鄂温克、蒙古、汉、达斡尔等21个民族组成,总人口15万多人,土地总面积1.91万平方公里。该旗地广人稀,交通等条件较差,开展非物质文化遗产普查、保护工作困难较多。但在艰苦条件下,该旗非物质文化遗产保护工作仍取得了较好的阶段性成果。该旗文化馆承担了非遗保护的大部分工作,在没有专项工作经费、人手不够、人员专业素质有待提高的情况下,积极主动地做了大量基础性工作。

生活在根河市境内的敖鲁古雅鄂温克猎民,是我国迄今唯一饲养驯鹿、保存驯鹿文化的鄂温克民族的一部分。目前,该市已经将敖鲁古雅鄂温克驯鹿习俗、桦树皮手工制作技艺、敖鲁古雅鄂温克萨满舞、敖鲁古雅鄂温克民族婚礼、敖鲁古雅鄂温克民族服饰与器具、敖鲁古雅鄂温克民族语言、敖鲁古雅鄂温克民间神话、敖鲁古雅鄂温克民间音乐、敖鲁古雅鄂温克岩画、敖鲁古雅鄂温克撮罗子、敖鲁古雅鄂温克传统医药等11项列入根河市级非物质文化遗产保护名录。其中7项被列入自治区级非物质文化遗产保护名录,即:敖鲁古雅鄂温克驯鹿习俗、桦树皮手工制作技艺、敖鲁古雅鄂温克民族服饰与器具、敖鲁古雅鄂温克民间神话、敖鲁古雅鄂温克民间音乐、敖鲁古雅鄂温克撮罗子、敖鲁古雅鄂温克传统医药;敖鲁古雅鄂温克驯鹿习俗、桦树皮手工制作技艺、敖鲁古雅鄂温克萨满舞,先后被列入国家级非物质文化遗产保护名录。

该市重视狩猎文化整体展示工作,到2009年申请上级经费50万元,保护和收集了180余件鄂温克民族文物,同时注重传统文化挖掘、整理、创新。如通过对玛利亚·索等老猎民的寻访,收集到部分萨满音乐舞蹈、鄂温克民歌和口弦琴技艺;通过整理加工,创作出展示使鹿部落神秘独特风情的《萨满神舞》《土毛鲁根舞》《宝日坎提亚温》《斯特罗衣查节日》等舞曲。该市通过组织开展一系列文化活动,使广大人民群众了解和认识了非遗保护、传承的重要性。利用民族节日和资源优势举办"使鹿文化节"、驯鹿王比赛、模拟狩猎等;注意积极打造有地方特色的文化旅游精品,同时注重保护、弘扬原生态的民族文化,避免人为、随意地添加现代要素;有意识地加强民族节庆与旅游业

---

① 另两个为鄂伦春自治旗、莫力达瓦达斡尔族自治旗。

的结合，使民俗节庆成为旅游活动亮点；积极聘请有关专家学者开展研讨工作，进一步了解使鹿文化的底蕴和内涵。

位于大兴安岭腹地、我国最早建立的（1951年）鄂伦春自治旗，是鄂伦春族主要聚居区。在内蒙古自治区、呼伦贝尔市领导下，2005年以来该旗加大非物质文化遗产保护工作的力度，特别注重基础性工作的开展。2006年，《鄂伦春桦树皮制作技艺》列入国家级首批非物质文化遗产保护名录；2008年，《鄂伦春赞达仁》《鄂伦春兽皮制作技艺》列入第二批非物质文化遗产保护名录；2008年，鄂伦春族妇女额尔登挂老人成为自治区级第一批非物质文化遗产《鄂伦春赞达仁》保护项目代表性传承人；2010年，鄂伦春族妇女满古梅老人成为自治区级第二批非物质文化遗产鄂伦春族兽皮制作技艺代表性传承人。

该旗主要从以下五个方面加大非物质文化遗产保护力度。一是成立机构，加强管理。组建鄂伦春非物质文化保护工作领导小组，工作机构在旗文化馆，对工作人员从档案建立、档案管理、项目申报、资料审核等工作进行细致分工。二是加强资料收集整理。组织工作人员分赴全旗各乡镇、特别猎区乡镇进行文化征集，将流散于民间、具有浓郁民族特色的桦皮类、兽皮类制品征集上来统一管理。建立健全非物质文化遗产档案，深入猎民乡镇地区，收集整理大量民族素材，拍摄完成《鄂伦春口述史》《过去的年代》《告别的年代》《北方北》等大量珍贵影像资料和专题片。群众文艺工作人员深入民间收集整理鄂伦春原创歌曲，将收集的鄂伦春原创歌曲整理成册，出版发行了《鄂伦春原创歌曲80首》。三是加强民族语言保护。鄂伦春族只有语言，没有文字，实施语言保护、整理有相当难度。2008年实施鄂伦春语言保护计划，目前制作完成了十五集《鄂伦春语教学动漫光盘》，出版《鄂伦春语学习词典》。该词典采用汉字谐音、拼音标注的方式对照注解鄂伦春词语、短句30000余个，同时配备词典学习CD光盘。四是加大非物质文化遗产传承工作。非物质文化遗产传承需要专门人才的培养。2007年1月8日自治旗举办首届鄂伦春族手工艺大师评比活动，参展作品近300幅，评出手工艺大师14名，为鄂伦春民族手工艺制作技艺的继承、发展奠定了坚实基础。自治旗拟每三年进行一次鄂伦春民族手工艺大师评比活动。2009年11月，开办鄂伦春民间艺术文化传习所，聘请有技艺的10位鄂伦春族老人，对猎区乡镇具有一定民族制作技艺的鄂伦春中青年进行培训。经过为期两个月的传承学习，共有120人次得到了指导学习培训,并定期举办,使其制度化、常规化。五是举办"非遗"展览,组建民间组织,全面展示"非遗"。2009年9月25日,举办"森林的技艺"——鄂伦春非物质文化展览。此次展览展出了桦树皮制品,兽皮制品,萨满音乐、舞蹈及鄂伦春民族传统音乐、舞蹈等,展品112件,图表24幅。2010年7月,旗文广电局组建"鄂伦春民俗表演队",共有演员30人,从民歌、服饰、制作技艺等方面对鄂伦春民族文化进行表演。

赫哲族是我国唯一渔猎民族,同鄂温克、鄂伦春族一样,也是跨境民族。2010年第六次人口普查中国境内赫哲族5354人,主要分布在黑龙江省同江市街津口、八岔和饶河县四排三个民族乡,及佳木斯市敖其、抚远县抓吉等五个赫哲族村。至2010年底,赫哲族非物质文化遗产纳入国家名录的有两项,即依玛堪和鱼皮制作技艺;国家级传承人两人,即吴宝臣(依玛堪)、尤文凤(鱼皮制作技艺)。"依玛堪"是赫哲族曲艺、说书形式,是赫哲族生活中不可缺少的艺术品类和娱乐、审美方式之一,同时具有传承本民族历史文化"教科书"的功能。赫哲族鱼皮制作技艺历史悠久。他们世代沿江倚山而居,以渔猎为生,人们捕鱼、食鱼、用鱼皮盖房、造舟、制衣,等等。传统的鱼皮技艺包括一整套复杂的加工过程,分为剥皮、干燥、熟软、拼剪缝合、艺术修饰等步骤,过去赫哲族妇女都能熟练掌握这一技艺。目前赫哲族进入黑龙江省级"非物质文化遗产"名录十项:乌口贡大会、鱼皮镂刻粘贴画、萨满神灵剪纸、鱼皮服饰工艺、鱼骨工艺、天鹅舞、桦树皮制作技艺、鱼皮手工缝绣技艺、传统婚礼、稠李子饼、冬钓撅达钩。省级杰出传承人为吴玉梅(天鹅舞)、孙玉林(鱼骨工艺)、吴福胜(赫哲族婚俗)和尤伟玲(鱼皮贴画)。市级传承人为吴奇(口弦琴)、尤俊丽(鱼皮服饰技艺)、孙玉森(宗教礼仪)、付兴珍(稠李子饼)、毕红兵(杜烈其)。

赫哲族非物质文化遗产保护工作开展情况,以同江市为例,主要从以下方面开展工作。

首先,高度重视、强化建设、深入开展"非遗"工作。2006年5月非物质文化遗产保护工作正式启动以来,同江市委市政府高度重视此项工作,组织召开同江市非物质文化遗产保护工作等会议,制定《同江市委、同江市委、同江市人民政府关于加强赫哲族传统文化保护和发展工作意见》,进一步明确指导思想、保护范围、具体措施和专项资金,增设街津口、八岔两个民族乡文化站，组建保护工作领导小组等。为使非物质文化遗产保护工作高效进行，同江市委市政府以软阵地建设为思路，先后完成中国赫哲族网站、赫哲族少儿艺术培训中心、民族歌舞团、原生态依玛堪艺术团、赫哲族文化遗产资料库、赫哲族民俗研究会和同江市非物质文化遗产保护中心等软阵地建设。同时，加强硬阵地建设，先后成立了中国赫哲族博物馆、赫哲族民俗文化村、街津口民俗展览馆以及赫哲族文化遗产传承基地等。

其次，在积极开展各项活动的同时，同江市推进营造"非遗"工作氛围。一是通过赫哲族少儿艺术培训中心这一平台，组织开展传承、培训工作，并在街津口建立依玛堪、鱼皮制作技艺与赫哲族婚俗等传习所。开办赫哲族民族语言班、赫哲族民间舞蹈班等，各项活动同时推进，加大"非遗"保护力度。二是积极参与省、市、地方"文化遗产日"宣传活动，集中展现赫哲族传统文化艺术魅力。2010年6月，同江市民族歌舞团代表黑龙江省赫哲族走进了上海世博会，在那里他们展示鱼皮服饰，表演赫哲族舞蹈《冬钓》、依玛堪片段《希尔达鲁莫日根》、口弦琴弹奏《乌苏里芒木》和赫哲族独舞《月亮里的姑娘》等经典节目。三是动员社会各界全面参与，形成"非遗"保护合力。在全面启动非物质文化遗产保护工作之始，市里就要求全市各部门全面参与。通过招商引资的形式，开发建设赫哲族文化遗产传承基地，真正实现了商家建立基地、企业联系协会带动传承人管理模式。进行一对一帮扶赫哲族代表性传承人有奖励的传习机制，大大提高了传承人传授技艺的积极性，使"非遗"保护、传承工作进度迅速提升。同时，发动民间艺人、社会热心者广泛参与，形成"非遗"保护工作的整体合力。如街津口的尤文凤（国家级鱼皮制作技艺传承人），利用渔猎淡季或闲暇时间，用从酒店拣来的鱼皮，制作鱼皮制品，讲解鱼皮制作技艺，学员便是儿子、儿媳、孙子和孙女。国家级依玛堪传承人吴宝臣，在经费不足的情况下定期召集、组织并亲自在依玛堪传习所授课。省级鱼皮贴画传承人尤伟玲，驱车到45公里外的街津口乡鱼皮技艺传习所，给赫哲族姐妹们和好学的孩子们授课。街津口中心校在乡政府、市委市政府及社会各界人士的大力支持下，坚持开办赫哲族语言班、赫哲族传统舞蹈和体育项目班，这些为赫哲族非物质文化遗产保护工作的顺利开展增添了活力。①

---

① 上述描述主要根据鄂温克、鄂伦春、赫哲族地区各级政府部门有关材料整理。

综上所述,可以看到,鄂温克、鄂伦春、赫哲族非物质文化遗产保护工作得到了很好的开展。在当地政府高度重视和科学、合理、有效组织之下,一些基础性工作取得了初步成绩,为之后的工作奠定了良好的基础。如对文化资源进行了一定的挖掘、整理、分类工作,学习、借鉴并就保护、传承方式进行了积极并行之有效的探索;建立民族传统文化博物馆、陈列馆,对"非遗"进行录音、录制,组织传习所,进行文化展示等,非物质文化遗产保护工作正在顺利而卓有成效地进行。一些地区的保护措施,对我国乃至世界非物质文化遗产保护工作思路调整、措施改进以及预期目标实现,极具启发意义。如根河市、同江市在设计保护措施时,将文化保护与旅游业、人民经济收入改善结合,采取保护与全社会动员、参与、社会凝聚等方式。"市里就要求全市各部门全面参与。通过招商引资的形式,开发建设赫哲族文化遗产传承基地,真正实现了商家建立基地、企业联系协会带动传承人管理模式。进行一对一帮扶赫哲族代表性传承人有奖励的传习机制,大大提高了传承人传授技艺的积极性,使'非遗'保护、传承工作进度迅速提升。"① "通过组织开展一系列文化活动,使广大人民群众了解和认识非遗保护、传承的重要性。利用民族节日和资源优势举办'使鹿文化节'、驯鹿王比赛、模拟狩猎等。同时,借助地方民族文化资源特色和优势,一方面注意保持和弘扬原生态的民族文化,不人为、随意地添加现代要素,另一方面加强民族节庆与旅游业的结合,使民俗节庆成为旅游活动亮点。"② 鄂伦春自治旗政府充分认识到人口较少民族非物质文化遗产保护、传承中民族传统文化人才培养的重要性。2007年1月8日自治旗举办首届鄂伦春族手工艺大师评比活动,参展作品近300幅,评出手工艺大师14名,为鄂伦春民族手工艺制作技艺继承、发展奠定了坚实基础。自治旗拟每三年进行一次鄂伦春民族手工艺大师评比活动。2009年11月,开办鄂伦春民间艺术文化传习所,聘请有技艺的10位鄂伦春族老人,对猎区乡镇具有一定民族制作技艺的鄂伦春中青年进行培训。经过为期两个月的传承学习,共有120人次得到了指导、学习、培训,并决定以后定期举办该类培训,使其制度化、常规化。③

---

① 同江市政府汇报材料。
② 根河市政府汇报材料。
③ 内蒙古自治区文化厅:《内蒙古加强鄂伦春族非物质文化遗产保护工作》,中国民族宗教网,www.mzb.cn,2011年7月11日。

除上述工作及成效，随着"非遗"保护工作深入进行，民族知识分子、有识之士，政府有关部门，高校、科研单位有关科研人员，日益将"非遗"保护与民族现实生存发展和未来前景前途相结合，围绕"准确地传承"与"非遗"保护，对民族文化重构与民族可持续发展关系进行积极探索。2015年12月内蒙古映山红三少民族民间艺术团①举行成立大会暨学术研讨会，来自内蒙古自治区人大，中国社会科学院，内蒙古社会科学院，国内、区内高等院校的三少民族人士，区内各级政府、三少民族民间文艺团体，以及非物质文化传承人等近百人到会。会议期间来自旗县、乡镇、村落的文艺团体和个人，进行民族传统歌舞、服饰展演，生动体现出民族文化多样性的真实存在与鲜活生命力。会议研讨集中于外界及当事民族人员就民族传统文化传承、现代化冲击中传统文化命运，以及非物质文化遗产保护状况、保护方式议题，再次让人感受到民族人士和社会各界普遍表现出的对民族传统文化衰落的忧心，对本民族传统文化如何在当代获得文化新生充满求解的急切。通过重新阐述三少民族历史贡献、文化价值，进一步揭示当代包括三少民族在内各民族传统文化的生存、发展，以及正在推进的非物质文化遗产保护的重要意义。会议众多发言论及保护方式存在静态保护与动态保护问题。随着现代化与传统文化关系的处理，以及现实世界里人口较少民族传统文化在与异文化接触、与外部社会互动过程中做出的调整，如传统衣食住行方式的退出或日渐退出，与会者认为在保护之前，需要重新判断"传统文化"，并继而引发对保护方式的关注与恒久热情。因采取、选择哪种保护方式，与民族现实发展特别是传统文化可持续发展、繁荣存在密切联系，讨论倾向于动态保护方式的落实，以及传统文化在当代的创新，认为通过创新，可获得传统在当代的再生和文化地位、文化贡献。"民族文化要发展，首先要传承，并且要准确地传承。要认真做好传播。三少民族文化被认可度不高，这与传播范围、手段有限有关，要有所创新。三少民族文化有悠久历史，但同样有美好未来，而美好的未来有待于创新。"②"文化重构是三少民族发展的必然走向。好在党、国家政策好，同时，需要民族主体积极、

---

① 该艺术团属民办、非营利性艺术团体，早在前几年已经开展工作。"三少民族"，指达斡尔族、鄂温克族、鄂伦春族，三者各自有本民族自治旗，行政隶属于内蒙古自治区。

② 吴团英在会议上的致辞。

主动。民族传统文化如何焕发活力？有四条：①重回民间，重新焕发民间歌舞在民间的活力；②传承民族歌舞丰富性；③扩大民族歌舞文化空间；④准确地传承，迈向更大的舞台，不能仅自娱自乐，封闭地保护、传承，要创新"①。

二 存在的主要问题及主要原因

如上所述，人口较少民族"非遗"保护工作意义重大、涉及面广，牵涉政府、地方社会、文化当事主体等多个主体，非短期内能大见成效，预期其社会效应复杂而长期。各级政府的作用——认识高度，公务员专业素养、工作态度以及制度建设、资金投入至为关键。同时，所在地方经济发展水平、文化特点、人口素质（政治、文化意识及发展愿望）、社会风气、精神面貌，甚至地理条件，以及当事民族整体社会、文化及变迁形态至关重要。

经过梳理、归纳鄂温克、鄂伦春、赫哲族当地政府"非遗"保护工作有关总结、汇报，吸收、提炼同类研究成果，以及科学、深入的实地调查，我们可以发现，尽管目前工作卓有成效，但也表现出不少工作进程中存在的问题。这些问题集中表现在以下几方面：经费、财力短缺，直接影响"非遗"工作进展，如活动场所无或小、交通工具少等对正常工作开展产生巨大影响，需要上级和国家加大经费投入；缺乏专门机构和人员编制，保护工作难以规范化、正常化；工业化、城市化等现代化冲击，使民族传统文化加剧衰落，民族文化日益失去以往的存在环境，保护速度需要加紧，保护方式需要研究。

在此，有必要特别指出：上述问题仅为近些年"非遗"保护工作中的一般性问题，而人口较少民族非物质文化遗产保护工作中存在的问题、原因和特殊难题，因其人口、传统文化特点等多种因素作用，可以提炼为以下几点。第一，人口较少民族非物质文化遗产濒危。随着外来文化的侵袭，本民族人员的外流，民族社会分化，特别是因"三少民族"无文字，文化传承主要借助于口耳相传，又因为人口较少，"非遗"文化会随民族历史老人——文化传承人的逝去而濒于失传和消亡。提高全社会对非物质文化遗产项目和传承人的申报保护意识、知识产权保护意识，培养传承人意识就显得尤其重要。第二，"三

---

① 毅松在会议上的发言。

少民族"人口少、文化简单，适应巨变环境能力强，较之汉族、壮族、回族等人口众多、传统文化异质性较强的民族，其文化衰亡的速度更为迅速。第三，"三少民族"人口少、传统社会组织松散，其民族社会更容易在现代化冲击中急剧分化。总体来看，就鄂温克、鄂伦春、赫哲族当地政府"非遗"保护工作存在的主要问题及主要原因而言，大致可归纳为以下方面。

（一）传承人资格及保护、"非遗"资源调查、整理等基础性工作依然薄弱

总体来看，目前鄂温克、鄂伦春、赫哲族"非遗"保护工作仍然处于打基础阶段，表现为有关基本概念不明确，不被当事社会、民族广泛了解；一些可以作为非物质文化遗产的文化事项还有待挖掘、整理、分类，等等。如就最基本的"传承人"概念、资格，传承人是一个好、两个好，还是有几个报几个，存在不少分歧和议论。有一些民族原生态的文化没有被列为"非遗"项目，如鄂温克族"罕拜舞"，还有一些民歌。鄂温克族有三个部落，各有各的民歌，但是没有这些民歌的传承人。还有一些故事、绣花工艺等没有被列为"非遗"项目①。

传承人是"非遗"保护的核心，传承人保护不好，是"非遗"保护工作的重大漏洞。这涉及两个问题：传承人的资格，以及如何保护。关于传承人的资格，大家能够接受的标准是，能够代表这个项目，并被民族内部认可的人。就传承人资格，具有当代文化接触、民族关系意味的问题是：某个民族非物质文化遗产的传承人，可以让其他民族人担任吗？"在调查采访中，80%以上的人明确回答'不可以'，如'我不赞成，他们即使掌握了一项鄂温克族传统技术，但只是表面的'，'多数都为抄袭的，表面性的，并没有深入鄂温克族的精神世界，作品没有内涵，皮毛而已，只能是形似神不似'，'掌握一个民族传统文化尤其是非物质文化遗产的人，要有生活、意识、情感'，'我不赞成，我怀疑他们的目的，他们只是利用这个称号，达到自己的目的，而且有的人只知道索取，没有回报，就好像一个"文化的侵略者"一样'"。② 当我们抛开民族情感因素，不难看出围绕传承人资格反映出的人口较少民族非物质文化遗产保护工作特有的复杂

---

① 2010 年 11 月笔者在鄂温克自治旗的调查。
② 恭宇（内蒙古呼伦贝尔学院教师）2010 年 10 月实地调查。

性。

因民族人口少,可选择传承人有限;又因人口少而影响到社会规模、社会资本拥有实力等,民族文化容易被剥夺或容易想象成被剥夺。如文化当事者对异族人以赚钱为目的的"学习",或未经同意、欺骗性手段的"偷学",以及学后随意篡改、改造、宣传错误的民俗、文化理念的自觉和不满。"还有学生忘记老师,得到巨大利益后不回报传授者,导致老师伤心等。也有一些非鄂温克族人有相同的回答,'现在国家还没有相关的法规吧,传承人还是本民族人好一点,他们有生活、情感','我见过鄂温克人传统的桦树皮制品,现在有很多人都在制作,甚至成为谋生手段,但是感觉都不怎么像,说不上来'"①。就传承人资格、传承人保护机制,一些研究者认为:"首先,要确立重点传承人的保护机制,可采取市场扶植等措施调动传承人的积极性,使其技艺有延续和发展空间。可采取传统技艺传承人与鱼皮文化产业相结合的办法,成立传习所,举办培训班,组织新、老传承人研讨、传习。还可以将鱼皮与桦树皮、兽皮等民间艺术纳入民族地区中小学,乃至民族大学和综合大学的历史、文化、艺术类的教学之中。从传习到研究,分层次地培养人才。其次,应注意积极选择培养新传承人。针对具有复杂工艺的传统技艺,赫哲族要想把其优秀文化更好地传承下去,就需要拓宽传承人的范围,而不像尤翠玉的传人是女儿尤文凤,尤文凤的传人是她的儿媳妇一样这种家庭链条关系。"② 就传承人及其接班人的"民族条件",在实际中也存在多种选择和认识。"年轻艺人尤俊鹏的观念是对的,他带徒弟并不局限于民族。否则赫哲人如果将技艺固守自闭,只会落得技艺失传的下场,到那时民族的文化与精神从何而来呢?因此,观念放开,一技多传对赫哲族非物质文化遗产传承有利无害,实为明智之举"③。2006年秋季,笔者在街津口赫哲族渔业村与已故并公认为是赫哲族鱼皮服装优秀制作人儿媳交流中得之,她从婆婆那里掌握了全套鱼皮服装制作技艺,而她是汉族。从与担心让外民族担任传承人,或担心被利用而实际中确有可能存在这种现象的实际进行分析,传承人条件,是否有必要调整为"谁有资格成

---

① 恭宇(内蒙古呼伦贝尔学院教师)2010年10月实地调查。
② 汪海萍(内蒙古农业大学外聘教师)2010年10月实地调查。
③ 汪海萍(内蒙古农业大学外聘教师)2010年10月实地调查。

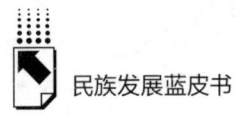

为传承人"理念,是变化中的民族—社会和大社会提出的现实问题。

无疑,作为民族地区的热词,"传承人"能够获得一定资助,特别是因是"传承人"而带来的社会声望、荣誉,提升了全社会及传承人自身对"传承人"意义和当代生存意义的认同。这也连带引出一些议论:"乡级、市级、区级传承人都表示没有任何资金方面的扶持,影响了传承工作的进行,又因掌握这些珍贵技术的传承人大多数贫困或收入低,如果形成一套科学健全的扶持资金对他们将是巨大的鼓励与承认,从而承担起民族文化的传承与保护重任,他们也将进一步做好传承工作。接受采访的传承人基本都表示:'如果像我们这样乡级、市级、区级的传承人都有相应的资金扶持,我们会尽自己的努力传承下去。'"[①]"调查中还发现一个普遍现象,传承人多数生活困难,没有固定收入,也想通过自己掌握的技术提高收入,但市场需求太少,无人指点帮助。另外还出现个别传承人不愿意传授,原因在于交给别人后,自己不能获得任何经济收入与利益。这些掌握着先辈们留下的文化遗产的传承人、老艺人,用毕生的心血和精力致力于所热爱的民族文化事业,不忍在世看见本民族文化的消失,在自己手中绝迹,但面临现实生活的残酷,许多人都表示无奈,甚至痛苦。对于他们的保护、关怀和爱护,不仅是各级政府责无旁贷的责任,也是我们整个社会的责任,更是我们每一个公民的责任,甚至义务,让这些传承人、老艺人走出迷茫、脱离贫困,如此,'非物质文化遗产'的保护才可谓成功。"[②] 这种状况在提醒政府及外部社会,对包括保护传承人在内的"非遗"保护工作而言,对保护、传承状况的分析及政策、措施,不能脱离当代社会各个民族文化变迁实际,不能不顾各个民族观念、生存、发展需求的客观实际,从其生活实际出发、考虑。在对待传统文化保护问题上,当事者工具理性与民族意识、民族情感已经融为一体。

(二)人口太少,传承人更少——人口较少民族"非遗"保护特有困境

文化部门及当事民族人员常常谈到,民族人口微少,意味着文化传承人更

---

① 恭宇(内蒙古呼伦贝尔学院教师)2010年10月实地调查。
② 恭宇(内蒙古呼伦贝尔学院教师)2010年10月实地调查。

少，而传承人年龄一般较高。由于人口较少民族传统文化自身的特点，在与其他文化交融、碰撞过程中，最容易丢失甚至消失。这恰恰是人口较少民族非物质文化遗产保护面临的不同于人口众多民族的特点与特有困难。一个历史老人的去世，很可能意味着一种或多种传统文化因子的消失。据了解，黑龙江省嘉荫县乌拉嘎镇胜利猎民村的莫秀英老人不幸因病于2008年春天离世。当地人都觉得，这位老人的去世，这个村会鄂伦春族传统技术的人是没了（或是没有可以和她相比的人）①。笔者2006年9月在胜利村曾和莫秀英老人多有交流，老人还友好地送我一个她生活中使用的桦皮篓，我买了一只她做的传统兽皮包，并请她找出自己曾经为其老伴打猎缝制的兽皮铺盖——狍皮被、褥。而鄂伦春自治旗鄂伦春族名人额尔登挂、满古梅、内淑梅、关举金等均已60岁以上。熟悉狩猎技艺的舍勒巴图、白热尔图也已因病去世，讷尔克气猎民村红梅老人也已经去世。笔者2000年在红梅老人家里听过她讲述自己当村干部、人民代表去北京见到毛主席的"故事"，而从当时依然作为老人日常生活用品使用、由老人亲手缝制的狍子腿皮坐垫、桦树皮针线盒上可以推断，老人堪称兽皮、桦树皮技术高手。另据调查，"使鹿鄂温克人自1997年最后的萨满去世，至今还没有萨满，陈巴尔虎旗有两位萨满，鄂温克自治旗有五位萨满，这七位萨满的平均年龄大概在50岁以上，年龄最大的已经70多岁。还有老人表示，由于狩猎生产方式的消失，狩猎文化已在鄂温克自治旗和陈巴尔虎旗基本消失，在敖鲁古雅鄂温克民族乡狩猎文化也处于极度濒危状态，传统狩猎工具如地箭'阿郎嘎'、弓箭'波勒'、扎枪、鱼叉'黑兰克'、鱼钩'敖鲁库'、大刀'乌特根'、小刀'靠套'等已无人会制作，懂得滑雪板'金勒'、桦皮船'佳乌'、鹿哨'乌勒翁'等制作的也只有三四个人，完全懂得传统狩猎习俗的只有一两个老人。"② "看传统文化在消失、遗失，挺着急的。赫哲族天鹅舞过去也有几个人会跳，现在只有一个老人会跳，其余人都去世了。"③ 这位唯一会跳赫哲族传统舞蹈天鹅舞、年近70岁的老太太在座谈会上说："我们赫哲族爱唱、爱跳，可是没有地方玩，乡文化站面积太小，小孩们来了，也要

---

① 2008年6月22日中午作者与嘉荫县民宗局莫金广（鄂伦春族）的电话交流。
② 研究生恭宇（内蒙古呼伦贝尔学院教师）2010年10月实地调查。
③ 2010年9月街津口乡座谈会。

钱。外边有的现代化的乐器,我们也想有",她克服心脏不好、气短等不适,还应邀为我们表演了天鹅舞。区别于现代芭蕾舞剧《天鹅湖》,诞生于渔猎民世界的"天鹅舞",的确别有韵味,是无价之宝。另外,赫哲族依玛堪"只能靠口头传承,而赫哲族有没有自己的文字,能用本民族语说唱的艺人已寥寥无几,而且都是60岁以上的老人,目前已找不到能用本民族语完整说唱一部依玛堪的艺人。而种种原因导致年轻人大多对学习和传承本民族传统口头技艺兴趣不大。因此,口头技艺存在人亡艺绝的危机。"① 而"由于现代流行歌曲、卡拉OK、电视、电话的广泛普及,鄂伦春民歌失去优势。目前乌鲁布铁猎民村的内淑梅老人,还能用鄂伦春调完整地唱几首民歌"②。

(三)保护、传承方式与民族生存、发展

非物质文化遗产保护,大致存在以下方式:抢救性保护,即对濒危文化项目的保护;针对性保护,也就是文化生态保护实验区,按照文化自然规律进行的保护;文化整体性保护,如鱼皮制品制作过程,即动态性保护。现代化进程中人口较少民族非物质文化遗产保护、传承方式,与当事主体生存、发展,以及所地区整个经济、社会进程,存在密切联系,事实上已经作为有机整体存在。与保护、传承方式相关,问题更多集中于传统文化与现代化的关系、要文化还是要人的关系。在涉及保护、传承方式选择上,如何走出非此即彼认识误区,是考量政府、外部社会以及具有民族领头羊作用的民族精英文化理解、开放心态与见识、善治能力的严峻命题。

众多事实表明,上述问题往往与承载着"非遗"群体——传统文化的衰落和极度的边缘化有关。生态环境和社会环境的急剧变化,使"非物质文化遗产"日益丧失生存和传承的环境和条件。这种情势之下的"非遗"保护与传承,不仅使当事文化群体处于某种两难境地——要传统,还是要更好地生存与发展;也使政府"非遗"保护工作的目标以及保护方式抉择上处于某种尴尬境地——要现代化、促进民族和地方社会繁荣,还是要保护、挽救传统。围绕这一问题的报道、讨论,每每成为当前讨论少数民族"非遗"保护工作的

---

① 汪海萍(内蒙古农业大学外聘教师)2010年10月实地调查。
② 塔娜(内蒙古文联干部)2010年10月实地调查。

焦点。① 众多争议和线索，往往指向并最终集中于环境巨变、文化变迁与人口较少民族"非遗"保护方式的关系及保护方式选择这个焦点。

如有调查反映："'前十年左右，鄂温克族的'抢枢'游戏、民歌，没有人教，人们就都会了，年轻人会主动学习，因为周围的人都在玩、都在唱。后来人们都去打麻将、玩电脑游戏、唱流行歌曲，没有人再玩'抢枢'，再唱民歌，慢慢年轻人会的就少了，只有像我这样年龄的人才会。'大环境的变化使鄂温克族传统文化'抢枢'游戏处于濒危境地。"② 问题更在于传统文化形成、延续社会基础的瓦解和日益萎缩。"森林、草原被破坏，驯鹿、牛、羊无处觅食，经济收益与劳动比例不平等，得不到社会及周围人群认可与尊重，以至长期存在这样的情况，即无人愿意上猎民点从事劳动，当一名猎民被认为是'不能胜任任何行业、没有能力而选择的最终生存之路'。……敖鲁古雅鄂温克民族乡约有鄂温克族 200 人，从事传统生产方式饲养驯鹿的猎民点共计 7 个，800 多头驯鹿，只有 22 个鄂温克猎民及 6 个鄂温克女婿在这 7 个猎民点放养驯鹿。自 2003 年生态移民临近市区，生态环境的变化，偷猎、下套有增无减，劳动力不足，粗放型的放养方式以及猎民点生活环境的简陋，使得驯鹿数量一直无法增加，鄂温克猎民的生活长期处于最低生活保障以下"。③ 1949 年新中国成立，随着现代化进程的加快，人口流动加快，受教育程度提高，行业、职业多样化，传统社会急剧分化。"在调查中有一点很容易发现，从小生活在苏木、嘎查、猎民点里的鄂温克人懂得的本民族传统文化更多、更全面、更详细，而从小生活在旗里、市区的鄂温克人懂得的本民族传统文化很少、一知半解，有的甚至完全不了解。如受访者 B，从小生活在鄂温克自治旗（南屯），70 年代末生人，父母为干部，在旗里上汉语学校，后在旗里工作，不懂本民族语言，对本民族传统文化了解很少，在采访中可以明显感受到他深切的内疚与困惑，'唉，别问了，我都不好意思了'。这个鲜活的案例告诉我们，处于弱势的传统文化的传承环境是很有限的，失去传统文化的生存环境就难以

---

① 见张小军《"被族群"：丽江古城的文化保护困境》，《中国社会科学报》2010 年 9 月 2 日；李丹阳：《美化性"保护——是保护还是伤害"》，《光明日报》2010 年 11 月 24 日。
② 恭宇（内蒙古呼伦贝尔学院教师）2010 年 10 月实地调查。
③ 恭宇（内蒙古呼伦贝尔学院教师）2010 年 10 月实地调查。

传承与保护。"① 问题还反映在另一方面，"在苏木、嘎查、猎民点从事劳动生产的人逐年递减，特别是在饲养驯鹿的鄂温克人的猎民点。猎民点简陋的帐篷、单调的生活无力与山下集体供暖的'别墅'——新敖乡猎民居所，电视、KTV现代传媒的巨大诱惑相匹敌。调查中有的年轻人表示'我也想去猎民点，可是待几天就受不了了'。为人父母的人，又表示'我何尝不想让自己的孩子在猎民点学习本民族的传统文化与语言，可是现在的竞争太激烈，我们本来就不可能给孩子提供像大城市孩子一样的受教育等方面的条件，再把孩子放在猎民点，长大后他无法与其他同龄孩子竞争，不能让孩子输在起跑线上。我并不认为鄂温克族的文化是落后的，我也曾想过把孩子留在猎民点接受鄂温克传统文化的教育，但是真的不敢，这就相当于一种赌博。"② "走访传承人时，几乎所有的人都在说：'我是传承人，但没有人学，即使有人来学也只是学习皮毛，多数人都是为了赚钱才学习。'不收取任何学费依然无人问津，当问及为什么无人学习时，多数回答是'不感兴趣，也不能赚钱，有经历去学习赚钱的活儿'，少数回答'太难了'、'不知道和谁学'、'学了一点，坚持不下去'等"③。上述情况表明，保护方式、措施，直接与当事者、当事主体生活和生活前景设计有关。当事者、当事主体参与实际生活，并在其中发挥积极作用的保护方式，不仅迎合了民族百姓心理和情感，并因与收入、生活质量改善需求一致，才会赢得人民的热情与支持。

"非遗"保护强调保护文化的本真性，强调保护文化源头。同时，也讲究活态传承。而这些，都有赖于文化载体——广大民族群众的真正参与。如敖其村民族文化传习馆，传授民族传统说唱艺术伊玛堪、传统鱼皮制作技术。三年来教授赫哲族年轻人赫哲族语言，已经达到学生用本族语言演唱萨满神调的水平。饶有人文关怀和文化理解趣味的是，谁来学习本族语言，当地政府投入财力，鼓励年轻人学习，即支付一定报酬。一些制作鱼皮工艺品的家庭，实现了民族文化传承与经营、经济收入挂钩。如吸收现代文化、异文化

---

① 恭宇（内蒙古呼伦贝尔学院教师）2010年10月实地调查。
② 恭宇（内蒙古呼伦贝尔学院教师）2010年10月实地调查。
③ 恭宇（内蒙古呼伦贝尔学院教师）2010年10月实地调查。

元素，鱼皮工艺品材料是传统的，而内容则有一定吸收和创造性转换。笔者在当地看到有将龙的造型、"中国结"等吸收进鱼皮工艺品制作中。怎样保护好民族文化源头？怎样处理传承、保护、利用的关系？这是政府指导保护方式时无法回避的问题。我们说，即便怀有民族情感，然而生存、发展第一。如何将传统文化传习、传承，与现实生存、发展密切结合，需要政府发挥创意之处。

毋庸置疑，"非遗"保护方式事关重大，易引发问题。就人口较少民族实际生活而言，矛盾性可能在很大程度上由下列因素引起：民族百姓不得不把对传统文化的依恋与越来越明显的、吸收现代文明的必要性结合起来。外部因素，一切希望人口较少民族获得可持续发展的善意和援助、支持，包括政府，从民族生存、发展计，不能让人民成为文化保护的"人质"。赫哲族地区政府为"非遗"保护、传承，投入财力鼓励年轻人学传统歌舞。鄂伦春地区有老年人反映，年轻人觉得本族传统歌曲不好听，也不愿意学。那么，怎样将非物质文化遗产保护与现实生存结合，成为新时期提高人民生存质量的积极因素，是政府出台保护政策及法律必须考虑到的。

从上述讨论出发，笔者认为，应以变化了的文化和变化了的人作为选择保护方式的基本依据，寻求民族百姓生存发展与"非遗"保护、传统文化传承的有机结合。如文中所论，"非遗"与当事文化、人民生活利益有直接关系，如一些传承人生活困难，没有固定收入，想通过自己掌握的技术提高收入；也有个别传承人不太情愿教，感到教给别人后，自己得不到什么好处、利益。这些都是合理的、实际的考虑，我们不能理想主义地、不顾民族百姓实际生活考虑和利益而要求他们具有"民族觉悟"。凡此均在启发、提醒，对包括保护传承人在内的"非遗"保护工作而言，对保护、传承状况的分析及政策、措施，不能脱离当代社会进程、人们的观念、人们对生存和发展的需求等客观实际。尤其有必要理解的是，从生活实际出发，在对待传统文化保护问题上，当事者工具理性与民族意识已经融为一体。

就传统文化保护、传承以及如何与当事民族生计实现有效结合而言，黑龙江省呼玛县白银那民族艺术团就是一个典型的例子。在艺术团里，全村人都是团员，该艺术团通过整理、挖掘本族传统文化要素，尤其是应邀展演获得经济收入和社会声望，提升了村民文化认同，调动了社区生产、生活热情。将保护、传承有机结合的经验值得借鉴，一些文化传承人、民族热心人士在各级政府、组织支持下正在进行积极探索和尝试。如就"非遗"保护而言，赫哲族中有传承人感到目前最为焦虑的是依玛堪[①]传授中的困境，即汉字无法一一对应、转换成依玛堪中的字词句，感到若采用国际音标注音有可能解决这一难题[②]。这里透露出的信息是，赫哲族年轻一代需要借助汉语学习本民族传统艺术依玛堪，汉语又难以做到一一对应地转换，即便将来改用国际音标，也存在是否内容完全准确的问题。这里的问题是，是否要追求"完全的准确"，完全的"原汁原味"。这无疑在指向如何认识文化，如何理解文化创新、重构。一些从实践中做出的总结，具有启发、启迪意义。如"从民族音乐传承看，存在三种类型：原生型、次生型、创新型。原生型，是活鱼活水，具有实用性、自娱自乐性，是非表演性的，是原生型传承，属于大舞台——非舞台；次生型，有负面影响：形象上，为适应舞台表演，首饰、身段都向学院派、专业靠拢，消解的是传统，导致表演能力丧失。而在民间，存在灵感、创意空间；语言汉语化。这使民间歌舞的原生态大打折扣。积极意义在于能激发民间歌舞者的表演热情，扩大传播空间"[③]。这一探索还表明，实现传统与现代的结合，需要多方面协同努力，包括政府投入财力、物力，当事民族自身的努力以及教学、科研人员等社会各界的努力。

（四）"非遗"保护工作重要意义及调动公众参与热情

综上所述，人口较少民族非物质文化遗产保护工作，是功在千秋、涉及多个主体、需要全社会动员和积极参与的社会系统工程。与上述讨论相关，正如有研究所言："'非遗'保护有别于其他工作，特别是作为最基层的普查与申报工作，如果脱离民族群众，投入再多的关心与资金，也是与预想结果相背离的，是得不偿失的。在调查中不免会遇到这样一类人，他们认为'非遗'保

---

① 赫哲族依玛堪，是赫哲族的曲艺说书形式，流行于黑龙江省的赫哲族聚居区。据现有资料，它至迟在清末民初就已经形成。2011年11月23日，依玛堪被列入联合国"急需保护非物质文化遗产名录"。
② 2015年12月25日笔者对赫哲族非遗传承人尤冬眉女士（黑龙江省同江市街津口乡赫哲族人。现任佳木斯市赫哲族联谊会会长，赫哲族鱼皮技艺、萨满舞、依玛堪等四项传统文化项目传承人）的电话采访。
③ 张天彤教授（汉族，中国音乐学院）在会议上的发言。

护工作只属于政府部门工作范畴，与自身无关；经常有人把'非物质文化遗产'或与落后、陈旧、野蛮、老掉牙、'传统'、跟不上时代等词语联系在一起，或表现出不屑一顾、漠视、鄙视，这样的人不在少数，甚至个别在政府等国家部门工作的人也有同样想法，传承人、老艺人得不到应有的尊重与承认。"① 凡此种种，不禁令人扼腕。"非物质文化遗产"保护的意义远不止如保护一只大熊猫、一头藏羚羊简单，生物的多样性成就了人类得以生存的这个丰富多彩的地球，文化多样性则建构着人类历史与文明之路。也有调查显示，"广大社会对政府'非遗保护'还缺乏对基本知识的了解。因此，作为政府相关职能部门和文化管理部门应采取积极有效的措施，通过各种媒体对非物质文化遗产的确切定义、特点、意义与目的进行广泛的宣传。如汉族人某某，生活在同江市街津口乡，能讲部分赫哲语，现跟随父母过着渔猎式的生活。但问到'非遗'保护问题时，他回答：'我只知道赫哲族的文化和民俗越来越受到国家、社会的重视，但是我不太了解非物质文化遗产及其保护的重要性'。赫哲族人某某，现工作于佳木斯市某单位，父母均为猎民，能讲赫哲语，本人只会讲个别简单的生活用语。他的答案是：'虽然我知道什么是非物质文化遗产，也知道国家非常重视非物质文化遗产保护，但是我不知道非物质文化遗产的保护究竟对我们赫哲族人有什么意义。'"② 还有调查发现，"文化部门及基层政府对非物质文化遗产保护工作还没有形成一个较为科学而完善的系统，领导的经常性调换、工作人员的随意，加之对'非遗'知识与保护工作的不了解与不认识，凡此都给当地'非遗'保护工作带来了一定程度的不利影响，或出现濒危文化遗产没有被申报上去，真正的传承人没有申报为传承人等现象，文化部门的工作得不到民众理解，抱怨声随之接踵而来"。③

综上不难发现，人们尚未能够深入领会"非遗"保护工作的重要价值，还没有真正形成全社会动员、各方积极参与等有利于此项工作深入推进的社会环境。究其根源与1949年新中国成立之后主流文化观以及政府实行的民族政策及其社会效应等复杂历史因素有关。如以往简单进化论认识指引下形成的对

---

① 恭宇（内蒙古呼伦贝尔学院教师）2010年10月实地调查。
② 汪海萍（内蒙古农业大学外聘教师）2010年10月实地调查。
③ 恭宇（内蒙古呼伦贝尔学院教师）2010年10月实地调查。

人口较少民族文化看法的思维定式——落后、跟不上时代，现代化进程中其传统文化价值被主流社会的长期漠视、边缘化，以及一定程度上文化主体对本族文化或盲目乐观，或妄自菲薄，等等。正是这种社会、思想环境的长期渗透，加上难以遏制的现代化潮流，在"非遗"保护工作进行得如火如荼的今天，一些地方的"非遗"保护性措施，实际上对那种文化产生了毁灭性的伤害。"'文化遗产'，在很大程度上已经丧失了其本意，成为一个被人们嵌入当今社会中的功能'玩物'，成为商品大潮中的伴生话语。换句话说，文化遗产之所以被重视，并非其本身和本来的文化意义与价值传承，而是其所产生的经济效益。这样一种文化安排之所以在失去了原有的社会功能之后，还会存在和被人们发掘出来，乃是因为被赋予了新的文化商品的意义，体现了当今继承性的'文化遗产'沦为另类商业功能之'文化遗存'的困境"①。由此我们联想到为什么调查中感觉到一些民族普通群众表现出对"非遗"保护的麻木、冷漠，也表现在年轻一代对此缺乏内在热情，而只是被政府和社会关注的"传承人"、文化精英兴趣十足，可能都意味着在传统文化的传统功能消失殆尽，人们苦于追赶现代化的摸索、奋斗之文化变迁之际，重又被政府极端重视。传统文化旧有功能的恢复，或些许的修复、连接已经不太具有现实性。而最有可能出现的"现实性"、启发和吸引族内聪明人以及官方、商人的，是其"新的文化商品的意义"。② 一些为了迎合当代社会流行文化而对传统文化进行一厢情愿和异想天开式改造的媚俗性做法，也在某种程度上侵蚀小民族"非遗"保护工作。对此，有研究指出："'在目前的'非遗'保护工作中，'重申报轻保护'、'重利用轻管理'的现象还不同程度地存在。有些地方文化部门对'非遗'工作积极性很高，但由于保护思路不清，盲目开发，对非物质文化遗产歪曲和滥用的现象时有发生。这样使得当前的保护工作不能正常开展，也影响了文化建设的全局。"③ 无论是将"非遗"作为地方政府开发旅游业、积累政绩的契机和"卖点"，还是民族精英利用"民族"招牌达到"名利双收"的机

---

① 张小军：《"被族群"：丽江古城的文化保护困境》，《中国社会科学报》2010年9月2日。
② 李丹阳：《"非遗"拒绝"美化性"保护——以"担经挑"为例》，《中国社会科学报》2010年11月16日。
③ 李丹阳：《"非遗"拒绝"美化性"保护——以"担经挑"为例》，《中国社会科学报》2010年11月16日。

会，以及民族百姓不同程度感觉到的热闹的"非遗保护"活动与自己关系不大，如果不进行及时的反思和调整，"非遗"及其保护工作，在很大程度上会丧失其本意。如上所述，这种社会、思想环境的长期渗透，加上难以遏制的经济发展最大化潮流，作为我们社会开展"非遗"保护工作的基本土壤，凡此，均成为今天无论是对其意义的认识，还是保护措施的良性选择等无法逃脱的"窄门"。那么，如何加快提高全社会对"非遗"保护工作重要意义的认识，动员包括人口较少民族在内的公众参与热情，有可能是伴随"非遗"保护工作的一个长期的动态的进程。其间，政府的积极作为、可观的成绩、文化主体以及地方社会人民的满意度、政府影响力至为关键。

三 对策建议

上述就人口较少民族——鄂温克族、鄂伦春族、赫哲族"非遗"保护工作基本状况、存在主要问题、问题原因进行的描述、分析、归纳，展现出这三个民族"非遗"保护工作的总体面貌；也在一定程度上反映了人口较少民族"非遗"保护工作领域的总体形态，具有一定代表性。1978年改革开放以来，特别是随着近些年国家对人口较少民族经济社会发展专门扶持政策的出台与落实，地方社会事业获得突出进展。在这种形势之下，开展数年的非物质文化遗产保护工作成绩可观，并处于正常、良性运作当中，但也存在需要加以重视和认识的问题及原因。

接续上述讨论，针对存在问题及原因，笔者提出以下对策建议。

第一，知己知彼，百战不殆。总结既往民族工作经验，加深对人口较少民族文化特点以及国家现代化进程中文化变迁型貌、当地经济社会发展状况的认识。不同于人口众多、文化异质性相对较强的少数民族，人口较少民族有其自身文化特点及变迁实际。而这些文化特点和变迁实际，又影响目前"非遗"保护工作的进展。因此，各级政府有必要继续组织有关专家学者就此问题展开深入调查研究，摸清我国各人口较少民族的社会生活实际；总结国外有关经验，进行比较研究，真正将人口较少民族非物质文化遗产保护工作措施、政策、法律的出台建立在有的放矢基础之上。

鄂温克、鄂伦春、赫哲族"非遗"保护工作，总体处于基础建设阶段。

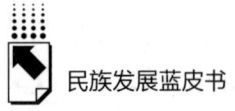

表现为对有关基本概念尚有待于明确——如"传承人"资格、"非遗"保护工作的重要意义不被社会了解,非物质文化遗产资源还有待挖掘、整理、分类等。基础性工作的正确、有效推进,涉及诸多领域,需要政府、社会各界以及当事民族,在提高工作意义认识基础上付出认真努力,进行积极配合。关键因素一是相对充足的财力,二是健全、合理的规章制度,三是干部素质。

人口较少民族没有本民族文字,缺乏用本民族文字记载历史、文化的优势,文化传承主要通过代际口耳相传和生活中的学习。因其人口较少,传承人少之又少,而且传承人的年龄一般都很高。加上人口较少民族传统文化简单性、同质性强等特点,在与其他文化交融、碰撞过程中,比较容易丢失、衰落甚至消失。因此,需要加强年轻一代文化传承人的培养工作。政府除注意在资金、社会荣誉等方面保护好传承人外,需要调整"传承人"条件、资质等思路,即需要建立专门机构培养民族优秀传统文化传人,如开办传承人培训班,或委托某些大学、部门培养,等等。另外,可以有意识地培养一批掌握小民族非物质文化遗产专业知识人员,并注意将民俗学、民族学、人类学等相关专业高学历人才吸收到有关岗位。这样,不仅可以人尽其才,推动工作,也可以解决一部分少数民族毕业生的就业问题。另外,包括传承人确认、项目遴选以及保护方式选择,要首先尊重本民族意愿,并以真正负责任的精神,使其抓住发展机会,因势利导。针对具有悠久历史的文化群体的非物质文化遗产保护,带有很强的民族工作色彩,事关民族关系和国家稳定,有很多历史和现实经验可供借鉴。因此,任何一个与民族生存、未来相关的保护措施、方法的出台,必须以尊重当事民族意愿为前提,并在尊重其文化特点和内在规律基础上,因势利导,遏制其边缘化,促使其介入主流社会。

第二,调整保护观念,注意保护、传承方式与民族生存、发展的有机结合,实现保护、传承、利用的有机统一。除了需要大力避免目前社会上存在的各种目的和倾向之下的"重申报、轻保护"以及"轻保护、轻传承、重利用"等错误取向,小民族非物质文化遗产保护工作,需要的不仅是保护的热情和决心,更是科学合理有效的保护方法,只有如此,才能避免走进"非遗"保护工作种种误区,真正逼近工作目标。

在保护好文化源头、提升民族自信原则之下,注意保护方式与民族生存发展有机结合。如应该看到,小民族语言交际功能的消亡是不可逆转的,能听懂民族语言表演的人寥寥无几，坚持其"原味"复兴难以实现。对这类文化遗产的目标应定位在抢救、整理、保存现有资料上，或以大众语言为传播工具，使更多的人了解和欣赏其历史、文化，使之复兴。再如，另一类非物质文化遗产——桦树皮、鱼皮工艺，由于传统渔猎经济衰落，这些传统制品已失去了其生产、生活基础，然而其基本的物质要素依然存在，其技艺还没有丧失，因而我们仍可在此基础上赋予其新的形式——工艺品，将其复兴。对这类文化遗产的抢救，则应定位于重点抢救对象，使其由生产生活的必需品转为工艺品，从而促进其传承。少数民族文化保护不应该理解为简单地将文化作为一种物质化形式静态地典藏下来，应体现文化的张力和活力。总之，非物质文化遗产传承其间存在广泛的文化重组、文化重建空间。

处于变化社会、文化背景中的小民族非物质文化遗产保护和传承方式的选择，与当事民族生存、发展状况以及所在地区整个经济、社会发展进程存在密切关联，事实上已经作为有机整理而存在。就当事主体而言，问题更多集中于要文化还是要人，要生存、发展还是要固守传统、安贫乐道。在保护、传承方式上，政府如何将传统文化的保护、传承，与其现实生存、发展密切结合，事关工作成败。

第三，加速小民族及所在地区经济社会发展，进一步提高整个社会对非物质文化遗产保护工作意义的认识，调动公众参与热情，营造有利于"非物质文化遗产"保护的大环境。小民族非物质文化遗产保护工作，是功在千秋、涉及多个主体、需要全社会动员和积极参与、需要动员各种社会力量保护的社会系统工程。

第四，有必要出台小民族非物质文化遗产保护法律、法规，并形成一整套科学的管理与监督机制，将非物质文化遗产保护工作纳入法制化、规范化管理范畴。自非物质文化遗产保护工作开展以来，该项工作多由地方各文化部门实行兼管，没有专人专门负责机构来承担，文化局专项资金较少，文化馆没有专项经费等，凡此，均导致非物质文化遗产各项工作进度缓慢。因此，有必要抓紧出台小民族非物质文化遗产保护法律、法规，并形成一整套科学的管理、监督机制和各项制度。

附　录
Appendix

B.15
2014~2015年中国民族问题大事记

陈　杰*

2014年

1. 习近平赴内蒙古看望慰问各族干部群众

1月26~28日，中共中央总书记、国家主席习近平在内蒙古自治区党委书记王君、自治区人民政府主席巴特尔的陪同下，来到兴安盟、锡林郭勒盟、呼和浩特市等地，深入林场、牧场、企业、牧户、社区调研考察，给各族干部群众送去党中央的关心和关怀。向全国各族人民致以新春祝福；希望各族干部群众守望相助、团结奋斗，共同守卫祖国边疆，共同创造美好生活。

在考察中，习近平深入社区、居民家庭，了解和关心少数民族群众生活改善问题。习近平指出，我们党员干部都要有这样一个意识：只要还有一家一户

---

* 陈杰，中国社会科学院民族学与人类学研究所图书馆馆长，副研究馆员。

乃至一个人没有解决基本生活问题，我们就不能安之若素；只要群众对幸福生活的憧憬还没有变成现实，我们就要毫不懈怠团结带领群众一起奋斗。

习近平强调，要始终高举民族团结旗帜，坚持和发扬各民族心连心、手拉手的好传统，深入开展民族团结进步宣传教育，精心做好民族工作，把内蒙古建成祖国北疆安全稳定的屏障。

2. 李克强考察内蒙古赤峰市

3月27~28日，中共中央政治局常委、国务院总理李克强来到内蒙古赤峰市红山区、翁牛特旗和喀喇沁旗，考察了解当地经济社会发展情况。李克强强调，改革是根本动力，发展是第一要务，要大力推动改革和发展，倾情做好保障和改善民生工作，千方百计地让各族群众得到更多实惠。

李克强听取了当地城市基础设施规划和建设情况介绍。他指出，中西部地区是我国经济发展的巨大回旋余地所在，内蒙古是我国主要能源基地和北方重要生态屏障，在中西部发展中具有重要地位，推进新型城镇化、经济结构升级、绿色低碳发展的前景十分广阔。加快清洁能源发展，是调整能源结构、改善环境质量的重要抓手。要创出自己的核心技术、品牌和标准，更加注重开拓国内市场，积极参与国际竞争，为绿色发展提供强大动力。

3. 全国民族经济工作暨民族地区经济形势分析会议召开

4月23~24日，2014年全国民族经济工作暨民族地区经济形势分析会议在云南省德宏傣族景颇族自治州举行，会议全面贯彻落实党的十八大和十八届三中全会精神，按照中央经济工作会议、中央城镇化工作会议和习近平总书记系列讲话精神的要求，总结交流2013年民族地区经济运行和民族经济工作情况，分析当前民族地区经济形势和任务，研究部署2014年民族经济工作。

会议强调，要深入学习和全面贯彻落实党的十八届三中全会、中央经济工作会议和2014年全国"两会"精神，牢牢把握"稳中求进、改革创新"的经济工作总基调，牢固树立"民族工作重在平时、抓好平常，民族团结重在交心、以心换心"的理念，认真履行职责，切实抓好促发展的各项工作，力争以优异的工作成绩为全面贯彻落实十八届三中全会精神开好局起好步。

会议提出，2013年民族地区认真贯彻落实国家宏观调控的各项政策措施，加快经济结构战略性调整，积极转变经济发展方式，基础设施建设不断加强，特色优势产业不断壮大，经济效益进一步提高，民生进一步改善，国民经济呈

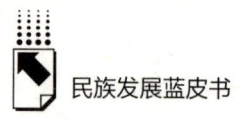

现又好又快的发展态势。据初步核算，2013年民族地区国内生产总值（GDP）达到64772亿元，比上年增长10.6%。

4. 习近平赴新疆考察

4月27~30日，中共中央总书记、国家主席习近平在新疆考察工作。习近平强调，面对新形势新任务，要全面贯彻落实党的十八大和十八届三中全会精神，以邓小平理论、"三个代表"重要思想、科学发展观为指导，坚决执行中央关于做好新形势下新疆工作的大政方针，以社会稳定和长治久安为工作的着眼点和着力点，统筹推进各方面工作，为抓住和用好历史机遇、实现新疆跨越式发展创造良好条件，紧紧依靠各族干部群众共同团结奋斗，建设团结和谐、繁荣富裕、文明进步、安居乐业的社会主义新疆。

习近平来到喀什和乌鲁木齐等地，深入乡村、企业、部队、学校、基层派出所、清真寺和新疆生产建设兵团，实地了解新疆经济、社会发展情况，看望各族干部群众和部分长期在新疆工作的老同志，对做好新疆维护社会稳定、推进跨越式发展、保障和改善民生、促进民族团结、加强党的建设等工作进行指导。

5. 第二次中央新疆工作座谈会召开

第二次中央新疆工作座谈会5月28~29日在北京举行。中共中央总书记、国家主席习近平在会上发表重要讲话强调，以邓小平理论、"三个代表"重要思想、科学发展观为指导，坚决贯彻党中央关于新疆工作的大政方针，围绕社会稳定和长治久安这个总目标，以推进新疆治理体系和治理能力现代化为引领，以经济发展和民生改善为基础，以促进民族团结、遏制宗教极端思想蔓延等为重点，坚持依法治疆、团结稳疆、长期建疆，努力建设团结和谐、繁荣富裕、文明进步、安居乐业的社会主义新疆。

这次会议全面总结了2010年中央新疆工作座谈会以来的工作，科学分析了新疆形势，明确了新疆工作的指导思想、基本要求、主攻方向，对当前和今后一个时期的新疆工作做了全面部署。

习近平在讲话中指出，做好新疆工作是全党全国的大事，必须从战略全局高度，谋长远之策，行固本之举，建久安之势，成长治之业。党中央历来高度重视新疆工作，做出一系列重大决策部署，推动新疆改革发展、民族团结、社会进步、民生改善、边防巩固取得了历史性成就。实践证明，我们党的治疆方略是正确的，必须长期坚持，保持战略定力。同时，我们要结合新疆形势充实和完善党的治疆方略，坚持长期建疆，多管齐下，久久为功，扎实做好打基础利长远的工作，为社会稳定和长治久安打下坚实基础。

6. 国家支持民族地区资本市场发展有新举措

6月17日，国家民委、中国证监会联合召开支持民族地区资本市场发展工作座谈会。中国证监会在5个自治区设立资本市场培训基金，募集捐赠资金1亿元，用于金融证券人才培养；对符合条件的西部企业公开发行上市实施优先审核制度，支持民族地区利用资本市场发展经济。

中国证监会副主席刘新华介绍说，中国证监会将对包括五大民族自治区在内的符合条件的西部企业公开发行上市实施优先审核制度，支持民族地区利用资本市场发展经济。刘新华介绍说，为支持民族地区企业到新三板挂牌，新三板将为五大自治区企业设立民族区域服务专员，加强与当地政府机构、企业及中介机构的沟通，开展一对一专项服务，并联合主办券商等组建专业服务团队。

据统计，截至2013年底，我国五大自治区共有上市公司116家，累计筹集资金1766.19亿元。同时，2013年以来，五大自治区共有12家上市企业实现再融资，总额达到285.88亿元。

全国政协副主席、国家民委主任王正伟表示，完善资本市场对确保民族地区与全国同步全面建成小康社会意义重大，要加快民族地区资本市场建设，增强民族地区经济发展内生动力。当前民族地区在获得显著发展的同时，仍面临一些困难，包括资本市场不健全，金融支持能力不足，金融证券等方面高级专业技术人才匮乏等。

7. 印发《关于推动民族团结进步创建活动进机关、企业、社区、乡镇、学校、寺庙的实施意见》

7月3日，国家民委印发《关于推动民族团结进步创建活动进机关、企业、社区、乡镇、学校、寺庙的实施意见》，明确"六进"测评指标，构建活动长效机制，推动创建活动不断向基层推进。

自2010年中央宣传部、中央统战部和国家民委联合下发《关于进一步开展民族团结进步创建活动的意见》以来，在各地区各部门的高度重视和积极推动下，创建活动不断深入开展，在社会各层面产生了积极的影响。为创新民

族团结工作,推动民族团结进步创建活动进机关、企业、社区、乡镇、学校、寺庙(简称六进),发挥好"主阵地、主渠道"的作用。提出了"六进"的目标要求,"六进"、实施步骤和具体措施,创建活动示范单位的测评指标体系。

8. 中国西藏发展论坛举行

8月12日,由国务院新闻办公室、西藏自治区人民政府联合主办的"2014·中国西藏发展论坛"在拉萨隆重开幕,来自世界30多个国家和地区的近百位政府官员、专家学者和各界人士出席了论坛。中共中央政治局常委、全国政协主席俞正声专门致信祝贺。本届论坛主题为"西藏发展的机遇和选择"。会议期间,与会代表围绕"西藏的可持续发展之路""西藏文化的传承和保护""西藏的生态与环境保护"等进行了发言和讨论。

9. 首批"中国少数民族特色村寨"挂牌

9月23日,国家民委命名全国340个村寨为首批"中国少数民族特色村寨",少数民族特色村寨保护与发展试点工作开展5年来,涌现了一大批民居特色突出、产业支撑有力、民族文化浓郁、人居环境优美、民族关系和谐的少数民族特色村寨。

这批村寨在保护少数民族传统民居、弘扬少数民族优秀文化、培育当地特色优势产业、开展民族风情旅游、改善群众生产生活条件、增加群众收入、巩固民族团结等方面取得了显著成效。此次命名挂牌工作将进一步扩大少数民族特色村寨品牌的影响力和辐射力,对少数民族特色村寨保护与发展工作起到重要的示范推动作用。

10. 中央民族工作会议暨国务院第六次全国民族团结进步表彰大会召开

9月28~29日,中央民族工作会议暨国务院第六次全国民族团结进步表彰大会在京召开。习近平总书记全面分析了我国民族工作面临的国内外形势,深刻阐述当前和今后一个时期我国民族工作的大政方针。会议对1496个全国民族团结进步模范集体和模范个人进行了表彰。

中共中央总书记、国家主席、中央军委主席习近平,中共中央政治局常委、国务院总理李克强,中共中央政治局常委、全国人大常委会委员长张德江,中共中央政治局常委、全国政协主席俞正声,中共中央政治局常委、中央书记处书记刘云山,中共中央政治局常委、中央纪委书记王岐山出席会议。

习近平在会上发表重要讲话,全面分析我国民族工作面临的国内外形势,深刻阐述当前和今后一个时期我国民族工作的大政方针。李克强就加快民族地区发展、促进全面建成小康社会做了讲话。

会议指出，多民族是我国的一大特色，也是我国发展的一大有利因素。各民族共同开发了祖国的锦绣河山、广袤疆域，共同创造了悠久的中国历史、灿烂的中华文化。我国历史演进的这个特点，造就了我国各民族在分布上的交错杂居、文化上的兼收并蓄、经济上的相互依存、情感上的相互亲近，形成了你中有我、我中有你、谁也离不开谁的多元一体格局。中华民族和各民族的关系，是一个大家庭和家庭成员的关系；各民族的关系，是一个大家庭里不同成员的关系。处理好民族问题、做好民族工作，是关系祖国统一和边疆巩固的大事，是关系民族团结和社会稳定的大事，是关系国家长治久安和中华民族繁荣昌盛的大事。全党要牢记我国是统一的多民族国家这一基本国情，坚持把维护民族团结和国家统一作为各民族最高利益，把各族人民智慧和力量最大限度凝聚起来，同心同德为实现"两个一百年"奋斗目标、实现中华民族伟大复兴的中国梦而奋斗。

11. 纪念《中华人民共和国民族区域自治法》颁布实施30周年座谈会召开

10月17日，纪念《中华人民共和国民族区域自治法》颁布实施30周年座谈会在京举行，张德江委员长出席。民族文化宫举办了系列大型主题展览，中央主要媒体开展了系列宣传，生动展示民族自治地方发展取得的辉煌成就和积累的宝贵经验，民族区域自治的推进工作有了新力度。座谈会上，中共中央政治局委员、全国人大常委会副委员长李建国发表讲话。他说，举行座谈会，纪念民族区域自治法实施30周年，就是要认真学习贯彻习近平总书记在中央民族工作会议上的重要讲话精神，回顾民族区域自治制度建立和发展的历程，总结民族区域自治法实施的经验，全面正确贯彻党的民族政策，坚持和完善民族区域自治制度，凝聚各族人民大团结的力量，为实现中华民族伟大复兴的中国梦而奋斗。

12. 印发《关于加强和改进新形势下民族工作的意见》

12月22日电中共中央、国务院印发了《关于加强和改进新形势下民族工作的意见》，从坚定不移走中国特色解决民族问题的正确道路、围绕改善民生推进民族地区经济社会发展、促进各民族交往交流交融、构筑各民族共有精神家园、提高依法管理民族事务能力、加强党对民族工作的领导6个方面提出

25条意见,旨在切实加强和改进新形势下民族工作,团结带领全国各族人民共同推进全面建成小康社会、努力实现中华民族伟大复兴的中国梦。

《意见》指出,要深刻认识我国统一多民族国家的基本国情,我国是全国各族人民共同缔造的国家,在长期历史进程中,各民族共同开发祖国的辽阔疆域,共同创造灿烂的中华文化,形成了共同团结奋斗、共同繁荣发展的中华民族多元一体格局。要进一步明确新形势下民族工作的指导思想,共同为实现中华民族伟大复兴的中国梦而努力奋斗。

13. 中国网络电视台少数民族语新媒体传播平台正式上线

12月30日,中国网络电视台少数民族语新媒体传播平台正式上线,这个平台包括了蒙古语、维吾尔语、哈萨克语手机客户端,维吾尔语、哈萨克语和藏语视频网。中国网络电视台从2011年起就积极依托覆盖全球的视频分发网络,整合少数民族语视听节目,通过PC端、移动客户端、微博、微信等多种平台为少数民族地区提供服务。其中与青海广播电视台合作打造的"藏语视频网",成为全球唯一提供安多藏语、康巴藏语和卫藏语三种藏语方言电视节目的网络平台。与新疆天山网联手打造"维吾尔语视频网"和"哈萨克语视频网",并同期推出手机客户端,实现了维吾尔语和哈萨克语的阿拉伯文、拉丁文、斯拉夫文字之间的互相转码。蒙古语频道推出回鹘体蒙古文和西里尔蒙古文两个版本,实现了对境外受众的无障碍传播。

2015年

1. 习近平赴云南考察

1月19~21日,中共中央总书记、国家主席习近平到云南省考察。习近平来到昭通、大理、昆明等地,看望鲁甸地震灾区干部群众,深入企业、工地、乡村考察,就灾后恢复重建和经济社会发展情况进行调研。

习近平对民族地区发展和少数民族群众生活十分关心。他强调,新农村建设一定要走符合农村实际的路子,遵循乡村自身发展规律,充分体现农村特点,注意乡土味道,保留乡村风貌,留得住青山绿水,记得住乡愁。在洱海边,习近平仔细察看生态保护湿地,听取洱海保护情况介绍。他强调,经济要发展,但不能以破坏生态环境为代价。生态环境保护是一个长期任务,要久久为功。一定要把洱海保护好，让"苍山不墨千秋画，洱海无弦万古琴"的自然美景永驻人间。

考察期间，习近平听取了云南省委省政府工作汇报，对云南经济社会发展取得的成绩和各项工作给予肯定。希望云南主动服务和融入国家发展战略，闯出一条跨越式发展的路子来，努力成为民族团结进步示范区、生态文明建设排头兵、面向南亚东南亚辐射中心，谱写好中国梦的云南篇章。

2. 全国民族经济工作暨民族地区经济形势分析现场会召开

3月23～24日，2015年全国民族经济工作暨民族地区经济形势分析现场会在宁夏回族自治区银川市召开，会议总结交流了2014年民族经济工作和民族地区经济运行情况，分析当前民族地区经济形势和任务，研究部署2015年民族经济工作。

会议强调，面对经济新常态，要按照中央经济工作会议和全国"两会"精神，认真学习、全面领会中央关于经济进入新常态的重大判断，紧密结合少数民族、民族地区和民族工作的实际，主动适应经济新常态，把思想和行动统一到中央对经济形势的科学判断上来，统一到中央对今年经济工作的决策部署上来。

2014年我国民族地区国内生产总值（GDP）达到70750亿元，比上年增长8.8%。国家民委副主任罗黎明在会上发表讲话时指出，当前，我国经济发展进入新常态，要按照中央经济工作会议"八个更加"的新要求，坚持发展、主动作为，抓住机遇、化危为机，推动民族地区在适应新常态中加快发展、科学发展、实现跨越式发展。一是要注重培育新的增长点；二是要加紧谋划新的大项目；三是要积极研究新的大思路。谋划好今年的民族经济工作，服务好少数民族和民族地区加快发展这个大局，意义十分重大。

3. 全国民族团结进步创建活动经验交流现场会召开

4月13～14日，国家民委在云南大理白族自治州召开全国民族团结进步创建活动经验交流现场会。会议从完善机制、拓展范围、创新方式等5个方面，部署了全国民族团结进步创建活动。全国政协副主席、国家民委主任王正伟在讲话提出民族团结进步创建活动"五个坚持、五个进一步"的要求，为推动创建工作全面深入开展指明了方向。会议认为，开展民族团结进步创建活动，必须遵循中央对创建活动的新要求，创新理念、手段和方法，切实把开展创建活动的过程作为促进各民族交往交流交融的过程，作为温暖人心、争取人心、凝聚人心的过程，作为合理推进民族地区改革发展稳定、确保如期全面建成小康社会的过程。

结合全国民族团结进步创建活动经验交流现场会会议精神，国家民委开展了互观互检活动，赴西藏、新疆、贵州、湖南、湖北、广西等地开展互观互检，加强对基层创建工作的指导，推动各地形成高度重视、高位推动的局面。创建领域进一步扩展，创建活动的载体和方法不断创新，不仅巩固了"六进"成果，还实现了创建活动进边防、进铁路。考核、命名了新疆伊犁哈萨克自治州、青海海北藏族自治州、大连民族大学等为"全国民族团结进步创建活动示范州""全国民族团结进步创建活动示范单位"。

4. 国务院新闻办发表了《西藏发展道路的历史选择》的白皮书

4月15日，国务院新闻办公室发表《西藏发展道路的历史选择》白皮书，介绍了西藏发展的历史成就，全面阐述了西藏发展道路是历史必然选择的重要论断。白皮书全文约2.7万字，以大量数据和事实从5个方面介绍了西藏发展道路的历史选择，包括：旧制度必然退出西藏历史舞台、新西藏走上了一条正确发展道路、"中间道路"的实质是分裂中国、"和平""非暴力"的假象、中央政府对十四世达赖的政策。

白皮书指出，西藏自古是中国的一部分，藏族是中华民族命运共同体的一员。西藏的命运始终与伟大祖国和中华民族的命运紧密相连。西藏真正步入现代文明始于1949年中华人民共和国成立后。历经和平解放、民主改革、自治区成立、改革开放等重要发展阶段，西藏不仅建立起全新的社会制度，而且实现了经济社会发展的历史性跨越，走上了中国特色社会主义道路。西藏走上今天的发展道路，是现代文明发展的客观要求，顺应了人类社会进步潮流，符合中国国情和发展实际，符合西藏各族人民的根本利益。

白皮书指出，西藏的发展道路是历史的选择、人民的选择。实践证明，只有坚持团结、反对分裂，坚持进步、反对倒退，坚持稳定、反对动乱，西藏才会有光明前途。任何人和任何势力企图逆历史潮流而动，其结果只能被历史和人民所抛弃。

5. 对口援疆援藏取得新成绩

6月11日，全国民委系统对口支援新疆、西藏工作会议在新疆喀什召开，

"到村联合帮扶项目"试点正式启动,国家民委筹集2500多万元资金重点帮扶南疆12个村,惠及8000多户群众,让基层群众得到更多民生实惠。国家民委从2010年起,参与对口支援新疆、西藏工作。在5年的时间里,共协调有关部门,安排西藏少数民族发展资金14.61亿元、新疆26.45亿元、新疆生产建设兵团10.97亿元,为新疆、西藏经济社会发展做出了自己的贡献。

全国民委系统对口支援新疆、西藏工作会议对民委系统做好新形势下对口援疆援藏工作进行了部署,并提出要重点抓好3件事:一是要抓住"十二五"与"十三五"相衔接的关键时间节点,坚持高起点、高标准,制定好对口支援"十三五"规划,争取更多项目进入总盘子;二是要做好对口支援蹲点调研工作,加强对新形势、新任务、新要求下相关问题的调查研究;三是要做好到村联合帮扶项目试点工作。

6. 民族事务管理法治化迈出大步伐

6月16日,国家民委主任王正伟和公安部部长郭声琨联合签发《中国公民民族成份登记管理办法》,《办法》自2016年1月1日起施行,这是民族事务管理法制化的重大进展。

与1990年的《关于中国公民确定民族成份的规定》相比,新的变化主要体现在:第一,对公民变更民族成分的要求更加严格,即年满18周岁的公民,在其年满18周岁之日起的两年内,可以依据其父或者其母的民族成分申请变更一次;第二,符合条件的公民办理民族成分变更的程序更加便民,《办法》取消了"街道办事处、乡镇人民政府调查核实"的规定,同时规定了明确的审核期限,既减轻街道、乡镇基层单位的行政负担,又降低公民的办事成本;第三,公民民族成分管理的工作机制更加健全,《办法》对公民民族成分变更的数据备案、信息共享、工作协商、监督检查、权利救济等内容做了明确规定;第四,对违法、违规变更民族成分的处罚更加严厉,明确规定违规变更民族成分将被追究法律责任,触犯刑律的将追究刑事责任。

《办法》的出台,实现了民族成分管理方面法规规章的突破,使民族成分登记管理工作有法可依,为依法治理民族事务奠定了重要基础,为落实人民代表大会制度以及党和国家的民族政策提供了重要保障。

7. 第六次西藏工作座谈会召开

8月24~25日,中央第六次西藏工作座谈会在北京召开。会议明确了当前和今后一个时期西藏工作的指导思想、目标要求、重大举措，对进一步推进西藏经济社会发展和长治久安做出战略部署。中共中央总书记、国家主席习近平出席会议并发表重要讲话。习近平强调，要以邓小平理论、"三个代表"重要思想、科学发展观为指导，坚持"四个全面"战略布局，坚持党的治藏方略，把维护祖国统一、加强民族团结作为工作的着眼点和着力点，坚定不移开展反分裂斗争，坚定不移促进经济社会发展，坚定不移保障和改善民生，坚定不移促进各民族交往交流交融，确保国家安全和长治久安，确保经济社会持续健康发展，确保各族人民物质文化生活水平不断提高，确保生态环境良好。

8. 国务院印发《关于加快发展民族教育的决定》

8月11日，国务院印发《关于加快发展民族教育的决定》，提出到2020年，民族地区教育整体发展水平及主要指标接近或达到全国平均水平，逐步实现基本公共教育服务均等化，服务民族地区全面建成小康社会的能力显著增强。8月18日，全国民族教育工作会议在京召开，就贯彻落实《决定》做出部署。

《决定》指出，加快发展民族教育，是党中央、国务院做出的重大部署，对于实现国家长治久安和中华民族繁荣昌盛具有特殊重要的意义。第五次全国民族教育工作会议特别是党的十八大以来，我国民族教育事业快速发展，教育规模不断扩大，办学条件明显改善，教师队伍素质稳步提升，学校民族团结教育广泛开展，双语教育积极稳步推进，教育教学质量不断提高，培养了一大批少数民族人才，为加快民族地区经济社会发展、维护祖国统一、促进民族团结做出了重要贡献。由于历史、自然等原因，民族教育整体发展水平与全国平均水平相比差距仍然较大，必须把加快发展民族教育摆在更加突出的战略位置。

9. 习近平赴延边朝鲜族自治州考察

2015年7月16日，习近平总书记到吉林省延边朝鲜族自治州考察调研。这次到延边，习近平指出，在加快农业现代化建设的同时，新农村建设也要不断推进，"基本公共服务要更多向农村倾斜，向老少边穷地区倾斜"。

7月16日上午，习近平首先来到延边博物馆，了解长吉图开发开放先导区规划建设情况，参观延边州成就展和朝鲜族民俗文化展。他表示，新中国成立以来特别是改革开放以来，延边州各项事业取得巨大成就，民族团结进步呈现可喜局面。设立长吉图开发开放先导区是中央一项重要部署，对于扩大沿边开放、加强面向东北亚的国际合作,对于振兴东北地区等老工业基地,具有重要意义。先导区要全域科学规划,实现资源要素集约高效利用,努力建成东北地区对外开放的示范区。

16日下午,习近平来到延边州和龙市东城镇光东村,同村民们亲切交谈。习近平指出,任何时候都不能忽视农业、忘记农民、淡漠农村。必须始终坚持强农惠农富农政策不减弱、推进农村全面小康不松劲,在认识的高度、重视的程度、投入的力度上保持好势头。要健全城乡发展一体化体制机制,加快建设现代农业,加快推进农民增收,加快建设社会主义新农村,走出一条集约、高效、安全、持续的现代农业发展道路。

习近平强调,做好经济社会发展工作,民生是"指南针"。要全面把握发展和民生相互牵动、互为条件的关系,通过持续发展强化保障和改善民生的物质基础,通过不断保障和改善民生创造更多有效需求。要特别关注和关心困难群众,坚持精准扶贫,广泛动员社会力量扶危济困。

10. 全国民族自治州全面建成小康社会经验交流现场会召开

7月20~21日,全国民族自治州全面建成小康社会经验交流现场会在吉林省延边朝鲜族自治州召开。会议认真学习领会习近平总书记系列重要讲话精神,特别是习近平总书记到延边视察调研时的重要指示精神,以"四个全面"战略布局为引领,分析突出问题、总结规律特点、凝聚智慧力量、探索途径办法,更好地推动自治州与全国同步全面建成小康社会。

会议认为,加快民族自治州全面建成小康社会步伐,重点是坚持整体推进和把握精准相结合,打好扶贫攻坚战;坚持构筑"大动脉"与疏通"毛细血管"相结合,加快基础设施建设;坚持造福群众和保护生态相结合,推动生态文明建设;坚持突出特色和优化升级相结合,壮大产业发展实力;坚持简政放权和激发活力相结合,推动全面深化改革;坚持全面融入和区域合作相结合,提升对内对外开放水平;坚持维护稳定和加强团结相结合,不断夯实基层基础。

11. 国务院新闻办公室发表《民族区域自治制度在西藏的成功实践》白皮书

9月6日,国务院新闻办公室发表《民族区域自治制度在西藏的成功实践》白皮书,全面介绍了实行民族区域自治制度给西藏带来的翻天覆地的变化。该书全文约2.2万字,以大量数据和事实从八个方面介绍了西藏实行民族

区域自治制度前后所发生的重大变化。

白皮书指出,民族区域自治制度,符合中国统一的多民族国家基本国情和西藏地方的实际。西藏走上民族区域自治道路,是人民翻身解放、实现当家做主的正确选择,符合西藏各族人民的根本利益。

白皮书以大量数据和事实从八个方面介绍了西藏实行民族区域自治制度前后所发生的重大变化,包括:旧西藏的黑暗与落后、走上发展进步道路、符合国情的政治制度、保障人民当家做主、大力增进人民福祉、保护和弘扬优秀传统文化、尊重和保护宗教信仰自由、推进生态文明建设。

白皮书指出,实行民族区域自治制度,为西藏各族人民实现当家做主,真正成为国家和社会的主人,提供了制度性保障。在民族区域自治制度下,西藏经济社会发展不断迈上新台阶,实现了跨越式发展。经济的快速发展和社会的全面进步,使西藏各族人民得到实实在在的好处,人民的生存权和发展权得到有效保障,社会和谐安宁。在传统与现代的交融中,藏文化不断焕发出新的活力。

12. 西藏自治区成立50周年

9月8日,西藏各族干部群众在拉萨市布达拉宫广场隆重集会,热烈庆祝西藏自治区成立50周年。中共中央总书记、国家主席、中央军委主席习近平在贺匾上题词"加强民族团结建设美丽西藏"。中共中央政治局常委、全国政协主席、中央代表团团长俞正声出席庆祝大会并讲话。

俞正声指出,1965年9月1日,西藏自治区第一届人民代表大会在拉萨胜利召开,宣告西藏自治区正式成立,这是以毛泽东同志为核心的党的第一代中央领导集体做出的英明决策。50年来,西藏各族人民意气风发、团结奋进,用勤劳与智慧创造了一个又一个奇迹,取得了举世瞩目的成就。这些辉煌成就的取得,是以毛泽东、邓小平、江泽民同志为核心的党的三代中央领导集体和以胡锦涛同志为总书记的党中央高瞻远瞩、英明决策的结果,是党的十八大以来以习近平同志为总书记的党中央继往开来、正确领导的结果,是西藏各族干部群众团结一心、艰苦奋斗的结果,是全国各族人民大力支援、真诚帮助的结果。这些辉煌成就的取得,充分展示了我国社会主义制度的巨大优越性,彰显了民族区域自治制度的强大生命力。

13. 国务院新闻办公室发表《新疆各民族平等团结发展的历史见证》白皮书

9月24日，国务院新闻办公室举行新闻发布会，发表《新疆各民族平等团结发展的历史见证》白皮书，介绍白皮书和新疆维吾尔自治区经济社会发展情况，介绍新疆自治区成立60周年庆祝活动安排，并答记者问，这是自2003年以来，中国政府第四次发表有关新疆经济社会发展情况的白皮书。

白皮书由前言、正文、结束语三部分组成。白皮书运用大量的翔实数据和具体事例，从实行民族区域自治制度、坚持各民族平等团结、不断夯实发展基础、改善民生造福各族人民、促进文化事业繁荣发展、依法维护社会和谐稳定、尊重和保护宗教信仰自由、发挥兵团特殊作用、国家对新疆的支持与帮助等九个方面，全面介绍60年来新疆经济社会发展取得的巨大成就，深刻阐明民族区域自治制度符合新疆实际，是历史的选择，更是新疆各族人民的正确选择，具有强大生命力；对外展示在中国共产党和政府的领导下，在各兄弟省区市的大力支持和新疆各族人民的拼搏奋斗下，新疆未来发展的美好前景。

14. 新疆维吾尔自治区成立60周年

10月1日，庆祝中华人民共和国成立66周年暨新疆维吾尔自治区成立60周年大会在乌鲁木齐市新疆人民会堂隆重举行，来自新疆各族各界2200多名代表参加。中共中央、全国人大常委会、国务院、全国政协、中央军委发来贺电。中共中央政治局常委、全国政协主席、中央代表团团长俞正声出席庆祝大会并讲话。

俞正声在讲话中指出，1955年10月1日，新疆维吾尔自治区成立，开启了新疆民族区域自治的光辉历程。60年来，新疆走过了波澜壮阔的历史进程，取得了举世瞩目的辉煌成就。这些辉煌成就的取得，是以毛泽东、邓小平、江泽民同志为核心的党的三代中央领导集体和以胡锦涛同志为总书记的党中央在新疆发展各个历史时期亲切关怀、英明决策的结果，是党的十八大以来以习近平同志为总书记的党中央继往开来、坚强领导的结果，是新疆各族干部群众团结奋斗、顽强拼搏的结果，是全国各族人民大力支援、竭诚帮助的结果。新疆维吾尔自治区成立60年的成功实践告诉我们，做好新疆工作，必须毫不动摇地坚持中国共产党的领导，坚持中国特色社会主义道路，坚持民族区域自治制度；必须坚决维护法律尊严、维护人民利益、维护民族团结、维护国家统一，依法严厉打击"三股势力"，确保新疆和谐稳定；必须高举各民族大团结旗帜，全面贯彻党的民族宗教政策，不断增强各族群众对伟大祖国、中华民族、中华文化、中国共产党、中国特色社会主义的认同；必须坚定不移推动新疆更好更快发展，把发展落实到改善民生、惠及当地、增进团结上，走具有中国特色、新疆特点的科学发展路子；必须把中央关心、全国支援同新疆各族干部群众艰苦奋斗紧密结合起来，形成推动新疆社会稳定和长治久安的强大合力。

B.16
2014~2015年世界民族问题大事记

刘 泓

叙利亚宗教与民族冲突朝着政治解决的走向发展

2014年1月22日 美、俄、中等30多国外长、叙利亚政府与反对派代表等为解决叙利亚宗教与民族冲突在瑞士召开了"第二次日内瓦会议"（2012年6月30日在日内瓦召开了叙利亚问题"行动小组"外长会议），相关地区国家和国际社会首次举行了寻求政治解决叙问题措施的会议。

联合国秘书长潘基文主持会议。他表示叙利亚各族人民对结束国家冲突、决定国家未来负有主要责任，国际社会要全力帮助其实现上述目标，呼吁冲突各方积极寻求政治解决冲突的方法，在《日内瓦公报》基础上达成协议。

乌克兰冲突爆发

2014年1月28日 乌克兰总理阿扎罗夫递交辞呈，总统亚努科维奇签署了关于总理辞职和解散政府的总统令。

自2月18日开始 乌克兰政府"脱俄入欧"的决定引发了抗议活动，并演变成"颠覆政权的革命"。亲西方的反政府派控制议会，成立新内阁，取消了俄语的地区官方语言地位。操俄语各族举行抗议活动，克里米亚自治共和国请求俄罗斯提供安全保护。

2月22日 乌克兰议会宣布，总统"自动丧失总统职权"，5月25日提前举行总统选举，新议长图尔奇诺夫暂时履行总统职责。

2月27日 乌克兰东南部克里米亚自治共和国①议会举行非例行会议，决定于5月25日就扩大该自治共和国权力举行全民公决。会议任命"俄罗斯统一党"领导人阿克谢诺夫任总理，认为"亚努科维奇仍是乌克兰的合法总统"。

2月28日 亚努科维奇在俄罗斯举行新闻发布会，表示自己仍是乌克兰的合法总统，将乌克兰冲突归因于西方和美国的代表，不接受发生在克里米亚的军事行动。

同日 乌克兰临时政府向俄罗斯提出就克里米亚局势举行双边磋商的建议。

3月1日 俄罗斯联邦委员会（议会上院）通过俄总统普京的提议，同意在乌克兰动用俄罗斯军事力量。

3月16日 根据克里米亚地区全民公投结果，俄罗斯将其接收为新联邦主体。

5月11日 乌克兰东部卢甘斯克州和顿涅茨克州就本州地位举行地方性公投，90%以上的选票赞成独立。

5月25日 亿万富翁波罗申科以54.7%的得票率当选总统，任期5年。他表示当前首要任务是结束战争和混乱局面，并反对乌实行联邦制。

7月17日 马来西亚航空公司一架班机在乌克兰和俄罗斯边境约50公里处坠毁，乌克兰局势变得更加复杂。

9月 乌克兰议会通过法案，赋予东部民间武装控制的部分地区特殊地位，但未得到积极回应。

11月2日 东部民间武装控制的"顿涅茨克人民共和国"和"卢甘斯克人民共和国"举行地方领导人和议会选举。乌克兰政府和西方予以谴责，俄罗斯表示尊重选举结果。

至12月 冲突已导致4700多名乌克兰东南地区平民死亡。

朝鲜半岛民族关系暂时升温，走向起伏不定

2014年2月12日和14日 朝韩双方高层进行两次会晤，中断了40个月

---

① 克里米亚是黑海北部海岸上的一个半岛，也是乌克兰的一个自治共和国，现属于俄罗斯。

的离散家属团聚活动于 20 日起在金刚山拉开帷幕，迈出朝韩关系走向缓和的第一步。双方发表了联合公报，决定如期举行离散家属会面，为增进相互理解与信任，停止针对对方的诽谤中伤，继续协商互相关心的问题，为发展北南关系做出积极努力，并将视双方之便择日举行高级别接触。

2 月 15 日 韩国召开的国家安全保障会议（NSC）常任委员会，就扩大和定期对朝提供粮食、药品和肥料等人道支援和离散家属会面等问题进行了商讨。

4 月 20 ~ 25 日 离散家属团聚活动分两轮举行，分别由韩方 82 名申请者与其寻找的 180 名朝方家属会面，以及由 88 名朝方申请者会见 372 名韩国方面的家属。

2015 年 1 月 2 日 美国总统奥巴马颁发行政命令，扩大对朝鲜政府和朝鲜劳动党的制裁，包括对朝鲜 3 家实体以及 10 名个人实施制裁。

1 月 13 ~ 14 日 韩美 2015 年度首场联合军演在韩国周边海域举行。

4 月 15 日 朝鲜驻华大使池在龙在题为《针对最近朝鲜半岛局势的观点和原则性立场》的文件中，称"朝鲜半岛局势陷入最坏局面"。

4 月 22 日 韩国和美国草签《韩美原子能协定》修订版。对乏燃料管理、核燃料供应及核电出口等三方面做了修改，不再明文限制韩国进行铀浓缩和乏燃料再处理。

11 月 1 日 韩国首都首尔举行了第六次中日韩领导人会议。三国在联合宣言中指出，反对任何可能导致半岛紧张局势或违反联合国安理会有关决议的行动。

俄罗斯上议院批准克里米亚加入俄罗斯联邦

2014 年 3 月 16 日 乌克兰克里米亚自治共和国举行全民公投，90% 以上的投票者支持加入俄罗斯联邦。

3 月 17 日 克里米亚自治共和国议会宣布独立并成为主权国家。

3 月 18 日 俄总统普京在莫斯科同克里米亚及塞瓦斯托波尔代表签署条约，允许克里米亚和塞瓦斯托波尔以联邦主体身份加入俄罗斯联邦。

3 月 19 日 克里米亚辛菲罗波尔民众排队申请俄罗斯护照。

3月21日 俄罗斯上议院批准了克里米亚加入俄罗斯联邦的条约。

克里米亚和塞瓦斯托波尔于3月16日就地位问题举行了全民公投。选票的结果表明，96.77%参加投票的选民赞成克里米亚加入俄罗斯联邦，投票率为83.1%。

俄罗斯与克里米亚于18日签署了共和国和塞瓦斯托波尔市入俄条约。俄罗斯总统普京19日向国家杜马提交了有关克里米亚加入俄联邦的法案。

此外，俄国家杜马于20日也批准克里米亚及塞瓦斯托波尔市作为新主体加入俄联邦的国家间条约，以及有关克里米亚及塞瓦斯托波尔入俄和俄联邦新主体一体化过渡期的程序的联邦宪法法律。

极端组织发展势头不容忽视

2014年 恐怖主义突出表现为"伊斯兰国"从名不见经传的小组织，迅速发展为全球性的极端组织。

新年伊始，"伊斯兰国"势力即体现了外溢效应。北非马格里布地区的"沙里亚游击队"宣布支持"伊斯兰国"。总部位于也门的"基地"阿拉伯半岛分支内部开始发表声明支持"伊斯兰国"和哈里发制度。"阿富汗伊斯兰党"等与"基地"组织关系密切的"圣战组织"开始考虑加入"伊斯兰国"。此外，部分塔利班分子对"伊斯兰国"的建立充满期待。

从6月开始 "伊斯兰国"占领了25%的叙利亚领土、40%的伊拉克领土，并威胁到沙特、约旦、土耳其和黎巴嫩的边境地区。宣称要消除二战后中东国家边界，建立政教合一的"哈里发国家"，并在5年内占领西亚、北非和中亚以及南亚一些国家。

6月29日 "伊斯兰国"宣布"建国"。

7月1日 巴基斯坦恐怖组织"哈里发与圣战运动"公开悬挂"伊斯兰国"的旗帜，成为中东地区以外首个效忠"伊斯兰国"的组织。印度尼西亚亲"基地"组织的"伊斯兰团"领袖巴希尔也宣誓效忠。马来西亚、菲律宾的一些圣战组织，分别向"伊斯兰国"表达了忠诚。

8月 源于巴基斯坦塔利班组织的"自由战士"表示支持"伊斯兰国"。

同月 "伊斯兰国"用达里语和普什图语编写手册《胜利》，在巴基斯坦的阿富汗难民营里中散发。并提出用其扣押的西方人质，来换取被美国关押并判刑86年的巴基斯坦生化学家阿菲娅·西迪基，借此赢得了巴基斯坦激进分子的支持。

10月7日 加拿大联邦议会授权政府对"伊斯兰国"进行空中打击。不久后，"伊斯兰国"公布一份报复包括加拿大在内的西方国家名单。

10月9日 也门首都萨那发生自杀式爆炸袭击，初步判定乃"基地"组织成员所为。

10月21日 加拿大公共安全部发表声明，将国内恐怖主义威胁级别从轻微调高至中度。

10月22日 位于加拿大首都渥太华的加拿大议会大楼、国家战争纪念馆和市中心的一家购物中心发生枪击事件，一名值勤士兵遭枪击身亡，另有一名卫兵受伤，一名枪手被警方击毙。

10月24日 埃及北西奈省发生汽车炸弹袭击事件，伤亡数十人，该事件与"基地"组织关系密切的极端组织"耶路撒冷支持者"有关。

美国已组建了全球反恐联盟，并发动多轮空袭，却没从根本上动摇"伊斯兰国"根基。

2015年1月3日 尼日利亚伊斯兰极端武装组织"博科圣地"在尼日利亚北部发动了自其叛乱6年来的"最致命的"一次攻击，造成2000多人丧生。

1月7日 3名宗教极端分子在法国首都巴黎以伊斯兰先知受到嘲讽为由，袭击了讽刺漫画杂志《查理周刊》编辑部，造成包括两名警察在内12人死亡，多人受伤。

3月28日 中国多名游客在蒙古国肯特省受到极端组织人员的人身攻击和侮辱。

4月2日 肯尼亚加里萨莫伊大学遭遇恐怖袭击，造成至少70人死亡、79人受伤，另有大量学生被劫为人质。

5月15日 "伊斯兰国"极端分子在叙利亚台德穆尔市杀害了包括儿童、妇女和老人在内的30名平民，并洗劫了数十户当地居民的居所。

5月26日 约25名肯尼亚警察在肯东部一座村庄遭极端组织索马里"青年党"伏击身亡。

6月以来 "伊斯兰国"极端分子在伊拉克和叙利亚地区占领1/3的土

地，犯下了火烧人质等暴行，并试图向约旦、黎巴嫩和沙特阿拉伯进军。

9月下旬 犹太人极端团体多次强行进入东耶路撒冷老城伊斯兰教圣地，激怒了巴勒斯坦人。

9月27日 300余名极端组织"伊斯兰国"民兵向多处检查站点发起协同性攻击。

11月4日 极端组织"伊斯兰国"声称，俄罗斯客机于埃及西奈半岛坠毁事件为其所为。

11月13日 法国巴黎市区郊区发生7处枪击、6次爆炸恐怖事件，至少造成129人死亡，352人受伤，其中99人重伤。法国全国随即进入紧急状态。

巴以和谈难有结果

2014年1月11日 以色列前总理沙龙离世。联合国秘书长潘基文通过发言人发表声明，对沙龙去世表示悲痛，呼吁以色列继承沙龙精神，实现巴以和平。

4月22日 在本轮巴以和谈最后期限到来之际，巴勒斯坦总统阿巴斯首次在公开场合要求延长和谈的条件。

4月23日 巴勒斯坦内部两大派别巴勒斯坦民族解放运动（法塔赫）和伊斯兰抵抗运动（哈马斯）宣布达成和解协议，并在5周内组建联合政府。4月24日以色列宣布中止和平谈判，并称以方不会与一个由巴勒斯坦伊斯兰抵抗运动（哈马斯）支持的巴勒斯坦政府进行和谈。

本轮巴以和谈在美国的推动下于2013年7月底重新启动，并于2014年4月29日结束。由于以色列未能按和谈初达成的协议释放最后一批被关押的巴勒斯坦人，而巴方则单方面宣布申请加入15个国际条约，和谈在4月初陷入危机。巴勒斯坦方面认为，巴以和谈陷入僵局的责任在于以方。只有在以方同意释放最后一批巴在押人员，颁布为期3个月的犹太定居点扩建冻结令，以及在延长和谈期间将和谈内容集中在解决边境划分上，巴方才会同意延长本轮和谈。

自2013年12月起 本轮和谈的主要发起者美国已经放弃了在和谈规定的9个月内推动实现全面和解的目标，转而寻求巴以双方达成一份框架性协议，并延长和谈时间至 2014 年年底。

5 月 4 日 巴勒斯坦人在加沙庆祝巴勒斯坦民族解放运动（法塔赫）与伊斯兰抵抗运动（哈马斯）在埃及签署和解协议。

6 月 2 日 巴勒斯坦新一届联合政府在约旦河西岸城市拉姆安拉宣誓就职，总统马哈茂德·阿巴斯宣布巴勒斯坦结束分裂，新联合政府将遵守巴方先前的承诺和协议。此举标志着巴勒斯坦两大政治派别巴勒斯坦民族解放运动（法塔赫）和伊斯兰抵抗运动（哈马斯）结束长达 7 年的分裂局面。新联合政府宣誓就职前夕，内塔尼亚胡呼吁各国不要承认这个政府，称其将成为哈马斯的伪装、"鼓励恐怖主义"。

7 月 巴以冲突再度升级。自 7 月 5 日开始，以色列针对加沙地带发起的代号"护刃行动"的军事打击。以军 5 天的军事行动造成 127 名巴勒斯坦人死亡、924 人受伤，其中 2/3 为平民。与此同时，加沙地带多个武装组织继续向以色列境内发射火箭弹，一些火箭弹落在以色列南部阿什克隆等城市。巴勒斯坦方面呼吁国际组织干预不断升级的巴以冲突，敦促以色列尽快停止对加沙的空袭。

7 月 12 日 联合国安理会发表媒体声明，对当前加沙危机表示关切，同时呼吁巴勒斯坦和以色列缓和当前局势。声明说，安理会对当前与加沙相关的危机表示严重关切。安理会呼吁巴以双方缓和当前局势，恢复安宁，重新履行 2012 年 11 月达成的停火协议。

8 月 19 日 俄外长与巴基斯坦官员会晤商讨巴以局势。

11 月 6 日 巴勒斯坦外长表示愿尽快结束巴以紧张局势。

11 月 13 日 巴以双方领导人就巴以局势问题分别访问叙利亚。

和平，成为巴以各族民众的未了情。

日本民族国家建构依然延行军国主义

2014 年 1 月 1 日 日本首相安倍晋三在发表新年感言时，声称日本已开始展开夺回"强大日本"的战斗。

2 月 11 日 安倍晋三成为首个发表"建国纪念日"贺词的日本首相。

从 4 月开始 日本防卫省财政预算在国家财年中达到 491 亿美元，同比增

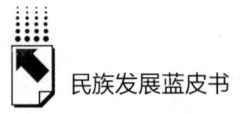

长了3%，成为20年以来日本国防预算增长幅度最大的一年。

4月21日 安倍晋三以"内阁总理大臣"名义参拜靖国神社，并供奉了祭品。次日，总务大臣新藤义孝等上百名国会议员参拜了靖国神社。

7月1日 日本防务政策上出现自日本自卫队成立60年以来的最重大的一次政策转变。日本政府临时内阁会议决定，修改宪法解释以解禁集体自卫权，日本《和平宪法》第九条"专守防卫"的宗旨形同虚设。

8月5日 日本政府举行内阁会议批准了2014年版《防卫白皮书》，确认了日本今后防卫政策和方向的重大转变，包括关于解禁集体自卫权的内阁决议案等。

12月15日 安倍晋三在自民党党部举行的记者会上，指出修改宪法是自民党成立以来"一直追求的目标"。

2015年1月5日 中情局网络版《世界概况》地图更新的韩国地图未标注独岛的英语名称"利扬库尔岩"，该岛只出现在日本地图上。

1月7日 美国国务院表示，日本首相安倍晋三应该在"战后谈话"中向邻国"谢罪"，日本内阁官房长回应称，关于历史认识问题已对美国进行说明。

4月17日 日本冲绳县知事翁长雄志表示，冲绳县反对在该县名护市边野古新建美军基地。

4月29日 安倍晋三在美国国会发表演讲，未就侵略历史和慰安妇问题道歉。

5月1日 美国洛杉矶华侨华人、韩裔和美国当地民众等组成的多个民间组织，就日本首相安倍晋三未就侵略历史和慰安妇问题道歉一事举行抗议示威。

5月11日 日本两党同意通过修改《武力攻击事态法》解禁集体自卫权，扩大自卫队武力的行使范围。

6月1日 韩国总统朴槿惠表示，希望日本方面遵循"村山谈话"及"河野谈话"等历史谈话。

6月4日 日本政府认可的3名宪法学专家一致认为，日本政府力争在国会通过的系列安保法案违反日本宪法。

7月16日 日本众院特别委员会通过新安保法案，自卫队在海外用兵将不受地理条件限制。

8月14日 韩国各地在"慰安妇纪念日"举行纪念仪式悼念离世的受害者,要求日本政府谢罪并赔偿。

8月15日 日本首相安倍晋三带领多名内阁成员、议员联盟与大批民众参拜靖国神社。

8月18日 安倍夫人对外宣称,她在三个月内两次参拜靖国神社。

9月3日 日本新右翼对中国举行纪念抗战胜利70周年阅兵表示敌视。

9月17日 日本参议院和平安全法制特别委员会强行进行表决,通过了与行使集体自卫权相关的安保法案。

9月19日 日本国会参议院全体会议通过系列安保法案,旨在"名正言顺"对外用兵。

地区性人们共同体建构此起彼伏

2014年1月1日 波罗的海国家拉脱维亚作为欧元区的第18个成员国正式加入欧元区。

1月8日 希腊正式担任欧盟轮值主席国,将在未来6个月内主持欧盟事务。

1月9~10日 伊朗与伊核问题六国在日内瓦举行新一轮会谈,落实双方于2014年11月达成的阶段性协议。

1月19日 非洲媒体报道,非洲东部和南部非洲共同体、东非共同体和南部非洲发展共同体预计2015年6月建立涵盖26国的大市场。非洲经济共同体因此获得发展基石。

3月21日 欧盟与乌克兰在欧盟春季峰会上签署了联系国协定的政治部分。

6月17日 非洲联盟和平与安全理事会决定恢复埃及的非盟成员国资格。

6月27日 欧盟在欧盟夏季峰会上与格鲁吉亚和摩尔多瓦正式签署联系国协定,与乌克兰签署了联系国协定的剩余部分。

12月23日 乌克兰议会表决通过关于乌克兰放弃不结盟地位的法案,决定深化与北约的合作。

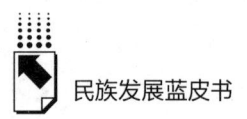

2015年1月1日 由俄罗斯主导的，包括俄罗斯、白俄罗斯和哈萨克斯坦三国在内的独联体内经济一体化项目"欧亚经济联盟"正式启动。俄罗斯、白俄罗斯和哈萨克斯坦三国公民在相关国家就业不再需要获得工作许可。

同日 立陶宛宣布正式加入欧元区，成为欧元区第19个成员国。

1月2日 亚美尼亚加入"欧亚经济联盟"。

1月4日 英国首相卡梅伦表示，同意有关英国是否退出欧盟的全民公投在2017年之前举行。

1月25日 希腊政府宣布激进的"左翼联盟"获得选举胜利，欧元随之跌至11年以来的最低。

1月30日 来自非盟50多个成员国的国家元首、政府首脑或代表和一些国际、地区组织代表出席了非洲联盟第24届首脑会议，会议主题是"女性赋权和非洲2063年发展规划"。

1月30日 欧盟统计局公布，欧元区1月通胀率初值为-0.6%，同比下跌0.6个百分点，为欧元区历史最低。

3月1日 俄罗斯总统普京表示，作为金砖国家机制轮值主席国的俄罗斯，将力促成员国之间经济金融合作。

3月3日 欧盟计划在2016~2018年拨款7亿欧元，应对入境土耳其后转至希腊，再进入马其顿、塞尔维亚或匈牙利的难民。

3月3日 欧洲理事会主席图斯克表示，欧盟支持希腊应对日益严重的难民危机，部分欧洲国家采取的单边行动实际上破坏了欧盟合作解决问题的主旨。

4月10日 来自美洲35个国家的首脑或代表出席在巴拿马首都巴拿马城召开的第7届美洲国家首脑会议开幕。

4月17~19日 世界银行和国际货币基金组织在美国首都华盛顿举行"2015春季年会"。与会者就国际合作乃可持续增长之关键达成共识。

4月22日 亚非领导人会议在印度尼西亚首都雅加达举行。中国国家主席习近平发表了题为《弘扬万隆精神推进合作共赢》的重要讲话。

5月3日 第十八届东盟与中日韩（10+3）财长和央行行长会在阿塞拜疆巴库举行，重点讨论了全球和区域宏观经济形势以及10+3财金合作等议题，并发表了《第18届10+3财长和央行行长会联合声明》。

5月19~20日 33个国家的环境部门高层代表在泰国曼谷举行了联合国环境署第一届亚太区域环境部长论坛,共同磋商解决区域面临的环境问题。

6月5日 来自75个国家的1250名代表参加了在南非开普敦召开的第25届世界经济论坛非洲会议,会议围绕非洲经济社会发展机遇与挑战等议题展开了深入讨论。

7月8~9日 金砖国家领导人第七次会晤在俄罗斯举行。

7月15日 北大西洋公约组织宣布,将于10月至11月在举行近10余年以来最大规模的联合军事演习。

7月16日 伊朗核问题六方会谈达成协议。

7月13日 欧元区领导人峰会就希腊债务问题达成协议。

7月29日 中国与东盟国家在中国天津举行落实《南海各方行为宣言》(简称《宣言》)第九次高官会,就"南海行为准则"进行了磋商。

8月12日 吉尔吉斯斯坦加入欧亚经济联盟条约生效,正式成为该联盟成员国。

8月31日 来自140个国家的180多名各国议会议长和副议长,在纽约联合国总部出席了议会间联盟第四次世界议长会议。

9月13日 第二届中日韩农业部长会议在东京闭幕。会议就保障区域粮食安全等领域加强合作达成共识。

12月7~9日 来自中国、俄罗斯、印度、韩国等20多个国家近300名代表,在莫斯科参加了由中国和俄罗斯两国联合举办的首届上海合作组织、金砖国家、欧亚经济联盟国家传统医学大会。

12月14日 来自世界20多个国家的近百家顶级智库代表、部分政要及联合国开发计划署、经济合作与发展组织等国际组织的400多名代表,在中国北京参加二十国集团(G20)智库峰会启动会,会议主题是"构建创新、活力、联动、包容的世界经济"。

恐怖主义成为世界各族人民的公敌

自2014年8月8日以来 美国军队对伊拉克境内的"伊斯兰国"目标发动了多次空中打击。

9月10日 美国总统奥巴马宣布，将对极端组织"伊斯兰国"实施系统空袭，包括对该组织在叙利亚境内目标采取行动，向在地面与该组织作战的部队提供支持，对该组织可能他发动恐怖袭击严加防范，以及继续向流离失所的无辜平民提供人道救援等。

9月22日 美国及其伙伴国首次开始对叙利亚境内的极端组织"伊斯兰国"实施空中打击。

10月2日 丹麦议会通过了政府派遣空军参加袭击极端组织"伊斯兰国"的军事行动计划。

10月3日 澳大利亚政府授权空军参与打击伊拉克境内的"伊斯兰国"极端组织的行动。

10月7日 土耳其总统埃尔多安呼吁西方国家对极端组织"伊斯兰国"发动地面进攻。

同日 加拿大联邦议会授权政府对"伊斯兰国"极端组织进行空中打击。

10月23日 美国财政部官员表示，将寻求通过多途径切断极端组织"伊斯兰国"的资金来源。

10月24日 法国空军对极端组织"伊斯兰国"在伊拉克摩苏尔郊区的目标发动了空中打击。

11月19日 中国常驻联合国代表表示，国际社会应采取有力措施应对当前恐怖活动。

同日 联合国安理会发表主席声明，呼吁国际社会加强合作打击恐怖主义。

11月22日 土耳其总统埃尔多安与美国副总统拜登就打击"伊斯兰国"极端武装和解决叙利亚危机等问题举行会谈。

12月9日 土耳其和英国表示将加强合作打击恐怖主义。

2015年1月6日 德国3万余人参加了反对"伊斯兰化"游行。

1月11日 法国总统奥朗德等40个国家的领导人，在巴黎手挽手参加反恐游行。

同日 联合国秘书长潘基文强烈谴责"恐怖分子"杀害平民的行径。

1月12日 美国国务卿克里表示，美国将继续支持巴基斯坦有效打击恐怖主义。

1月26日 叙利亚库尔德武装力量在美军的帮助下,在边境小镇科巴尼击败"伊斯兰国"武装分子。

2月27日 叙利亚库尔德武装再次击败"伊斯兰国""圣战"分子,夺取了北部重镇泰勒哈米斯镇。

6月15日 叙利亚库尔德武装从"伊斯兰国"手中夺回土叙边境战略要地塔尔艾毕亚德。

7月4日 突尼斯总统埃塞卜西宣布国家进入为期30天的紧急状态,以制止恐怖主义在该国进一步蔓延。

7月15日 俄罗斯和美国发表了打击核恐怖主义行为的联合声明。

7月24日 美国总统奥巴马赴肯尼亚和埃塞俄比亚参加全球企业家峰会,反恐与安全话题成为此次会议重要议题之一。

7月26日 奉行伊斯兰极端主义的反政府武装索马里"青年党",在索马里首都摩加迪沙制造了汽车炸弹爆炸事件,导致至少15人丧生、40余人受伤。

8月6~7日 "伊斯兰国"在叙利亚中部城市盖尔亚廷绑架或扣留了包括妇女和儿童在内的230余名平民,占领盖尔亚廷。

8月13日、15日 "伊斯兰国"在伊拉克首都巴格达制造汽车炸弹袭击,造成数十人死亡,一百多人受伤。

9月27日 法国战机在叙利亚东部代尔祖尔省空袭摧毁了极端组织"伊斯兰国"的一处训练营。

9月30日 俄罗斯军队开始对叙利亚境内的极端组织"伊斯兰国"目标实施空中打击。

11月5日 法国宣布将部署"戴高乐"号航空母舰打击极端组织"伊斯兰国"。

11月13日 美军派战机对极端组织"伊斯兰国"利比亚分支一处指挥中心发动空袭,定点清除了其高级头目阿布·纳比勒。

11月17日 俄罗斯总统普京表示,必须团结一切力量反恐,俄罗斯在打击"伊斯兰国"中需要美国、沙特阿拉伯以及伊朗的支援。

11月28日 美军地面部队首次进入叙利亚,培训库尔德武装。同时,叙利亚将帮助协调有关美国主导的空袭"伊斯兰国"的行动。

12 月 15 日 由沙特发起,埃及、土耳其、巴基斯坦、卡塔尔、阿联酋、马来西亚等国参与的一支 34 国伊斯兰国家反恐军事联盟宣布组成。

现实中的美国种族问题依然存在

2014 年 8 月 9 日 美国 18 岁非洲裔青年学生迈克尔·布朗在密苏里州弗格森市街上行走时,被一名白人警察连开数枪打死。

8 月 14 日 美国各地民众参加游行,抗议布朗被警察枪杀,后逐渐演变成暴力骚乱。

8 月 16 日 密苏里州宣布进入紧急状态。

8 月 17 日 密苏里州发生了激烈的警民冲突。

美国总统奥巴马承诺,将对黑人青年遭枪杀事件展开公开、透明的调查,同时呼吁民众保持冷静。

11 月 24 日 密苏里州大陪审团做出决定,枪杀布朗的白人警察免于被起诉。美国各地随之爆发大规模抗议示威活动,甚至出现骚乱。

12 月 3 日 美国纽约斯坦顿岛区地方法院大陪审团投票决定,对涉嫌枪杀非洲裔男子埃里克·加纳的白人警察免予起诉,再次引发当地民众的强烈抗议。

苏格兰公投否决独立

2014 年 9 月 18 日 英国通过简单多数票制举行苏格兰独立公投。公投过程由独立的英国选举委员会监督实施。反独阵营和独立阵营分别指派观察员赴计票现场监督。97% 有投票资格的选民参加了此次公投,登记投票总人数约 429 万,创苏格兰历史新高。

9 月 19 日 反独派和独立派得票率分别为 55.42% 和 44.58%,投票率为 84.48%。苏格兰独立被否决。

苏格兰政府首席大臣萨蒙德宣布接受公投结果。

英国首相卡梅伦承诺,苏格兰将获得更多有关内部事务的决定权,英格兰、威尔士和北爱尔兰也将在各自内部事务方面"有更多发言权"。

叙利亚内战催生难民潮

2014年3月14日 联合国难民事务专员表示，叙利亚内战已使650万人被迫逃离家园。

4月14日 联合国难民署宣布，自叙利亚冲突爆发以来，逃至黎巴嫩并在难民署登记注册的叙利亚难民人数达101.4万。

6月1日 黎巴嫩内政部要求在黎巴嫩登记过的叙利亚难民从此不要再重返叙利亚。

11月20日 黎巴嫩总理萨拉姆在贝鲁特呼吁阿拉伯银行向黎巴嫩提供资助，以救助在黎巴嫩的叙利亚难民。

2014年 因叙利亚内战催生的难民潮导致德国已接收20万难民。

2015年1月1日至3月3日 至少有321名难民在前往希腊的途中溺亡。

4月15日 希腊政府为应对新一轮移民和难民潮，决定为难民增设临时避难所，为部分叙利亚难民提供合法的难民身份。

1~7月 德国接到的避难申请数已近20万份，德国官方预计这一数字到年底将突破有历史纪录的80万。

8月15日 一艘难民船在距离利比亚海岸大约40公里处发生事故，造成大约40人死亡。

8月18日 联合国难民署宣布，已有超过16万名难民偷渡到希腊，其中约15.8万人选择从土耳其经爱琴海抵达希腊各岛，另有约2000人通过陆路进入希腊境内。

8月20日 法国和英国签署治理偷渡协议，以便更有效地堵截从法国经海底隧道偷渡英国的难民。

8月26日 德国总理默克尔宣布，德国政府与难民和志愿者们团结一致。

8月31日 奥地利内政部部长宣布，将无限期加强该国东部边界的检查，此举导致奥地利与匈牙利边界一带堵车长达50公里。

9月13日 一艘载有上百名难民的船只在希腊海域沉没。至少有包括14名婴儿孩童在内的28人死亡，另外有68人获救。

9月3日 一名3岁的叙利亚小难民男孩艾兰·库尔迪，因偷渡船只超载翻沉而溺亡，尸体随后漂到土耳其海滩，其遇难照引发国际社会巨大震惊。

9月4日 希腊政府表示，难民的人数已经超过了该国的承受能力。

同日 德国总理默克尔和奥地利总理法伊曼"破例"临时允许滞留在匈牙利的难民入境。

9月9日 欧盟委员会主席容克公布了欧盟国家分摊难民的方案，并获得部分欧盟国家响应。

9月14日 在汉堡、伦敦和哥本哈根，上万人走上街头抗议种族主义，支持收容难民。

9月21日 联合国秘书长潘基文通过发言人发表声明，呼吁欧盟就难民问题达成符合其国际义务和《联合国宪章》的共同方案。

9月28日 中国国家主席习近平首次会见希腊总理齐普拉斯讨论欧洲难民潮。习近平主席强调，近期发生在欧洲的难民问题引起国际社会广泛关注。当前难民问题的根源在于发展不平衡和地区不稳定，除了对难民进行人道主义援助，更要有效解决贫困及社会稳定问题，特别是消除难民来源国的冲突根源。中方相信欧洲有关各国能够团结应对这一重大挑战，妥善处理相关问题。

10月9日 联合国通过地中海非法移民问题决议，旨在打击"蛇头"，阻断非法移民潮。

12月9日 德国总理默克尔被美国《时代》周刊评为2015年度风云人物为，以表彰其在应对欧洲主权债、难民和移民等方面所展现的领导能力。

12月16日 国际移民组织发言人宣称，约有4300名难民从土耳其海岸地区来到希腊岛屿。进入欧洲的难民总数将突破100万。这一数字将比去年增长3倍多。

12月17日 欧盟为土耳其提供30亿欧元的金援，用于让安卡拉保护难民和加强控制难民人潮。

12月18日 国际移民组织声称，2015年经海路和陆路进入欧洲的难民人数将突破100万大关。由非洲和中东地区涌向欧洲的难民累计达99.07万人，其中超过80万人借道土耳其进入希腊。大约半数难民来自叙利亚。

12月31日 一些貌似来自阿拉伯国家或者北非地区的青年男子，在德国科隆火车站周围对大量女性进行骚扰和财物洗劫。

库尔德问题久存难解

2014年1月22日 库尔德人宣布在叙利亚北部成立自治国家。

7月24日 伊拉克库尔德族政坛老将福阿德·马苏姆被选为伊拉克新任总统。

8月11日 美国开始向伊拉克库尔德军队运送武器,以协助伊拉克与极端分子作战。

8月12日 大量流离失所的伊拉克少数教派亚齐德民众跨越库尔德武装与ISIS激战的前线进入库尔德武装控制区。

9月7日 库尔德工人党武装人员在土耳其东部绑架了10名土耳其儿童。

10月19日 土耳其表示不会向守卫叙利亚边境的库尔德武装力量提供武器。

10月20日 土耳其表示将允许伊拉克库尔德人越境进入叙利亚参加与"伊斯兰国"的作战。

10月23日 200名伊拉克库尔德自治区武装人员计划经由土耳其前往叙利亚,帮助当地库尔德人打击极端组织"伊斯兰国"。

12月15日 伊拉克库尔德人联合抵制内阁会议。

2015年1月25日 土耳其总理达武特奥卢表示,土耳其政府决心推动与库尔德人和谈进程,全力解决库尔德问题。

1月26日 库尔德武装将极端组织"伊斯兰国"武装赶出叙利亚和土耳其边境。

1月27日 土耳其军队在土耳其东南部桑利乌尔法阻止土库尔德人前往叙利亚和土耳其边境小镇艾因阿拉伯庆祝。

2月28日 库尔德工人党领导人厄贾兰呼吁其武装人员放下武器,以期结束冲突。

8月1日 伊拉克北部库尔德自治区主席马苏德·巴尔扎尼发表声明,呼吁土耳其库尔德工人党武装撤出库尔德自治区,使当地居民免受战争伤害。

10月12日 叙利亚库尔德人武装"人民保护部队"宣布与数支阿拉伯人反对派武装组建"叙利亚民主力量"联盟,以对付极端组织"伊斯兰国"。

10月14日 土耳其人总理达武特奥卢"警告"美俄两国,"不可接受"其援助叙利亚库尔德武装的做法,以防其援助的武器落入恐怖组织手中。

11月 伊拉克库尔德人武装集结于北部地区,准备夺回为极端组织"伊斯兰国"占据的重镇辛贾尔。

也门教派冲突未消

2014年2月10日 也门宣布将国家由共和制变为联邦制。

9月21日 胡塞叛军在进入也门首都萨那开始政变,并逐步控制了也门南部地区。总理穆罕默德·萨利姆·巴桑杜辞职。

2014年 也门基地组织及其同伙制造针对平民、军人及经济设施等恐怖袭击事件1292起,致1761人死亡,6533人受伤。

2014年末至2015年1月 也门发生政变,政府下台。

2015年2月21日 也门总统哈迪从被什叶派武装胡塞软禁中逃离首都萨那,抵达第二大城市亚丁市,宣布将亚丁市作为临时首都,并在那里恢复行使总统职权。

2月28日 沙特空袭行动持续,也门大量民众为了躲避空袭逃离家园。

3月25日 沙特等十多个国家出动空军,对也门境内的胡塞武装发动空袭。

3月31日 沙特军队制定了包括陆、海、空对抗和心理战等打击也门胡塞武装及其支持者的作战方案,地面部队已在沙特边境地区集结待命。

4月4日 以沙特阿拉伯为首的多国部队加强了对亚丁的空袭,以帮助支持也门总统哈迪的部落武装对抗胡塞组织武装。

4月15日 沙特军队炮轰胡塞组织武装设在也门边境的据点。

国际干预解决争端(问题)路径被反复采用

2014年1月20日 中国外长王毅就政治解决叙利亚问题提出五点主张。

2月22日 联合国安理会通过了一项有关叙利亚人道主义问题的决议。

5月30日 德国和黎巴嫩呼吁国际社会分担安置叙利亚难民的责任。

7月14日 联合国安理会通过为叙利亚提供紧急人道主义援助的决议。

8月7日 欧盟宣布2015~2018年将提供4亿多欧元援助非洲。

8月15日 土耳其呼吁国际社会和发达国家援助叙利亚难民。

8月 以美国为首的少数西方国家对"伊斯兰国"组织宣战。

9月20日 联合国安理会呼吁国际社会加大对伊拉克反恐支持。

11月3日 中国表示将向西非国家和有关国际组织提供5亿元人民币的急需物资和现汇援助。

12月9日 欧洲难民理事会发言人表示，欧洲国家必须分担接纳难民的责任。

2015年4月2日 经过伊朗与伊核问题六国多轮密集会谈，伊朗与欧盟在瑞士洛桑就伊核问题发表联合声明，宣布伊核问题谈判各方已就焦点问题找到框架性解决方案。

4月14日 联合国安理会通过第2216号决议，决定对什叶派胡塞武装相关个人和实体实施武器禁运。

4月16日 联合国人权高级专员办公室表示，对南非针对外国人的袭击事件继续蔓延严重关切。

5月4日 由沙特阿拉伯主导的阿拉伯联军战机对也门东部和中部的胡塞武装据点实施空袭。

5月5日 为寻求解决也门危机途径，海湾阿拉伯国家合作委员会（海合会）六国在沙特首都利雅得举行首脑会议。

5月5日 联合国秘书长叙利亚问题特使德米斯图拉在日内瓦表示，叙利亚问题系列磋商当天开始在日内瓦举行，将持续4~6周。

5月14日 美国总统奥巴马和海湾阿拉伯国家合作委员会六国的代表在美国戴维营举行会谈，就伊朗核问题、地区安全合作、反恐、海洋安全、网络安全以及弹道导弹防御等问题进行了深入讨论，并同意加强安全合作。

5月27日 联合国安理会通过保护在武装冲突中关于记者的决议，敦促立即无条件释放在武装冲突中被绑架或被劫为人质的记者。

6月1日 德国总理默克尔、法国总统奥朗德、欧盟委员会主席容克、国际货币基金组织总裁拉加德和欧洲中央银行行长德拉吉在柏林举行会谈，就希腊债务危机问题进行磋商。

7月14日 美国、英国、法国、俄罗斯、中国和德国与伊朗结束了维也纳谈判,为全面解决伊朗核问题达成协议。

8月26日 联合国呼吁欧洲国家共同分担难民安置责任。

9月9日 法国总统奥朗德、德国总理默克尔、俄罗斯总统普京和乌克兰总统波罗申科举行电话会议,宣布将于10月在巴黎举行四国首脑会议讨论解决乌克兰问题。

12月25日 中国外交部发言人陆慷在例行记者会上表示,叙利亚副总理兼外长穆阿利姆访华最重要的成果是,叙利亚方面首次公开表示接受安理会第2254号决议,首次公开表态愿在联合国的主持下,与反对派进行对话。

缅甸爆发族际冲突

2014年1月 继2013年缅甸政府军于12月30~31日对克钦独立军发动空袭之后,缅甸北部克钦邦战事再次升级。

3月11日 缅甸政府代表团和少数民族克钦人独立组织代表团在中国云南省瑞丽市举行和谈。

4月 缅甸政府军和少数民族武装在缅甸北部克钦邦发生的枪战,造成至少22人死亡。

7月1~2日 缅甸第二大城市曼德勒发生佛教徒和穆斯林之间的暴力冲突,造成2人死亡,17人受伤,警方拘留346人。

9月27日 缅甸政府军与克伦族武装在距泰缅边境约5公里处交火,泰缅的边界暂时关闭。

2015年1月18日 缅北战事进入全面升级状态,克钦邦遍地战火,战火逼近中缅边界。

2月8日 缅甸少数民族自治区果敢特区前主席彭家声,指挥果敢同盟军约1000人发动了名为"过年之战"的战争,向政府军卡拉雅第125营发起攻击。

3月1日 为了应对日益严重的难民危机,欧委会在"难民人道主义救援"行动的基础上提出了新的援助政策。

自3月以来 缅北地区的战火愈演愈烈,成为近几十年来缅甸最严重的武装冲突。数十万缅甸边民因担忧自身安全逃亡中国，战火多次波及中国边境。3月13日，缅甸政府军在炮击东山头果敢同盟军前沿阵地时，侵入中国领空，并将3发炮弹投入云南省临沧市耿马县孟定镇河外大水桑树，造成中方3死4伤。

3月17日 代表中央政府的缅甸联邦和平工作委员会与代表民族地方组织的全国停火协议协调小组正式就开启国内和平进程举行会谈。

5月14日 两枚炮弹从缅甸南天门山方向落在中国南伞镇文明新村。

6月2日 为维护边境安宁，震慑交战两方，成都军区相关部队在中缅边境南105（1）号，北纬24°05′02.5″、东经98°35′33.0″，至144～4号界桩，北纬23°28′43.2″、东经98°49′35.5″，中方境内组织陆空联合实兵实弹演习。

6月10日 果敢同盟军发布声明，宣布单方面停火，果敢大地出现和平的曙光。

地区性民族问题——岛屿争端频仍

2014年2月8日 日本首相安倍晋三与俄罗斯总统普京会晤，商谈解决日俄争议岛屿问题。

3月23日 由美国蒙纳瑞克斯好莱坞电影公司摄制的纪录片《钓鱼岛真相》在北京首映。影片通过史料阐述了钓鱼岛自古属于中国的事实，敦促日本正视和认真反省历史。

4月4日 日本文部省公布了全国小学生使用的教科书审定结果，其中将钓鱼岛表述为"日本固有领土"。

4月10日 菲律宾军舰将8艘正在作业的中国渔船和渔民堵困在南海黄岩岛，准备抓扣。

5月 菲律宾披露了所谓"南海防御计划"，包括在中业岛、马欢岛修建机场和海洋监察监视系统基站等。

6月11日 中国空军航空兵部队在东海防空识别区例行巡逻，遭到日本2架F-15飞机抵近跟踪。同日，日本自卫队YS-11EB和OP-3侦察机各1架在东海防空识别区内进行侦察活动。

6月17日 菲律宾声称将派遣海军旗舰舰艇前往南海海域。

7月3日 俄罗斯国防部特种建设局宣布,就在日俄争议的千岛群岛的择捉岛建设军事城进行公开招标。

8月1日 日本政府公布了包括我国钓鱼岛附属岛屿在内的158个无名离岛新名称,变相宣示对钓鱼岛主权。

8月5日 日本防卫省向国会提交了2014年版防卫白皮书,称日韩争议岛屿"竹岛"(韩称"独岛")是日本的固有领土。

8月13日 日本政府抗议俄罗斯在"北方四岛"(俄方称"南千岛群岛")举行军事演习。

8月15日 一艘越南渔船非法进入中国西沙海域炸鱼,中方执法部门对其依法登检并没收所携带炸药。

9月24日 俄罗斯总统办公厅主任谢尔盖·伊万诺夫视察日俄争议岛屿(俄称"南千岛群岛",日本称"北方四岛")中的择捉岛,宣称该岛上新落成的机场应以俄罗斯本土化名字命名,并应允许俄国防部使用。日方随之提出抗议。

10月19日 日本国土交通相太田昭宏乘坐海上保安部巡逻船视察了日俄争议岛屿。同时,日本国土地理院利用卫星图像制成日俄争议领土。

11月21日 美国拒韩日岛屿争端选边站,称赞双方保持克制。

12月 俄罗斯国防部下属企业"俄罗斯特种建设公司"宣布,将在日俄争议岛屿的择捉岛和国后岛分别建设军事城。

2015年5月4日 对于菲律宾指责中国在南沙群岛相关岛礁上的建设活动违反《南海各方行为宣言》,外交部发言人华春莹在回答记者提问时表示,菲方应立即停止有关恶意炒作和挑衅,与中方和大多数东盟国家相向而行,共同维护南海的和平稳定。

9月12日 俄罗斯国防部表示,将派遣空降部队在千岛群岛(日方称北方四岛)的主要岛屿开展东部军区大规模演习。

9月22日 俄罗斯外长基斯坦诺夫表示,俄罗斯与日本两国的分歧在于日本将岛屿争端作为双方签署和平协议的前提,而俄方无意开展对岛屿问题的讨论。

9月30日 美国两个航母战斗群驶入东海南海。

10月14日 俄政府在北方四岛(俄称南千岛群岛)问题上不肯妥协,普京访日计划无限延迟。

10月21日 我国在南海三沙市永乐群岛新建两座航标灯塔。

10月27日 美国海军"拉森"号驱逐舰进入我南沙群岛有关岛礁邻近海域，我海军舰艇和航空兵依法对美舰进行了必要的、合法的、专业的跟踪、监视和警告。

11月12日 外交部发言人洪磊说，印尼对中国的南沙群岛没有提出领土要求。纳土纳群岛主权属于印尼，中方也没有表示异议。

12月1日 俄罗斯将在俄日争议岛屿南千叶群岛（日称北方四岛）建设最新式的军事施设392处，"强化远东边境地区的临战状态"。

12月7日 中日首次"明文"表示钓鱼岛问题存在"不同主张"。

12月15日 印尼国防部部长宣称，将强化南海纳土纳群岛防卫态势。

12月21日 俄防长称将在俄日争议岛屿新建军用设施。

加泰罗尼亚地区议会选举尘埃落定

2015年9月 西班牙加泰罗尼亚自治区主席阿图尔·马斯曾签署法令，宣布11月9日进行独立公投。

9月28日 加泰罗尼亚地区议会选举尘埃落定。支持加泰罗尼亚独立的两个党派"一起说好党"（"共同争取独立联盟"，JuntsPelSi）和左翼"人民团结候选人党"（CUP）总共赢得了议会135个议席当中的72个，较半数超出4席，总得票率则为47.8%；反对独立的党派虽然只得到63个席位，得票率却达到52.2%，这是因为这部分党派中有党派得票率过低而未获得议席。选举结果公布之后，支持独立的两个党派均表示，他们能在18个月之内单方面宣布加泰罗尼亚脱离西班牙，并决定于11月9日举行公投。加泰罗尼亚地方议会以72票对63票表决通过，制定了一个为期18个月的独立路线图，旨在于2017年脱离西班牙独立。

西班牙政府始终坚持利用法律武器和行政手段并用与分离主义势力斗争。加泰罗尼亚独立派在地区议会选举中获胜两天之后，法院于9月29日向马斯发出了传唤通知，指责他于2014年底组织"公民违抗"行动。西班牙中央政府打算在法律手段上阻碍马斯。司法部门认为这次公投构成了"公民违抗"

行为。10月中旬,因独立公投缺乏合法性,他又宣布取消此次独立公投。此番"民间公投"实是一个"模拟"的公投,其背景也是效仿苏格兰公投。但加泰罗尼亚独立有个最大的障碍,就是这种公投在西班牙是违宪的行为。西班牙宪法第135条明确规定,一旦自治区有严重违宪行为,中央政府有权中止其自治权,直接接管该地区。

10月 西班牙首相拉霍伊表示,将动用"一切政治及法律手段",防止加泰罗尼亚独立,并谴责加泰罗尼亚独立是"一种挑衅行为"。

11月9日 加泰罗尼亚地方议会以72票对63票表决通过决议,制定了一个为期18个月的独立路线图,旨在于2017年脱离西班牙独立。

资料来源

新华网,http://news.xinhuanet.com/world/2015-08/09/c_128107092.htm。
人民网,http://military.people.com.cn/GB/8221/72028/395087/index.html。
新华网,http://news.xinhuanet.com/fortune/2015-11/25/c_128466590.htm。
中国新闻网,http://www.chinanews.com/gj/2015/03-30/7168037.shtml。
凤凰网,http://news.ifeng.com/a/20150811/44400839_0.shtml。
环球网,http://mil.huanqiu.com/world/2015-11/7994243.html。
网易,http://war.163.com/15/1229/13/BC0O7UTN00014OVF.html。
中新网,http://news.cetin.net.cn:8080/cetin2/servlet/cetin/action/HtmlDocumentAction?baseid=1。
新华网,http://news.xinhuanet.com/world/2015-01/13/c_127380636.htm。
新华网,http://news.xinhuanet.com/world/2015-01/21/c_127405345.htm。
中国广播网,http://news.cnr.cn/hl/20150228/t20150228_517832517.shtml。
东南网,http://news.fjsen.com/2015-01/31/content_15626668.htm。
中国国际广播电台,http://gb.cri.cn/42071/2015/02/28/7493s4884810.htm?ol4f。
中新网,http://www.chinanews.com/gn/2015/11-02/7599980.shtml。
搜狐网,http://business.sohu.com/20151212/n431019046.shtml。
搜狐网,http://mt.sohu.com/20151020/n423657155.shtml。
搜狐军事网,http://mil.sohu.com/20140805/n403130827.shtml。
环球网,http://mil.huanqiu.com/world/2015-09/7525948.html。

澎湃新闻，http：//www. thepaper. cn/newsDetail_ forward_ 1357304。
英国路透社，http：//news. brtn. cn/20150526/ARTI1432630737049614. shtml。
《时代周刊》网站，http：//www. hxwgxz. com/news/diaoyudao/2015/1207/400924. html。
日本NHK电视台，http：//www. hxwgxz. com/news/diaoyudao/2015/1206/400547. html。
新浪网，http：//news. sina. com. cn/w/2014 - 09 - 12/142730838060. shtml。
新浪网，http：//news. sina. com. cn/w/2014 - 11 - 05/132831098524. shtml。
新浪军事网，http：//mil. news. sina. com. cn/2015 - 12 - 02/1426845491. html。
网易，http：//news. 163. com/15/0906/22/B2S6AHF300014AEE. html。
新华网，http：//www. gs. xinhuanet. com/news/2015 - 12/22/c_ 1117539082. htm。
环球网，http：//world. huanqiu. com/exclusive/2015 - 09/7661502. html。
环球网，http：//world. huanqiu. com/hot/2015 - 06/6716200. html。
长江网，http：//news. cjn. cn/gjxw/201512/t2757441. htm。
中新网，http：//military. china. com/news2/569/20150930/20492987. html。
和讯网，http：//news. hexun. com/2015 - 11 - 13/180533524. html。
古汉台网，http：//news. guhantai. com/2015/1217/3F0104AF144D3D5B. shtml。
东北网，http：//international. dbw. cn/system/2016/03/07/057123356_ 01. shtml。
知乎网，http：//www. zhihu. com/question/39190696。
观海网，http：//www. guanhai. hk/home/index/article/id/810. html。
新浪网，http：//news. sina. com. cn/o/2016 - 03 - 07/doc - ifxqafrm7097075. shtml。
广西新闻网，http：//www. gxnews. com. cn/staticpages/20160304/newgx 56d90041 - 14530。
观察者网，http：//www. guancha. cn：8080/europe/2015_ 09_ 29_ 335976. shtml。
人民网，http：//sn. people. com. cn/n/2015/1218/c190205 - 27350370. html。
中国新闻网，http：//www. chinanews. com/gj/2015/08 - 19/7476082. shtml。
金融街网，http：//jingji. cyol. com/content/2015 - 12/20/content_ 11958669.。
中青在线网，htmp：//finance. jrj. com. cn/2015/09/11030519789476. shtml。
西陆网，http：//shizheng. xilu. com/20150127/1000150003816171. html。
搜狐网，http：//roll. sohu. com/20150616/n415130599. shtml。
铁血网，http：//bbs. tiexue. net/post_ 6855514_ 1. html？s = data。
红网，http：//video. rednet. cn/html/2015/0528/13639. html。
重庆之窗网，http：//news. cqwin. com/Html/2015/05/1462878. html。
新华网，http：//news. xinhuanet. com/ziliao/2002 - 05/13/content_ 390296_ 1. htm。
新华网，http：//news. xinhuanet. com/2014 - 03/22/c_ 119894260. htm。
中国网，http：//www. china. com. cn/news/world/2014 - 10/03/content_

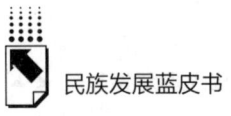

33676796. htm。

中国网，http：//news. china. com. cn/rollnews/news/live/2014 - 11/20/content_ 29933292. htm。

南风窗，http：//www. nfcmag. com/article/5129. html。

凤凰网，http：//v. ifeng. com/news/finance/201408/017d2e56 - 0995 - 44f0 - a828 - de2ff246c113. shtml。

凤凰网，http：//news. ifeng. com/a/20140602/40559771_ 0. shtml。

凤凰网，http：//news. ifeng. com/a/20141202/42622219_ 0. shtml。

中国日报网，http：//www. chinadaily. com. cn/hqgj/jryw/2014 - 12 - 16/content_ 12902010. html。

中国商务部网站，http：//www. mofcom. gov. cn/article/i/jyjl/k/201404/20140400549188. shtml。

中国商务部网站，http：//www. mofcom. gov. cn/article/i/jyjl/k/201501/20150100877404. shtml。

中国人才网，http：//www. cnrencai. com/zongjie/hot/152165. html。

121CN 网，http：//news. 21cn. com/caiji/roll1/a/2014/1216/08/28733644. shtml。

新浪网，http：//blog. sina. com. cn/s/blog_ 593b23560102uwwq. html。

环球网，http：//opinion. huanqiu. com/plrd/2014 - 12/5308103. html。

中金网，http：//www. cngold. com. cn/topic/2014events/index. html。

华夏经纬网，http：//www. huaxia. com/zt/hqjj/14 - 053/4215737. html。

观察者网，http：//www. guancha. cn/video/2014_ 12_ 31_ 304921. shtml。

财新网，http：//international. caixin. com/2014/world_ in_ 2014/index. html。

易网，http：//news. 163. com/14/1121/08/ABII20E300014JB5. html。

易网，http：//news. 163. com/14/0423/08/9QGJESLV00014JB5. html。

易网，http：//news. 163. com/14/0715/06/A1650FR800014AED. html。

易网，http：//j. news. 163. com/docs/1/2014100723/A808EJQV00014JB5. html。

易网，http：//news. 163. com/14/0317/09/9NHDCC8R00014JB5. html。

易网，http：//news. 163. com/14/1230/13/AENGI3HP00014JB5_ 2. html。

易网财经客户端，http：//money. 163. com/14/1120/04/ABFEUE9L00254TI5. html。

易网财经客户端，http：//money. 163. com/14/0602/10/9TNSAMBT00254TI5. html。

广西新闻网，http：//news. gxnews. com. cn/staticpages/20140521/newgx537c4d0c - 10337015 - 1. shtml。

中国化纤信息网，http：//www. ccf. com. cn/newscenter/detail - 630000 - 201508140029. shtml。

成都门户网，http：//www. cdmhw. com/news/160157. html。

本溪网数字报，http：//www. ibenxi. com/dzb/content/2014 - 01/14/004427. html。

社会科学文献出版社　皮书系列

❖ 皮书起源 ❖

"皮书"起源于十七、十八世纪的英国，主要指官方或社会组织正式发表的重要文件或报告，多以"白皮书"命名。在中国，"皮书"这一概念被社会广泛接受，并被成功运作、发展成为一种全新的出版形态，则源于中国社会科学院社会科学文献出版社。

❖ 皮书定义 ❖

皮书是对中国与世界发展状况和热点问题进行年度监测，以专业的角度、专家的视野和实证研究方法，针对某一领域或区域现状与发展态势展开分析和预测，具备原创性、实证性、专业性、连续性、前沿性、时效性等特点的公开出版物，由一系列权威研究报告组成。

❖ 皮书作者 ❖

皮书系列的作者以中国社会科学院、著名高校、地方社会科学院的研究人员为主，多为国内一流研究机构的权威专家学者，他们的看法和观点代表了学界对中国与世界的现实和未来最高水平的解读与分析。

❖ 皮书荣誉 ❖

皮书系列已成为社会科学文献出版社的著名图书品牌和中国社会科学院的知名学术品牌。2011年，皮书系列正式列入"十二五"国家重点出版规划项目；2012~2015年，重点皮书列入中国社会科学院承担的国家哲学社会科学创新工程项目；2016年，46种院外皮书使用"中国社会科学院创新工程学术出版项目"标识。

中国皮书网
www.pishu.cn

发布皮书研创资讯，传播皮书精彩内容
引领皮书出版潮流，打造皮书服务平台

栏目设置：

- □ 资讯：皮书动态、皮书观点、皮书数据、皮书报道、皮书发布、电子期刊
- □ 标准：皮书评价、皮书研究、皮书规范
- □ 服务：最新皮书、皮书书目、重点推荐、在线购书
- □ 链接：皮书数据库、皮书博客、皮书微博、在线书城
- □ 搜索：资讯、图书、研究动态、皮书专家、研创团队

中国皮书网依托皮书系列"权威、前沿、原创"的优质内容资源，通过文字、图片、音频、视频等多种元素，在皮书研创者、使用者之间搭建了一个成果展示、资源共享的互动平台。

自2005年12月正式上线以来，中国皮书网的IP访问量、PV浏览量与日俱增，受到海内外研究者、公务人员、商务人士以及专业读者的广泛关注。

2008年、2011年中国皮书网均在全国新闻出版业网站荣誉评选中获得"最具商业价值网站"称号；2012年，获得"出版业网站百强"称号。

2014年，中国皮书网与皮书数据库实现资源共享，端口合一，将提供更丰富的内容，更全面的服务。

法律声明

"皮书系列"（含蓝皮书、绿皮书、黄皮书）之品牌由社会科学文献出版社最早使用并持续至今，现已被中国图书市场所熟知。"皮书系列"的LOGO（ ）与"经济蓝皮书""社会蓝皮书"均已在中华人民共和国国家工商行政管理总局商标局登记注册。"皮书系列"图书的注册商标专用权及封面设计、版式设计的著作权均为社会科学文献出版社所有。未经社会科学文献出版社书面授权许可，任何使用与"皮书系列"图书注册商标、封面设计、版式设计相同或者近似的文字、图形或其组合的行为均系侵权行为。

经作者授权，本书的专有出版权及信息网络传播权为社会科学文献出版社享有。未经社会科学文献出版社书面授权许可，任何就本书内容的复制、发行或以数字形式进行网络传播的行为均系侵权行为。

社会科学文献出版社将通过法律途径追究上述侵权行为的法律责任，维护自身合法权益。

欢迎社会各界人士对侵犯社会科学文献出版社上述权利的侵权行为进行举报。电话：010-59367121，电子邮箱：fawubu@ssap.cn。

社会科学文献出版社

权威报告·热点资讯·特色资源

皮书数据库
ANNUAL REPORT(YEARBOOK) DATABASE

当代中国与世界发展高端智库平台

WWW.PISHU.COM.CN

皮书俱乐部会员服务指南

1. 谁能成为皮书俱乐部成员？
- 皮书作者自动成为俱乐部会员
- 购买了皮书产品（纸质书/电子书）的个人用户

2. 会员可以享受的增值服务
- 免费获赠皮书数据库100元充值卡
- 加入皮书俱乐部，免费获赠该纸质图书的电子书
- 免费定期获赠皮书电子期刊
- 优先参与各类皮书学术活动
- 优先享受皮书产品的最新优惠

3. 如何享受增值服务？

（1）免费获赠100元皮书数据库体验卡

第1步 刮开附赠充值的涂层（右下）；

第2步 登录皮书数据库网站（www.pishu.com.cn），注册账号；

第3步 登录并进入"会员中心"—"在线充值"—"充值卡充值"，充值成功后即可使用。

（2）加入皮书俱乐部，凭数据库体验卡获赠该书的电子书

第1步 登录社会科学文献出版社官网（www.ssap.com.cn），注册账号；

第2步 登录并进入"会员中心"—"皮书俱乐部"，提交加入皮书俱乐部申请；

第3步 审核通过后，再次进入皮书俱乐部，填写页面所需图书、体验卡信息即可自动兑换相应电子书。

4. 声明

解释权归社会科学文献出版社所有

皮书俱乐部会员可享受社会科学文献出版社其他相关免费增值服务，有任何疑问，均可与我们联系。

图书销售热线：010-59367070/7028
图书服务QQ：800045692
图书服务邮箱：duzhe@ssap.cn

数据库服务热线：400-008-6695
数据库服务QQ：2475522410
数据库服务邮箱：database@ssap.cn

欢迎登录社会科学文献出版社官网（www.ssap.com.cn）
和中国皮书网（www.pishu.cn）
了解更多信息

社会科学文献出版社 皮书系列
SOCIAL SCIENCES ACADEMIC PRESS (CHINA)

卡号：0133547171330997
密码：

子库介绍
Sub-Database Introduction

中国经济发展数据库

涵盖宏观经济、农业经济、工业经济、产业经济、财政金融、交通旅游、商业贸易、劳动经济、企业经济、房地产经济、城市经济、区域经济等领域，为用户实时了解经济运行态势、把握经济发展规律、洞察经济形势、做出经济决策提供参考和依据。

中国社会发展数据库

全面整合国内外有关中国社会发展的统计数据、深度分析报告、专家解读和热点资讯构建而成的专业学术数据库。涉及宗教、社会、人口、政治、外交、法律、文化、教育、体育、文学艺术、医药卫生、资源环境等多个领域。

中国行业发展数据库

以中国国民经济行业分类为依据，跟踪分析国民经济各行业市场运行状况和政策导向，提供行业发展最前沿的资讯，为用户投资、从业及各种经济决策提供理论基础和实践指导。内容涵盖农业，能源与矿产业，交通运输业，制造业，金融业，房地产业，租赁和商务服务业，科学研究，环境和公共设施管理，居民服务业，教育，卫生和社会保障，文化、体育和娱乐业等 100 余个行业。

中国区域发展数据库

以特定区域内的经济、社会、文化、法治、资源环境等领域的现状与发展情况进行分析和预测。涵盖中部、西部、东北、西北等地区，长三角、珠三角、黄三角、京津冀、环渤海、合肥经济圈、长株潭城市群、关中—天水经济区、海峡经济区等区域经济体和城市圈，北京、上海、浙江、河南、陕西等 34 个省份及中国台湾地区。

中国文化传媒数据库

包括文化事业、文化产业、宗教、群众文化、图书馆事业、博物馆事业、档案事业、语言文字、文学、历史地理、新闻传播、广播电视、出版事业、艺术、电影、娱乐等多个子库。

世界经济与国际政治数据库

以皮书系列中涉及世界经济与国际政治的研究成果为基础，全面整合国内外有关世界经济与国际政治的统计数据、深度分析报告、专家解读和热点资讯构建而成的专业学术数据库。包括世界经济、世界政治、世界文化、国际社会、国际关系、国际组织、区域发展、国别发展等多个子库。